心灵秩序与生活秩序：

黑格尔《法哲学原理》释义

高兆明　著

创于1897 商务印书馆 The Commercial Press

2016年·北京

图书在版编目(CIP)数据

心灵秩序与生活秩序：黑格尔《法哲学原理》释义/高兆明著.—北京：商务印书馆，2014（2016.5重印）
ISBN 978-7-100-08998-2

Ⅰ.①心… Ⅱ.①高… Ⅲ.①黑格尔，G.W.F（1770～1831）—法哲学—研究 Ⅳ.①B516.35 ②D90

中国版本图书馆CIP数据核字(2012)第044235号

本书为国家社科基金后期资助项目

心灵秩序与生活秩序：
黑格尔《法哲学原理》释义

高兆明 著

商务印书馆出版
（北京王府井大街36号 邮政编码 100710）
商务印书馆发行
三河市尚艺印装有限公司印刷
ISBN 978-7-100-08998-2

2014年2月第1版 开本 710×1000 1/16
2016年5月北京第2次印刷 印张 26 1/2
定价：80.00元

谨以此书献给 周辅成
萧焜焘 先生

重印自序

此书初次面世距今已二年。这期间世界上发生了太多的变化。金融危机、恐怖主义、难民潮、新冷战危险等阴影，在这个世界上空飘荡。人们对这个世界的看法，已不再如20世纪末时那样轻松、乐观、自信，而是更多的压抑、沉重、迷惘乃至悲观。这个世界向何处去？明天将会怎样？与此同时，我们这个国家经过三十多年改革开放，在经济多年持续高速增长下所形成的（或被掩盖了的）诸多社会、文化、政治、经济问题，因为经济增速的快速回落而被突兀呈现。我们正处于一个历史转折点，或者继续前行，完成现代化建设事业，实现民族复兴大业，或者陷入中等发达国家陷阱。我们这个国家的未来究竟如何？面对这世界乱象与社会万花筒，我们是否还能看得清历史的方向，是否还对未来充满信心，并执着不已地追求着生命存在的意义与民族的光辉未来？

感谢黑格尔给我们留下《法哲学原理》这本书。它至少能给我们提供一种洞察、理解历史的眼光，至少能使我们清晰明了时代精神，洞悉向着自由前行这一历史必然与大势。芸芸众生们似乎是那么地自以为是、精明算计、苦心钻营、翻云覆雨、玩弄权力、逐金掠银、洋洋得意，但是，正如黑格尔所说，这一切在历史面前不过是玩跷跷板的游戏罢了，不过是“狡黠”理性跟我们开的一个玩笑。恶是历史开辟前行道路的动力形式。一部《法哲学原理》就是一部关于人类社会自由及其实现的思想历程。自由精神的展开进程便是历史，历史是一合目的性的运动过程，历史是自由的并且是向着自由前行的。这是《法哲学原理》留给我们的最重要的思想财富之一。

黑格尔在对历史认识时曾提出“哲学的历史”概念，认为所谓“哲学的历史”就是“世界历史”，而“世界历史无非是‘自由’意识的进展”。[①] 所谓“世

① 参见黑格尔：《历史哲学》，王造时译，上海书店出版社1999版，第19页。

界历史”，不是一个外在地理空间或编年史的概念，而是一个文明进程内在品质的概念。“世界历史”所指向的有二：其一，人类社会是否有“有意义的秩序”或普遍秩序，此秩序可以囊括人类一切具体事件或活动过程？换言之，“世界历史”将人类社会历史理解为向着自由运动的有序过程，在此过程中，一切杂多的具体事件成为一个整体，并获得意义。不仅如此，此有序过程本身就意味着存在着一种价值标准或公理，一切具体历史事件依此价值标准获得意义。在此，不是强权成为公理，而是公理战胜强权。历史有自身的普遍或普适价值，这就是历史的真、真理。其二，人类社会历史运动是否有方向性？在历史观问题上，有历史决定论与反历史决定论之分。尽管历史决定论有多种多样——甚至有庸俗历史决定论，不过，就其在总体上均以不同方式承认历史发展的某种方向性这一点而言，不失合理性。反历史决定论中的一些具体思想可能不失睿智与深刻，但就其在总体上否认历史的方向性，将历史视为一个偶然过程、视为可以任人打扮的芭比娃娃这一点而言，则难免肤浅。与此两种基本历史观相应，对待人类社会前景的态度亦有悲观主义与乐观主义两类。悲观主义的要害不在于看到极权暴政黑暗，而在于对社会未来的失望，没有光明的期待，没有对大势大方向的坚信，进而沉沦、放弃对自由的梦想与追求。乐观主义者无论处于何种情境之下，那怕是黑暗极权暴政之下，都坚信未来的光明。这种信念来自对历史方向性的确信。历史趋势不可变。历史进程中会有曲折、甚至倒退，然而，历史大势不可抗拒。历史进程总要有代价，甚至是沉重的代价，但是，历史总是会以自己的方式开辟向着自由前行的道路。

在人类文明已进入21世纪的今天，在这个开放且科学技术高度发展了的世界中，无论是对人类历史，还是对中华民族的未来，尽管我们心怀忧虑，但仍对明天不失希望。阴霾蔽日终不敌风吹雨洗，洪水滔滔终归于江河大海，朗朗乾坤终有时。

去年深秋接到编辑部李强先生来电，告知馆里此书库存见底，希望在较短时间内做适当修订再版重印。我当即应允。但是由于去欧洲及其他杂事，将修订之事拖下。中经李强先生几次提醒，直至春节过后开学初方大致完成。即便如此，也只是“大致”而已，未能对全部书稿做仔细修订。如果还有机会的话，就留待下次吧。遗憾总是难免，因为阅读经典永远是开放的。经典的魅力就在于与之不断对话中所获得的思想活力。恰如有一千个读者就有一千个哈姆雷特一样，有一千个《法哲学原理》的读者就有一千种理解，甚至同一个人读一千次亦会有一千种不同的感受。

在此次再版修改过程中，肖迎春、安冬、刘小柳、王雅丽等博士生就原书中某些字词、标点符号使用方面的问题提出了具体建设性建议，在此一并向他们致以谢意。

最后，借用黑格尔的两句话作为结束：

谁用合理的眼光看世界，世界也就显现出合理的样子。

凡是合理的总是现实的，凡是现实的总是合理的。

高兆明

于南京翠屏山愚斋

2016年3月10日22时37分

目　　录

引　言

黑格尔发表于1821年的《法哲学原理》不同于黑格尔的其他著作。这是一本专门研究人的现实存在及其活动、研究社会与国家生活的著作。它被后人视为黑格尔最重要、最成熟的政治哲学著作。[①]

根据罗尔斯的看法，黑格尔是一位“温和、进步、具有改良头脑的自由主义者”，黑格尔的自由主义如同康德、密尔一样，在“自由的自由主义的道德哲学和政治哲学史上是一个重要的典范”；黑格尔在《法哲学原理》中有关道德哲学和伦理生活的“别具一格的原创性理念”，“属于黑格尔对道德哲学的重要贡献之列”。[②] 有人认为《法哲学原理》是一本较为保守的书，这种看法未必完全没有道理。就其最终结论、表达形式而言，黑格尔确实表现出对当时普鲁士政府的维护与赞美，似乎表现出以国家、整体压抑个体、个性、社会的思想倾向。在这个意义上，人们称黑格尔为集权主义思想家也不过分。但是，如果以此为由，简单地以为黑格尔在此是要为当时的普鲁士国家辩护，则是对黑格尔的误读。[③] 如果我们不是纠缠于形式与具体表达，而是从启蒙的角度把握其所隐含的深刻启蒙思想，不是拘泥于字面，而是深入其实质内容，不是守成俗见，而是独立思考，那么，我们就会发现其所包含的合理内容。在《法哲学原理》这本书中，黑格尔以自己的思辨方式为自由权利鼓噪、战斗。他既为“积极自由权利”辩护，主张社会公共权力在消灭贫困、维护社会成员自由方面应有所作为，也为“消极自由权利”辩护，对私人领域的不可侵犯性表示了崇高尊重。[④] 如果

---

① 参见泰勒：《黑格尔》，张国清、朱进东译，译林出版社2002年版，第557页。

② 参见罗尔斯：《道德哲学史讲义》，张国清译，上海三联书店2003年版，第444—445页。

③ 参见洪镰德：《黑格尔哲学之当代诠释》，台北：人本自然文化事业有限公司2007年版，第90—91页。

④ 参见洛苏尔多：《黑格尔与现代人的自由》，丁三东等译，吉林出版集团有限责任公司2008年版，第397、203—231页。

我们不是在实存的意义上，而是在国家“理念”、在“地上行走着的神”的意义上理解黑格尔作为绝对真理存在的国家，将国家理解为理想性的公民共同体存在状态，那么，我们或许会读出另一些深刻思想内容。[①]——正是这些深邃内容，使得《法哲学原理》极富魅力。

自由及其定在是《法哲学原理》的思想精髓，权利、义务及其统一则是《法哲学原理》的核心内容与逻辑线索。一部《法哲学原理》就是在分析权利义务关系及其统一性的可能性与现实性中寻求自由及其实现的理论。而一般与个别、普遍与特殊、抽象与具体、必然与偶然、主观与客观等，则是思想把握自由精神的基本范畴。在《法哲学原理》中，一般与个别、普遍与特殊、抽象与具体、必然与偶然、主观与客观等范畴，不是一种机械枯槁的东西，相反，它们在思想的恣意流淌中显得那么晶莹透彻、富有灵性。它们使自由精神显得如此丰富而简洁、神奇而美妙。

人是自由的，人、自由、自由意志是同等意义的概念。人类一切社会现象——无论是感性直观的，还是思想精神的——的存在合理性根据，就在于自由。人类社会的一切生活领域、方面，构成自由自身的丰富环节。这些不同环节各有其特殊规定，正是这些特殊规定，使得人的自由（存在）呈现出丰富多样性。自由是人的最高价值。自由的生活既是人与万物的根本区别，亦是每个人的日常生活追求。人是自由的，但自由不是既定的；人在追求与争取自由的过程中拥有自由，并进而成为真正自由的人。这是黑格尔《法哲学原理》中所包含的最深刻内容之一。

黑格尔在《法哲学原理》中以独特思辨方式所做工作的全部旨趣在于：直面他所生活的那个时代，直面法国大革命留下的丰富政治思想遗产，思考社会的前途与命运，理解什么是自由的生活，什么是一个正义、和谐的社会，并探索这个正义和谐、自由生活的社会何以可能。在黑格尔看来，正义、和谐以自由为规定，正义、和谐的社会是自由的社会。这个社会以法权人格为前提，没有法权人格，没有财产权，无所谓社会正义与和谐。这个社会的成员是具有自由意志精神的道德主体。没有自由意志的道德精神，就不可能有追求正义、创

---

① 卢卡奇亦已发现并揭示了黑格尔国家思想的革命性内容。如黑格尔批判了私人所有权的绝对性，坚定地为挣扎着生存的穷人们的最后一片面包权的“不法”辩护。参见洛苏尔多：《黑格尔与现代人的自由》，第370—372页。

造和谐秩序的自由主体。正义、和谐社会的核心是权利—义务关系合理安排问题。社会正义、和谐既是一种社会价值精神，更是一种现实的社会秩序。正义、和谐的社会，是自由秩序的社会——在黑格尔心目中，自由秩序是法权秩序、心灵秩序、社会秩序的内在统一。谈论社会正义、和谐，不抓住自由这个根本，就会陷入庸俗与谬见。这样，就不难明白为何黑格尔在《法哲学原理》中始终以自由为核心探讨他心目中的自由及其实现问题。

黑格尔在《法哲学原理》这部著作中，努力突破个体与整体、个人与社会国家的二元对立，试图寻求个体与整体、个人与社会国家的辩证统一。在黑格尔看来，一个正义、和谐的社会，是个体与整体、个人与社会国家和谐统一的存在状态，而不是二元截然对立的存在状态。在这个和谐、统一存在状态中，个体总是整体的，个人总是社会国家的，同样，整体总是个体的，社会国家总是个人的。离开了整体的个体、离开了社会国家的个人，与离开了个体的整体、离开了个人的社会国家一样，都会失却各自质的规定性，因而都是抽象空洞的。

有学者将黑格尔视为当代社群主义的思想先驱。在黑格尔思想中强调个人、个体的社会、整体性这一意义上，在黑格尔思想对后人思想影响及学术理论源流的意义上，这种看法并无不当。事实上，对于黑格尔这样一位百科全书式的伟大思辨思想家，后来任何一种有重大影响的思想理论，都可以从他那儿找到某种思想资源。这就恰如与社群主义思想相对的个人主义思想，亦可以从黑格尔那里找到自身的理论资源一样。因为在黑格尔那里，自由是一体系，自由有丰富的环节，任何一个环节不仅有其存在的合理性，又都有丰富的内容。然而，问题的关键在于：任何一个环节都有其规定性范围，任何一个环节总是具有内在否定性，因而又总是通向另一环节的过渡，不能将某一环节抽离自由的体系绝对地谈论。只要仔细领会黑格尔《法哲学原理》的思想精髓，就不难发现自由及其实现才是黑格尔的全部旨趣所在。不能简单地认定黑格尔所秉持的是所谓的社群主义价值立场，否则会妨碍对黑格尔《法哲学原理》准确、深刻、合理把握。

当然，黑格尔的思想带有深刻的时代烙印，难免时代局限性，难免拖着一根所谓德国庸人的辫子。他不仅头足倒置地看待世界、以思想代替现实，而且使原本充满批判性的哲学武器也无奈地显露出某种谄媚，他思想向往的自由精神也不得不设有终结处。甚至黑格尔晦涩文风本身亦是其时代局限性的典型显现：他生活在“德国不幸的岁月”，他不得不采取中国人所谓的春秋笔法，曲笔为文。然而，这一切并不能妨碍我们承认黑格尔是一位深刻的思想家，并不能妨碍我们以谦虚的态度从他那儿获得智慧之思，发现深刻隽永的哲理。

理论总是灰色的，生活之树常青。黑格尔及其生活的那个时代已经成为过去，黑格尔对许多具体问题的具体认识亦会随着那个时代的逝去而成为历史。但是，黑格尔在他那个时代追求自由的精神，以及对人类自由生活的理解与思考，却值得后人尊重。我们今天读黑格尔《法哲学原理》，既不是要回到黑格尔，也不是要简单地重新理解黑格尔，而是要在我们自己的这个时代，继承那自由的精神，追求那自由生活的境地。

笔者曾以《黑格尔〈法哲学原理〉导读》（以下简称《导读》）为题对黑格尔《法哲学原理》作过专门讲解。但是，当最后校稿时，自己却不满意，“甚至有越改越不满意的感觉”。《导读》以“循序而进”逐章逐节乃至逐段顺着讲为特点，尽管这一特点有其长处，然而，我发现正是这一表达形式却又造成了《导读》的严重局限。“就表达方式言，尽管一直自我提醒要从黑格尔的晦涩中走出来，但顺着（文本章节段落）讲这种最初确定的导读性质定位，使得表达在某些地方又往往失于生涩，缺于简明。”[①] 难以达到真正跳出来、融会贯通的目的。所以，当时就决心，一定要从黑格尔的既有章节次序跳出来，以另一种自己所理解了的方式重新理解《法哲学原理》，其旨趣在于：融会贯通、简明扼要。这正是本书所要完成的任务。而这样一种视角与表达形式的变化，会使我们从《法哲学原理》中读出新的重要思想内容。

《心灵秩序与生活秩序——黑格尔〈法哲学原理〉释义》（以下简称《释义》）与已出版的《导读》都是对黑格尔《法哲学原理》的专门研究。但是，二者有重要差别：其一，任务、方法与视角的不同。《导读》是要走进去（在此基础之上当然也有走出来），采取的几乎是原原本本地依文本逐章逐段逐节循序前行地带着读书的方式，几乎循着黑格尔自身的正—反—合三段式，旨在理清《法哲学原理》的逻辑及其概念运动过程。《释义》则是要跳出来，不再拘守其正—反—合机械三段式，而是根据自己的理解、依据主题或问题把握其思想；除抽象法—道德—伦理三大环节外，其逻辑架构与具体内容均有重要变化。《导

① 参见高兆明：《黑格尔〈法哲学原理〉导读》“后记”，商务印书馆2010年版。

读》基本上是在黑格尔的框架中遵循与使用黑格尔的概念及其逻辑，《释义》则是在自己的理解框架中使用相关概念。其二，在技术上，《导读》因领读的性质定位，有大段大段的《法哲学原理》原文引用，重在打通黑格尔的思辨环节，《释义》则尽量避免过多的直接引用，采取简洁概括交代出处的办法，重在思想性本身的内在流畅。在我的理解中，《导读》与《释义》不能彼此简单取代，相反，二者互补。《导读》主要适合于初读者，《释义》则适合于对文本的进一步深读或侧重于把握文本的思想要旨者。当然，在《释义》中对《导读》的某些具体理解、思想观点，作了进一步修正，个别甚至是重要的修正。

第1讲 《法哲学原理》概述

《法哲学原理》是黑格尔晚年的最后一部著作[①]，也是其最重要著作之一。

一、思辨哲学体系中的《法哲学原理》

《法哲学原理》是黑格尔庞大哲学体系中专门论述实践哲学的著作。黑格尔的哲学体系由逻辑学、自然哲学、精神哲学三部分构成。精神哲学又有主观精神、客观精神、绝对精神三个环节。黑格尔《法哲学原理》中所论内容，是其《哲学全书》中客观精神这一“同一哲学部门的基本概念所作更为详尽、尤其是更有系统的阐述”[②]。

黑格尔的精神哲学就其内容而言，都是讲的人及其意识和精神。[③]精神哲学中的“主观精神”，是尚未展现于客观、尚未见之于行为、尚未展现于社会生活的精神。精神哲学中的“客观精神”是精神的现实存在，是现实性形式下的精神。客观精神阶段指向的是具有自由意志精神的人的存在及其活动。人的现实存在及其关系，以及现实的人通过自由意志活动所创造的法律、道德、国家生活等等，构成客观精神阶段的具体内容。黑格尔在“客观精神”部分所讨论的

---

① 《法哲学原理》首次正式发表于1821年。黑格尔在1801—1802年间曾写过3篇很重要的论文：关于怀疑论与哲学、关于信仰与理性的关系、关于自然权利概念。其中，最后一篇文章可视为《法哲学原理》的最初形式。参见罗克摩尔：《黑格尔：之前和之后——黑格尔思想历史导论》，柯小刚译，北京大学出版社2005年版，第115—119页。

② 参见黑格尔：《法哲学原理》“序言”，范扬、张企泰译，商务印书馆1982年版，第1页。另参见黑格尔：《哲学科学全书纲要》（薛华译，上海世纪出版集团、上海人民出版社2002年版）、《精神现象学》（贺麟、王玖兴译，商务印书馆1987年版）等著作目录。

③ 参见张世英：《自我实现的历程》，山东人民出版社2001年版，第44—49页。

内容是（狭义的）法哲学、道德哲学、政治哲学。根据英国学者 W.T. 斯退士的看法，客观精神领域是黑格尔所理解的正义的领域。在客观精神领域，黑格尔事实上关注或研究的是关于社会、国家生活之正义问题。如是，则客观精神阶段又可以被理解为是关于法律正义、道德善、社会正义的揭示。[①] 在黑格尔看来，精神的本质是无限，客观精神阶段所实现的自由仍然是有限的，精神的发展必定要超出有限进入无限，必定要超出社会历史进入绝对精神阶段。绝对精神是自由的最高存在。

黑格尔通过绝对精神自我运动的哲学体系，以自己的方式深刻揭示了：事物的自我运动及其展开过程；事物在自身展开过程中既有内在规律性，又有内在目的性——正是事物的这种内在目的性奠定了事物的价值基础；自由是人的内在目的性，它既是人类的理想存在状态，亦是人类的最高追求；人类对于世界的思想把握，是宇宙自然历史在思想行程中的再现。

《法哲学原理》在黑格尔庞大思辨哲学体系的具体位置，相应地决定了《法哲学原理》的基本任务或使命：探索人类社会自由生活的真谛，揭示人类社会自由生活的可能。

二、法哲学研究的原点

黑格尔的法哲学研究以“自由”为原点，这集中且深刻表明了黑格尔法哲学研究的现代价值立场，并决定了其相关基本思想的革命性。在黑格尔的思辨哲学体系中，以自由为原点，即意味着他以自己所在的那个时代为出发点，以自由为目的，并将人类社会、国家生活理解为是人类自身追求自由的现实过程。[②] 黑格尔《法哲学原理》的整体架构及其内容即为“自由”的具体展开、呈现：从抽象（普遍）自由法权，到独立自由精神，再到自由的现实生活秩序。

然而，对这个作为圆圈运动原点的证明，黑格尔却一反常态地采取了“直截了当地把自由当作现成的意识事实”来把握的方式。在黑格尔看来，人是自

---

① 参见 W.T. 斯退士：《黑格尔哲学》，鲍训吾译，河北人民出版社 1987 年版，第 344 页。

② 《历史哲学》就既表明了黑格尔对他自己时代的认识，亦表明了他对人类历史的认识。

由的，自由作为法哲学研究的原点，这是人们“不能不相信”的意识事实。[①]黑格尔对待原点的这种“直截了当”、“方便”态度，似乎给我们留下一个印象：自由作为原点，似乎只是为了“方便”而随手取来的一个理论独断；自由作为第一原理是无须证明的。这种印象似乎又暗合我们的一种习惯了的识见：第一原理是不可被证明的，能够被证明的就不能成为第一原理。其实并不然。黑格尔的这种态度中包含着深刻的认识论、本体论内容。任何第一原理均是要被证成的，没被证成的不能成为原点或第一原理，问题的关键仅在于以何种方式证成。不能被形式逻辑证成的，可以被辩证逻辑或实践逻辑所证成。自由作为思想的原点或第一原理的证成，不能通过形式逻辑证成，但可以通过人的本体论、通过时代精神的规定性或时代特质方面得到证成。[②]

在黑格尔看来，人类历史不过是自由精神的生长史，自由是精神的唯一目的，因而，自由就成为历史的起点。这是其思辨哲学中所包含的结论。就其历史哲学来看，历史到1806年已经结束。《拿破仑法典》的确立及其在欧洲大陆的普遍推行，自由的旗帜已在欧洲大地上高高飘扬，自由已成为这个时代的奠基石。《拿破仑法典》所确立起的自由、平等、财产权、契约等现代精神，是黑格尔心目中现代逻辑进程的开端。

黑格尔以自由为原点，这与他反笛卡尔的基础知识体系的方法论直接相关。笛卡尔认为存在着一个可被经验证明的绝对真理，这个真理是一切认识及其知识体系的前提。而黑格尔的思路则是：不是起点证明终点，相反，是终点证明起点；[③]合理性是在事物（理论）的发展过程中被创造出的，而不是被预设的；一个最基础性的概念是自我奠基的概念，它在自我建构、自我展开过程中不断前进，并进而证明自身的合理性。自由正是这样一个自我奠基、自我证明的概念。黑格

---

① 黑格尔：《法哲学原理》，第11页。

② 更为重要的是，没有对作为开端的第一原理的证成、理解，关于事物的意义、价值及其演化发展，就失却基础。胡塞尔曾就关于“历史性思考”问题谈道：“我们以一种圆规的方式站立。对开端的理解完全只能从具有现代形式的现有科学中出发，在对其发展的回顾中才能获得。但是，没有对开端的理解，作为意义发展的演化就是无声的。”（参见胡塞尔：《欧洲科学的危机与先验现象学：现象学与哲学引论》，转引自榊原哲也：《胡塞尔的现象学伦理与伦理现象学》，《中国现象学与哲学评论·第七辑：现象学与伦理》，上海译文出版社2005年版，第31页）作为第一原理的“自由”无法用形式逻辑来理解、解释，却能够通过对人类历史发展的回顾与把握来理解与规定。它是人类演进史的目的指向，是被自觉意识到的历史目的，是时代精神。

③ 任何一种科学理论均是一种假设，因而均是要被证伪的。这个证伪过程，其实就是终点证明起点的过程。

尔《法哲学原理》这本书即为自由自身的前进、展开、证明过程（或体系）。[1]

黑格尔对自由的这种理解立场，是本体论的而不是“经验心理学”[2]的立场。在这种理解立场背后，隐含着他对人类、社会、时代精神本质内容的深刻把握。

（一）两个世界、两类规律

与康德一样，黑格尔也将世界分为自然世界与自由世界两类，并认为人及其活动属于自由世界，自由律是人的活动规律。黑格尔认为：人的“根本的特性”是“自由”，[3]人在本质上是自由的，自由是人的规定；并将“规律分为两类，即自然规律和法律”——黑格尔此处所说的“法律”规则，实为相对于自然规律的自由规律。[4]黑格尔以“自由”作为《法哲学原理》的原点或第一原理，并不是出于任意，而是基于对人、社会、法的本质的深刻洞见，有其深刻道理。

其一，人是自由的。自由是人的本体规定。在黑格尔看来，人是精神的存在。“精神”不同于“自然”。物质自然的“实体”是重力，精神的“实体”是自由；没有思维就没有意志，意志是思维的实践表现，思维是意志的实体。[5]意志注定是自由的，意志本身就是自由。[6]自由意志“是一切‘权利’的原则和实体的基础”[7]。人的“根本的特性”是“自由”。人不同于万物之处就在于人是自由的，除了自由，人与万物无异。自由是人的本质规定。正是在这个意义上，人甚至是注定自由的。不过，一旦离开了这一本体论维度，就不能妄言人注定是自由的。在黑格尔看来，人并非天然地就是自由的，人是生成的，人只有超

---

① 参见罗克摩尔：《黑格尔：之前和之后——黑格尔思想历史导论》，第60—62、73—76页。黑格尔的这种思维、论证方式，在罗尔斯那里得到重现。罗尔斯在关于社会正义的考察中，一反功利主义的习惯做法，取契约论的方法论立场，并给出一系列的原初状态“设定”，设定所有社会成员的平等基本自由权利，并以建构主义方式构建起公平正义的基本结构。罗尔斯的社会契约论是一种“设定的契约论”。参见罗尔斯：《政治自由主义》，万俊人译，译林出版社2000年版，第274页。

② 参见黑格尔：《法哲学原理》，第10页。

③ 参见黑格尔：《历史哲学》，王造时译，上海书店出版社1999年版，第456页。

④ 黑格尔：《法哲学原理》“序言”，第14页。

⑤ 参见黑格尔：《精神哲学》，杨祖陶译，人民出版社2006年版，第296—297页。

⑥ 参见泰勒：《黑格尔》，张国清等译，译林出版社2002年版，第564—565页。

⑦ 参见黑格尔：《历史哲学》，第454—455页。

越了自然、成为理性的存在，才具有自由。“自由不存在于起始，也不存在于自然当中。相反，它必须是追求与争取而得。”①

其二，自由是现代社会不同于既往社会的本质特征。黑格尔所处的时代，是一个以平等自由权利取代宗法、等级、专制制度的时代，自由是这个时代的时代精神。黑格尔要以自己的方式，从经验生活世界、从历史中，寻得一种具有现实必然性的时代精神，这种时代精神将对整个人类生活世界起支配性作用。这就是自由精神。自由精神是启蒙运动所确立的最重要亦是最基本的价值精神，它是人类现代价值精神的基石。黑格尔以自己的方式把握了自己的时代及其本质。这是对时代与历史的深刻洞察。这正体现了他作为一位伟大思想家的杰出之处。一位思想家之所以能够影响人类，就在于他的思想把握了他的时代及其历史，拥有经验生活之根——同样，罗尔斯关于社会正义两原则具体内容的规定，尽管使用了“原初之幕”之类的抽象表达，但实质上也只不过是罗尔斯以自己的方式，认肯并深深自觉维护平等的基本自由权利这一人类近代以来所取得的最珍贵文明财富而已。这是一种直觉。这种直觉既是一种良知，亦是一种洞见。

其三，法是自由的存在方式。在黑格尔看来，一方面，法并不是如人们所认为的那样只是一种限制性规定，而是人的自我规定，是人的自我立法或自我实现。这是人的自由存在。另一方面，法自身具有客观现实内容或规定，法非人的主观任性。任性之法不是自由。法律、道德、社会制度等，不是人们为了方便或权宜而设计出的，而是人类自身自由存在的本质性规定，是人类自身自由存在的必要方式。法律、道德、社会制度等，不是人类为了达到自身非本质性目的、满足主观需要的一种发明，而是产生于人类的自由本性，表现了人类自由的内在价值。②

与两个世界相应，存在着两类规律，这就是自由规律与自然规律。自然规律是物的规律，自由规律是人的规律。自然世界服从的是自然律，自由世界服从的是自由律。因而，对于自然世界与自由世界这两类不同世界的认识，必须遵循不同的认识原则。这样，当人们研究社会、国家这类现象时，就必须仔细地将它们与自然界相区别，必须仔细区分自然规律与自由规律。法不同于自然

① Hegel, *Philosophie der Geschichte*. 转引自洪镰德：《黑格尔哲学之当代诠释》，台北：人本自然文化事业有限公司 2007 年版，第 98 页。

② 参见 W.T. 斯退士：《黑格尔哲学》，第 338—341 页。

律，法属于自由律，法是人的自由意志活动的规律。

自然规律不同于自由规律。自然规律不仅“简单明了”，更重要的是它们的“尺度是在我们身外”，具有自然客观性，因而，它们具有客观可公度性。正是在这个意义上，自然规律不容易“遭受侵犯”。一般说来，对自然规律，人们既不能创造，也不能消灭，人们只能认识与应用它们，却不能对规律本身有所增长或减少。这就是黑格尔所说的“我们的认识对它们无所增益，也无助长作用，我们对它们的认识可以扩大我们的知识领域，如此而已”[①]。不过，即使是对于这种尺度在我们身外、具有客观性的自然规律，也不能绝对地说人类不能创造或消灭。当人类创造出一种新的物质或物种时（如人造生命“辛西娅”），外部自然世界相关的既有规律就可能被改变，就可能创造出新的事物演变规律。绝对地讲自然规律不受人类实践活动影响，就会出现如马克思曾批评的忽视“改造世界”的局限性。

物的规律是人的活动的物之规律，人的规律则是人自身自由活动的规律，因而，无论是物的规律还是人的规律，都不能游离于人的自由意志活动以外。它们既是人的活动的规律，又为人所创造，亦为人所改变。自然规律、社会规律均如此。诸如，人创造出前所未有的物质（塑料、某些化工品）、武器（原子弹），改变了整个生态系统；现代技术的“反自然性”表明，人类在对自然规律认识与运用的同时，又创造出新的规律；人类社会出现了市场经济，就有了所谓商品交换法则。当我们讲自然规律能够为人所创造与改变时，这里内在地包含着三个进一步的推论：其一，一切存在物的演进均是全息演进，一切已有的（甚至未有的，如理想、信念）都会以某种方式影响着事物今后的发展方向。在这个意义上，偶然可以改变与创造世界，必然、规律只是偶然的必然与规律。其二，所谓规律，从认识论的角度而言，只是对已发生现象的一种人为的概括与解释，在这个意义上，所谓规律本身又不能完全摆脱或然性。其三，事物的演进是开放的，但未必注定是向上的。在高技术风险社会中，人类就有可能毁灭于偶然失误。

人活动的法（法度或规律）是精神的创造物。它是人自由意志活动的产物，它“只有在精神的基地上才会出现”。“法律是被设定的东西，源出于人类。”然

---

① 黑格尔：《法哲学原理》“序言”，第 14 页。

而，“被设定”的、作为人的自由活动法度的法，是否是任意的设定、创制？如果是任意的，它又何以能够成为人的活动的法度、规律？显然，被设定的法自身就必然有个“合理性”及其证明问题。这就如黑格尔所说：“必然要考察法的合理性。”[①] 法哲学所要考察的正是这种法或作为人的活动法度的合理性根据问题。这个合理性根据就是自由精神。法不是任意，只有那些符合自由精神的法才具有存在的合理性。

如前所述，人的活动法度、规则（即自由律）是被设定的，但是，问题的前提首先在于：人为何要创造这种法度、规则？只有回答了此问题后，才有可能进一步提出与此相关的另一类问题：这些规则本身是否合理？它们凭什么要求人们遵守？人们又为什么要遵守这种设定的规则？各种规则之间的关系如何？是否一切人所创造的规则都是应当遵守的？

这还得回到人的本体规定。人是自由的这一本质规定，意味着人是具有理性能力的社会性存在。而这又进一步意味着：其一，社会性交往关系需要协调，具有理性能力的人在长期共同生活过程中就“自发演进”出一些基本交往规则。这种交往规则是人类社会生活实践自身的客观产物，甚至其本身就是人类社会生活实践的一部分——如吉登斯所说，既是实践的中介，又是实践的结果。其二，任何一个具体存在着的个体一来到人世间就面对两种先在或先天性的客观存在：先在性的社会伦理实体及其交往关系结构，以及在这种伦理实体中存在着的先在性交往规则。在这个伦理实体中，每一个人都是作为具体的社会角色存在着。在这个意义上，人是被设定的，自由是被设定的自由。其三，人不同于动物或优越于动物之处在于具有理性能力。人的理性能力使人能够把握这种客观存在的伦理关系及其法则要求，并自觉地践履之。设定性存在是理解人自由存在及其价值的关键。

要考察人的活动法度合理性根据，首先面临两个直接相关的问题：其一，人的行为活动法度或规律何以存在、何以得见？其二，凭什么判断这种行为活动法度或规律的合理性与否？前者是关于规律的存在问题，后者则是关于规律或规则的合理性根据问题。

科学认识是对事物真理性的把握。科学认识活动固然离不开人的主观性，

① 黑格尔：《法哲学原理》“序言”，第15页。

但这种主观性不能遮蔽其客观性内容。科学的表达亦有其方法问题。这个方法就是主体对事物自身内在逻辑的自觉。“在科学中内容和形式在本质上是结合着的。”① 然而，无论是对自然世界还是对自由世界的认识，只要是科学的认识，就应当是建立在“思想”与“概念”基础之上，必须通过思想把握，而不是建立在“直接知觉和偶然想象”等“私见和任性的主观偶然性”上。②

人的行为活动法度或规律存在于人的现实生活世界中，只不过这种活动法度或规则并不直接以感觉经验的方式呈现出，人们须通过理性的方式去把握。“法和伦理以及法和伦理的现实世界是通过思想而被领会的，它们通过思想才取得合理性的形式，即取得普遍性和规定性，这一形式就是规律。”③ 当人们谈到社会、国家生活，尤其是在民主政治背景下谈到社会规律、必然性这一类问题时，往往会通过“人民”、“民心”、“民意”等来表达一种社会生活的趋势或必然性。一般说来，这种表达当然没错。但是，除非在某种特定信念意义上，它们可能是空洞的。因为人民、民心、民意等是有待澄清与规定的概念，它们首先呈现出的是感性杂多。在社会、国家生活中，与任何一种思想观念命题都可以找到自己的肯定性证据一样，任何一种思想观念命题也可以找到自己的否定性证据。因而，在分析社会、国家生活时，试图通过简单枚举法获得证明是浅薄的做法。④ 事实上，社会、国家生活中的规律，是变动不居的感性背后所存在着的稳定内容。这种稳定内容，须通过理性的辨识才能被把握。即，法哲学对于社会、国家生活规律的认识，并不能“建立在直接知觉和偶然想像上”，并不能将其归之于“私见和任性的主观偶然性”，而是要建立“在思想和概念的发展上”，视国家为“伦理自身的丰富组织”。⑤ 对社会现象的认识不能离开实证，但实证并不意味着枚举，而是要在普遍性中把握特殊实在，使特殊实在成为普遍性本身的。

社会、国家生活中的规律固然要通过理性把握，然而，社会、国家生活中的规律并不游离于社会、国家生活现象之外。任何事物都是内容与形式的统一，任何特殊存在之中都有普遍性内容。社会、国家生活的规律，是人的活动规律。

---

① 黑格尔：《法哲学原理》“序言”，第 2 页。

② 黑格尔：《法哲学原理》“序言”，第 6、7 页。

③ 黑格尔：《法哲学原理》“序言”，第 7 页。

④ 这也正是黑格尔在《法哲学原理》“序言”第 6 页尖锐批评那些“肤浅思想”之缘由。

⑤ 黑格尔：《法哲学原理》“序言”，第 6 页。

它由人的活动所构成，存在于日常经验生活之中，并通过日常经验生活而被把握。我们的理性只有通过经验现象才能把握那稳定性存在内容。这就如黑格尔在谈到爱国主义时所揭示的那样，公民们的爱国主义精神就萌生于日常生活中的细微体验之中。离开了特殊、形式、日常生活，自由精神及其规律，就可能是一种虚无。

什么样的社会、国家生活法度才是合理的？依据什么判断？这就是法度的合规律性、客观性、必然性问题。用黑格尔的话说，就是它应当是“绝对真理”的具体存在，是自由精神的具体存在。自由精神是社会、国家生活法度合理性的根本价值规定。

不过，在关于两个世界与两种规律的认识上，黑格尔又不同于康德。黑格尔没有停留在仅仅区分两个世界与两种规律的境地，没有一般地满足于揭示人的自由本质及其存在的自由规律，而是在此基础之上进一步努力揭示：自然的应当成为自由的（内在一部分），自然的世界应当成为自由的世界的（内在部分）；只有将自然的成为自由的，人才有可能成为真实自由的。黑格尔反对康德将自由与自然截然割裂的做法，反对康德空疏的“绝对命令”义务思想。黑格尔无论是对个体自由精神的“道德”考察，还是对人的社会生活自由秩序的“伦理”考察，都极为重视自然必然性。在其强调普遍性精神特殊化过程的思想中，均包含着重视行为活动的自然必然性条件、善的行为就是做那客观条件下恰当的行为这一类重要内容。在黑格尔这里，可以直接看到后来马克思革命实践思想的胚芽。

（二）实然与应然

在关于自由法度的合理性问题上，黑格尔逻辑地提出了“实然”与“应然”及其关系问题。设定的法只有与自由概念相一致，才具有合理性。[①] 在黑格尔看来，自由精神是社会、国家生活法度合理性的根本价值规定。然而，自由自身又是一个极为复杂乃至极为混乱的问题。它被自由的主观性与客观性、合理性与现实性的纷扰所纠缠。

---

① 参见黑格尔：《法哲学原理》“序言”，第15页。

自由意志的多样性与主观性，似乎表明在社会、国家生活领域的行为活动法度，没有客观性与正义可言，那只是一种主观情绪态度。来自日常生活经验的感觉似乎又在支持着这种判断。[①] 但若果真如是，在社会、国家生活领域中，则就无所谓真、真理、正义、自由，一切实存的都是应然的。所以，黑格尔在其思想过程中，不仅坚持人类社会生活中真、真理的客观存在，而且还坚持这种客观存在的真、真理是可以被认识的，进而为"应然"的"真"、"真理"性内容奠定基础。黑格尔通过明确反对那种以为"真的东西本身是不可能被认识"的看法，秉持社会、国家生活具有客观规律（或真）、且这种客观规律（或真）是能够被认识的立场。[②] 真理是"概念和实在相适合"[③]。

正义、客观并不是现象形态的东西，因为现象形态是流逝易变的，而流逝易变的东西不具有普遍性。正义、客观也不是社会公众的感觉，因为感觉是杂乱、不确定的。即，在社会、国家生活中关于正义、公理、规律这样一些内容，并不是一个简单数人头的事，它并不依人数的多寡而确定，也不为"大众所接受"左右。正义、公理有时会很"背时"，会被人们蹂躏践踏。时髦的未必就是正义与公理。不过，正义、公理、真、客观等等作为社会、国家生活基本法则内容的东西，又必定要透过这些现象、通过主观来表达自己。主观中的普遍、必然就是客观[④]，流逝中的持存就是稳定。黑格尔在《法哲学原理》中所要做的工作，正是要"从那些形式靡定、反复无常的考察中提取""不新不旧"、"恒久不变"的东西。[⑤]

正义、客观、真理，并不是由外部权威所宣布决定，或者换言之，并不依赖于外部权威的认可——不管这种权威是"国家或公意这类外部实证的权威"，还是"内心情感的权威"。[⑥] 在社会生活领域，追求真理、正义、自由，同样必须打破权威迷信与崇拜，必须不依附于任何权贵，同样必须要有一种独立人格精神。

---

① 这正如卢梭当年所说：自古以来，天下多少罪恶假借正义、公理、必然之名。

② 参见黑格尔：《法哲学原理》"序言"，第 5 页。

③ 参见黑格尔：《法哲学原理》，第 31 页。

④ "客观"概念有其丰富规定，须注意不同区别。

⑤ 黑格尔：《法哲学原理》"序言"，第 3 页。

⑥ 黑格尔认为：对于正义、必然、客观、真理的认识，应"不死抱住现成的东西，不问这种现成的东西是得到国家或公意这类外部实证的权威的支持，或是得到内心情感的权威以及精神直接赞同的证言的支持"。参见黑格尔：《法哲学原理》"序言"，第 3 页。

从对自由律的分析中可以看出：尽管自由律是被“设定”的，但它具有客观性、普遍性，因而，它是合理的。法的现实性就在于它的合理性。黑格尔以思辨的方式提出了现实性与合理性及其关系问题。

黑格尔从其否定性辩证法中提出“凡是合乎理性的东西都是现实的；凡是现实的东西都是合乎理性的”[①]思想，并认为哲学正是根据对这一思想的“信念”考察世界的。这里的“合理性”指的是真、必然性、理由、存在逻辑；这里的“现实性”是在必然性及其定在、而非“现存”意义上而言。现存、实有的，未必是真的、必然的，只有真的、必然的，才有存在的理由，才有生机与光明前途。不具有真、必然性的实存，不具有生命力，因而，注定是要消失的。

黑格尔提出“凡是合乎理性的东西都是现实的；凡是现实的东西都是合乎理性的”思想，既不是无聊的文字游戏，也不是思辨的概念游戏，而是有其深刻现实关切与指向：面对法国大革命的历史，思考德意志民族资产阶级革命的实践路径。黑格尔是在以自己的思想把握自己所处的那个时代。在黑格尔看来，一切具有合理性、必然性的内容，都应当成为人自由意志精神的现实内容，且都应当通过人的理性实践变为现实——这个“合理”不是实存，而是经过反思、批判性精神所审视了的人的自由这一目的性存在。凡是合理的，就是应当的，就是值得追求、值得实践的。这样，“凡是合理的就是现实的”命题，就隐含着更为深刻的内容：凡是合理的东西总是会成为理性的自觉并具有精神性力量，且这种精神力量总是要通过人的目的性活动变为实践的物质力量；这种具有批判性的实践力量，将改变旧世界，建立起新世界。

因而，在黑格尔“凡是合乎理性的东西都是现实的；凡是现实的东西都是合乎理性的”思想中，就既有对批判性精神力量的希冀，更有对实践性的物质力量的渴望。这样，也就不难理解为何黑格尔在整个《法哲学原理》中，特别关注“自由精神”（或“自由理念”）的终极性目的的引领作用。从精神自由，到精神自由指导下的积极实践，到获得自由生活的关系与秩序，这个自由精神的批判历程，正构成了《法哲学原理》的基本逻辑框架。

黑格尔在这一思想中以自己的独特思辨方式，道出了极为深刻的内在生长性这一历史哲学思想。他的这个思想既是对现实社会的批判，又是对现代（性）

---

① 参见黑格尔：《法哲学原理》“序言”，第 11 页。

立场的一种坚持。一方面，他反对复古，反对盲目崇拜过去，坚持现代社会的价值立场；另一方面，他又反对现实世界中的放任自由主义，坚持对现实世界的批判性，主张在自由精神主导下变革现实世界。这正是他“合理性”与“现实性”关系思想中真正具有历史感与现实感的内容。[①] 抱残守缺、固守旧法，是对自由的扼杀。生长、变化、改革，相对于停滞、僵化，固然有其积极意义，因为这毕竟意味着新生的可能。然而，仅仅生长、变化、改革自身亦不能自然地获得合理性证成。是何种性质的生长、变化、改革，或者换言之，是生长、变化、改革的内容、实质规定决定了生长、变化、改革的合理性与否。只有在自由精神主导下，且是为了实现自由精神的生长、变化、改革，才具有合理性。

在人类社会生活中，任何具体事物都只是作为一个环节存在。任何一种具体的正义、自由，一旦变为现实，它就在否定既有的不正义、不自由的同时，又内生着新的异质成分，孕育着否定自身的种子。在其现实性上，正义、自由注定不断被自身所否定，并在这种不断的自我否定中获得新生，开辟自身的前进道路。人类社会生活中的任何具体真理、正义、自由，都不具有永恒性，因而，人类社会生活中达至的任何一种具体真理、正义、自由状态，并不是一劳永逸的永恒真理状态。一个自由、正义的理想目的，一种自由、正义的精神实现后，人类又会有新的正义、自由的追求。在人类社会生活的这种永恒自由追求过程中，原有状态的合理性可能会逐渐失却，会有新的合理性规定出现。“应然”与“实然”转化的这种辩证法，是人类社会自身内在不懈自由发展的辩证法。

事物具有内在矛盾性。矛盾在发展过程中表现为：肯定性中有否定性，否定性代替肯定性而改变旧事物，产生新事物。这个肯定性中的否定性，对于肯定性来说就意味着肯定性变化的应然性，即现实走向的“应当如何”。这种事物发展的应然性，不是人的主观想象，而是事物运动的必然性。把握这种必然性规律是哲学的任务。

什么是“应当”的根据？“应当”的根据就存在于事物的矛盾之中。任何事物都是个规定（定在），任何规定本身都包含着矛盾，因而都包含着要求解决矛盾的“应当”。由于事物本身包含着矛盾，包含着对自身限制的否定性，因而

---

① 参见洛苏尔多：《黑格尔与现代人的自由》，第321—340页。

它会不断冲破已有规定，向他物转化。矛盾是一切运动和生命力的根源，也是“应当”由以产生的根据。在客观辩证法中，这种事物所内在包含着的对自身规定的否定性关系就是“应当”。在事物发展过程中，解决矛盾的要求就表现为“应当”的要求。“应当”就包含在事物的规定中。“应当”若不在规定之中就没有现实根据，而没有现实根据的“应当”就只是虚无缥缈的幻想。

然而，客观事物不会说话。事物内在所包含的“应当”，要求人在改造客观世界的实践中认识到事物发展过程中所出现的矛盾和矛盾的预示，自觉把握解决矛盾的“应当”，自觉表达客观世界和历史发展的“应当”要求。这个“应当”是反思的、被把握的规定。所谓对对象的反思，就是认识到一个对象能实际存在着、但它还不是它应当是的那样存在着，它和它所应当是的概念不相适应。[①] 在这个意义上，善、真、应当是同一层次的范畴。如果说从“实然”求“应然”是由实而求虚，那么从“应然”到“实然”就是由虚而求实。这也就是说，人们越是准确地把握合理的“应当”的要求，就越能够使自己的行为具有现实性和正当性。[②]

“实然”与“应然”的关系，不能在二元割裂的意义上被把握。它有两个基本方面：“应然”的“实然”基础；（观念中的）“应然”的“实然”转化。“应然”以“实然”为内容。一方面，伦理实体中的伦常风俗公序是行为“理所当然”的规范；另一方面，作为理想、目的存在的“应然”是对实存（关系、存在方式）的超越性（否定性）把握。观念中的这种“应然”通过人的实践活动变为现实存在，“实然”的总是以“合理性”为规定，因而，“实然”存在的总是具有价值的属性。“实然”与“应然”的统一即为自由。

三、《法哲学原理》的哲学方法

黑格尔给《法哲学原理》规定的使命或任务是“理解”国家（当然，黑格尔此处所说“国家”不是我们通常常识意义上的，而是具有哲学意蕴的伦理实

---

① 参见黑格尔：《黑格尔通信百封》，苗力田译编，上海人民出版社1981年版，第240页。

② 以上具体思想直接得益于恩师宋希仁教授的具体意见。

体意义上的）[1]。为了完成这一任务，首先就有一个“应当怎样来认识”国家的问题。

为什么黑格尔将“怎样认识”国家、而不是“国家是什么”规定为自己的研究任务？这首先与黑格尔对哲学功能的认识直接相关。黑格尔这里所说的“理解”、“认识”，是哲学意义上的。正如黑格尔在《法哲学原理》“序言”末尾处所述，哲学不是预言，哲学不能预测未来，哲学有其局限性。在黑格尔看来，由于存在着理性的“狡诈”，因而，理性只有在事后才能被认识。[2] 哲学的认识有两个基本特质：其一，哲学的认识是对事物本质的把握，是要把握“恒久不变”的东西；其二，哲学的认识是辩证逻辑的、思辨的，它是基于内在否定性的概念运动过程。[3] 对国家的哲学认识，就是用思辨的方式认识与揭示国家的本质。因而，尽管黑格尔以“怎样认识”国家、而不是以“国家是什么”作为自己的研究任务，但是，由于黑格尔的这种哲学认识，他事实上也就通过揭示国家的本质回答了“国家是什么”的问题。对事物的具体认识，总是以认识的方法、立场为前提。这是因为：首先，认识某对象，当然是要揭示该对象，但问题在于不同的对象有不同的存在特质，不了解对象的特质，随便取一种认识方式，未必能揭示对象。所以，要认识某一对象，首要的是寻求一个适合于认识、揭示该对象的认识方法。只有合理、恰当的认识方法，才有可能达至正确的认识。而当我们能够找到一个恰当的认识方法时，即已意味着我们对认识对象的特质有了原则的认识。其次，国家现象是一种不同于一般自然界的特殊现象，它是人的自由活动所构成的社会客观现象。它在本质上属于自由世界。这样，事实上我们就在方法论的意义上规定了国家。即：再次，国家（应）是人的自由存在方式。从人的自由存在方式来认识国家，这既是认识方法，又是对国家根本内容的揭示，既是方法论，又是本体论。

黑格尔对社会、国家现象的认识，是哲学的认识。哲学的认识是对本质、恒久东西的认识。理解黑格尔关于哲学与哲学认识的相关思想，就能理解黑格尔《法哲学原理》对于社会、国家现象认识的理论目标、方法与体系。

“哲学的任务是理解存在的东西”，是追求本质、必然，是要在变幻的现象

---

① 参见黑格尔：《法哲学原理》“序言”，第 12 页。

② 参见洪镰德：《黑格尔哲学之当代诠释》，第 91—92 页。

③ 参见黑格尔：《法哲学原理》“序言”，第 2、3 页。

中认识“永久的东西”。作为本质“映现的无限繁复的情况……并不是哲学的对象”。哲学所追求的不是那些现象性的材料，否则，哲学就是“管闲事”。[①]哲学是对真（理）的追求与揭示，是对时代的反思性把握。哲学只能揭示真理，不能创造真理。

通常我们都以为哲学可以超越时代，其实，哲学无法超越自己的时代。真正有生命力的哲学是时代精神，是对时代的思想把握。所以，思想不是任意，不是“关于事物的意见，而是事物本身的概念”。思想是“本质的形式”，本质是思想的内容。[②]这个“概念”、“本质”，就是事物自身的内在规定性，对于“法”这一类社会、国家生活而言，就是“伦理实体”。这些“概念”、“本质”，无论人们是否认识它们，它们都“自在自为”地存在着，并以自己的方式发挥着作用。

这样，作为精神最高形式的哲学，它所探究的就不是任意或空洞的东西，亦不是想象中的东西，而是现实存在。哲学的研究对象不是所谓的彼岸世界，而是现实此岸世界，不是未来世界，而是包含未来的现实世界。尽管根据哲学对于现实世界的认识，根据事物自身的内在否定性发展原则，可以大致地揭示未来世界的可能趋向，但这也只是一种关于趋向的大致揭示而已。关于未来世界的设想，那属于理想、信仰、信念乃至幻想。“哲学是探究理性东西的……它是了解现在的东西和现实的东西的，而不是提供某种彼岸的东西，神才知道彼岸的东西在哪里。”[③]彼岸世界是神学的事。一种哲学要有生命力，就必须直面社会，直面现实。哲学的具体表达形式可以是抽象的，但是其内容必须是现实的。没有现实内容、没有历史感与现实感的哲学，至多只是学人的自娱自乐，没有生命力。

由于哲学是对此岸现实世界、对时代的思想把握，因而，哲学的内容就是那个时代。哲学是那个时代及其精神。作为时代精神的哲学不能超出它的时代。“哲学……是被把握在思想中的它的时代。妄想一种哲学可以超出它那个时代，这与妄想个人可以跳出他的时代……是同样愚蠢的。”[④]所以，黑格尔认为：“关于教导世界应该怎样……在这方面，无论如何哲学总是来得太迟。哲

---

① 参见黑格尔：《法哲学原理》，第 11、12 页。
② 参见黑格尔：《法哲学原理》“序言”，第 15 页。
③ 参见黑格尔：《法哲学原理》“序言”，第 10 页。
④ 参见黑格尔：《法哲学原理》“序言”，第 12 页。

学作为有关世界的思想，要直到现实结束其形成过程并完成其自身之后，才会出现。概念所教导的也必然就是历史所呈示的。这就是说，直到现实成熟了，理想的东西才会对实在的东西显现出来，并在把握了这同一个实在世界的实体之后，才把它建成为一个理智王国的形态。……密纳发的猫头鹰要等黄昏到来，才会起飞。”①

黑格尔关于哲学是密纳发猫头鹰的思想，表达了其对法国大革命的一种批判态度与理解。黑格尔认为法国大革命是场破坏，但不是倒退——因为它导致了现代国家的完成。黑格尔反对社会历史、国家制度变迁中的浪漫主义筹划。在黑格尔看来，社会历史、国家制度的改变系理性自身所筹划，而不是人所能筹划的。理性自身的诡计性，注定了试图按照人自身的理解、意志筹划出一个具体的国家制度的那种浪漫主义，只能是异想天开的任意妄为。社会革命的发生有其必然性，社会国家制度变革有其自身的规律、条件。社会历史只有已经得到了实现，这个历史才能为人们所理解。②

黑格尔通过哲学是密纳发猫头鹰的比喻，突出表达了两个重要思想：其一，哲学只能理解现实世界是怎样，而不能要求现实世界应当怎样；其二，哲学在根本上无法超越时代，它总是自己时代的产儿。黑格尔的这两个思想与我们的常识性认识相悖。我们总是习惯于以为：哲学具有超越性功能，哲学认识具有一种认识的穿透力。它一方面可以使人们根据对于事物的本质认识，在事物展示之前就预见到事物存在及其发展；另一方面可以使人们假借规律，按照规律的要求去要求事物应当怎样——在社会、国家生活中则根据哲学的指导去创造一个理想正义的社会。黑格尔在这里似乎给我们泼了一盆凉水。

黑格尔关于哲学是密纳发猫头鹰的比喻，提出了两个重要问题：哲学的任务是什么？哲学是否具有引领社会前行的功能？

哲学的任务首先是求真，是对客观事物本质之认识。它所关注的不是事物的现象性存在，而是事物的内在规定性，是事物的本质，是事物流逝中的稳定、变异中的恒常。黑格尔在《法哲学原理》“序言”中很明确地规定自己的任务是要揭示关于社会、国家生活之真理，因而，他要超出流俗意见，摆脱情感的任

---

① 参见黑格尔：《法哲学原理》“序言”，第 13—14 页。

② 参见泰勒：《黑格尔》，第 638—657 页。

意，寻求作为普遍性与客观性的规律。换言之，他是要寻求关于国家、社会正义合理性之客观根据。他不是从所谓民意这一不确定的意见来说明正义之根据，而是要从客观性、规律性来说明正义。他是要认识正义、善自身究竟是什么。这就是哲学对于真的探究。

真是什么？真就是客观，就是事物自身，就是事物自身所固有的内在联系。因而，哲学的求真，是以事物存在为前提。此事物存在，不是简单地“在”，而是事物的展开过程。事物是一个具有内在否定性的展开过程，具有无限开放性。然而，作为具体存在的事物之“在”，却总是这无限开放的否定性过程中的环节或阶段。事物发展的具体阶段、具体环节、具体程度，正是人们在抽象思维行程中对其认识所能达到的程度。所谓哲学的超越性，是指哲学思维对于感性实在性、意见杂多性、表面现象性的超越性，而不是指哲学能够超越事物自身；是指基于对事物内在否定性认识和把握的超越性，而不是无根据盲目幻想的超越性。正是在这个意义上，我们可以理解为什么说生活之树常青，而理论总是灰色的。也正是在这个意义上，我们可以说哲学无法超越事物自身，无法超越时代。因为哲学自身就是时代精神的表达。

对于黑格尔的这个密纳发猫头鹰比喻，应当注意从其对康德思想批判方面来理解。[①] 根据康德的观点，哲学家不同于哲学工作者。哲学家是人类理性目标的立法者，是人类价值的创造者。尼采亦取康德之立场，主张哲学家不仅仅是对过去已经发生的批判，更应是一个批判现时、创造新价值者。[②] 康德批判哲学的主题是“纯粹理性”，黑格尔的哲学主题则是“精神”。此“精神”是康德“理性”的替代性概念，但它不是纯粹的，而是非纯粹的、具有情境性的。在黑格尔看来，人类的一切知识不可能是先验的，它们都只是人类在掌握自身与世界的历史过程中作为人类集体努力的结果，它们在这一努力过程中出现与形成。人类对自身历史的真理性认识，只有在历史过程已经发生后才有可能真正实现。

一种时代精神的形成，一种哲学内容的出现，总是以一种新的社会生活方式出现为前提或基础。没有这种社会生活方式类型，就没有这种时代精神及其哲学得以孕育的土壤。哲学不过是这种社会生活方式类型的自觉表达而已。正

---

① 参见罗克摩尔：《黑格尔：之前和之后——黑格尔思想历史导论》，第126页。

② 参见罗克摩尔：《黑格尔：之前和之后——黑格尔思想历史导论》，第242—243页。

是在这个意义上，我们可以明白建立一种新的社会生活方式类型对于一种新的时代精神确立之意义。不是先有了这种时代精神然后才有这种生活方式类型或这个时代，而是相反，是先有了这种生活方式类型或这个时代，然后才有作为这个生活方式类型或这个时代的哲学。成熟的哲学，是由于有较为发展的现实。这样，我们就会理解为什么黑格尔说密纳发的猫头鹰总是要等到黄昏才起飞。

然而，人作为理性的存在者，不应当、也不可能是在纯粹经验性的摸索中前行。人总是以这样那样的信仰、思想、信念、精神，以这种或那种哲学引领着自己，即使是在所谓毫无经验的新情境中摸索也不例外。哲学作为时代精神的表达，它具有引领作用。文艺复兴、启蒙运动是如此，中国当代的改革开放亦是如此。我们当然应当重视哲学的这种引领、解放、超越作用。但是，这种引领、解放、超越性作用，一方面是建立在对社会生活本质、规律、趋势的把握基础之上——而这则以生活本身的展开为前提；另一方面，这只是原则、大致、理想性的，而不是一切细节、局部性的。正是哲学具有这种基于本质、规律、趋势的引领功能，因而，哲学总是具有批判性、否定性，总是要立足当下、超越现实、走向未来。哲学的超越其实就是对现实的反思与批判，这个反思批判，正如马克思所说，是像要找出方程式本身所包含的求解方程式的因素一样，求解历史发展的方程。

当然，哲学要具备如马克思所说改变世界的功能，则首先须以对真、客观、规律的正确认识把握为前提。没有这一前提，所谓改造世界就与任意妄为无异。

哲学作为时代精神具有社会批判与引领的功能。哲学须讲“应当”，问题的关键是如何讲，在什么基础之上讲。哲学如果真的不能讲“应当”，不具有引领社会前行的功能，那么，哲学的存在就是值得疑问的，甚至社会正义的存在也是值得疑问的。黑格尔曾多次表达过一个思想：哲学只能解释世界与历史，不能创造世界与历史。[①] 黑格尔的这个思想与其关于哲学是“密纳发猫头鹰”的比喻一样，强调的是“应当”的客观内容与现实根据。黑格尔反对纯粹主观的“应当”，强调包含在现实规定中的“应当”。哲学要引领世界，就必须全力抓住这个现实规定——抓住了这个现实规定，也就抓住了改变现实的根据和条件——否则就是空话。“应当”的根据存在于现实规定之中，未来包含在

① 黑格尔在其《历史哲学》一书的“绪论”部分对此就有明确的表达。

现实之中。

哲学不是对现实的直观反映，而是对现实的本质把握。这个本质把握通过对现实的反思性批判达至。在时代的展开过程中，哲学关于时代的思想总有其现实根据。具有引领、解放作用的哲学思想，产生于对现实的反思性把握。这种把握尽管只是一种本质、原则、方向意义上的把握，但是，正是这种本质、原则、方向性的把握，使哲学具有了引领人类社会前行的功能。它能够使人类社会活动在一定程度上摆脱盲目性，增强自觉性。马克思当年批判旧哲学时说：既往的哲学使命只是认识世界，而新哲学则是要改造世界，还说这个新哲学要以无产阶级为物质力量，无产阶级要以这个新哲学为精神力量。新哲学的改造世界使命，就是主体基于哲学对于事物本质、规律认识所形成的对“应当”的追求。这个应当是作为目的理想存在的、在抽象思想中所把握了的现实。对于社会、国家生活而言，在思想中所把握了的现实就是正义。

由于事物的展开是一过程，且这个过程具有开放性，由于人类社会及其历史是人自身活动的结果，人对于社会历史的反思性把握具有如同哈耶克所说的“理性不及”之特质，由于理论总是灰色的，生活之树常青，因而，哲学的反思性把握总有其局限性。作为哲学反思性成就的理想、目的、正义，也必定是开放性的。它们需要持续不断地从社会生活实践中获得自身的生命力。

对于哲学的社会功能与历史作用，存有两种截然相反的认识，这就是密纳发猫头鹰与高卢雄鸡之争。其实，密纳发猫头鹰与高卢雄鸡之争表明了一种“哲学悖论”或“认识悖论”：人的活动不能没有理性指导，不能在行为开始时没有关于行为的基本判断与预想；人的一切开始于行为之前的认识又都是不可靠的，只有通过行为、在行动完整经历之后，才有可能形成完整正确的认识。这个悖论如同维特根斯坦的“规则悖论”一样，表明了哲学、认识的开放性，行动本身的重要性。在维特根斯坦看来，游戏规则是一悖论：游戏须遵循一定的规则，但游戏规则只有在游戏完成后才能形成。“规则悖论”揭示了游戏的开放性、过程性，以及认识的行动性、开放性。这种规则悖论其实是人的存在悖论。

在哲学的立场认识社会、国家现象，就是要揭示作为“伦理自身的丰富组织即国家”的现实内容及其“合乎理性的建筑结构”[①]，揭示具有时代合理性根

① 参见黑格尔：《法哲学原理》“序言”，第6页。

据的正义精神及其实现。这正是黑格尔《法哲学原理》全部工作的旨趣所在。

作为时代精神的自由精神，正是这真、真理、必然。从真出发，追求真理，就必定要以自由精神为原点，并从自由精神中生长出丰富的内容。黑格尔对于哲学的这种深刻认识，奠定了黑格尔《法哲学原理》的基本价值立场与基本方法论基础。从方法论来说，《法哲学原理》的基本思想方法是内在生长性的否定性思维方法。内在生长性的否定性思想方法，是我们认识包括社会、国家生活在内一切事物的既合乎逻辑、又具有革命性的思想方法。内在生长性的否定性思想方式，不是简单的否定、抛弃，而是生长、发展的思想方法。它是"科学论证"的"哲学方法"①。这种辩证法的方法是一种事物内在矛盾及其运动展开的思维再现过程，是概念在自身展开行程中不断进一步规定自己的逻辑思维过程。②因此，黑格尔在"序言"开头就申明自己的方法是"思辨的认识方法"，这个方法就是"从一个论题进展到另一论题"。在这里，法、社会、国家生活不是一个个散在零乱的现象，而是生长着的有机整体。这个整体由一系列发展环节、否定性中介所构成，每一个环节都有其存在的理由与依据，每一个环节又都有其局限性，因而，又总是要被扬弃的。在这个扬弃过程中，社会生命有机体中的自由精神得以真实实现。

四、《法哲学原理》的逻辑体系

《法哲学原理》作为对"客观精神"的专门研究，由"抽象法"、"道德"、"伦理"三个环节构成，它们构成自由精神实现的完整过程。

"抽象法"是自由意志的外在化和客观化。在"抽象法"阶段，有了法权人格，有了以财产权为基础的普遍独立人格。不过，尽管作为法权人格存在的抽象自由对于人的自由来说是重要的，但是，这种基于"抽象法"的自由由于其"抽象性"，尚缺失现实性。人仅仅是在一般意义上有了宪法意义上的人身自由

---

① 参见黑格尔：《法哲学原理》"序言"，第1页。

② 这正是黑格尔在"导论"第31、32节中关于《法哲学》研究方法所讲的核心内容。参见黑格尔：《法哲学原理》，第38—40页。另，马克思在《〈政治经济学批判〉导言》中准备《资本论》研究方法时，对以"商品"这一概念作为研究出发点所作的分析，深受黑格尔影响，充分展示了思想逻辑的魅力。

与人格独立，有了财产权，还不能说是有了真正的自由。人要成为自由的，就必须有自由的精神生活与自由的社会秩序。

在抽象法阶段，还只是有抽象的单个意志。这个阶段只表明个人的一般人格权利，但这种一般人格权利只是停留于“单个意志”“自我”之中，尚无自己的对立面。自由定在的最初方式是通过所有权所标志的人作为主体的存在。这是自由的单纯直接规定性。这时，人的自由还只是在外在物中的外在自由——甚至这种外在自由本身具有抽象性，这种抽象外在自由依赖于外物。当人的自由不再依赖于外物，而是取决于自身的内在精神、有了自己的独立反省批判精神时，就有了主体性，有了道德精神。

“道德”阶段的自由是主体的内部精神状态，是个人的良心自由。此时，自由意志不再体现于外在物中，而是体现于主体内心之中，它是意志的自我决定。这时的自由意志，就是无法被强制、无法受到外来侵犯的意志。[①] 这样，“道德”就使自由获得了较“抽象法”更高的基础。严格说来，在“抽象法”阶段的人还未达到主体性，“道德”阶段才把“抽象法”中的人规定为主体。

不过“道德”阶段行为主体的自由意志，还只是个体的主观意志，尚不是普遍的客观意志。自由意志要成为现实的存在，一方面必须获得自身的客观规定；另一方面，必须化为现实的活动，成为一种正义的社会关系及其秩序，成为一种社会客观制度性安排。这样，客观精神就由“道德”阶段逻辑地进入“伦理”阶段。

根据黑格尔的看法，在道德阶段有了自我意识，有了基于自我意识所出现的我与他、特殊与普遍的差别、矛盾与对立。道德阶段的任务就是在个人主观精神上克服这种我与他、特殊与普遍的对立，从个人主观的角度协调好我与他、特殊与普遍的利益关系。然而，一方面，道德是个人的主观精神自由，尚未具备客观性，仅仅有主观精神的自由，不是真实的自由；另一方面，道德精神的内容来自社会伦理关系及其秩序的客观规定。因而，只有通过主体的现实活动建立起一种客观的伦理关系及其秩序，使自由的精神成为客观现实的，才可能有真实的自由。这个客观的伦理关系及其秩序就是伦理。“道德自由”只有在作为“自由的实现”的国家中才能真实实现。[②]

---

① 参见黑格尔：《精神哲学》，第 323—324 页。

② 参见黑格尔：《历史哲学》，第 24 页。

“伦理”阶段是自由精神的现实存在。这是内与外、主观与客观、特殊与普遍的统一。伦理阶段是要在客观现实、社会交往关系的意义上，消除“单一意志”间的对立，使自由意志精神得到真实实现。伦理领域的核心是正义的关系及其秩序（或社会和谐秩序）。伦理是普遍、客观的自由，而不是个别、主观的自由。这正是黑格尔将“伦理性的意志”与“神的意志”并列同时称其为“客观意志”的真实意蕴。①

“伦理”阶段有“家庭”、“市民社会”、“国家”三个环节。“家庭”是把独立的二人结合成为一个人，它以爱为原则。“市民社会”则将具有独特利益的原子式的个人，通过利益互惠的方式结合在一起。它以差别性、特殊性为主旨，并以相互承认的主体平等为原则。“国家”则将公民结合为社会现实有机统一体，以正义为原则。从“家庭”经过“市民社会”到“国家”的过程，是自由精神现实存在的具体展开过程。黑格尔认为，“国家”达到了比“家庭”、“市民社会”更高的自由和主体性。“国家”是现实化了的自由，是“现实的神”。值得注意的是，黑格尔这里所说的“国家”，不是指某一特殊的国家、制度，而是指“国家”本身或“国家”的理念。特殊的国家、制度可以是坏的，但国家的理念是“现实的神本身”。在对国家的历史分析中，黑格尔进入了“世界历史”概念。②

在黑格尔的这个抽象思辨体系中，作为第一环节的“抽象法”以思辨的方法揭示了平等的法权人格、独立的财产权对于自由存在的基础性意义。没有平等的法权人格，没有人身独立与人格平等，没有财产权，一切自由都因缺失客观基础而是空幻的。然而，仅仅有法权人格、有独立的财产权，没有主体的自主、自抉活动，没有主体的自由精神，仍然不可能有真实的自由。因为，平等的法权人格、独立人格及其财产权，只是一种抽象的法权规定，它们只有在真正成为主体自由、自主、自抉现实活动基础时，才能成为真实的而不是抽象的存在。人只有作为具有自由精神的自主、自抉的主体性存在者存在时，才有可能成为真实的自由意志存在者。没有自由的心灵，就没有自由的生活与自由的秩序。只有具有自由精神的主体才能创造新世界，自由精神是推动人类进步的最伟大力量。这正是“客观精神”中“道德”环节存在的关键缘由。

---

① 参见黑格尔：《法哲学原理》，第 35 页。

② 黑格尔将世界历史分为“东方王国”、“希腊王国”、“罗马王国”、“日耳曼王国”四个阶段，并认为在“日耳曼王国”中，人的主体性在现实世界中得到了最高体现。

不过，在黑格尔看来，“道德”又以“伦理”为内容，“伦理”构成“客观精神”阶段的真理性环节。在黑格尔的这种思辨思想体系中隐含着极为重要的思想内容：伦理是现实生活世界及其秩序，道德是主观精神操守，不是主观精神决定现实生活世界及其秩序，而是现实生活世界及其秩序决定道德（主观精神）的内容。道德精神（良知）不仅仅是以客观伦理精神为内容，而且还要在现实的伦理关系及其秩序中认识、发现、实现自身，它要创造出一个真实的伦理关系及其秩序。伦理的现实生活世界及其秩序，既是精神、主观的，又是客观的。它是客观化了的主观（社会精神）。这样看来，道德建设，社会成员道德品德操守的养成，关键在于建设一种“好的”现实生活世界及其秩序，否则，就是伪善、嘲弄、虚伪、欺骗。如果一个社会面对重重社会问题，不是首先注重客观伦理关系及其秩序建设，而是首先诉诸个体行为，不是首先注重社会精神，而是首先诉诸个体品德，那么，就是本末倒置。[①] 客观的社会正义关系及其秩序建设，始终是社会的首要任务。只有在一个正义的社会关系及其秩序中，才会在普遍的意义上有道德的人，才会真正有社会成员的普遍美德。正义的社会与道德的人的统一，是自由的现实存在。

显然，黑格尔在《法哲学原理》中以“道德”为中介，由“道德”至“伦理”的框架结构，内涵着心灵自由与生活自由同构或互构这一极为重要的思想。

《法哲学原理》的三个部分，完整地构成了作为自由理念的“法的体系”：抽象法是关于社会一般平等自由人格的抽象法权规定；“道德”是关于个体内在精神世界的“主观意志的法”；“伦理”是关于现实世界的、人的现实生活的法，它是理念在“外部世界中”的实现。这些不同法的统一，构成一个完整的自由的现实生活世界。黑格尔《法哲学原理》中作为逻辑体系的这个“法的体系”，以抽象思辨的方式揭示了人作为自由意志存在者的自由存在方式。作为一般主体，人的自由存在是法权人格（person）、道德人格、伦理人格的统一。作为具有无限多样性样式的主体，人的自由存在是一种自由秩序，这种自由秩序是法权秩序、心灵秩序、社会秩序的统一。

黑格尔《法哲学原理》中所包含的上述极为丰富内容与深刻思想，使我们能够以理性态度恣意徜徉其中，并颇有所得。

---

① “在政治制度失效或是缺失的地方，在伦理实体不能具体地实现自身的地方，也就是只有道德流行的地方。”参见洛苏尔多：《黑格尔与现代人的自由》，第 297 页。

第2讲　自由

自由及其定在是《法哲学原理》全部奥秘与精髓之所在。在《法哲学原理》中，“自由”是具有奠基性的基础概念。在对自由这一基础性概念的把握中，黑格尔的思想旨趣重点并不是要揭示自由本身是什么，而是要揭示自由是一切存在的价值根据，为整个人类社会生活奠定价值根基。

法哲学研究“以法的理念，即法的概念及其现实化为对象”。而“法的理念是自由”[①]，因而，法哲学研究就必定以自由奠基。作为法哲学研究对象的“法”，不是我们通常法学意义上所理解的法。这里的“法”指的是自由（权利）及其存在，它包含权利、法律双重含义。因而，作为法哲学研究对象的法，首先就不是形式的，而是关于实质内容的；其研究方法就不是形式逻辑的，而是辩证逻辑的；其表达就不是定义及在定义基础之上分析式的，而是否定性生长式的——从一个原点出发，展开其丰富内容。自由就是法哲学研究的原点。

一、“自由”与“自由意志”

自由在欧洲启蒙时代是一个充满魅力、又极具歧义的概念。一方面，在反对宗法等级、宗教神学的斗争中，人们诉诸自由、向往自由；另一方面，人们又在世俗的立场给予自由各种理解。这就如孟德斯鸠曾说的那样：“没有比自由一词含义更多并给人留下深刻印象的词了。有些人认为，能轻易罢免他们曾授予专制权力的人，就是自由，另一些人则认为，有权选举他们的长官，就是自

① 参见黑格尔：《法哲学原理》，第1—2页。

由，还有些人，把自由视为拿起武器并能施行暴力的权力。又有一些人认为自由就是只受一个本民族的人统治或者只受自己法律约束的特权。”[①] 甚至如同后来托克维尔所揭示的那样，自由在具有解放意蕴的同时，也成为刚愎自用、为所欲为的代名词。自由精神、自由地生活究竟是什么？这是人类进入启蒙时代所必须正视与回答的问题。启蒙时代的英、法、德诸国思想家从不同的角度对此作了探索。德国的古典哲学家们在哲学的意义上冷静理解自由，澄清自由的内容。黑格尔在《法哲学原理》中所做的工作，正是这一工作的继续。

在黑格尔这里，自由是“‘精神’的本性和历史的绝对的最后目的”[②]。即，自由首先是一个本体的概念，它被理解为是人、人的本质，只有人才是自由的。这个自由既不是纯粹的主观意愿，也不是那种想做什么就做什么的为所欲为，而是能够自我实现的人类精神。因而，黑格尔所理解的自由就具有二重性品质：现实性与普遍性的品质。一方面，它是能够通过行动自我实现的精神。人的自由不是一种停留于主观意愿的东西，它必定是要通过人自身的创造性活动成为现实的。另一方面，人的自由又不是任性，不是为所欲为，它要合乎“自在自为”的自由概念，要克服特殊性与普遍性的分离，要在特殊性与普遍性的统一中实现自身。将自由理解为“任性”，在黑格尔看来是“完全缺乏思想教养”的认识，这种认识“对于什么是绝对自由的意志、法、伦理，等等，毫无所知”[③]。任性是脱离普遍性的特殊性，没有真实性。自由并不是毫无规定的空洞概念，而是有着丰富内在自我规定的精神。自由是不为外物所规定的自我规定。当人的精神不是自我规定，而是由某种外物（权威、强力、物欲等）所规定——这种外在权威既可能是彼岸的，也可以是此岸的，既可以是精神的，也可以是物质的——则人是不自由的。只有能够自我规定时，才可能是自由的。自由，就是自主、自觉地自我规定，做自身的主人。自由为自由自身所限制，实乃是自由的自我规定性。

这样，自由就不是沉浸在纯粹主观意愿领域中的抽象精神，而是作为自我实现的创造性自由活动。它是理性、创造性的精神。它必定在其展开过程中呈现为特殊与普遍、主观与客观、个体与整体的统一，且这个统一是一个动态的、

① 孟德斯鸠：《论法的精神》，孙立坚等译，陕西人民出版社2001年版，第181页。

② 参见黑格尔：《历史哲学》，第24页。

③ 参见黑格尔：《法哲学原理》，第25—26页。

创造性的开放过程：它在人类的有限自由创造中实现无限自由，人类的无限自由就存在于有限自由的无限创造过程中。黑格尔的整个《法哲学》体系，就揭示了这种无限与有限统一的自由展开过程。抽象的自由法权、个体的道德精神、客观的伦理秩序，每一个环节都既是自由的创造活动，又都是自由的自我规定。自由的权利（法权）只能为自由所限制，主观自由的道德精神以“法在心中”的自由精神所规定，客观伦理秩序则是“存在的统一”的自由秩序。

既然自由是要克服特殊性与普遍性的分离，那么，这就意味着自由内在地隐含着特殊性与普遍性两个方面。从自由精神的主体角度看，此特殊性就是个体，普遍性就是整体。个体与整体的统一、和谐关系，或者换言之，个体间的统一、和谐关系，就成了自由的核心内容。自由的权利是普遍权利，因而，自由权利就内在地包含着义务、责任。社会是个人的社会（有机体），个人的需要在社会中得到满足（而不是被压抑、否定），个人对作为“我们自己的”社会负有责任、义务，这不是对个人的“限制”，而是获得了真实的自由。[①]

当然，黑格尔《法哲学原理》的逻辑体系，事实上也以自己的方式揭示了个人自由与社会自由的内在紧张，只不过，黑格尔本人试图消解这种紧张。“道德”篇揭示的是个体的精神自由，个体道德精神最终指向“法在心中”率性而为的“良心”，这是主观精神自由的极致。不过，黑格尔为了克服个体主观精神的“任性”，主张以“伦理”规定“道德”，从抽象的个体主观精神世界进入现实的社会伦理生活，提出以社会伦理共同体中的伦理关系与习俗作为行为选择依据。[②]黑格尔的这种努力值得赞许。但是，他的这种努力无论是在理论上，还是在实践上，都还留有诸多值得深究之处。

自由是意志的自由，讲自由必定是讲意志自由。动物没有意志[③]，只有人有意志，因为只有人有精神。在此意义上，“自由”与“自由意志”概念相当，它所揭示的是意志的自我规定与人的自主、自抉、自律性。不过，“自由”与“自由意志”又有区别。“自由”是自由精神、自由理念，首先是普遍、类意义上的。它不仅有“自由意志”，还有基于自由意志的自由行动。尽管“自由”也包括个体、特殊，但此只能是在普遍、类意义基础之上的具体个体、特殊化存

---

① 参见黑格尔：《法哲学原理》，第 167—168 页。

② 参见黑格尔：《法哲学原理》，第 168 页。

③ 参见黑格尔：《法哲学原理》，第 13 页。

在。而“自由意志”则必定首先是个体的。凡是讲意志必定首先是单个、具体、个别的，否则，就不会有意志，更没有所谓的集体、类的意志。然而，个别的意志只有上升为普遍的意志，才能成为真实现实的。自由的实现是要克服普遍与特殊的对立，此克服不是要以普遍吞噬特殊、个别，而是使特殊、个别成为普遍的，普遍存在于特殊、个别中，普遍通过特殊、个别获得自身的生命力与生长性，特殊、个别在普遍中实现自身。这样，“自由”的实现，就须从特殊、个别，从“自由意志”始。黑格尔在自由理念及其实现中纳入自由意志，实乃在自由理念及其实现中纳入个体、个性，这其中深藏着两个重要意蕴：其一，自由的理念、精神要成为现实的，总是要通过个人、个体的创造性活动才能实现。离开了个体、个性，自由理念、精神只能是一种抽象观念。其二，自由的理念、精神通过个人的“需要、本能、兴趣和热情”的目的性活动实现。作为“最广义的人类的活动”的意志，是自由精神、理念现实化的“原动力”；自由精神、理念并不拒斥个体欲望、需要、兴趣，相反，它以这些为内在环节[①]。这样，黑格尔通过“自由”精神、理念中的“自由意志”这一环节，就以自己的方式既为揭示自由精神的一般实现方式（即，通过个体的目的性活动实现）奠定了基础，又为道德精神与伦理秩序中的个体及其权利奠定了基础。

黑格尔对“自由”的理解与其对“人”的理解相一致。黑格尔不同于康德。康德的自由是“自我立法”的自由，其根本出发点是原子式的个人。黑格尔的自由是“伦理实体”的自由，其根本出发点是“人是政治的动物”，人在社会共同体中成为现实的存在。

二、意志

黑格尔认为：“法的基地一般说来是精神的东西，它的确定的地位和出发点是意志。意志是自由的，所以自由就构成法的实体和规定性。法的体系则是实现了的自由的王国，是从精神自身产生出来的、作为第二天性的那精神的世

① 参见黑格尔：《历史哲学》，第22—24页。

界。”[1] 黑格尔讲自由意志，在这里主要集中围绕三个问题深入展开：意志与思维的关系、单个意志及其相互关系、意志与欲望冲动的关系。

（一）思维与意志

根据一般认识，精神分为两部分：思维与意志，思维是认识，意志是欲望、行动。当我们说人是精神的存在时，就是在说，人是能够思维并具有意志行为的存在。

亚里士多德曾以理性规定德性，并将德性区分为理智德性与伦理德性，理智德性是关于认知、知识的，而伦理德性则是关于行动的。[2] 康德亦将理性区分为理论理性与实践理性，理论理性是认识，是概念范畴的推演，实践理性则是人的行为。黑格尔则用“理论态度”与“实践态度”来表达这种精神的两个方面。这与亚里士多德、康德大致相同。不过，在关于思维与意志、理论与实践、认识与行动的关系问题上，黑格尔与康德有相当区别。

康德复活了亚里士多德理论知识与实践知识区分的思想，在康德看来，探究自然与探究人事社会是两件完全不同的事情。自然可以通过思维、逻辑去把握，因为自然是“实然”的。人事社会则不同。人事社会是自由的，是有理想、目的性的意志活动的，是“应然”的，所以，思维、逻辑不能把握自由的人事社会，不能用逻辑推理来把握人事社会。人事社会是意志的世界，只能是意志的自我规定。这样，康德就将思维与意志、实然与应然对立二分。黑格尔则不同。黑格尔要统一二者。在黑格尔看来，精神具有无限性，具有掌握“绝对”知识的能力；精神经历的诸多实在过程，最终是要进入绝对的境地，是知心、知人、知世、知天，使之成为完满。思维认识与意志原本是一体的。[3]

思维是关于对象的本质、普遍性的认识，因而，思维过程是一个摆脱感性杂多、远离特殊性，而上升至一般抽象、普遍性的过程。意志则不同。意志则是一个目的性的、趋向于做与行动的冲动，因而，它是一个摆脱抽象性与主观

---

① 黑格尔：《法哲学原理》，第 10 页。

② 亚里士多德还进一步认为：伦理德性基于理智德性，否则，勇敢、节制就无法成为美德；伦理德性与理智德性通过“好”的“实践”实现内在统一，且知识成为伦理德性的必要部分。

③ 参见洪镰德：《黑格尔哲学之当代诠释》，第 286—299 页。

性而成为具体性与客观性的过程。在这个意义上，思维与意志是精神活动的两种不同类型。

不过，黑格尔坚决反对将思维与意志割裂的做法。他认为思维与意志是人的精神的两个方面，二者不能彼此分裂。“有些人把思维作为一种特殊的独特的官能，把它跟意志分离而作为另一个独特的官能来考察，并且进一步认为思维对意志、特别是对善良意志是有害的。这些人一开始就暴露出对意志的本性一无所知。”[①]“我们不能这样设想，人一方面是思维，另一方面是意志，他一个口袋装着思维，另一个口袋装着意志。”“思维和意志的区别无非就是理论态度与实践态度的区别。它们不是两种官能，意志不过是特殊的思维方式，即把自己转变为定在的那种思维，作为达到定在的冲动的那种思维。”[②]这里，黑格尔集中表达了这样一个思想：人具有理性的思维能力与实践能力，思维与意志统一于人这一自由存在者。

在黑格尔这里，意志不是通常心理学意义上的个人的欲望、需求——那至多只是指一种心理状况。黑格尔将意志理解为欲望及其实现的行为冲动——它是“最广义的人类的活动”[③]，它包含着主观见之于客观的行动、做、实践之特质。认识、思维是要去除客体对象的感性杂多性，并使之成为主体思想中的东西，意志则不同。意志的对象是目的（或目的性存在），这个目的是主体已有的，但意志不满足于这个仅仅存在于思想中的目的。意志的对象不能仅仅在思想、认知上属于主体，它必须在客观上也属于主体。这样，意志就必须冲破纯粹思想、欲望，而采取行动、做，使欲望的目的得以成为具体、现实的。[④]

如何理解“意志是特殊的思维方式”？意志作为一种特殊思维方式首先意味着它是一种思维方式。一般的思维是对象性的，通过去除对象的感性成分将其变成我的思想。这是我对于对象的认识与思想，并在我的这种主观认识中消解自我与对象的对立。这种一般意义上的思维，是人在观念中形成关于事物的认识与思想。但是人的意志并不满足于这种对象性的认识，并不满足于形成一般的观念与思想，而是要基于观念与思想来设定一种现实的存在，是要基于这

① 黑格尔：《法哲学原理》，第 14 页。

② 黑格尔：《法哲学原理》，第 12 页。

③ 参见黑格尔：《历史哲学》，第 23 页。

④ 参见洪镰德：《黑格尔哲学之当代诠释》，第 299—300 页。

种对象性认识来能动地调整自我与对象的关系。人的这种认识总具有某种目的性，意志总是要表现出自身的特殊性，并将这种特殊性内容以目的的方式呈现出来。“实践的态度从思维即从自我自身开始。它首先显得跟思想是对立的，因为说起来它自始表示一种分离。在我是实践的或能动的时候，就是说，在我做一件事情的时候，我就规定着我自己。而规定自己就等于设定差别。但是我所设定的这些差别，那时依然是我的，各种规定属于我的，而我所追求的目的也属于我的。”①

意志不同于思维就在于：它不满足于一般地对于对象的认识，不满足于停留于一般的观念与思想，而是要将这种观念思想变为现实的存在，它内在地具有变成现实的冲动力。这就是黑格尔所说意志“把自己转变为定在的那种思维，作为达到定在的冲动的那种思维”②之意思。这样，也就不难明白黑格尔所说思维与意志的区别是“理论态度”与“实践态度”之区别。“理论态度”是将对象变为人的观念与思想，在这种观念与思想基础之上，人才有可能形成自己的目的与要求。“实践态度”则是观念中的目的性及其实现之冲动。意志具有行动、做之冲动。意志的现实化就是存在。这样，思维与意志就不是彼此对立不相容的东西，思维是意志的一个内在环节。

意志的目的性活动基于思维、思想，思维、思想首先提供的是一种关于外部实在世界的知识。但是，主体基于这种知识对外部实在世界形成自己的趋于完满的目的性认识：不满足于实存的，欲求使实存的变成合目的性的。这样，意志的合目的性活动就是合“应然”的活动。思维、思想在这里不仅提供了关于外部世界的“实存”知识，亦提供了其“应然”的目的性。意志的目的性活动，既使思想、思维超越了纯粹“思”而进入“行”的境地，使“思”与“行”统一，又通过“行”使“实存”（“实然”）的成为“目的性”（“应然”）的，进而使“实然”与“应然”达到统一。

思维与意志统一于实践、行动、做。这有两方面的意思：一方面，“理论的东西本质上包含于实践的东西之中……没有理智就不可能具有意志。反之，意志在自身中包含着理论的东西”。动物亦有活动，但是动物没有意志、没有目的

① 黑格尔：《法哲学原理》，第 13 页。
② 黑格尔：《法哲学原理》，第 12 页。

性，而人的活动则是有目的性的活动，在人的目的性活动中包含了认识与意志。另一方面，人的实践活动创造了现实的认识对象。“人不可能没有意志而进行理论的活动或思维，因为在思维时他就在活动。被思考的东西的内容固然具有存在的东西的形式，但是这种存在的东西是通过中介的，即通过我们的活动而被设定的。”[①] 思维的内容本身就是由意志活动所规定。一般说来似乎事物都是存在的——无论我们是否承认或认识它都是存在着的，然而，就其现实性而言，如果事物并没有纳入人的认识视野，或者人们对其根本熟视无睹时，这些事物就是“无”。只有纳入人的活动对象、成为人的一种目的性探究指向时，事物对于人而言才是真实存在的。在这个意义上，人的有意志活动创造了自身的思维对象。

实践统一思维与意志，实践是人的主体性存在方式。实践不是简单的做、行动，而是合目的性的做、行动。实践是主体将思想、观念变为客观、实在的合目的性活动过程。其核心是将自在的事物变为合目的性的自为的存在，是使原本不合理性（或目的性）的实在，变为合理性（或目的性）的实在。实践内在地包含着思维、理论、精神。黑格尔以绝对精神的思辨方式揭示了人的自由存在、实践本体论之意蕴，为马克思的实践概念提供了理论资源。实践不仅仅是简单地做，它是思维与意志的统一，是理论态度与实践态度的统一，是人的自由存在方式。

（二）意志的“单一性”

意志如何才是自由的？怎样的意志才是自由的？黑格尔通过无规定性—规定性—单一现实性的思辨方法，分别分析了意志的“单一性”及意志与欲望的关系问题，揭示了自由意志的真实性内容。

在黑格尔看来，只有“单一性”的意志，才有可能是真实的自由意志。意志必定是单一的、独特的。因为只有单一、独特的意志，才是“我”的意志，进而才有意志可言。意志总是每个具体人的，意志总体也只是全体成员意志的集合，不能离开每一个成员的具体意志言意志总体。然而，如果意志仅仅是“我”的、个别人的，那么，这种意志，就是绝对排除他人意志的纯粹主观性的

---

① 黑格尔：《法哲学原理》，第 13 页。

意志。这种纯粹主观性意志失缺普遍性，因而不能被称为真实的意志——这就如自由一样，它总是要通过无数“我”的自由具体呈现，如果“我”的自由拒斥了其他“我”的自由，那么，“我”的自由亦是偶然、不真实的。真实的单一意志，不是绝对无差别的同一意志，也不是各不相关、纯粹偶在的“自我”的意志，而是在“我”的单一、特殊意志中具有他人的意志。因而，真实的单一意志具有普遍性，是普遍意志特殊存在的意志。黑格尔关于意志发展三环节论述，以思辨方式表达了这个思想。

根据黑格尔的看法，意志有三个发展环节：“纯无规定性”—“规定性”—“单一性”。“纯无规定性”是“自我”的无差别、无规定性的同一意志。在这“纯无规定性”的意志中，一切“出于本性、需要、欲望和冲动”等形成的限制或规定都消除了。这是没有任何具体规定性的、绝对抽象的普遍性与无限性。[①]这里所谓意志的绝对纯无规定性，并不是说意志真的没有任何具体内容，而是指只有一个意志、没有其他意志（没有黑格尔所说“否定的自由”）：是将“自我”的意志直接等同于普遍性、并否定意志丰富多样性的否定性自由。这是绝对的主观自由。它合乎“我就是我”这一自由精神的表达形式，但却清除了自由精神的丰富内容。在这里，只有一个意志：“我”的意志即是绝对普遍的意志。这是无差别的同一性意志。它否定意志的多样性，消灭了意志的一切特殊性与具体规定性，是以“自我”的特殊、个别意志当作全体意志，并将其强加给全体的意志。这种意志一方面具有普遍性的形式，另一方面又能够在现实中“马上带来某种秩序”，因而，就拥有某种诱惑性，并往往为人们所欢迎。这在理想主义激情迸发中常常见到。然而，这种意志的破坏性却不容忽视。这就是黑格尔通过法国大革命、印度婆罗门教具体分析所揭示的道理。[②]没有多样性规定的自由具有毁灭性。

真实的意志总是有规定性的。“我”的意志，只有成为特殊、有规定性的，才有可能是真实的。所谓有规定性的意志，是有具体内容规定的意志，“我不光希求而已，而且希求某事物”[③]。“我”有“我的”意志、愿望、希求、目的，且这些“我的”意志、愿望、希求、目的总是具体有所指。没有任何具体所指

---

① 参见黑格尔：《法哲学原理》，第 13—14 页。

② 参见黑格尔：《法哲学原理》，第 14—15 页。

③ 参见黑格尔：《法哲学原理》，第 17 页。

的意志，就不是意志。当意志有所指向时，意志就是有限制的。正是这些意志的具体规定性，使“我”成为“我”。人若是自由的，必定是有其特殊意志的。一个人的这种特殊意志的确立，是其得以作为主体自由存在的前提。

自我意识首先是对“异”之意识。自我首先要将自身视为特殊的、个别的，才能有普遍的意识与意志。不能将自己视为特殊、个别的自我，就不可能拥有普遍性。因为只有承认自己的特殊、个别，才有可能进一步承认他在之合理性，才有可能包容对异的认同，才不会是绝对排他性的自我意志。有异、特殊性，才能有自我意志自由之普遍性。这正是黑格尔抽象思辨中最重要的现代性精神之一。每一个“我”总是具有特殊性与普遍性双重特质，但是，一方面，如果“我”将自身的特殊性直接当作普遍性，以为这个世界上就只有这种特殊性，这种特殊性就是普遍性本身，那么，这个世界上就既没有普遍性，也没有特殊性；另一方面，如果“我”意识不到我的特殊意志，简单地将所谓普遍意志直接作为“我”的意志本身，那么，由于这个所谓的普遍意志缺失特殊性内容，它也成为空洞、虚幻的。

人类社会，既不能只有一个意志，也不能是意志的杂多。在纯无规定性意志中，只有一个意志，自我意志构成自由之全体。在意志的特殊规定性阶段，有了诸多特殊自我意志，每一个特殊自我意志均“属于自由，但不构成自由全体”[①]。只有“我”的特殊的意志同时亦成为普遍的，它才可能是真实的。这样，黑格尔那里就出现了“单一性”的意志。

“单一性”意志是普遍性与特殊性相统一的意志，是自由意志的具体存在。在这特殊性与普遍性统一的“单一”意志中，意志获得了真实规定。每一个“我”的意志总是“单一”的意志；每一个“单一”意志既是每一个“我”的特殊意志，又是普遍的意志。“在这一规定性中人不应当感到自己是被规定的，相反地，由于他把它物作为它物来观察，他才具有自尊感。所以自由既不存在于无规定性中，也不存在于规定性中，自由同时是它们两者。”[②] 在这里，“我”的意志将其他意志均视为自由意志的存在，“我”的意志只是这普遍自由意志中的一个特殊存在。这样，“单一”意志又不是纯粹“单一”的，而是意志与意志间

---

① 黑格尔：《法哲学原理》，第 17 页。

② 黑格尔：《法哲学原理》，第 19 页。

的平等关系。

“意志的规定是意志自己的规定。”[1] 所谓“意志的规定是意志自己的规定”是指：具有真实规定性的意志通过发现“自我”是特殊、是与其他一切“自我”特殊意志一样均为自由的存在者，进而将这个“自我”特殊提升为普遍自由的现实存在者的方式实现。这个被规定了的意志，就是作为“单一性”的我的真实意志。

被规定了的“单一性”的特殊意志，就是现实意志。这个具有“现实性”的现实意志，有形式与内容两个方面的具体规定：其一，就其形式方面而言，指的是现象性、实存性，是感性确定性的现实性，即，这是“我”的愿望、希求、目的及其实现。这是“我”借助于手段、通过自觉活动将自身主观目的变为客观存在的过程。这说的是人的感性活动、实践能力这种呈现为现象的意志。人的目的须通过有目的性的感性活动呈现，是其要旨。[2] 其二，就其内容而言——这个内容不是在一般意义上指意志的构成，而是指意志的内在精神规定性、普遍性、客观性——则是“意志在自身中的反思着的特殊化”，这是基于意志内容合理性而言。这个“我”的意志及其感性确定性存在，不是任意或任性，而是自由这一绝对精神的具体存在。因而，无论意志的具体目的性是什么，这些具体意志目的都应当是自由的定在，都应当有普遍性内容。

意志规定的形式与内容这两个方面，都揭示了意志的客观性：一方面，意志不是纯粹的抽象思维，意志是一种主观见之于客观、目的性及其实现之冲动，这种客观性是感性客观，是行动。另一方面，意志不是纯粹主观任意，它具有普遍必然性内容，它是普遍性、必然性的客观性。正是意志的这种内容规定，构成了“我”的意志自身的合理性根据，并使“我”的意志成为真实的意志。

（三）意志与欲望冲动

“单一”的意志只是在一般的意义上揭示：“我”的真实意志是具有普遍必然性的意志，“我”的意志存在的理由，以及诸多“我”的意志之间的平等关系。然而，“我”的欲望、冲动、意图又是如何成为普遍的？能够构成真实意志

---

① 黑格尔：《法哲学原理》，第 20 页。

② 参见黑格尔：《法哲学原理》，第 19—20 页。

的具体内容又是什么？理性与欲望冲动的关系如何？黑格尔通过意志发展三阶段（自然意志—反思意志—真实意志）对此作了进一步具体揭示。

意志总是有欲望、冲动的，然而，人的意志并不直接是欲望、冲动本身。直接以自然冲动、情欲等为内容的意志是“自然的意志”[①]。自然意志尽管拥有属于“我”的东西这一形式，但是它被自然所直接规定，因而，是没有意志的意志。

人与动物都有情欲、冲动，但是，人不同于动物。尽管“冲动是一种自然的东西，但是我把它设定在这个自我中，这件事却依赖于我的意志。因此，我的意志就不能以冲动是一种自然的东西为借口来替自己辩解”[②]。即，动物是被自然的情欲、冲动等所直接规定，情欲、冲动就是其自身，因而，动物就是被注定的，无所谓自由可言。人则是“作为全无规定的东西”而存在，人不是被情欲、冲动这样一类外在自然规定所决定，人并非是自己的自然本性，人并非先天被（自然欲望、冲动）注定，故人有自由。不仅如此，人还将这种自然冲动人化为属于人的存在的一部分。“把它规定和设定在为他自己的东西。”[③]这就是说，尽管人有情欲、冲动，但是人却并不为情欲、冲动这类自然性所决定，相反，情欲、冲动这类自然性却被纳入人自身，成为人的一部分；人不应当是属于情欲、冲动的，相反，冲动、情欲应当是属于人的；人是有欲望的，但人的欲望应在合理的范围内。

人、意志不能拒斥情欲之类，情欲应当成为意志、人及其现实存在的一个环节。人是自由的，作为人的自然基质的肉体、情欲、冲动等，也应当是属于自由的。说肉体、情欲属于自由，这不是在否定、吞噬这种情欲、冲动，而是要使它们作为自由存在的一部分。如果没有了这些情欲冲动，人就不能作为现实的自我或主体存在，人的自由存在本身进而就是空洞的。研究人及其自由问题，研究伦理、道德、法律，不能回避人的欲望与自然冲动。欲望是一切道德行为与道德情感的原点，欲望净化为情感，升华为意志。

黑格尔从自由精神及其实现、自由意志活动的原动力高度来认识欲望、需要，这个思想极为深刻。黑格尔在《历史哲学》中曾有过如下一段论述：“所谓

---

① 黑格尔：《法哲学原理》，第 22 页。
② 黑格尔：《法哲学原理》，第 23 页。
③ 黑格尔：《法哲学原理》，第 23 页。

原则，最后目的、使命，或者‘精神’的本性和概念，都只是普遍的、抽象的东西。‘原则’……是一种内在的东西，唯其如此，无论它本身是怎样地真实，终究不能完全是现实的。目的、公理等等，只存在在我们的思想之中，我们的主观计划之中，而不存在于现实之中，它们仅仅是为自己而存在的东西，是一种可能性，一种潜伏性，但是还没有从它的内在达到‘生存’。为得要产生确实性起见，必须加上第二个因素，那就是实行、实现，这个因素的原则便是‘意志’——最广义的人类的活动。有了这种活动，然后上述的‘理想’以及一般抽象的特质才得实现，才得实行，至于它们本身却是无力的。”① 黑格尔将自由理解为人的本质、本体、本性，然而，在他看来，自由须从抽象中走出来，须成为现实的存在。这就必须行动，必须实现、实行。意志活动就是行动、实现、实行的自由精神。“那个使它们行动，给它们决定的存在的原动力，便是人类的需要、本能、兴趣和热情。”②

由于意志总是具体、个别、“我”的，因而，意志就必定包含着“我”的目的、需要、欲望。没有“我”的目的、欲望、需要，自由意志就是不可思议的。如果不将“我”的个人利益、目的、需要、欲望等等灌注到“我”的个人的目的性活动中去，就会从根本上否定自由意志本身的存在。这样，当我们能够在一般意义上说需要、本能、兴趣、激情等是自由精神现实存在的原动力时，也就能够在普遍的意义上说：正是“我”的这些欲望、目的、需要的存在，才有“我”的自由意志，并通过“我”的意志行动，使自由精神成为事实，成为现实存在。所以，道德、自由意志非但不拒斥“我”的利益、需要、欲望，相反，还以它们为前提。③

黑格尔的哲学、伦理学思想不同于康德。在康德看来，道德作为一个普遍的法则，不能建立在诸如欲望、情欲、冲动这一类感觉、经验基础之上，道德必须建立在纯粹理性基础之上。所以康德在道德中拒斥感性、经验。康德的理性是一种道德法则的可公度性、普遍性，强调的是道德律令的绝对性、无条件性。康德的哲学伦理学思想以自己的方法表达了道德的崇高与纯洁性，强调道德法则不是一种可以因环境条件而转移的有条件的东西，突出了道德实践的无

① 黑格尔：《历史哲学》，第 22—23 页。
② 黑格尔：《历史哲学》，第 23 页。
③ 这就如黑格尔所说：“我要把什么东西实行起来，成为事实。”参见黑格尔：《历史哲学》，第 23—24 页。

条件性之“绝对命令”特质，但是同时却置道德于空谷幽兰境地。在那里，道德有不食人间烟火的嫌疑，道德成了一种现实的人难以企及的神圣（因为作为现实存在着的人，总是具有欲望、情欲的）。黑格尔则不同。黑格尔将道德、法律、政治等均建立在人的现实存在基础之上，将欲望、冲动之类作为自由意志的内在环节之一。黑格尔并不反对道德的崇高，但是黑格尔主张道德不是空洞的，而是富有内容的。在这一点上，黑格尔比康德更为深刻。[①]

自然冲动并不是自由意志的现实内容。自由意志基于理性或精神对这些欲望、冲动及其实现方式与手段作出反思，并在反思基础之上作出自我选择。通过反思，使欲望、冲动去除其纯粹自然性，而成为自由的（内在一部分）。自由意志对欲望、冲动的这个反思过程，亦是自由意志的自我规定、自我选择过程。正是自我选择及其所表达了的自我决定，使意志成为现实的。

（四）真实意志

如前所述，黑格尔将意志分为三个阶段：自然意志、反思意志、真实意志。在黑格尔的思想中，反思阶段的意志是要确立起“我”的意志，真实阶段的意志是普遍与特殊统一的真实（真理性）意志。不过，基于以下两个理由，我们在此处将反思的意志纳入真实意志中统一讨论、把握：

其一，反思的意志有双重任务：一方面，要使纯粹自然欲望冲动成为自由的一部分；另一方面，要作出选择，从纯粹的主观中走出来，使意志成为现实的。而反思的意志的这两重任务，又均集中指向意志的“真实”性：一个是作为真实、具体存在的意志，这是感性的真实性；另一个是作为具有现实普遍性规定意义上的意志，这是普遍性规定意义上的内容的真实性。反思的意志通过克服意志的优柔寡断、任性这两个方面使意志成为真实的。

其二，反思意志是真实意志的一个环节，真实意志中包含着反思意志即“我”的意志。将反思意志纳入真实意志中统一思考，更有助于理解意志的“真实”性。意志的“真实”性在于形式与内容、感性与理性、普遍与特殊的具体

① 对于欲望的这种属于人的价值认肯，既能对人本身有全面认识，亦能为社会的人道价值精神提供丰富内容。

统一。

如前所述，真实意志之“真实”有两重含义：其一，感性、形式意义上的真实性，这是指“我”的具体意志这一现实性；其二，意志内容的客观性、普遍性意义上的现实性。真实的意志首先一定是现实的意志。从欲望冲动到意志现实存在，首先有一个通过选择冲破纯粹的主观意愿而具体化的问题。人的欲望作为人的一个部分，经过理性的作用，会在多种行为冲动中作出自己的选择。这种通过选择作出决定的意志，才是“我”的现实的意志。一个不作选择的意志，不可能是现实的意志。优柔寡断与任性，均不是真实的意志。无限多样性而无选择决定的意志，是无规定的意志。意志只有“当它作出决定，它才是现实的意志”。“意志通过作出决定而设定自身为特定个人的意志。”[①] 个人的意志须通过选择变为现实。

意志在作出选择前，只是一种可能——且是一种无限多样性、无规定性之可能。这种无规定性表现在两个方面：一是冲动即欲求的无限多样性，且无论哪一种冲动均是“自我”的冲动；一是满足方式的普遍可能性，以及由这种普遍性所直接引出的无规定性——什么都可能就是什么都不可能，正是在这个意义上，意志是无规定性的。意志的现实存在，就在于意志的决定、选择。所谓决定、选择，就是在无限多样可能中确定其一：冲动由无限多样性成为单一的，实现冲动的方式亦由无限多样性成为具体单一的。选择“就是扬弃无规定性”，就是在多样性可能中择其一，使意志获得“单一性的形式”。作为单一性存在的意志就是“现实的意志”。现实的意志是有限的意志。经过选择所确定的有限的意志，才是能够行动的意志。

那么，这是否意味着具有无限多样性可能的无规定性的意志就没有存在的理由？换言之，是否在未作出选择前的意志多样性内容就没有价值？不是。黑格尔揭示：“意志的无规定性本身是中性的东西，但又是无限丰富的东西，或一切定在的原始萌芽，在自身中包含着它的种种规定和目的，它仅仅是把这些东西从自身中提供出来而已。”[②] 正是这无限多样性可能，一方面使得自由成为可能——没有多样性就没有选择，就无所谓自由；另一方面人的理性对于这多样

① 黑格尔：《法哲学原理》，第23、24页。

② 黑格尔：《法哲学原理》，第23页。值得注意的是，黑格尔在这里说“意志的无规定性本身是中性的”，这就包含着一个思想：作为自然冲动的情欲、倾向等这些无规定性的意志，就其本身而言无所谓善恶。

性可能作出权衡，可以择优。没有多样性，亦没有择优。当然，作为单一的意志之具体规定性，“当初都只是一种可能性”，只不过它后来通过意志的自我决定，由可能（的意志）变为现实（的意志）。

意志的秉性是现实性冲动。这里的现实性有两种含义：一方面，总是有一种在无限多样性中选择、确定具体的冲动，使自身获得具体、特殊的形式；另一方面，总是有一种成为感性具体存在之冲动。这样，在其现实性上，意志就是有限、偶然的。[①]选择是决定，是舍弃，是择一，具有有限性与偶然性。值得注意的是，选择同时就是舍弃。懂得并会舍弃，这是人生智慧，亦是自由真实实现的前提。优柔寡断、舍不得放弃的人，大致逃不出一无所成的命运。有所失，才会有所得。确定目标的同时就是放弃。有了目标，就坚忍不拔地去做，这既需要心态，又需要毅力。

作出选择的意志，是有限的、个人的意志。“意志通过作出决定而设定自身为特定个人的意志”，即成为“把自己与别个区分开来的那种意志”。[②]这种个人的意志对于“自我”具有特别重要的意义：其一，这是“自我”确立的方式，或自我作为主体存在的方式。人除了基于个人意志的选择（及其现实冲动或实践）之外，没有其他方式可以确证自己的主体存在方式。选择，就意味着主体性存在。其二，“自我”也只有通过这种意志选择，才能确立起责任，即主体必须对自身的选择负责。没有选择，就没有责任。其三，主体在选择过程中成长为主体。意志冲动的有限性及其向普遍性提升之要求，表明人在其现实性上总是有限的，人是通过不断克服自身的有限性而向普遍性接近。“自我”是通过作出选择、决定而成为自我。没有选择与决定，就不能成为自我。

“不作什么决定的意志不是现实的意志；无性格的人从来不作出决定。……人唯有通过决断，才投入现实，不论作出决定对他说来是怎样的艰苦。”作出决定，从内心的酝酿中走出来，使内心酝酿的可能性变为现实性，这正是个人

---

① 黑格尔在第 13 节批评了以为意志无限性的看法：“以为一般在意志方面人是无限的，而在思维方面人甚或理性都受着限制，作这样想法的人，就不懂得思维和意志的本性。只要思维和意志彼此还是有着差别，那末毋宁倒过来的说法是真的，意志是决心要使自己变成有限性的能思维的理性。”在黑格尔看来，思维是无限的，意志是有限的。因为在思维中作为认识对象与内容存在的始终是普遍性，思维总是要超越特殊性，成为普遍性。相反，意志总是要使自己具体化，总是要选择，总是要舍弃，故，意志在其现实性上总是有限的。参见黑格尔：《法哲学原理》，第 24 页。

② 黑格尔：《法哲学原理》，第 24 页。

意志选择的生命价值。[①] 这种酝酿选择本身可能充满痛苦与艰辛。这种痛苦与艰辛不仅指通常所说的心智劳动，更重要的是指自觉意识到必须放弃某些欲望与生活选择，而这些欲望、生活选择对于“我”来说可能有重大乃至终生影响(如为了同胞兄妹选择放弃上学的机会，在特殊情况下选择说真话而不昧着良心等)，这种自觉意识则是一种心灵的痛苦与不幸。然而，尽管如此，不作出选择或不能作出选择，较之选择所可能带来的痛苦与艰辛更为不幸。因为，伴随着痛苦的是，自己毕竟已作为一个现实的人存在着。

所以，“因循怠惰的人才不愿意从内心酝酿中走出，这种内心酝酿使他把一切保持在可能性的状态中。但是可能性还不是现实性。有自信的意志是不会因此就在被规定的东西中丧失自己的”[②]。

个人的意志选择似乎是“自我”作出的选择，是“我”自己在这有限可能中选择了其中之一，放弃了其他可能。“我”是英雄或懦夫，似乎均是“我”自己选择而成。但是，这种选择只是在一些可能的东西中的选择，是自我“把自己规定为这个或另一个的可能性”，因而，个人的意志自由选择总是摆脱不了某种“偶然性”与“任性”。“任性是作为意志表现出来的偶然性。”[③] 黑格尔此处所说“任性”并不是我们通常所理解的失却理智、不顾一切之任性。此处“任性”指的是偶然性。这就是黑格尔所说：“任性的含义指内容不是通过我的意志的本性而是通过偶然性被规定成为我的。”[④]

自我选择的意志似乎是自由的，但是这种似乎自由的意志又是不自由的，它受到两个方面的限制：其一，具有客观必然性的价值精神的约束限制；其二，主客观条件的约束。[⑤]

意志自由不是“为所欲为”。那种以为意志自由就是为所欲为的看法，是一种缺乏教养的看法，是“对自由的意志、法、伦理等等，毫无所知”[⑥]。黑格尔在此批评了康德的意志自由思想，认为康德关于意志自由的思想脱离了意志的内容及其具体规定性，是无内容的、抽象的意志自由，是主体的纯粹自我确信。

---

① 黑格尔：《法哲学原理》，第 24—25 页。
② 黑格尔：《法哲学原理》，第 25 页。
③ 黑格尔：《法哲学原理》，第 25 页。
④ 黑格尔：《法哲学原理》，第 27 页。
⑤ 黑格尔：《法哲学原理》，第 25—26 页。
⑥ 黑格尔：《法哲学原理》，第 26 页。

黑格尔与康德不同。他试图揭示意志自由的具体内容或具体规定性，从伦理实体中寻求意志自由之合理性规定。人看起来似乎具有为所欲为的无限可能选择自由，其实，自由首先并不意味着想做什么就做什么。如果真的是这样，那么，毋宁说在这个世界上人是最不自由的。因为人是能够自觉意识到自己的本质、因而意识到自己是处处被限制的存在。

意志自由选择受一系列条件的限制。意志自由选择避免不了来自主观与客观、内部与外部诸多偶然因素的影响。看起来似乎“我”的意志具有无限自由，但是“我”的自由意志选择其实是在一系列具体条件限制中作出的。一方面，意志所面对的要作出选择的这些可能性，事实上并不是无限可能性，而只是有限的可能性；另一方面，在这有限可能性中究竟选择哪一种可能性，具有相当的偶然性。这种选择是将无限可能的自我，确定于某一具体特殊内容的规定性。这种无限可能的有限确定，具有偶然性。[①]

这样，当我“可以选择”时，我就“具有任性”的特质；当我说我是意志自由时，我同时就是在说我具有偶然性之可能。[②]这样，我作为自由意志的存在，就具有一种内在的矛盾：一方面，自由意志的“内容不是通过我的意志的本性而是通过偶然性规定成为我的”；另一方面，我也就“依赖这个内容”。[③]即，我是自由的，但我的自由却依赖于偶然性，因而，我又是不自由的。这就是黑格尔所说的作为个体意志的“任性并不是合乎真理的意志，而是作为矛盾的意志”，“通常的人当他可以为所欲为时就信以为自己是自由的，但他的不自由恰好就在任性中”之所蕴。[④]

我们自以为是自由的，处心积虑，谋划计算，但事实上我们却依赖于偶然性。我们是偶然性中的自由。我们之所以能成为我们自己，不过是一连串偶然选择的连续集聚。所谓人算不如天算是也。当我们有所成就时，并不一定意味着自己必定比别人高明优越，很可能这只是偶然的机遇、好运垂青而已。同样，当我们平平之时，也不必要自卑，或许是一连串的偶然使我们失却了原本有的

---

① 在这种外部偶然性中，甚至在一般意义上看来“应做”的，未必就是“能做”的，进而，未必就真的是“应做”的。真实的“应做”中内在地包含了自然必然性，包含了时空条件。

② 参见黑格尔：《法哲学原理》，第 26 页。

③ 不过，黑格尔在这里是通过对于“任性”来表达这个自由意志的内在矛盾的。参见黑格尔：《法哲学原理》，第 27 页。

④ 参见黑格尔：《法哲学原理》，第 26、27 页。

可能。

黑格尔通过意志自由及其选择问题揭示：意志自由既是无限的又是有限的，意志既是自由的又是不自由的。在其可能性、形式性上，意志是自由的、无限的，在其现实性、内容上，意志则是有限的、不自由的。意志的这种有限与无限、自由与不自由之矛盾，正构成了意志或自由自身发展的“辩证法”：意志在不断的自我否定中，试图达到无限与自由。（这正是黑格尔在《法哲学原理》第16、17 节中所表达的重要思想。）

正如前述，自由意志选择似乎总是少不了主体的“任性”因素，然而，这种“任性”不是为所欲为，而是讲自由意志活动中的偶然性。承认这种偶然性、“任性”，并不意味着在自由意志选择过程中要放弃自由意志内容自身的普遍性这一“真”的内容，相反，自由意志选择无论有何种偶然性，都必须克服为所欲为这一“任性”，必须坚守自由精神本身。尽管自由意志的具体选择具有偶然性，但是，无论如何，自由意志活动都须坚持自由精神、向着“自由”境地前行，都须是其冲破有限性达于无限性的一个努力过程。

这里的关键是意志冲动的“纯洁化”、自由意志选择的普遍性。

意志自由选择的具体过程是：意志冲动—对冲动的反思及其纯洁化—扬弃意志的特异性。意志冲动是意志的一个环节，这就是黑格尔所说冲动和倾向是意志的内容。正如前述，不能对意志冲动、情欲之类持简单的否定态度。冲动、情欲之类，既非先在善也非先在恶，或者说，既是先在善的也是先在恶的。就它们是人的意志、人的一部分而言，是善的；就它们是一种人的自然性、应当被矫正而言，则是恶的。[①] 冲动成为意志行为的一个环节、自然性成为人性的内容之一，这就注定了人的本体论悲剧：其一，人与动物并无截然不可逾越的鸿沟，人有可能蜕变为动物。人身上永远潜藏着兽性的一面。其二，人的伟大不在于舍弃其自然性，而在于使自然性成为合乎人性的存在。由此也可进一步得出人的自然性总会以这样那样的方式成为价值精神的一个基本方面的结论。

历史上曾经存在过的各种人性善恶论之争，就是围绕着对这种冲动、情欲的评价而展开的。其实，正如我们已经看到的那样，这种意义上的人性无所谓善恶。当我们能够谈论善恶，或者能够对冲动、情欲之类作出善恶分析时，总

① 参见黑格尔：《法哲学原理》，第 28 页。

是已有某种善恶评价标准或先在偏好，总是相对于某种标准而言。不过，在黑格尔看来，人性本恶较之人性本善的认识更为高明深刻。因为，人就其本质性规定，就其不同于动物之处而言，就其高贵性而言，不在于自然性，而在于扬弃自然性。固守于人的自然性，就处于随时准备作恶的待发点上。人之所以配称得上作为人存在，不在于其自然性，而是在于超越其自然性。人就是要从无教养的变为有教养的。[①]

意志冲动具有无限多样性可能，这无限多样性冲动有两个基本特性：其一，每一个冲动都想得到满足；其二，冲动自身并无可资选择凭借的尺度。

前一个特性表明：一方面，意志冲动之间的“相互排挤，彼此妨碍”，互相冲突；另一方面，无论选择哪一个冲动，都意味着“把其他一切冲动搁置一边”，要求其他冲动的“服从或牺牲”。后一个特性表明：在这多样冲动之间的选择，冲动自身并没有提供一个可供选择凭借的客观标准，选择什么，放弃什么，充满了偶然性。人们在作出选择时，固然也会运用理智来权衡，但是，这种理智权衡，一方面是在有限认识范围内作出的，自身存在着一个如哈耶克所说的“理性不及”问题；另一方面，这种权衡往往是功能、功利的权衡。正是在这个意义上，人的选择总是不能摆脱偶然性。那么，能否运用人的理智将人的各种冲动作出选择优先性排序，然后根据这种优先性次序作出选择？在根本上看来，这也行不通。因为，一方面，人无法将自己的冲动无遗漏地全部列出，冲动具有无限开放的无限多样性；另一方面，人更没有那样一种具有普遍有效的可以作为排序的标准或“尺度”[②]——有些冲动之间可能会有明显的价值优先性，如马斯洛所说的需要层次；有些冲动之间却未必具有价值优先性差别，如打球与下棋冲动之间。即使是在一般看来具有明显价值优先性差别的冲动之间，通常以为可以排在较后满足的冲动，在特殊情况下也未必就必然不具有优先性。“生命诚可贵，爱情价更高，若为自由故，两者皆可抛”即如此。冲动自身中并不存在着可凭以选择的尺度。选择的尺度或标准必须到冲动之外去寻求。这就是理性。

理性的反思使“冲动纯洁化”，使冲动“成为意志规定的合理体系”。[③]这有

---

① 参见黑格尔：《法哲学原理》，第28—29页。
② 参见黑格尔：《法哲学原理》，第28页。
③ 参见黑格尔：《法哲学原理》，第29页。

两个方面：一方面，使冲动成为意志规定的一部分；另一方面，各意志冲动相互之间在意志规定中获得合理的关系状态。理性对于意志冲动的选择作用相应地也有两个方面：其一，在意志的合理体系中把握各种冲动；其二，在各冲动可能实现所带来的总体作用效果中把握各冲动。

理性对于冲动反思什么？理性是要对冲动的目的、手段、结果进行反思。这就是黑格尔所说：是“对这些冲动加以表象、估计、相互比较，然后跟它们的手段、结果等等比较，又跟满足的总和——幸福——比较，就会对这种素材带来形式的普遍性，并且用这种外部方法对这种素材加以清洗，以去其粗糙性和野蛮性”[①]。这种反思也有两个方面：一方面是质的方面的，是要去除其冲动的自然性，通过这种反思，使自然冲动摆脱其自然性，成为理性的一部分；另一方面，是量的方面的，这是权衡的，通过这种反思，意志选择那种最能满足自身目的性存在的冲动。一个人要能够自由地存在，就是要掌握与拥有这种反思的能力。道德教育的核心也就是在于使人能够拥有这种反思的能力，使人一方面能够有一种基本的善恶标准，择善而行，另一方面又能够有那样一种权衡能力，在众多善中择恰当善而行。所以，道德教育就不是一种简单的戒律告知，而是这种反思能力、生活智慧的养成。这可能正是黑格尔说“教养的绝对价值”之真实意蕴。

理性对于冲动的反思，须置于人生完满理想的最高目的中进行，只有在这最高目的中，意志冲动的选择才有可靠的取舍依据。即，人生的一切冲动选择，都应当围绕人生理想展开，最终都是为了实现人生的完满理想状态。这个能够作为理性反思意志欲望冲动选择标准的人生完满状态，就是“幸福”。[②] 关于“幸福”本身，我们留待第 7 讲具体讲述。这里重要的有：其一，“幸福”不是一个当下的浅薄概念，而是综合性的人生完满概念；其二，对于意志冲动选择的任何具体理性反思，均应置于人生完满的高度进行。

“反思的意志”阶段所确立起的是“我”的意志。然而，有诸多“我”，诸多“我”之间又是何种关系？“我”的意志是否真的是普遍的？在黑格尔看来，意志的确立有两个阶段：“反思的意志”及“真实的意志”阶段。[③]“真实的意

---

① 参见黑格尔：《法哲学原理》，第 29—30 页。

② 参见黑格尔：《法哲学原理》，第 30 页。

③ 参见黑格尔：《法哲学原理》，第 31 页。

志”阶段所确立起的则是对所有“我”的平等承认，这里不仅有我的意志，而且还有他人的意志，我的意志是无数特殊平等意志之一。我的意志既是特殊的，又是普遍的。因而，我的意志是真实的。“真实的意志”是真理性的意志，它消弭了有限与无限、特殊与普遍、此岸与彼岸之对立。

在“反思的意志”或有限的意志中，我的意志与他人的意志处于对立状态，这就是有限与无限、特殊与普遍的截然对立状态。在自在自为的意志中，这种两极对立状态不再存在。它不仅扬弃了“自然性的直接性”，而且亦扬弃了由于反思而“沾染的特异性”，它将特殊提高至普遍。意志的这种真实性存在通过精神、思维达至。精神、思维使人能够把握自身的自由本质，使自身从偶然性中摆脱出来。尽管黑格尔在这里以奴隶为例来讲这个问题，暴露了黑格尔贵族式的傲慢，但是，如果我们不是注意黑格尔的这个具体表达，而是注意这种表达背后的真实内容，那么，我们就可以理解为：人必须明白自己的本质是自由，只有明白自身本质的自由规定性，才能作为自由意志的主体存在，否则，就无所谓自由意志，就会浑浑噩噩。[①]

日常生活中的那一系列冲动及其满足后的幸福感，是我自由存在的标志。在这些日常生活中，我不仅体验到了这些特殊冲动满足所带来的幸福感受，而且更体验到了我人身自由存在着的生命本质，以及人生价值实现的本质性内容。人“通过思维把自己作为本质来把握，从而使自己摆脱偶然而不真的东西这种自我意识，就构成法、道德和一切伦理的原则”[②]。人不是作为纯粹偶然、特殊存在着的，人有其本质，有其自由的规定。每一个人在其特殊、有限中有着无限、普遍。无限、普遍并不在特殊、有限之外。如果离开了有限、特殊而谈普遍、无限，并以为无限、普遍是在有限、特殊以外，那么，就会将无限、普遍远远推离自身，就会将它们视为彼岸的东西。人对这种彼岸的东西只能是“当作异物敬而远之”，虽“表示崇敬”，却不能作为自身的生命内容，更不能自觉实践。[③]那样，自由就注定只能是彼岸天堂中的东西，而不能成为人的现实存在方式。黑格尔在无限、普遍与有限、特殊的统一中理解与把握意志自由，既使

① 奴隶是没有自由本质的存在，但人可在两种意义上失却自由本质而成为奴隶。人身占有这是身之奴。除了身之奴外，还有一种奴隶，这就是心之奴。心之奴者即使获得了人格平等的地位，但不知道自己的自由本质，故并没有真正摆脱奴隶的状况。

② 黑格尔：《法哲学原理》，第 31 页。

③ 参见黑格尔：《法哲学原理》，第 32 页。

得这个思想具有革命性，又给人类以信心：自由的现实存在是真实可能的，自由就存在于特殊、有限之中，存在于人们日常生活的努力之中。

“自在自为地存在的意志是真正无限的，因为它是它本身的对象，因而这个对象对它说来既不是一个他物也不是界限；相反地，这种意志只是在其对象中返回到自身而已。其次，这种意志不仅是一种可能性、素质、能力，而是实际无限的东西，因为概念的定在，即它的客观外在性，就是内在的东西本身。”① 这种具有无限性的自由，就不是恶的无限自由，而是具有现实性与现在性的真实的自由。

在关于自由意志概念的澄明过程中，黑格尔通过辩证法，将有限与无限、普遍与特殊、主观与客观、外在与内在等这样一些原本似乎对立不相容的范畴两极统一，并获得对于自由意志的深刻说明。在黑格尔这里，真实的自由意志是形式与内容、普遍与特殊、主观与客观的具体统一。②

意志的普遍与特殊、主观与客观统一，就是意志自由。这个意志自由既是主体自主创造活动的自由（而不是被规定的、没有自主活动的），又是一种具有合规律性的自由（而不是任意或任性的）；既是一种精神的自由，又是一种能够现实存在的自由（即能够“直接现实”存在的自由）。③

人是意志自由的，但是人的意志自由不是任性，而是由作为人的本质、本体的自由精神所主导与支配的自由，是一种合目的性的自由，是人自我规定、自我创造、展示人性的自由。

三、自由与法

有一种俗见，以为自由与法是对立的，法是对自由的限制。黑格尔对此观点不以为然。在黑格尔看来，不能离开自由认识法；自由意志的定在就是法，法的本质是自由。

---

① 黑格尔：《法哲学原理》，第 31—32 页。

② 当然，对于黑格尔此思想的准确把握，有赖于对其“普遍性”、“特殊性”、“主观性”、“客观性”诸范畴的准确理解。

③ 参见黑格尔：《法哲学原理》，第 36 页。

（一）法：自由意志定在

《法哲学原理》以“法”为研究对象。不过，值得注意的是：此处“法”是德语“Recht”的中译。在德语中“Recht”本身有权利、法双重含义；在英语世界，“Recht”常被译成“Right”。黑格尔《法哲学原理》的书名英译是*Elements of the Philosophy of Right*，因此，《法哲学原理》以“法”为研究对象，此所谓“法”就不是我们通常意义上所理解的法律，它首先须被理解为权利。至少它不仅是law，而且还是right，它具有权利与法的双重含义，应当在权利的基础之上把握法。

法是什么？根据黑格尔的理解，法是自由意志的定在。他说：“任何定在，只要是自由意志的定在，就叫做法。所以一般说来，法就是作为理念的自由。”① 黑格尔自己就明确提醒人们注意这一点：“我们在本书中谈到法的时候，不仅指人们通常对这一名词所了解的，即市民法，而且指道德、伦理和世界史而言。”② 这样，在黑格尔那里，“法”有极为丰富的内容：既有抽象法权，还有内心的法，更有现实生活世界伦理秩序的客观法。既然法是自由意志的定在，那么，法的本质就是自由，而不是（对自由的）限制。

不过，仔细琢磨黑格尔上述关于法的本质的集中论述，会发现事实上包含两个有所区别的内容：一方面，法是“作为理念的自由”；另一方面，法是“自由意志的定在”。这两个方面分别讲的是自由与自由的定在。尽管这二者均是对法是什么的揭示，但前者是从内容方面讲，后者则是从形式方面讲。前者是一，后者是多。法的内容、本质是自由的理念，这是一；法的这种本质、内容的具体存在形式则是多样的，这是多。一切作为这种自由理念定在或具体存在的东西，无论它以何种形式出现，只要它是自由理念的具体存在，就是法。如果我们能够把握法的本质及其具体样式之关系，那么，我们一般地说法是自由意志的定在，就能够把握法的本质：法是自由，自由是法的精神，任何一种具体法都是自由的具体存在。

在黑格尔以前，对“法”的认识主要还停留于通常所说“法律”的意义上。

---

① 黑格尔：《法哲学原理》，第36页。

② 黑格尔：《法哲学原理》，第42页。

这种肤浅、形式的认识，并未把握“法”的本质。这种形式层面的认识通常将法视为对自由的一种限制，以为法是为了使众多的任性获得同一性、使社会有秩序而已。这种对于“法”的理解存在严重局限性：其一，仅仅看到自由的形式层面，将自由简单地等同于“任性”，以为自由就是任性。其二，它只看到了法的限制这一否定性方面，即只看到了法对于自由限制的这一形式方面，而没有看到法是自由的存在这一内容方面。其三，只要求社会秩序、法的逻辑同一律，没有注意社会秩序、法的性质。对法的这种形式的认识，缺少深刻性。对于法的认识，必须深入法的内容，必须从自由意志来把握法。这正是黑格尔关于“法”的思想的高明之处。[①]

卢梭的契约论为现代民主政治打下了哲学基础，甚至罗尔斯亦以契约论方法理解现代民主政治正义。不过，契约论如果仅仅局限于法是众意一致这一现象、形式层面，那么，其对于法的认识仍然是“外在”、“形式”的认识。即使这种法获得了所谓的普遍有用性，但是这仍然只是一种外在、形式的普遍性，甚至不排除其在实际生活中可能产生的可怕后果：多数人的暴政。契约论的协商、对话要求，亦以对他者的“承认”为前提。无“承认”，则无对话与协商，而只有强权。对于契约论这一现代民主政治哲学方法论基础，也必须注意揭示其在协商、对话、众意一致形式背后所隐藏的更为深刻的内容，这就是普遍自由权利。这才是契约论方法所包含的真正深刻内容与时代精神。

法作为理念的自由，是自由这一绝对概念的定在。这是法的精神、法的普遍。法的普遍是“神圣的”东西。然而，自由的理念、法的精神有其丰富内容，并会在其发展行程中展开为不同的阶段与环节。这些不同发展阶段均是自由的一种具体规定或定在。这种作为自由精神的具体规定或自由的定在，就是“法的独特”或具体特殊。法律、道德、伦理、国家等作为自由的定在，都是独特的（或具体特殊）的法，因为法律、道德、伦理、国家等这些具体形态中的任何一个都是“自由的规定和定在”。[②] 这有两个方面的含义：一方面，法律、道德、伦理、国家等具体法的合理性根据，不在于其自身，而在于自由，它们都只有作为自由的具体定在时，才有自身的理由或根据；另一方面，法律、道德、

① 参见黑格尔：《法哲学原理》，第 36—37 页。
② 参见黑格尔：《法哲学原理》，第 37—38 页。

伦理、国家等法的规定，都是作为自由的一部分，都是自由有机体系中的构成要素——这样，人们遵循法律、伦理、道德、国家等法的规定，就是自由的存在方式，而不是一种来自外在的否定性或限制性。

独特或特殊的法总是具体、多样性的。这些具体多样性的法之间关系如何？黑格尔以自由理念的体系方式来解释这一问题：它们是一个完整体系中的具体环节、具体要素，在各自所处的环节上，它们均有自身的理由与根据，并构成一个体系。这些具体的法如果不是在一个体系中，而是如黑格尔所说试图“在同一条线上都要成为法时”[①]，彼此间就会发生冲突。所谓这些具体法在“同一条线上”，形象地说就是彼此间是平面而不是立体的、孤独的而不是体系的关系。作为自由的定在的法，法律、道德、伦理、国家等都有其不同的调节领域，或者换言之，人的自由存在、人们社会生活的不同领域，有不同的调节法则。如果混淆了这些不同法则所适用的领域范围，彼此就会发生冲突。因而，对于具体的法、法则，必须明了其所适用的领域与范围，各在其位，各在其所。一个具体法、法则，即使其内容再合理、再好，如果用得不是地方，那么，同样不能成为自由的具体存在，不能证明这个具体行为本身的合理与正当。

在一个自由定在的体系或法的体系中，法律、道德、伦理、国家等具体法，彼此则是和谐关系。首先，彼此是一个完整体系中不同部分之间的协调关系，不同的法调节不同的领域；其次，在这个完整体系中，彼此间构成一种上位法与下位法关系，下位法对于上位法处于从属关系（这就是黑格尔说的作为另一环节存在的冲突之含义）；再次，这也是最重要的，一切具体、特殊、独特的法，不管它具体处于何种法的位次，只要它是作为具体法、法则存在，就都是有限、相对的，只有法的精神即自由的理念自身才是无限、绝对的。法律、道德、伦理、国家等领域之间的关系是如此，它们自身领域内各种具体法、规范之间的关系，亦是如此。自由是法的理念与法的精神，是一切具体法的灵魂。

黑格尔所理解的作为自由的理念的法的体系，由抽象法、道德、伦理三个环节构成。这个法的有机体系，既是自由（权利）的秩序，又是自由（权利）的实现过程。人在追求自由权利的过程中创造出自由秩序，人们在追求法权自由、心灵自由、社会自由的过程中，成为自由的存在者。

---

① 参见黑格尔：《法哲学原理》，第 38 页。

（二）法的合理性根据

黑格尔《法哲学原理》的要旨是揭示人类社会生活怎样才是合理的。在这里，作为前提性的问题是合理性根据问题：究竟什么才有资格担当起这种合理性根据？除了作为人的本质与时代精神的自由以外，别无他物。自由是人类社会生活合理性的根本依据。黑格尔通过揭示法哲学研究对象具体阐述了这一思想。

法哲学不是研究实定法（或实在法）、形下法的，而是研究自然法、形上法的，是要研究什么样的法才是合理的？法是否为自由精神的？通常人们对于法的合理性认识是：只要法在形式上具有了国家权威意志，在内容上有其历史根源、具有法规条文自身的自洽性以及具体实施细则，那么，这种法就是合理的。[①] 其实，这些对于法的合理性认识恰恰是形式的，缺少对法的本质的把握，因而是肤浅的。

法分为“自然法”与“实定法”。[②] 自然法是关于法自身内容合理性或法的精神的，这是形上法。实定法是关于法的具体存在、法的规范的，这是形下法。实定法与自然法应当统一：实定法应当有其价值灵魂，自然法应当有其肉躯。但是如果仅仅看到实定法而不看到自然法，则缺少哲学的洞察。在东西方，自然法的思想一直成为人们关于法律、道德、政治等领域具体规范要求的价值根据。近代以来所确立起的“天赋人权”、“人人平等”之自然法思想，为现代社会规范法则奠定了基本价值基础。

人们通常习惯于从历史、功能、逻辑等方面，寻求对事物存在合理性的说明。然而，这种习惯性做法恰恰存在着原则失误。它至多只是提供了技术、形式合理性证明，而不能从价值、实质方面提供合理性证明。黑格尔通过对一系列相关具体观点的分析明确揭示：对于法的合理性证明，或对于善法或恶法的判断，不能从历史、功能、形式逻辑这三个方面获得合理性依据。

首先，历史上曾经存在过或有历史渊源，不能成为法律、规范合理性的价值依据。[③] 试图从历史渊源的维度说明法的自身合理性的思想方法，只是一种

① 这就是黑格尔在《法哲学原理》第 3 节中所讲的几种情形。
② 参见黑格尔：《法哲学原理》，第 5 页。
③ 参见黑格尔：《法哲学原理》，第 6—7 页。

关于法的形成的历史性描述过程。它是事实陈述与因果分析，而不是价值分析与价值判断；它只能说明此法有其原因，并不能说明此法本身的善恶之价值属性。更何况对于某件事产生的历史意义乃至历史叙述本身，与理解者的认识有关——这就是克罗齐所说一切历史均是现代史之蕴义。根据价值合理性寻求中的这种历史渊源思想方法，一切恶法均可以从历史上找到自身的合理性证明，如是，则“祖宗之法不可变”就可获得充分的价值理由。

其次，法的具体功能不能成为法律、规范合理性的价值依据。[①] 任何具体法律总是有其某种功能的，然而，功能只是一种外在的效用性分析，它并不能说明这种功能效用本身的价值属性。试图从具体法的社会功能或有效性方面说明法的合理性，这是一种偶然性的认识思想方法。因为，一方面，历史是变迁的，而法则应是稳定的，以变迁性方面来说明法的合理性，恰恰说明法自身的偶然性（这就是黑格尔关于“修道院”论述所表达的思想）。另一方面，任何一种关于法形成的具体功能性理由，由于事实、功能本身的偶然性特质，它既能证成，又能否证。功能总是具体的。人类交往活动总是开放的，其社会性功能要求无时无刻不在变化。法若以这种变动不居的功能为自身存在的合理性依据，则法自身亦由于变动不居而失缺必然性。这种功能性的合理性根据，往往会如黑格尔通过莎士比亚《威尼斯商人》中夏洛克一例所揭示的那样，“对坏事加上好听的理由”，“使坏事得到辩解”，使恶法具有善法的面貌。[②] 这就恰如能够带来“和谐”秩序的未必就是善的，通过强制暴政带来所谓的“和谐”秩序很可能是一种大恶一样。

再次，形式逻辑的严密不能成为法律、规范合理性的价值依据。“这种理智的连贯性，同满足理性要求和哲学科学毫不相干。”[③] 试图从法自身的形式逻辑严密自洽性来说明法的合理性，这是形式的证明，而非内容的证明。[④] 这是据于“理智”而非“理性”的立场，它在根本上属于法的技术学领域，而不属于法哲学领域。它只能说明法的技术合理性，而不能说明法的价值合理性，不能说明

---

① 参见黑格尔：《法哲学原理》，第 6—8 页。

② 参见黑格尔：《法哲学原理》，第 8 页。

③ 参见黑格尔：《法哲学原理》，第 10 页。

④ 基于城乡二元格局的城乡二元户籍管理体制的自洽性，不能说明这种二元分裂的户口身份的法律规定是合理的。

何为良法何为恶法。[①]

在黑格尔看来，关于法的合理性的上述三个方面说明，都不是内容、必然、真理性的，而是偶然、形式、外在的，因而，均不具有合理性。哲学的认识，或哲学对于法的认识，不是形式方面的，而是内容方面的；不是现象的，而是实质的；不是偶然的，而是必然的；不是外在的，而是精神的。

既然法的合理性并不能通过历史、功能、形式逻辑这样一类我们所习惯以为的方面来加以证明，那么，究竟依据何在？判断一个具体法是否合理，首先依据于其所内蕴着的法的精神。正是这种法的精神，才是法的稳定性内容，并成为法之合理性的根本根据。这个法的精神就是自由。一切具体法，只有作为自由精神之定在，才拥有合理性。换言之，法的合理性、真理性之依据，不是感性、功利的，而是自由精神的；判断善法或恶法，不是经验的，而是精神的，是法所内蕴着的自由精神。

① 在部门立法下，相关的立法者不仅通过立法的方式强化与垄断了自身的利益，而且还会使这种法拥有充分的自洽严密性。

第 3 讲　法权人格

《法哲学原理》以“抽象篇”开篇，是要从尚未特殊化的、一般意义上的人开始，研究人的存在、人的关系。而所谓未特殊化的、一般意义上的人，只不过是在一般抽象意义上强调人格平等、无差别的普遍性。这种开篇方式表明，《法哲学原理》实以人格、人格独立、法权人格平等为全部研究的初始环节——自由精神在其现实性上首先呈现为人格独立、身份平等，由此才可能进一步谈及一系列权利问题。

一、作为普遍人格的法权人格

在黑格尔看来，自为的自由意志最初是抽象、无差别的意志，因而，是形式的意志。这个自为的自由意志就是人格。

（一）人格与法权人格

人格（personality）是具有自我意识的单一意志（或单一自我）。人格作为自为的自由意志，它在有限性与特殊性中知道自己的无限性与普遍性。

人格是“单一的意志”。这个单一意志的无规定性即是其规定性：人格就是抽象的单一的人，这是无规定性。不过，这种无规定性由于其单一性本身而成为有规定性的：当这种单一的意志之间相互面对时，各自的单一规定性就显现出来。这就是黑格尔下面所说的意思：“最初的无规定性本身是一个规定性。因为无规定性是指意志和它的内容之间还没有任何差别而言。但是当它本身跟被规定了的东西对立时，它就获得了被规定了的东西这一规定。”[①]

人格的单一性即是其规定性。这个单一性在于“我就是我”，“我”是一个特殊的个体，“我作为这个人”而存在。这里包含着两个方面的意思：其一，“我”这个人是各个方面都有特定规定的统一体。“我”的身形外貌、精神气质、个性心理等都有其特殊性，这些具有特殊性的一切方面的统一构成了“我”自己。这就如黑格尔所说“我”“在一切方面（在内部任性、冲动和情欲方面，以及在直接外部的定在方面）都完全是被规定了的和有限的”。[②]其二，“我”不仅仅是在各个具体方面有自己的特殊性，更为重要的是“我”作为一个特殊的个体，“我”在整体上亦是单一、独特的。正是这个单一性，使“我”成为“我”自己，而不是他人。这个单一性是“我”的不可重复性与独特性。人格总是单一的。

人格的单一性表明：作为“纯我”，“我就是我”，“我”是世界上的单一性存在。这个单一性指的是“我”这个人作为一个整体的单一性、特殊性，而不是指作为我的组成部分的单一性，不是指我的一切方面、一切组成部分都是单一独特的。人格是一个单一整体的概念。不同个体之间可能会存在着某种局部的相同或相似，但这并不能否定这两个个体之间在整体上的区别，不能否认这是两个独特性与单一性。不能因为不同个体之间的某些方面的相同，就以为彼此间不存在人格独特性与单一性。[③]

人格以自我意识为前提。当一个物体完全是被规定时，这仅仅是一个被规定了的定在。在这一点上宇宙间万物无异。而人之所以不同于万物，之所以能够被称之为人并有人格，就在于人有“自我意识”，能以自我为认识对象，具有自我意识、主体意识。人格“开始于对自身……具有自我意识的时候”[④]。一个没有自我意识的人，除了被规定的意义（如宪法规定）之外，不可能有其真实的独立人格。人类超越动物界，人类从野蛮向文明的转变，以及人类近代以来的文明发展，无不是以自我意识觉醒为特质。

不过，不能简单地说有自我意识、有“我就是我”的意识，就是真正有了

---

① 黑格尔：《法哲学原理》，第 44—45 页。
② 黑格尔：《法哲学原理》，第 45 页。
③ 人们在反思克隆人技术及其应用、并对此作出道德评价时，在思维上往往会不自觉地陷入这个失误。
④ 黑格尔：《法哲学原理》，第 45 页。

人格意识。只有当将“我是我”上升为“我是我的本质”时，方真正有人格意识。自我意识并不直接等同于人格，或者换言之，有自我意识并不能说就具有人格。这里的关键在于：是什么样的自我意识？是形式的自我意识，还是真实的自我意识？是“自然的”自我意识，还是“自由的”自我意识？在黑格尔看来，仅仅以“我”本身为对象、将“我”“提升为简单无限性”的自我意识，这仅具有自我意识的形式，这种自我意识在根本上还只是“自然意志”。只有那种不是以简单的“我”的自然存在为对象，而是在对人（或自由概念）本身的把握中形成的自我意识，才是真实的、“自由的”自我意识。这种“自由的”自我意识就是人的自我意识。[①]这就是说，作为人格前提的自我意识具有双重规定：“我”的意识，以及“我是人”的意识。这样，人格意识就是作为人存在的自我意识。这个自我意识中既包含着关于“我”这个特殊性的认识，亦包含着“人”这一普遍性认识，它是普遍性中的特殊性认识。[②]这就如当我说我有“知耻心”时，总是以我有对我是作为人存在、且要成为人的意识为前提。

自我意识如果仅仅局限于单一自我之现象，而不能从这单一有限的规定中认识到自我的无限性与普遍性规定，不能认识到自我是以真实的自由为其内在规定性，那么，这种自我意识还只是外在自然冲动的、现象的、偶然的，因而，并不能称之为人或人格。只有那种能够通过自我的有限规定达到自我的无限本质，意识到自身的普遍性规定或内容，意识到人的自由存在这一真实内容的自我意识，才是人或人格。所以，黑格尔讲：“自在自为地存在的精神跟现象中的精神所不同者在于：在同一个规定中，当后者仅仅是自我意识，即对自身的意识，但仅按照自然意志及其仍然是外在的各种对立的自我意识，前者则以自身即抽象的而且自由的自我为其对象和目的，从而它是人。”“个人和民族如果没有达到这种对自己的纯思维和纯认识，就未具有人格。”[③]

人格 (personality) 不等于人 (person)。人有两种理解维度或两种规定：一种

① 参见黑格尔：《法哲学原理》，第 45—46 页。

② 现代教育的核心应当是人格教育：使每一个社会成员成为具有独立人格精神及其实践能力的存在者。然而，我们的教育却在相当程度上忽视了这一使命。既没有真正意义上的自我教育，亦缺少真正意义上的人格自由教育。在大而空的道德灌输下滋生出的虚伪人格，在知识灌输下的无批判怀疑精神，成为普遍现象。这种现象令人忧虑。

③ 黑格尔：《法哲学原理》，第 45—46 页。现代儿童、青少年道德教育存在着令人担忧的状况。在大而空的思想道德要求下的虚伪人格，在知识一言堂灌输、而非自主参与启发下的非批判怀疑精神，它们会从根蒂上伤害儿童、青少年的人格健康形成。

是作为自然生命体的存在，这是自然的规定；一种是作为自由意志的存在，这是自由的规定。不能在理解人时将这两种维度或规定搞混淆。作为自然生命存在的人与动物在根本上没有什么区别，只有作为自由规定的存在，人才与宇宙万物有根本性区别。人是自由意志的存在。不过，值得特别注意的是，人格不同于个体，人格是在抽象"自我"的自由存在意义上而言。根据黑格尔的分析，在欧洲历史上，"人格"是作为与"抽象的国家、政治和权力""这种普遍性""相对立"的事物出现：人格是"抽象的'自我'本身的自由"，它"构成了权利的基本条件"，并且首先与财产权直接相关联。[①]

当我们说人格不等于人时，这里的人只是在一般自然存在意义上而言，指的是自然生命体的人。而根据黑格尔的看法，人格概念是从自由的维度把握或理解人，它是对人的内容的把握与规定。因而，人格所标识的就是哲学意义上的人，这个人就不是一个自然的存在，而是一个自由的存在。所以，黑格尔才认为"人间最高贵的事就是成为人"[②]，成为具有人格的存在。人并不注定就是人，人有一个"成为"一个人的问题。正是在这个意义上，人格就是一个人的生命、尊严、人自身。没有什么比人格更令人敬畏的。

通常人们往往习惯于在实践的维度将人理解为主体性的存在：人即主体。这种理解理路，与启蒙时代以来人的主体性地位确立这一思想传统与历史进程直接一致。不过，按照黑格尔的说法："人实质上不同于主体，因为主体只是人格的可能性，所有的生物一般说来都是主体。"[③] 黑格尔在《小逻辑》、《精神现象学》中都有同一思想。当黑格尔说一切生物都是主体时，黑格尔是在事物的自我运动意义上规定并使用"主体"这一概念。所以他说"实体即主体"，一切生命有机体都是主体。黑格尔的这个"主体"与作为自由意志的"主体"，是两个具有完全不同内在规定的概念，应当注意仔细区分。[④] 不过，黑格尔对于主体的这种理解，所注意的不是运动、做的现象形态方面的，而是运动、做的内容方面的：它是否为自由意志的？没有自由意志的运动、做，只是一般自然动物

---

① 参见黑格尔：《历史哲学》，第 288 页。

② 黑格尔：《法哲学原理》，第 46 页。

③ 黑格尔：《法哲学原理》，第 46 页。

④ 黑格尔对于"主体"的这种特殊性理解，经过进一步抽象蒸馏后，与马克思基于"实践"理念对于主体的理解，还是有内在相通之处的：主体的运动、做之一般实践能力，以及主体运动的目的性指向。尽管这种内容隐藏在思辨之中，但我们还是能够在最一般抽象的意义上体悟到这些内容。

性的，或者说还没有超出一般自然动物性。这是黑格尔思想的深刻之处。黑格尔对“主体”的这种理解，与他将人理解为是自由的存在一脉相通。

人作为实体性存在当然也是主体，不过，这个主体有其特殊性。人是具有自我意识能力与自由意志能力的主体。“人是意识到这种主体性的主体，因为在人里面我完全意识到我自己，人就是意识到他的纯自为存在的那种自由的单一性。”[①] 奴隶具有劳动、活动、做的能力，但是他们却没有人格。奴隶之所以没有人格，就在于奴隶没有，或者换言之，被剥夺了自由意志，没有主体性。他们是如亚里士多德所说的会说话的牲口。即使一个人不存在着人身依附关系，这个人也可能造成自身人格的缺失：关于人自身存在自由理念与自由精神的缺失。如康德所说的那样习惯于以别人的思想代替自己的思想，心甘情愿听命于别人。正是在这个意义上，人格并不是人天生注定具有，而是人的自由意志的伴生物——当然，我们说人格并不天生注定具有，这是在哲学，在人的自由意志、自我意识意义上而言。当我们在现代民主社会政治自由权利意义上而言时，则人格就是天生注定的：人不因其是否有自我意识而可受辱、受伤害。

当我们将人、主体、人格之间的区别作了基本辨析后，就明白了人格或人的“高贵”与“低微”。一个人的外部特殊性是被规定的：我作为这样一个人存在，“我完全是被规定了的东西，例如我有这点年龄，身材这样高大，在这个地点，以及其他一切可以视为特异性的东西”[②]。这就如萨特所说的那样，一个人是被抛向自由的，人是作为一种不得不自由的存在来到这个世界上的。我们每一个人对于这些外部特殊性规定都无可奈何，都把它们当作一个不得不接受的前提与事实。对于这些外部特殊规定性，人无可作为。[③] 在这一点上，人与万物无异，人没有任何高贵之处，人是“低微”的。然而，我作为一个人存在，“我知道自己在我自身中是自由的”：一方面，我的这种自由使我能够超越这种有限、被规定性，成为无限的、普遍的；另一方面，我是自己的目的，或者说，我是作为目的性而不是纯粹手段性存在的。正是在这一点上，人在根本上不同

① 黑格尔：《法哲学原理》，第 46 页。

② 黑格尔：《法哲学原理》，第 46 页。

③ 当然，今天的人似乎已可以借助于各种技术手段，对于这些先天的规定作出某种改变，如整容、基因修复等。但是这种改变并不从根本上否定人的这种外在被规定性。因为，一方面，这种改变仍然只是部分局部的；另一方面，亦是更为重要的，这种改变是以一种规定性代替另一种规定性，而不能改变被规定性自身。

于万物，人优越于万物，人是“高贵”的。人的高贵就在于知道且不满足自己的这种“低微”性，要超越这种“低微”性。[①] 显然，黑格尔这里所说的人格“高贵”与“低微”，并不是在我们通常身份等级意义上而言，不是在人与人之间关系的意义上而言，也不是在人的品质意义上而言，而是在人的自由无限性与有限性这个一般意义上而言。这里所说的“高贵”与“低微”是相对于宇宙自然万物而言。

有限中的无限、单一中的普遍，这正是人存在的内在矛盾。这是只有人能够自觉意识到的存在矛盾，也只有人能够在有限中超越有限，在单一中超越单一。这正是人的伟大之处。所以黑格尔认为：“人的高贵处就在于能保持这种矛盾，而这种矛盾是任何自然东西在自身中所没有的也不是它所能忍受的。”[②]

然而，“成为人”这一“人间最高贵的事”有两个方面：一方面，如黑格尔前述单个自我将自身从自然性中升腾而出成为“高贵”的自由存在者，这是人的主体性精神生成意义上的成人；另一方面，是在社会关系中被承认为具有平等身份、权利的人。这后一方面甚至更为重要。一个不能在社会关系中被承认为具有平等身份、权利的人，一个在社会关系中被奴役的人，精神上也难免被奴役，因而，不可能真正拥有主体性精神。黑格尔对后一方面亦深刻明察。他关于主奴关系的辩证法，关于“所有权的自由”作为原则被承认是“昨天的事”的论述，关于权利与义务在古代国家与现代国家中的两种结合方式的论述，关于争取“承认”的思想，等等，均是对此的具体洞察。黑格尔理解的伦理实体，就是对这种平等自由权利的公民自由生活于其中的自由关系及其秩序的揭示。因此，黑格尔对于自由的具体考察，就必定以社会成员平等的权利为前提；他以自由为起点，就必定是以具有平等自由权利的独立人格为前提。这种具有平等自由权利的独立人格就是“法权人格”。“抽象法”之“抽象”，既有尚未具备丰富内在规定、尚未成为客观现实之意，又有普遍之意。“抽象法”的要旨就是“法权人格”的确立。

尽管黑格尔本人在书中并没有明确提出“法权人格”概念，但是，这并不妨碍我们合理地将《法哲学原理》第一篇理解为是黑格尔对于“法权人格”的

---

① 参见黑格尔：《法哲学原理》，第 46 页。

② 参见黑格尔：《法哲学原理》，第 46 页。

阐释。“法权人格”是抽象（普遍）人格。这种人格的“抽象”性，主要还不是通常所理解的作为黑格尔三段式第一阶段的“抽象法”只是一般法权规定、尚未成为具体现实的意义上的“抽象”（尽管也包含了这层内容），而是更为重要的“普遍”意义上的“抽象”。它所揭示与强调的是所有社会成员人格的无差别、平等，它所表达的是新兴资产阶级在革命过程中反抗封建宗法等级与教会神权的政治要求及其自由精神。因而，“法权人格”就不是简单的由法律规定了具体权利的所谓“法律人格”。

“法权人格”是基于财产权基础之上的、拥有平等自由权利的普遍独立人格，这种普遍独立人格的平等自由权利通过法律的形式表达，并为法律所有效维护。“法权人格”首先表明的是自由权利自身的普遍性与至上性，以及权利与权力的关系：独立人格平等的自由行动权利，独立人格这种平等的自由行动权利是法律权力的来源，而不是相反。如果人不能在法律的意义上成为人、成为平等自由行动者，如果人的平等自由行动权利不能通过法律被表达并得到有效维护，如果法律的本质不是自由而是对自由的限制，如果人格不以财产权为基础，如果人格不能首先成为“法权人格”，则“人”及其“自由”就无法成为真实的。黑格尔在《法哲学原理》“抽象法”篇中所做工作的核心，就是这种拥有普遍自由权利的独立人格的确立及其权利维护——且在他看来财产权对这种独立人格的确立具有基础性意义。

如是，《法哲学原理》第一篇中的“人格”、“人格权”，显然就不是一般常识意义上的，而是“法权人格”的“人格”、“人格权”。

（二）人格权

人格权是人的抽象自由权利。这个抽象是“一般”、“普遍”意义上的抽象。它指的是：只要作为人存在就拥有的权利，这是每个人毫无例外都应拥有的权利。所以，人格权由于其抽象、一般，不仅具有普遍性，而且在其具体现实性上就具有无限丰富多样性的特殊内容。任何对于人的自由权利的伤害，都属于对人格权的伤害。正是在这个意义上，自由权利只有抽象、普遍的，才可能是真实的。

人格权是作为自由存在者的人的一般权利。这同样不是一个特指的概念。

它同人格概念一样是一个一般、抽象概念，因而，也是一个形式的概念——即没有具体内容规定的一般概念。黑格尔认为人格权是“形式的法”，在这个“形式法中，人们不考虑到特殊利益、我的好处或者我的幸福，同时也不考虑到我的意志的特殊动机、见解和意图”，说的正是这个意思。[①] 这里的“我”不是特殊的、个别的、具体的“我”，而是一般的人，是没有特殊性规定的一般人格。在这里，任何“关于特殊性的一切东西……都是无足轻重的”。不管是张三还是李四，只要他作为人存在，他就拥有这种权利。这就是人格权的形式或抽象的普遍性意义。“我”是自由的，每一个“我”都是自由的，我们作为人存在，就是自由的。所以，黑格尔提出：“法的命令是：‘成为一个人，并尊敬他人为人’。”[②]

为什么黑格尔要将“尊敬他人为人”作为人格权的最基本命令？人格权似乎讲的是“我”与“我的权利”，只要讲使“我”成为一个人、拥有人格权，这就足够了，为什么还要讲“他人”？讲“他人”在这里是否多此一举？在这里必须讲“他人”及其人格权。因为，人格权在这里是无差别的普遍性，这种普遍性包括每一个具体存在的个人。只要有一个具体存在的人（a person）不拥有这种权利，它就不是普遍性的，且这就进一步意味着“我”自己所拥有的人的这种权利也只是或然、偶在的，而不是必然、普遍的。捍卫他人的自由权利，就是捍卫“我”的自由权利。人格权的必然性在于每一个人 (everyone)，而不是某一些人。尊重他人成为人，就是尊重自己成为人。在这一点上，往往为我们所忽视。我们往往只在“我”中认识“我”及其权利。日常生活中那种事不关己、高高挂起的态度，对那些侵犯人的最基本权利现象熟视无睹，自以为这不关自己的事，其实，恰恰相反。这事实上就是认肯在另外境遇条件下对“我”的这种自由权利的侵犯。

人格权没有任何特殊的内容规定，这标识或揭示了人格的普遍平等或自由的普遍平等：正是人格权的这种普遍性，才使得作为自由存在的人具有普遍的平等。如果一旦人格权本身有了特殊的内容规定，这就意味着：先在地规定了一些人拥有人格权，另一些人不拥有人格权；一些人拥有较多的人格权，另一

① 参见黑格尔：《法哲学原理》，第 46—47 页。

② 参见黑格尔：《法哲学原理》，第 46 页。

些则拥有较少的人格权（如奴隶制或身份等级制）。

由于人格权的这种普遍性，由于其作为形式的法的抽象性，由于作为自由存在的人的自由活动能力具体表现的无限多样性可能，所以，对于人格权保护的具体内容就无法以枚举的方式给予具体规定，它只能是以“否定”、“禁令”的方式表达出来：“不得侵害人格或从人格中所产生的东西。”一切侵害人格或侵害与人格直接相关的东西的行为，都是对人格权的侵害。[①]

人格权是一个人作为人存在的自由权利，在此意义上它对于一个人具有极为重要的意义：是否作为自由的人存在，是否获得人的资格与身份。不过，在黑格尔看来人格权又并非人的全部，甚至在特殊情况下，它还可能不是人最重要的东西。人还有比之人格权更为重要、更为高贵的内容。

说人格权有时并不是最重要的东西，并不是指还有什么物的东西比人格、人格权更为重要（诸如为了金钱可以不要人格），而是强调一种崇高的自由精神。在黑格尔看来，人格权的基点在于强调一个人作为人所应当拥有的最基本权利，这种权利是别人不可侵害的，但是，一个人作为自由意志的存在，其权利只是证实、并且是为了自己的自由存在，因而，相对于自由存在而言，人格权并不是最高目的。即，一个人有着比人格权更为重要、更为丰富的人生价值。日常生活中的那些为了某种崇高目的而忍辱负重者，之所以能赢得人们的由衷敬重与仰慕，就在于他们并没有因个别屈辱而放弃自己的崇高追求与神圣事业。在这里，如果我们简单地据于人格权的维度，对于这种屈辱作出激烈反抗，这固然正当，不失某种理由，但是，却会由此而显现出我们自己的浅薄与粗野。据守人格权、刚烈固然令人欣赏赞美，但是，相比较于忍辱负重，刚烈、一时之勇还是易事，在黑格尔看来还属于小裁缝匠的勇气。长久忍辱负重，若无大志与毅力，则难以想象。一个人如果仅仅简单地局限于自己的所谓人格及其权利，则难免心胸狭窄，难以成就大事。这种人看起来似乎是维护了人格，实际上恰恰相反，暴露了其人格的缺陷。冤冤相报，大体亦属此类。可能也正是由于此，人们才格外赞美以德报怨精神。所以，黑格尔认为尽管人格权对于自由意志存在是重要的，但是“我没有绝对必要去行使我的权利，因为这不过是整个关系中的一个方面”。一个人“除了自己

① 参见黑格尔：《法哲学原理》，第 47 页。

的形式法以外对什么也不感兴趣，这可能是纯偏执，为胸襟窄狭的人所常有，因为粗野小人才最坚持自己的权利，而高尚的精神则顾虑到事物是否还有其他一些方面”[1]。

人格是一般、抽象的人，而作为现实的人总是具体的，总有其特殊性规定。因而，抽象自由意志人格须通过对象化的方式成为具体实在的。[2]这个对象化在黑格尔那里首先就是所有权。人在所有权关系中证实自己的自由意志存在。所有权是人格权的特殊存在方式。这正是黑格尔的自由意志要从抽象法、从所有权开始的一个基本缘由。

值得注意的是，黑格尔不赞成在他之前的一些人将自由权利区分为人格权、物权和诉权这样一类划分。黑格尔这样作是出于两个方面的考虑：

其一，他既不同意将人格权与物权、诉权置于同等意义层次，也不同意将人格权与物权相分离。因为，一方面，人格权是较物权更高层次的概念；另一方面，人格权并不是空洞无物的东西，而是有其内容与规定，这些内容与规定离不开物权。这样，从人格权中就直接引出了所有权。在黑格尔看来，人格权是一个具有普遍意义的概念，“惟有人格才能给予对物的权利，所以人格权本质上就是物权”。他在这里所指的物权之“物”在其一般用法上使用，指的是：“对自由说来是外在的那些东西，甚至包括我的身体生命在内。这种物权就是人格本身的权利。”[3]

其二，他不同意将“人格”概念在人的身份等级这个意义上使用——这就如古罗马法中所做的那样。那种人格概念不是哲学的概念，而是社会学概念，它不能准确地表达人的存在的平等自由这一理念。在黑格尔看来人格权是“人本身的权利”，而不是“特殊人的权利”。[4]黑格尔的这个看法是深刻的。黑格尔的这个思想提示我们，“人格权”概念有黑格尔所理解的广义与康德所理解的狭义两种规定。故，当我们在说到“人格权”这个概念时，应当仔细辨析其内在具体规定。

---

① 参见黑格尔：《法哲学原理》，第 47 页。
② 参见黑格尔：《法哲学原理》，第 47—48 页。
③ 参见黑格尔：《法哲学原理》，第 48—49 页。
④ 参见黑格尔：《法哲学原理》，第 48—49 页。

（三）人格权中的生命权

黑格尔在对所有权作分析时揭示：物是自由意志的定在，物本身又进一步被分为“身体”与“财富”两个方面，且人的生命肉体这一特殊物是我自由意志单一直接的定在，因而，生命权又在人格权所具体包含的一系列具体权利中居于特别的价值优先性地位。生命作为人格的直接定在，优越于其他具体权利。在特殊情况下，仅仅生命权本身就能成为道德行为的理由与依据。黑格尔在《法哲学》“道德”篇关于“福利”部分中所提出的“紧急避难权”，就鲜明地表达了这一思想。通过“紧急避难权”，黑格尔强调生命权在人格权中高于其他一切具体权利的这一价值优先性地位。

因为生命是人格的直接定在，是人的一切特殊利益的综合承担者，因而，在一般情况下，生命权相对于其他具体权利具有价值优先性。在不涉及对他人根本利益伤害的必要前提下，生命权在价值冲突行为选择中具有优先性。即，在一些具体情况下，当生命已直接等同于自由本身时，为了维持生命本身即可以成为某些“不法”行为的特殊根据与理由。黑格尔以偷一片面包能保全生命为例对“紧急避难权”作了具体论述。

黑格尔认为：一个快要饿死的人“偷窃一片面包就能保全生命，此时某一个人的所有权固然因而受到损害，但是把这种行为看作寻常的窃盗，那是不公正的。一人遭到生命危险而不许其自谋所以保护之道，那就等于把他置于权利（原译为法——引者）之外，他的生命既被剥夺，他的全部自由也就被否定了”[①]。如果在这种情况下，自由权利不能容忍一个快要饿死的人得到一片面包的这种生命权优先性，那么，它就不是自由的权利。如果在这种情况下不承认这种紧急避难权，就是对自由权利本身的根本性侵犯。也许我们自己可以在快要饿死的情形下不“偷窃一片面包”，也许我们自己可以不赞成在这种特殊情景下的“偷窃一片面包”行为，但是，我们应当且必须容忍、宽恕一个快要饿死的人偷窃一片面包的行为，否则，我们以及我们的社会就会失却最基本的同情与怜悯之人道精神。黑格尔明确认为：“克制而不为这种不法行为这件事本身是一种不法，而且是最严重的不法，因为它全部否定了自由的定在。”在世俗生活

① 黑格尔：《法哲学原理》，第130页。

中“有许许多多细节与保全生命有关，我们如果瞻望未来，那就非关涉到这些细节不可”[①]。黑格尔在这里不仅突显了一种对于生命价值本身的关怀，一种人道情怀——这种思想与中国古儒“饿死事小，失节事大”思想截然不同[②]，而且还直接将这种人道情怀引入社会—政治权利关系，为建立一种能够保持社会最不幸者起码生存权的社会政治制度提供思想基础。

当然，这种生命权优先性的“紧急避难权”也有其规定与条件。黑格尔明确揭示：它只有在直接关涉生命本身的存在且在当下紧急、急需的范围内有效。[③]其实，除此之外，它还有必不可少的其他一些相关规定：首先，它只有出于自由的目的且为了自由，如果是出卖人格、苟且偷生，则不属于此范畴。其次，“我”的生命权不能伤害别人的生命权，“我”的生命权并不对“他”的生命权具有优先性。如果这片面包对于“他”同样具有保全生命的意义，那么，“我”就没有权利去偷窃他的这一片面包。关于“紧急避难权”，我会在第 12 讲中另有专论。

二、所有权

“人为了作为理念而存在，必须给它的自由以外部的领域。”[④]人作为自由的存在，必须有其自由存在的客观基础，必须有其定在。自由意志的这个外部定在首先就是所有权。

（一）所有权的哲学解释

人格不能只是一个纯粹抽象、主观性的东西。所谓人的权利、人的自由，如果仅仅是停留在一般抽象主观的层面，那么，这种自由、权利，就不能成为人的现实的权利与自由。人格、人的自由及其权利，必须从其纯粹抽象性、主观性中走出来，必须通过客观、物的东西使自己成为现实的。所有权就是

---

① 黑格尔：《法哲学原理》，第 130 页。

② 黑格尔“从紧急避难权派生出债务人一定财产免扣押的利益”的思想，同样值得注意。这也是一种人道思想。中国近年刚出台的最高法院关于财产封存扣押的司法解释中，才专门对此作出某种具体规定。

③ 参见黑格尔：《法哲学原理》，第 130 页。

④ 参见黑格尔：《法哲学原理》，第 50 页。

人格由这种纯粹主观性走出成为客观定在的中介。“所有权所以合乎理性不在于满足需要，而在于扬弃人格的纯粹主观性。人唯有在所有权中才是作为理性而存在的。”[①] 人格及其权利建立在所有权基础之上。所有权首先不是为了满足需要，而是显现人的自由主体存在。从“需要”解释所有权还只是较为肤浅的心理学、经济学的解释，只有来自“自由意志定在”的解释，才是哲学的解释。

如果联系黑格尔关于人格是自由意志的单一定在思想，那么，黑格尔关于人格的定在、人格以所有权为基础这些思想，就内在地包含着这样一种值得注意的内容：对作为自由意志单一定在的单个人的所有权的肯定。这种所有权甚至还是单个人得以成为自由的现实存在的前提：单个人拥有这种所有权，关键并不在于满足自己的某种生理、心理、社会的直接需要，而在于表明“我”是作为“我”这一独立主体实际存在，“我”不仅在观念中是自由的，“我”在现实中也是具有独立性的单一存在。因而，这种所谓的所有权，在其现象形态上就是个人所有权，在其实质内容上就是人格实在性。否定这种个人所有权，就事实上是在否定人格的独立性。不能以公有的名义否定个人的所有权。因为，一方面，一般说来公共所有是所有权的公共所有，而所谓所有权的公共所有总是指的某一部分人的公共所有，故，它总是以一个个具体人为所有权主体；[②] 另一方面，个人的所有权直接构成个人作为独立人格现实存在的基础，对于个人所有权的否定，并不仅仅是否定个人的物权，更重要的是否定个人的人格权。没有现实所有权，自由意志、独立人格难免空幻。

所有权以对物的占有为规定。黑格尔此处所说“物”指“某种不自由的、无人格的以及无权的东西”[③]，泛指一切作为自由意志对象化的存在。“物”可进一步区分为两类：实体性的与非实体性的。所谓非实体性的“物”是那些没有实体性的东西，诸如时间、空间、精神、知识等。[④] 这样，“物”至少对于

---

① 黑格尔：《法哲学原理》，第 50 页。

② 不能分割的公共所有权，诸如公共资源、公共绿地等，与此并不矛盾。这种公共所有权亦不能否定个人所有权。只不过，此时这种个人所有权已具体表现为拥有这种所有权的个人对这种公共资源平等的享用权。如果以公共资源为名，否定一部分人对此公共资源的平等享用权，就是在特殊意义上对这种个人所有权的侵害。

③ 黑格尔：《法哲学原理》，第 50 页。

④ 参见黑格尔：《法哲学原理》，第 50—51 页。

“人”自身而言，就获得了两种规定：其一,一般自然实存意义上的物。甚至人自身的自然存在本身就是实存，就是物。没有人的这个自然生命实存，就没有人的存在。不仅如此，它甚至还包括人的有形精神产品。这就是黑格尔所说精神技术、科学知识等都可以作为契约对象进行买卖之所指。[①] 其二，非实存抽象意义上的财富、东西或这一类。这就是我们今天所说的知识产权之内容部分。这些非实存的抽象的东西，固然是精神性存在，固然只是一种人的内部精神能力、一种“精神的内部财物”，但是，它们可以通过表达而成为外部定在的，因而，也就在物的范畴之内。所以，黑格尔说：“学问、科学知识、才能等等固然是自由精神所特有的，是精神的内在的东西，而不是外在的东西，但是精神同样可以通过表达而给它们以外部的定在，而且把它们转让，这样就可把它们归在物的范畴之内了。”[②]

黑格尔对“物”的如此广泛理解，为人的自由权利或法权留下了充分的空间：这不仅仅是实存的物质方面的权利，亦包含着精神方面的权利；人的自由不仅仅是物质生活的自由，更包含人格、精神生活方面的自由。

人通过所有权，通过对物的（财产）所有权，使自己摆脱了人格的纯粹抽象性而成为实存的。没有财产所有权，就没有真正的自由。只有做财产的主人，才能做自己的主人。[③]

（二）财产权

所有权实为财产所有权。财产所有权首先是对物的占有权利。人作为自由意志的存在，总是要将自身的自由意志变为定在，这个占有通过人对外部世界的能动活动实现。自由意志及其对象化存在，就是对物的占有过程。“人有权把他的意志体现在任何物中”，人对一切物有“据为己有的绝对权利”。[④]

所谓人有权将自己的意志体现在任何物中，有将一切物据为己有的绝对权利，这里包含着几层含义：其一，这里不是针对某一具体人而言，而是在

---

① 参见黑格尔：《法哲学原理》，第 51 页。

② 参见黑格尔：《法哲学原理》，第 51—52 页。

③ 黑格尔的这种思想正是对洛克思想的承袭与发扬。洛克主张人生而自由，人生而拥有三种基本权利，即生命、财富、自由的权利；生命、财富、自由是人自由存在不可剥夺的财产。

④ 黑格尔：《法哲学原理》，第 52 页。

一般意义上指所有的人而言。其二，这种权利的绝对性在于：一方面，物作为外在自在之物，并无任何规定性，亦没有自身的目的性。物从人的自由意志中获得其“规定和灵魂”，并成为人的东西，成为人的自由意志之存在，并进而具有目的性。另一方面，人不同于这些外在物之处就在于，人是自由意志的存在，人的意志对于物具有“优越性”，因为人的意志是自在自为地自由存在的。其三，人的意志有无限性特质。这种意志的无限性就在于：意志要求的无限可能性与活动能力的无限可能性。在可能性的意义上，“所有的物都可变为人们所有”[①]。

人对物的占有过程是一种对象化存在的过程。在这个对象化存在过程中，同时存在着两个方面的运动：将物变为自己的意志，将自己的意志变为物。[②]即，人对物的占有，一方面使人的自由意志成为实在的；另一方面，又扬弃物的自然自在性而使其成为自由意志的。如是，则在对物的占有中，物就是意志，意志就是物，物与意志二而一体。在这里，人格、自由意志及其权利，是现实的统一体。

所谓“对物的占有”亦不是空洞观念性的，而是具有现实性特质的：当我能够说我占有某物时，我就已“把某物置于我自己外部力量的支配之下”[③]了。这是一个具有感性确定性的事实。在这种感性确定性中，标识出我自己是作为现实的主体存在。如果人们不能将物置于自己力量的支配之下，或者换言之，如果人们不能有效地对物行使支配权，就无所谓对物的占有，亦无所谓主人或主体性地位。

正如前述，对于占有、所有权范畴，可以有两个不同的规定：满足需要，“自由最初的定在”。前一个规定是从需要及其满足的角度上的规定，后一个规定则是从“自由的角度”所作出的规定。后者是哲学的规定，显得更为深刻。占有财产，固然有满足我的各种需要的因素——因而，在此意义上，占有、拥有财富就成了“满足需要的一种手段”。但是，占有并不仅仅是为了满足自然冲动及其需要，甚至满足需要亦不是占有的“首要的东西”。占有是自由的定在。没有财产权，就没有自由。没有财富，一切自由都是空洞虚幻的。如果一个人

---

① 黑格尔：《法哲学原理》，第 52—53 页。
② 参见黑格尔：《法哲学原理》，第 53 页。
③ 参见黑格尔：《法哲学原理》，第 54 页。

连基本生存都得不到保证，各种所谓的人格权、自由权，说得再天花乱坠，也不过是镜花水月。所以，“从自由的角度看，财产是自由最初的定在，它本身是本质的目的”①。要真正获得自由，必须首先争得财产权。这也正是马克思从政治经济学角度分析资本主义生产关系，要求打破资产阶级所有权，使无产阶级获得经济上的解放这一思想的深刻之处。

这样，当我们再回头看人对物的占有权或所有权的绝对性时，就会领悟包含其中的另一种更为重要的内容。这种权利的绝对性在于：以一种绝对的方式排除先在地在社会成员中划分或确立起某一禁区，使一些人拥有这种权利，另一些人不享有或少享有这种权利，强调每一个人都无一例外地拥有财产所有权，进而强调平等的自由的至上性。罗尔斯关于政治正义原则确定的原初状态、无知之幕设计，其实也正体现了这种基本价值理念。

不仅如此，既然以对物的占有为标识的财产权是自由意志的定在，那么，物本身就获得了特殊的价值规定性。物原本无所规定，无所价值特质。但当它与人的活动、存在方式相联系，成为人的一种存在方式或存在内容后，则获得了价值特质。就它作为人的自由意志的定在，作为自由权利得以存在的基础而言，物自身由于直接成为人的自由的一个构成部分，物本身就获得了善的属性。在这个方面，“物”与“自然性”相似，不能仅仅将它们视为恶的。物服从于什么目的，以什么方式获得，这样一类对物的具体占有方式与途径的合理性分析，直接取决于或依赖于物是人的自由意志的定在这一根本性规定，并从此获得价值合理性判断依据。

如前所述，财产权即为所有权，所有权是自由意志的定在，而自由意志又总是以单一性的方式成为具体现实的，因而，所有权首先就是作为单一意志定在的私人所有权。

三、私人所有权

“我”的意志定在于“物”中，不仅使具有单一性的“我”成为具体现实存

---

① 黑格尔：《法哲学原理》，第 54 页。

在，而且亦使“物”成为“我”的。这样“我”的意志就被引入所有权中，所有权就获得了私人的性质。这就是“私人所有权”。[①]

（一）“私人所有权”与“共同所有权”

根据黑格尔的看法，“私人所有权”有其“必然性”，这个必然性就在于私人所有权使个人、个人人格及其意志成为现实的存在。个人借助于这种私人所有权使自己获得定在，成为社会生活中的一个现实单元。在现实生活中，人总是具体的，总是以一个个鲜活生动的生命个体的样式存在，因而，个人的生动具体现实存在，就是人的生动具体现实存在。因而，私人所有权对于自由意志、对于人的存在而言，必不可少。“在所有权中，我的意志是人的意志；但人是一个单元，所以所有权就成为这个单元意志的人格的东西。由于我借助于所有权而给我的意志以定在，所以所有权也必然具有成为这个单元的东西或我的东西这种规定。这就是关于私人所有权的必然性的重要学说。”黑格尔甚至还赞美了当时的国家重新建立私有权的做法。[②]从这一点也可以看出，黑格尔并不是一个思想保守主义者，也不是如人们通常所以为的那样，是一个绝对的国家集权主义者。

人们否定“私人所有权”通常有两个基本理由：其一，私人所有权对共同体的伤害；其二，私人所有权对美德的伤害。根据黑格尔的分析，这两种理由均似是而非。在黑格尔看来，一方面，私人所有权是真实共同体存在的必要前提；另一方面，私人所有权基础之上能够建立起友谊、信任关系，能够培养出友谊、信任的美德。

“私人所有权”相对于“共同所有权”而言。所谓“共同所有权”是共同意志的定在，是共同意志对物的占有。这里直接关涉两个问题：其一，这个共同意志、共同意志主体的共同体当如何理解？其二，共同意志如何形成、共同体如何存在？

共同体作为普遍、一般，不能离开特殊、个别。真实的共同体、共同意志，

---

① 黑格尔：《法哲学原理》，第 54 页。

② 参见黑格尔：《法哲学原理》，第 55 页。

不能离开个体、私人的意志。在历史的、逻辑的视野中观察，共同体、共同意志、共同所有权之类的东西，有一个基于内在否定性的发展过程：原初混沌一体的共同体及其共同意志、共同所有权——经过分化了的个体或私人[1]及其私人意志、私人所有权——由私人或个体有机构成的共同体、共同意志与共同所有权。

在历史上看，个体独立、个性及其自由意志，以及私人所有权等，都是经过艰苦卓绝、长期反复斗争，才得以确立。黑格尔所提及的古罗马、欧洲中世纪后期如此，中国历史上亦如此。这种个体、个性、私人所有权的争取与独立，在其现实性上，并不是真的反对共同体本身，而是对那种失却生命力、虚假共同体的否定（在很长一段时期内，王室皇权就成了共同体及其所有权的同义词）。在人类文明演进史中，私有权、财产私有制的出现有其革命性的一面。它表明个体、个性、个人的出现，表明社会不再是混沌一体，而是具有个别性、特殊性的存在。个人及其权利正是在此基础之上得以生长。

不过，值得注意的是，上述这种历史、逻辑的演进过程，只是在一般抽象意义上表明人的自由存在的文明进程，表明自由自身的生长过程。它并不表明人类在其文明演进过程中对于一切物都要有一个绝对无例外的私人化过程。有些物由于其特殊性，诸如一些土地、河流、海洋、山川、矿藏、空气等等，由于其不可分割性，由于其对于人的生命存在的基本意义，它们就一直以共同财产权的方式存在。这种共同财产权表明了每一个人的平等的基本自由权利，当然包括平等享用这些物的基本自由权利——这里就直接隐含着这种平等享用权利不得伤害其他人的平等自由权利这一规定性。

私人所有权、私有制作为一种历史现象，这只是一种事实。然而，它们的出现却是社会的一大进步，甚至还是道德的守护神。这是由于：伴随着私人所有权的出现，出现了个体及其自我意识，以及作为财富的主人、主体；那些想掠夺他人财富的人要付出更高的成本，进而一定程度地扼制社会上存在着的这种对他人财富侵占、掠夺的贪欲。对于私人财产权的保护，似乎更有利于富人，其实，穷人则更需要这种保护。因为富人由于其富有、能支配较多的社会资源而拥有更多的自我保护能力，相比之下，穷人则缺少这种自我保护能力，缺少

---

① 这里我们对于“个体”与“私人”这两个概念不再作进一步的严格区分，因为这并不影响问题本身的讨论。

博弈能力，更容易被掠夺。

私人所有权的出现，使得共同所有权也获得了新的内在规定性："共同所有权由于它的本性可变为个别所有，也获得了一种自在地可分解的共同性的规定。"[①] 这种可分解的规定性，同时就是可构成的规定性。这就表明，这种共同体及其所有权，它是个体的共同体及其所有权。因而，这种共同体就是具有内在否定性或异质性，进而富有生命与活力的共同体。个体或私人是否将自己的所有权留在共同体中，以何种方式保留，保留多少，这是个体的自由意志行为。这就是黑格尔所说"至于我把我的应有部分留在其中，这本身是一种任意的事"的含义。[②] 这种私人的"任意"，指的是私人可以自由行使自己的自由意志权利，可以自由地决定自己对于自身财产权的支配及其具体支配方式。在一个共同体内，私人可以自由地支配自己的财产，行使财产权，那么，这个共同体就是一个真实的共同体，这个共同所有权就是真实的共同所有权。

如果人们仅仅根据对于天下大同、各取所需理想境地的信念与憧憬，并根据这种理想信念对私有制、私有财产无分析地一概否定、猛烈抨击，那么，就失于缺少理性、情绪化的偏见。这种情绪化的偏见没有意识到：个性独立、私人财产权的形成是人类走向自由境地不可或缺的环节；没有这个环节，就只能是宗法血缘身份等级的，就无个性、个体及其权利可言。这就是如黑格尔所抨击的，"这种情绪误解精神自由的本性和法的本性，并且不在这种本性的特定环节中来理解它"[③]。马克思关于重建个人所有制的思想，在表达方式上就是否定之否定的。就内容而言，它有两个否定性环节：资本主义私有制对前资本主义私有制的否定，以及科学社会主义的个人所有制对于资本主义私人所有制的否定。

前面曾说过，私人对于物的占有有绝对的权利，似乎表现出私人所有权的绝对性与无限性，不过，那是针对人的自由意志活动具有无限性、人是目的这一特质而言，是指人的自由意志必定取定在的形式这一普遍性、绝对性。在具体现实性上，就不能简单地据此以为私人所有权拥有无限绝对的权力，具有至上性。私法服从于公法，私人利益在必要时必须为公共利益作出某种牺牲。这

---

① 黑格尔：《法哲学原理》，第 54 页。
② 黑格尔：《法哲学原理》，第 54 页。
③ 黑格尔：《法哲学原理》，第 55 页。

是由私人所有权在法的合理性体系中的位置所决定的。[①]

对私人所有权的另一种否认性理由是：私人所有权的存在会消解人类社会的友谊、信任关系，会消解基于这种关系的人类美德。根据黑格尔的分析，这亦是一种谬见。

私人所有权的出现是否真的会削弱乃至消解人类社会的友谊、信任这类社会交往关系，以及基于这类交往关系所存在着的人类友谊、信任美德？黑格尔通过对柏拉图、伊壁鸠鲁等思想的批评，表达了自己完全不同的看法。在黑格尔看来，柏拉图的理想国"以人格没有能力取得私有财产作为普遍原则"，在那里，私有制财产原则"遭到排斥"，因而，这个理想国"侵犯"了"人格的权利"。[②]黑格尔在这里事实上提出了这样一个极为重要的问题：在私人所有权基础之上能否建立起和睦、友善的人与人关系？是否私人所有权必定伤害和睦、友善的人与人关系？在私人所有权基础之上能否建立起一个善的、良序的共同体？

确实，私人所有权由于其特殊意志定在的特质，对于普遍性有其否定性的一面。这在现实生活中就表现为有可能伤害他人与共同体的利益。然而，一方面，这种私人所有权的出现是个必然——既是历史的必然，也是内在否定性的逻辑必然；另一方面，这种私人所有权的消极面，是事物自身中所包含的一体两面之存在。这就如人的生长一样，成年人具有了成熟与智慧，有了所谓老谋深算，就同时会失却儿童的童趣与天真无邪。这是一切事物演进的代价。

私人所有权由于是"我"自己对于财产权利的诉求与支配，而不是将它交给别人，似乎表现出对他人与共同体的不信任。其实，私人所有权与信任这是两个不同的概念与问题。私人所有权的核心，是个人自由意志的确立，是主体性地位的确立，是共同体成员之间只要作为人存在就具有的平等的自由意志权利。它所指向的实质性内容，是关于这个共同体或人与人关系内容的规定性。因而，在此意义上，私人所有权的确立与个人之间的信任与否，是两个完全不

① 诸如，遗产、赠予等似乎完全是私人对于私人自身财产的处置，似乎应当具有无限的权力。但是，国家却可以通过实在法对此作出某种限制。因为这种遗产、赠予对象具有极大的偶然性。作为一个具有合理性的国家对此作出某种限制，一方面表明其对于人格权、财产权的尊重，避免使得社会成员不通过自己的努力而仅仅因为某种偶然条件就成为财富的拥有者；另一方面，这样做在功能上亦有助于社会公共福利,保证社会成员人格平等权利的普遍实现。这正是《法哲学原理》第 46 节附释中关于古罗马、家庭财产等说明中所表达的基本思想。

② 参见黑格尔：《法哲学原理》，第 55 页。

同的问题。如果说因为个人的自由意志确立、个人作为平等自由主体存在会伤害人与人之间的信任关系，那么，我们首先应当怀疑的是这种既有的信任关系的具体内容究竟是什么？是否意味着在这种信任关系中一部分人在事实上支配着另一部分人？是否意味着一部分人没有自己的自由意志，进而，这个共同体自身的合理性或善本身就是值得怀疑的？

不仅如此，甚至只有建立在平等人格、自由意志、财产权基础之上的信任，才是稳固的信任。这有两个方面的理由：其一，它通过对于人格独立性的认肯，维护了信任得以存在的基础。因为这种信任本身否定了人身的依附性，或者说否定了一些人对另一些人的人格优越性与支配性，这就否定了下述情况发生的正当性：一些人可以不通过另一些人或不获得另一些当事人的认肯、同意，就支配他们的财产乃至决定他们的命运。因而，这就进而有效地保护了人们相互间的基本信任关系。其二，建立在情感基础之上的、包括信任在内的人与人关系，固然是可贵的，但是，这是一种建立在主观性基础之上的，因而是以偶然性为特质的信任关系，这种关系不具有客观必然性。这就如个人之间的同情心一样，尽管这种同情心是可贵的，但是解决社会不幸现象如果主要依赖社会成员的主观同情心，则是不牢靠的，具有偶然性。只有建立在社会客观救助机制、社会福利保障体系这一必然性基础之上的客观同情，才具有必然性。没有财产权为基础，这种信任亦是偶然性的。不仅如此，个人的信任、同情等情感亦须从客观社会生活秩序获得滋养与维护。

这样看来，不能简单地将私人所有权视为洪水猛兽，以为只要有私人所有权，就必定会瓦解这个社会共同体，必定会毁灭人类的美德。在私人所有权基础之上，社会成员之间的良序关系及其信任同情，是完全有可能建立起的。

一个正义的社会，其要旨不是取消私人所有权，而是在合理地承认与保护私人所有权基础之上，如何防止在财富占有或分配上的两极分化与两极对立，以及基于这种财富占有公平正义的相互承认、共在共生。

（二）私人所有物

如前所述，黑格尔在哲学的角度思考人的自由存在问题，并将“物”理解为自由意志的对象化存在，这样，就使“物”有了广泛的内容。在黑格尔看来，私人所有的“物”有两个基本方面：身体（或生命有机体）与财产——对应于“物”这两个方面的是人的生命权与财产权。如是，则私人所有权就是对自身生命有机体与财富的所有。不过，黑格尔思考私人所有物，并不是停留于现象形态上的身体与财产，而是要透过身体这一现象形态思考肉体与精神、肉体与自由存在，透过财产这一现象形态思考财产分配中的公平、平等这样一些存在论的问题。

自由意志的所有权首先是对自身身体、生命有机体的所有权。

“我”固然有自己的意志，然而，“我”的意志存在却以“我”的自然生命体存在为前提。“我”首先是生命有机体的现实存在。这个生命有机体与“我”不可分割。这样，私人所有首先就是对于这个人身生命有机体的所有。在这个人身生命有机体中，不仅仅有“我”的生命，“我”的意志，“我”的精神，而且其本身就是“我”的人格之所在。这就是黑格尔所说：“我”作为一个直接的个人是“在这个有机体中活着”，“我象拥有其他东西一样拥有我的生命和身体，只要有我的意志在其中就行”的内在意思。[①]这表明的是人自由权利的人类学或自然前提，并为尊重和保护人的自然生命这一最基本人权及其道义，奠定了学理基础。

当黑格尔说“只要有我的意志在其中就行”，“只有在我愿意要的时候，我才具有这四肢和生命”时，[②]容易给人造成一种错觉，以为“我”可以从自己的身体中收回自己的意志，或者在“我”的这个人身生命有机体中可以不具有“我”的意志。其实，由于黑格尔所说的意志其实就是人、人的自由，故，黑格尔在这里以抽象方式所表达的真实意思是：“我”的这个人身生命有机体是“我”的精神、意志、灵魂、人格之所在，任何其他人没有任何权利可以对“我”的生命作出任何伤害。因为，这个身体就是“我”，就是“我”的人格，“我”与这个生命、身体是不可分离的。对这个生命、身体的任何伤害，就是对“我”的人格及其尊严、对“我”的自由的伤害。所以黑格尔说：“肉体是自由的定在”，人作为自由的“有生的定在不得当作驮畜而被虐使”。“我在定在中是自由的和我对他人说来是自由的这两个命题是同一的。他人加于我的身体的暴

① 参见黑格尔：《法哲学原理》，第 55—56 页。

② 参见黑格尔：《法哲学原理》，第 56 页。

力就是加于我的暴力。”①

所谓“我在定在中是自由的”是指：只有我才能有权利自由地支配我的身体，他人没有权利支配我的身体。这样，我们就能理解黑格尔说人有权利自残、自杀的真实思想。这里指的是人的自由权利的绝对性。②

身体作为自由意志的定在表明：自由意志、精神与肉体作为人格的完整统一性，是不可分离的。对于身体、肉躯的伤害，就是对于自由意志、人格的伤害。③那种以为通过惩罚肉体而挽救别人思想、拯救别人灵魂的做法，本身就是对别人灵魂、人格的伤害与污辱。④

在人格的完整统一性意义上，人身（身体）与自由意志精神是不可分的。但是，自由意志本身与自由意志的定在毕竟不是一回事。作为生命有机体的自然身躯受到伤害，自然表明自身人格的统一性受到伤害，甚至有时身体会由于种种情况而失却行动的自由，但是，这并不意味着“我”的自由精神本身亦会随之失却其自由本性。“我”虽身陷牢狱，但仍可固守人格之清高与精神之尊严。“我可以离开的我实存退回到自身中，而使我的实存变成外在的东西，我也可以把特殊感觉从我身上排除出去，虽在枷锁之中我也可以是自由的。”⑤正是在这个意义上，“我”不仅仅是肉体的存在，“我”更是自由人格的存在。人的尊严固然离不开生命肉体，但却并不仅仅、甚至并不主要依系于肉体，而是依系于自由的人格精神与高尚灵魂。

尽管“我”的生命躯体也是一种物，但这种物不同于其他自然外在之物。“我”的生命躯体由于是“我”自由意志的单一性的直接定在，并有“我”的感觉，“我”通过生命感官感觉到外部世界，感觉到他人对“我”的态度，因而，对于作为外在自然物的“我”的身体的伤害，就是对于“我”的人格的直接伤

---

① 参见黑格尔：《法哲学原理》，第 56、57 页。

② 见《法哲学原理》第 56 页第 47 节附释部分。不过黑格尔在第 70 节又对自杀采取明显否定性态度。此处黑格尔是在对于生命的自主支配权意义上而言。黑格尔在此表现出相当的思想解放与反神学精神。人的自由意志权利包括生命的选择权、向生向死的选择权。

③ 出于医疗的目的或为了抢救生命，在自己失却知觉的时候，医生对其生命的某些器官的切除，如截肢、脾破裂时的脾切除，这似乎也是对生命的伤害，但这是属于一种特殊情况。这是为了我的自由意志定在、为了我的生命而不得不做出的行为，故合乎自由意志的目的。

④ “只有那缺乏理念的诡辩的理智才会把精神和肉体分开，并以为纵使身体受到虐待以及人的实存屈辱于他人暴力之下，而自在之物即灵魂是不会被触及或受到伤害的。”参见黑格尔：《法哲学原理》，第 56—57 页。

⑤ 黑格尔：《法哲学原理》，第 57 页。

害。这种伤害似乎是对物的伤害，其实，这是一种极为严重的人格伤害。在一般意义上，对人身的伤害较之对外在物的伤害，是更为严重的伤害。因为，它本身直接就是对人格的伤害与侮辱。故，人身侵犯、人格侮辱、人格伤害，相对于对一般外在物的伤害，是更为严重的伤害。它无法直接用外在财富来衡量。所以，对于人身侵犯、人格侮辱、人格伤害的惩罚，或使人格避免受到伤害、污辱的保护，应当尤为有力。这就是黑格尔所说："侮辱人格同毁坏我的身外财物之间的区别就在于此"。①

动物也有肉体，但是动物没有意志、没有自由权利，所以动物对其生命就没有所有权。时下，动物保护主义主者张动物自身的权利。其要保护动物善待动物这一善良动机与目的固然可嘉，但是，在理论、理据上却是混乱的。动物在什么意义上有权利？没有自由意志从何谈权利？如果要谈，那么这就是泛意志论、泛权利论。照此逻辑推论，则宇宙间一切存在物都应有其权利，一切生物之间作为生物链存在的消耗都是对于其中一些物种权利的侵犯，甚至人类为了自身存在与繁衍所必需的对于动植物的必要消费，也都是对于动植物自身权利的侵犯。这样做，与其说是在想提升人，将人变成富有仁善之心者，毋宁说是将人下降为动植物。人类应当保护动物乃至整个自然生态环境，但是无须勉强借助于动物权利这一类理念为此获得证成。人类保护没有权利属性的动物，就如保护没有权利的空气、水等一样，因为它们都是我们生活世界的一部分，进而，是我们人类广义生命有机体的一部分。人类的仁慈、怜悯、善良之心，也会投射到外部世界，尤其是具有生命的动物身上。这是人类善之投射，而非动物自身的权利诉求。

自由意志的所有权除了对自身生命有机体的所有权外，还有对财产或财富的所有权。因为没有财富这一"物"，自由意志本身就不可能成为现实的。

每一个人在人格上一律平等，这是指每一个人拥有平等的自由意志权利。但是，每一个人在财富的占有上却未必是平等的。具有平等人格、自由意志权利的人，在财物的占有方面，作为抽象人格是平等的，但是在占有内容上，则是不平等的。究竟"占有什么，占有多少"，充满了偶然性。这个偶然性既有先天的，又有后天的，既有主观的，又有客观的。"平等只能是抽象的人本身的平

① 黑格尔：《法哲学原理》，第57页。

等……关于占有的一切——它是这种不平等的基地——是属于抽象的人的平等之外的。”平等是人格、自由意志的原则，公正是财物占有的原则。不能简单地将人格、自由意志的原则，直接搬到财物占有领域中来。[①]

财富占有与分配上的平等，有两个方面的规定或含义：其一，作为主体其人格是平等的。这是说，在抽象的意义上，每一个人毫无例外地都有占有财富的这种权利，不能在财富占有与分配问题上一开始就将某些人排除在外。其二，每一个人，在其现实性上，只要是作为人存在，就必须拥有最基本的财富，因为正是这种最基本的财富才能够保证或维持其作为人的生命的存在。一个人可能会由于先天后天、主观客观等方面的原因，使自己失却劳动能力，失却通过自己的劳动占有与获得财富的可能。然而，这并不应当妨碍其作为人存在的最基本人格权利。他作为一个人存在着的平等人格权利，使其拥有获得最起码物质财富的权利。在这一点上，每一个人都是平等的。也正是在这个意义上，“每个人必须拥有”基本的物质财富。[②]对于这种特殊的权利要求，社会必须通过特殊的救助机制来帮助其满足。只有具备这种救助机制的社会，才能说是一个真正拥有平等人格、自由权利的社会。

人格、自由权利的平等，在现实财富占有中就是不平等。因为每一个具体的人的存在都是特殊偶然的。由于各自先天后天、主观客观方面（包括努力程度方面）的差别，会使其在使用平等的自由权利过程中，导致财富占有多少的差别。对于这种由于自由权利行使而造成的差别的认肯，就是对于平等的人格权利或平等的自由权利的认肯。即，若否定这种在财富占有内容上的不平等，就是事实上否定人格、自由权利的平等。在一般抽象的意义上说，在财富占有多少这个意义上的不平等，本身正是（人格、自由权利）平等的显现——至于这种财富占有多少的不平等应当保持在何种范围程度之内，这是属于财富分配中的社会矫正正义这一个另外的问题。二者不可混淆。

除了遗产、获得赠予等特殊情况外，一般说来，财产的占有或分配依赖于劳动，即黑格尔所说“依赖于勤劳”[③]。之所以在财富分配上要依赖于一个人的劳动，其理由不仅仅是功能上的（诸如，不这样，就会鼓励每一个人不劳而

① 参见黑格尔：《法哲学原理》，第57—58页。
② 参见黑格尔：《法哲学原理》，第58页。
③ 参见黑格尔：《法哲学原理》，第58页。

获，使得社会财富坐吃山空、失却创造财富的动力，等等)，更重要的是内容上的，是自由的理念的（唯如此，才是平等的自由权利，才能真正体现与尊重平等的自由权利)。当然，这就提出了另一个前提性的问题：社会成员劳动的现实机会。社会成员有劳动的现实机会，并通过自己的劳动从社会中获得相应财富，这是保持人的基本尊严的基本条件。

直接简单地将人格平等搬到财富的占有与分配上来，是对平等人格的误解，是财富占有与分配上的平均。这至多是道义上的善良愿望，但缺乏客观性。除非在某些特殊情况下（诸如重大自然灾害面前，在食品极有限的情况下，为了使每一个人都能获得最基本的维持生命的食品，采取平均分配的方法，这是公正)，财富分配的平均都是不公正。“要求各人的财产一律平等这种主张是错误的，因为正义所要求的仅仅是各人都应该有财产而已。”①

这样，根据黑格尔的论述，我们就可以获得如下关于财富占有或分配上正义的一些基本内容：每一个人作为财富占有主体，在人格上是平等的；一般而言，作为一种原则，平均分配财富是不公正；每一个人都有权利通过劳动获得自己的财富，或者换言之，社会依赖劳动分配财富；每一个人作为人存在都应当且必须有最基本的物质财富，以维持其自然生命与人格尊严。这是关于财富占有或分配基本善或正义之规定。

以上只是一般地讲私人所有权或财产权的合理性，私人所有权还有一个实现问题。不能现实实现的财产权或所有权，并不是真正的财产权或所有权。

（三）私人所有权的实现

根据黑格尔的看法，私人所有权的实现有三个环节，这就是占有、使用、转让。②

1. 私人所有权实现的三环节

占有是拥有、行动，而不是想有、意欲。因而，占有是一种现实的行动，

---

① 参见黑格尔：《法哲学原理》，第 58 页。

② 参见黑格尔：《法哲学原理》，第 61—62 页。

且必须通过现实的行动才能实现。占有的行动大致有三类：或者是简单地将物直接拿过来，置于我的直接控制之下；或者是对物进行加工，改变其原有形态；或者是在物上加上属于我的标志。[①]

占有有两个基本条件："先占取得"，"无主物"。这两个条件中直接隐含着下述内容：占有并不是纯粹个人范围内的事，占有是一种社会关系。或者说，占有在社会关系中实现，并且表达了一种社会关系。单有鲁宾逊而没有星期五，在那个荒岛上无所谓占有与所有权。这就意味着占有作为一种社会关系，其合理性、合法化须得到"他人承认"。[②]

作为自由意志的定在，占有、所有权具有排他性。所谓"先占取得"、"无主物"等，就是指的这种排他性。这亦是黑格尔所说"我所能占有的东西是无主物"的真实内容之一。这就排除了对他人占有物或有主物的占有的合理性与合法性。占有须获得"他人承认"。这一方面是对于"无主物"、"先占取得"这一占有程序、形式的确认；另一方面，是对于没有侵占他人财富的社会性确认——否则，一切巧取豪夺均可以在占有作为人格之定在下获得所谓的合法性与合理性。所谓占有合法性与合理性的"先占取得"、"无主物"，这是在社会成员相互关系这个维度而言。

对物的占有方式从根本上说是"我"的对象化活动。在黑格尔看来："把自然物据为己有的一般权利所借以实现的占有取得，作为外部行动，是以体力、狡智、技能，总之我们借以用身体来把握某物的一切手段为条件的。"在这个对象化活动过程中，自然物已不再是与"我"对立的东西，它已为"我"所有，在这个物中已存有"我"的意志与精神，与此同时，"我"的意志亦摆脱了抽象性而成为具体现实。因而，这个对象化活动过程，就是"我"与占有对象均以特殊、具体、单一方式存在的过程。[③]黑格尔的这个思想与马克思后来的实践观念直接相通。

根据黑格尔的分析，对物的具体占有方式有三种类型：直接的身体把握，给物以定形，给物加上标志。

其一，直接的身体把握。这是将自然物直接置于我的自然力量控制之下。

① 参见黑格尔：《法哲学原理》，第62页。
② 参见黑格尔：《法哲学原理》，第59页。
③ 参见黑格尔：《法哲学原理》，第60—61页。

身体的把握对物的占有具有直接的感官现实性：物就在我的手中，直接在我的身体力量控制之中。不过，这种对物的占有有很大的局限性，因为人的身体自然力总是有限的。但是，人可以通过各种工具增强自己的身体能力，扩大自己的占有范围。人通过工具延长自己的劳动器官，作为人的器官延长的工具，可以扩大人对物的占有能力。人对物的占有不同于动物，不仅仅在于实质性的自由意志之规定，还在于实现占有方式的不同：动物仅仅依赖其身体器官，而人则能运用各种工具，并通过这种工具使自身占有能力具有无限可能性。[①] 当然，由此就直接生发出另一个极为重要的问题：人的贪婪性，没有什么比人更贪婪。

其二，给物以定形。这是通过人的创造性活动改变自然物的存在形态、通过人对物的加工而实现的对物的占有。这种对物的占有形式，是人实践活动中最常见的一种。农业、手工业、现代工业等，均属于这一类。

通过身体直接对物的占有，固然有使用工具且在将物变为"我"所有的意义上具有人的自由意志活动，但是，通过人的创造性活动，改变既有物的存在形式，将"我"观念中的东西、主观意图变为现实的这种占有方式，是一种更具创造性的占有活动。动物也可能通过自己的身体将某物置于直接控制之下，不过，一般说来动物既不能运用工具，更没有这种将观念变为现实的创造性活动。

人也有一个对自己的占有问题。这个人对自己的占有指的是：做自己的主人。人是自身的主人，能够按照自己的观念、意志而自主、自由地存在。如果人缺失这种精神与能力，那么，就不能说人占有了自己，不能说是自由的存在。人"只有通过对他自己身体和精神的培养，本质上说，通过他的自我意识了解自己是自由的，他才占有自己"[②]。"人应当是自由的"与"人是自由的"这是两个不同的概念。"应当"的维度指的是人的本性或如黑格尔所说"概念"，"是"的维度指的是人的实存状态。在实存的意义上，人未必是自由的。人作为自然生命存在，这是自然实存，人作为自由意志的存在，这是自由存在。自然实存并不意味着自由存在。因而，人的创造性活动，不仅仅是一个对象化活动占有外在自然物的问题，更是一个将自由"概念"在自身具体存在、占有自己

① 参见黑格尔：《法哲学原理》，第 62—63 页。黑格尔在这里还提出了产权内容的具体性规定问题：占有物的附加物的所有权，如对土地地下所可能埋藏的财宝、矿藏等的所有权的法律事先规定问题。

② 黑格尔：《法哲学原理》，第 64 页。

的过程。占有自己，就是成为自己的主人。在这个意义上，奴隶就不仅仅指那些人身被他人占有者，亦指在精神上自愿放弃对自己的占有、甘愿听命于他人者。对身体的控制与占有，未必就等于对精神心灵意志的控制与占有。真正的奴隶是那些甘愿在精神、心灵、意志上被他人控制与占有者。①心之奴较之身之奴更为可悲，身之奴较之心之奴更为痛苦。

按照自己的意志给物以定形，改变物的存在形式，这较之单纯的直接掌握，是一种较为高级的占有方式或实践方式。

其三，物的标志。这是一种符号性的占有。这种占有本身并不直接指向某种实体性的物，而是指向这种标志所在之处，并通过这种标志标识与表达了我的意志。黑格尔以作为国家公民的徽章来说明这种占有方式。其实，我们今天所常见的专利、商标、知识产权、产业标准、连锁经营许可等等，就是这种占有方式。这种占有方式，是一种更为高级的占有方式。它是通过知识等精神性占有，达到对外在物的普遍占有。②

关于物的占有，黑格尔以自己的方式事实上讲了两个层面的东西：一是占有的合法性及其方式，一是讲实践的方式——占有的现实活动就是实践过程。从后一方面看来，精神性的创造是一种特殊的实践样式，这种特殊实践样式较之那些直接感性的活动，能够创造更多、更为普遍的财富。③

“我”的意志对物的占有，这是私人所有权的确立。这种私人所有权的确立，表明通过占有，物成了“我的东西”，我对物就自然具有了使用权。

对物的纯粹占有不是我的目的。对物的占有既是我自由意志定在之内在要求，亦是实现我自由意志目的之要求。占有物是为了使用物。通过占有达到使用，以满足“我”的意志之需要。通过对物的使用来表达对物的占有权，表达意志的存在。“使用就是通过物的变化、消灭和消耗而使我的需要得到实现。”通过对物的使用，一方面，物的纯粹自在性得到显现，物只是满足“我”需要的一种手段；另一方面，物通过被消耗而成为“我”的，在满足“我”的需要的同时与“我”同一，并完成其使命，实现其价值。④在此意义上，使用权是占

① 参见黑格尔：《法哲学原理》，第 64—66 页。

② 参见黑格尔：《法哲学原理》，第 66 页。

③ 黑格尔在近 200 年前，就以自己的方式提出了我们今天所说的知识经济问题，令人敬佩。

④ 参见黑格尔：《法哲学原理》，第 66—67 页。

有权的实现。没有使用权的占有权，是空洞的所有权，故，不具有真实性。[①]

物的所有权与使用权本是内在统一一体的，但是，由于所有权与使用权是两个不同的东西，因而，这就意味着二者存在着分离的可能。这就是说，所有权与使用权关系在实际中会有两种类型：“我”拥有所有权并同时“我”自己在使用物；“我”拥有所有权但“我”自己并不直接使用物，他人行使物的使用权。前者为占有的使用，后者为不占有的使用。这就是黑格尔所称的“完全使用”与“部分使用”两种类型。[②]不占有的使用属于所有权与使用权分离现象。

物的所有权与使用权分离是一个历史现象。不过，黑格尔本人对所有权与使用权的分离现象，持一种否定的态度。对黑格尔的这个否定性态度，必须仔细体会与把握，必须注意其所针对的是农奴制、奴隶制，所表达的是对农奴制、奴隶制的否定性态度。

黑格尔认为所有权与使用权的分离，是一种“绝对矛盾的关系”，是“空虚的意志”、“空虚的理智”、“人格的疯狂”等等。他之所以持这样一种态度，是因为他认为在所有权与使用权分离的情况下，同一物会出现两种意志、两个主人。这两个主人、两种意志都不能贯穿到底，因而彼此冲突。在所有权与使用权分离的情况下，使用者不拥有（所有权），拥有（所有权）者不使用。使用者在以自己的意志改变物的存在的意义上，是物的所有者，拥有者在占有的意义上是物的所有者。但是，拥有者由于放弃其使用，由于并没有通过自己的意志改变物的存在样式，因而，在此意义上，他就变成了此物“空虚的主人”。与此同时，物的使用者由于将其意志贯穿于物中，他在事实上就成为此物的所有者。黑格尔还以领主与臣民、采邑与佃租等内容来说明这一点。[③]黑格尔的这一思想，与其在《精神现象学》中关于劳动、主奴关系及其转化的思想异曲同工，如出一辙。黑格尔在这里反对物的使用权与所有权的分离，有其深刻的历史内涵。这就是对历史上的奴隶制、农奴制的否定，为新兴资产阶级所有权呐喊。所以，黑格尔才认为：尽管关于人的自由的思想及其信念伴随着基督教的传播已有 1500 年，但是，“所有权的自由在这里和那里被承认为原则，可

① 那些竭尽贪婪能力攫取大量财富的贪官污吏们，占有大量财富但又不敢使用，这些财富不过是一堆废纸。

② 参见黑格尔：《法哲学原理》，第 68 页。

③ 参见黑格尔：《法哲学原理》，第 68—70 页。

以说还是昨天的事”[①]。只有新兴资产阶级、近代市民社会出现以后，财产所有权的自由，才逐渐成为人的自由原则中的现实内容。这样，黑格尔关于所有权与使用权分离的这种否定性态度，我们就不能简单地以为其浅薄，相反，应当从中看到黑格尔思想的深刻性、革命性与战斗性。对于思想家的具体思想观点，不能仅仅根据其字面就轻率地下结论，必须深入其思想所表达的历史内容与时代精神加以把握。

不过，黑格尔在这里事实上亦以自己的方式提出了一个值得重视的思想：物的使用权与所有权应当统一，使用权与所有权不能统一就无所谓真实的自由。今天，物的所有权与使用权分离已成为一种普遍现象，如何合理认识当今普遍存在的这种所有权与使用权的分离现象，如何从这种似乎分离中认识、揭示所有权与使用权统一的更高形态，必须直面。对此，我们可以在一般的意义上作出更进一步的认识：

其一，在这种分离中，所有权者并没有放弃自己的使用权，而是在以一种特殊方式行使自己的使用权。根据黑格尔的分析，使用权是所有权的一种特殊表现形式，这种所谓所有权与使用权分离现象，其实是一种特殊的使用权交换现象：是使用者对自己体力、智力之“物”，与占有者所占有之“物”的交换关系。这样，所有权与使用权分离就可以看作是两种所有权的特殊交换。在这种所有权与使用权分离现象中，物的所有者似乎没有使用物，似乎将使用权转让给了他人，但是，即使是他人在使用此物的过程中，所有者仍然是在以特殊的方式使用此物，即，所有者以转让使用的方式使用此物。在这个意义上，所有者仍然是所有权与使用权的统一，只不过这种统一以一种特殊方式呈现罢了。这样看来，物的所有权是排他性的，物的使用权却未必是排他性的。在某物的排他性所有权明确的情况下，其使用权却可以是非排他性、多人共同使用的。

其二，通过这种分离，可以实现所有权的共同所有。在这种分离中，无论是物的所有权者的意志，还是使用权者的意志，都是不完整、不彻底的意志。即，他们均不能将自己的意志在此物中贯穿彻底。故，在这个意义上，无论是对于所有权者还是对于使用权者来说，这个权利都具有“空虚”性。不过，通过人的对象化活动，通过劳动，可使占有与使用在其现实性上达到统一。在这

---

① 参见黑格尔：《法哲学原理》，第 70 页。

种统一中，物摆脱了或者说超越了原先意志的纯粹单一性，变为共同的意志。物之主体亦由原先的单一之“我”，变为“我们”。原先物的所有权者与实际使用者，各以自己的财产权（具体物权或具体劳动、知识、管理等财产权）组合成一个新的实体，共同占有与使用此物。在这个意义上，所有权与使用权分离本身，就构成了新的共同体、新的所有权者的中介环节。

对物的使用是质与量的统一。被使用的物总是具体的，因而，总是质与量的统一。此质，可以满足特定需要，并因此可以在满足特定需要方面与其他物进行比较，因而，此质就具有了普遍性、一般性。这个一般性就是价值。同质方可比较，比较中也就消融了一切质的差别而仅有量的区别。“我作为物的完全所有者，既是价值的所有者，同时又是使用的所有者。”一切具体使用之物，总是在质与量上被规定了的。它既有特殊性，又有普遍性。作为特殊性，它满足特殊需要，作为普遍性，它满足一般需要。物的这种满足一般需要的普遍性，就是物的价值。在这种普遍性中，物的质的区别消失了，或者换言之，物的质“在量的形式中消失了”，它仅剩下“由质的规定性所产生的量的规定性”，这“便是价值”。“在这里质的东西对量以定量，而且在量中既被废弃同时又被保存。”[①] 正是在物的占有与使用统一中的这种物的质与量、普遍性与特殊性之统一，为转让或交换奠定了前提。尽管黑格尔此处关于“价值”的具体思想存在混乱，但在其关于使用物的质与量统一、普遍性与特殊性统一、物的价值所有者与使用所有者等一系列思想中，均可以看到后来马克思的抽象劳动与具体劳动、价值与价格等思想的影子。

财产的所有权，不仅仅在于占有与使用，更重要的在于转让。如果只能使用而不能转让，则不能说是真正对此物实现了占有。这是因为转让不仅表达了我对于物的意志，而且实现了我对物的真实占有——如果不能转让，就是没有真正占有。所以黑格尔“把转让理解为真正的占有取得”，把转让理解为所有权取得的否定之否定环节。[②]

财产所有权通过转让得以实现。然而，由于财产权是自由意志的定在，因而，作为自由意志定在的财产权转让就不能伤害自由意志本身。

① 黑格尔：《法哲学原理》，第70—71页。

② 参见黑格尔：《法哲学原理》，第73页。

财产权的转让有内容与形式两个方面。财产权转让的内容方面是指哪些“物”可以转让交换，财产权转让的形式方面是指通过何种方式转让交换。对于后者，黑格尔通过“契约”解决，对于前者，黑格尔则通过对“物”的具体内容具体考察加以回答。不过，黑格尔对可转让交换“物”内容的具体考察的旨趣，不在于“物”本身，而在于对自由意志、自由人格精神的维护。

2. 财产转让中的自由人格

转让所表达与实现的就是人的自由意志权利。那么，人能转让什么？转让是对“物”的转让，因而，转让的内容似乎是不言而喻、极易判断的。其实未必。黑格尔曾对“物”作过一个较为广义的理解，甚至将人的自然实体、精神等亦包含在内。那么，这是否意味着人对于自己的这一切均可以转让？回答是否定性的。由于“物”在其具体现实性上具有无限多样性可能，因而，我们无法就可以转让的物给予肯定性的规定，我们只能通过否定性规定的方法确定哪些物不能转让。然而，黑格尔对于转让“物”的这种否定性规定所关注的焦点，不是物，而是自由人格本身。

根据黑格尔的看法，人首先有两样东西不能转让：一是人格，一是精神。通俗地讲，就是人格与做人的原则不能放弃。这就是黑格尔所说的“我的整个人格，我的普遍的意志自由、伦理和宗教”是“不可转让的”。[①] 为什么这两样东西不能转让？因为它们是“我之为我”的内在规定性。“我”的本性是自由的，没有人格与精神，就没有了“我”作为人存在的资格或依据。那样，“我”或者成为一个仅仅自然的实存，或者成为没有定在的幽灵。[②] 那样，“我”就或者沦为与动物无异的东西——这就是奴隶、农奴等人身依附性存在；或者是沦为他人的纯粹工具——这就是没有自己的思想、精神、灵魂与良知，完全听命于别人的东西。对这两种沦落情景，黑格尔作了具体揭示：“割让人格的实例有奴隶制、农奴制、无取得财产的能力、没有行使所有权的自由等。割让理智的合理性、道德、伦理、宗教则表现在迷信方面，他如把权威和全权授予他人，使他规定或命令我所应做的事（例如明白表示受雇行窃杀人等等，或做有犯罪

---

① 黑格尔：《法哲学原理》，第 73 页。

② 这就是黑格尔所说的仅仅作为“自在地存在着的东西”，或者是仅仅作为“自为地存在着的东西”。参见黑格尔：《法哲学原理》，第 74 页。

可能的事），或者我所应履行的良心上义务，应服膺的宗教真理等等均属之。”[1] 正是根据这种不能转让的权利，黑格尔认为：奴隶有绝对的权利成为自由的人，人们有绝对的权利抗拒那些违反其伦理精神与良知而被雇用去行窃杀人的交易。[2] 那种以工作、职业受雇用关系为借口，替自己执行上司的坑蒙拐骗、杀人越货等辩解的做法，就是如黑格尔此处所说的出卖自己人格与良知的交易。

独立人格、自由精神，它们是人的生命，不能让予，不能放弃。黑格尔作为一个启蒙思想者，甚至还针对宗教精神牧师明确表达了自己的否定性态度：人不需要精神牧师，否则人就不能作为自由意志存在。[3] 作为自由的存在者，人需要精神上的导师，需要精神导师给予启蒙、对话、交流、引导，但无需精神牧师。

人不可以转让自己的人格与精神，但可以转让自己的特殊精神产品。这就是一般著作权的问题。对精神产品权利的保护，这不仅是对当事人所有权的保护，也是对于人类科学艺术事业的促进。“促进科学和艺术的纯粹消极的然而是首要的方法，在于保证从事此业的人免遭盗窃，并对他们的所有权加以保护。”[4] 剽窃是人类的一种遗传病与传染病。如果一个社会对于剽窃习以为常，不以为耻，不再认为是不体面的事，那么，就无法根本上制止剽窃现象的普遍发生，这个社会也就失却科学技术、人文艺术等领域的创造活力。[5] 制止剽窃最好的办法是在全社会形成那样一种环境或氛围，使剽窃成为极不体面之事——这不仅需要将剽窃公布于众，形成一种社会舆论压力，更需要将剽窃者通过剽窃而得到的加倍剥夺。

人所不能转让的另一个东西是人的全部时间与全部能力。因为若转让出“我”的全部时间与全部能力，在其现实性上就等于将“我”包括人格在内的全部东西都转让了——“我”将一无所剩，甚至“我”那抽象的人格、精神亦将成为毫无住所、漂泊流浪的幽灵。在其现实性上，“我”所能转让的只是“我身体和精神的特殊技能以及活动能力的个别产品”，且这种转让是“在一定时间上的”转让。奴隶与雇工的关系，正是这种全部转让与部分转让的关系。无论奴

---

① 黑格尔：《法哲学原理》，第 74 页。
② 参见黑格尔：《法哲学原理》，第 75 页。
③ 参见黑格尔：《法哲学原理》，第 75 页。
④ 参见黑格尔：《法哲学原理》，第 77 页。
⑤ 参见黑格尔：《法哲学原理》，第 76—79 页。

隶的具体劳作状况如何，其总是没有自由的，故总是作为奴隶存在。雇工则不同。雇工拥有自己的人格独立性与自由意志。[①] 人不能将自己的全部时间与全部能力转让给雇主。

人还有一个不能转让的东西，这就是生命。因为生命是同人格直接同一的东西。放弃生命，就是放弃人格。在黑格尔看来，一个人的生命之死“必须来自外界：或出于自然原因，或为理念服务，即死于他人之手”。人没有自杀的权利，放弃生命的权利只能来自伦理理念。[②] 在这里，黑格尔提出了两个十分重要又十分尖锐的问题：一个人是否有权利支配自己的生命？一个人是否有权利自杀？根据黑格尔的看法，回答都是否定性的。[③] 黑格尔的看法建立在两个依据之上：单一的人是特殊的存在，其普遍性精神是伦理实体，人是伦理实体中的存在，人的生命应当服从伦理实体的要求；个人没有凌驾于自身生命之上的权利，生命就是我的这一人格，对于生命的支配就是对于人格的支配，而这又预设了人有凌驾于自身之上的权利，这是一个逻辑悖论。

黑格尔关于个人没有自杀的权利这一思想的合理之处在于：一方面，个人不能对自己的生命取轻率任性的态度；另一方面，个人的生命应当献身国家、献身伦理实体。个人不能借口这是“我”的生命、“我”有权利支配自己的生命，进而对待生命取一种轻率的态度。生命既是“我”的又不是“我”的，它亦属于家人、民族、国家。当“我”在支配自己的生命时，须极其严肃地站在此立场慎重考虑。

然而，黑格尔关于个人没有自杀权利的论证及其结论却有相当缺陷。这种缺陷主要集中在逻辑与自由意志内容这两个方面。就纯粹逻辑分析而言，黑格尔此处犯了混淆概念的形式主义错误。确实，根据黑格尔的分析逻辑，只有普遍才高于特殊，并对特殊有支配权。“我”是特殊，个人作为特殊存在着，作为特殊存在的“我”并不高于特殊的“我”。这正是黑格尔据以得出自己结论的逻辑根据。然而，问题的关键在于：黑格尔此处恰恰忽视了当“我”以伦理精神为自身规定性时，此时支配“我”生命的“我”已不再是原初纯粹特殊之“我”，而是作为普遍精神定在的“我”，是普遍性取“我”的特殊样式存在并支

---

① 黑格尔：《法哲学原理》，第 75—76 页。

② 参见黑格尔：《法哲学原理》，第 79—80 页。

③ 斯宾诺莎在理性三命令中亦提出“勿自杀”，并认为自杀是心灵懦弱的表现。

配“我”的生命。此时，“我”的生命是如黑格尔所说“为理念服务”。这个普遍性亦与后述道德这一自由意志定在的基本解释相吻合。

从人的自由意志存在来看，人的自然生命固然来自自然，但是正如黑格尔所揭示的那样，是人的精神、意志、自由给了这个自然生命以灵魂与属于人的存在。所以，对于生命及其生与死的问题，必须置于人的自由存在维度才能真正把握。这是其一。其二，既然“我”是自由意志的存在，这就表明“我”的存在是自主、自抉的。没有什么凌驾于“我”自身意志之上的其他意志或东西，否则，“我”的意志就不是自由的，就是被决定的。既然如此，我就拥有对于生命的支配权利。

人是自由的存在，生与死都是自由存在中的一个部分，即，生与死都应当成为自由存在的自身。自然生命当然可贵，因为它使“我”作为自由的定在而存在，即，能够使“我”在现实性上作为自由的存在者存在着。正是在这个意义上，“我”应当珍视生命。不过，既然“我”是作为一个自由的存在者存在着，那么，这就意味着死亦是“我”自由存在中的一个环节、一个有机部分。死亦是自由的定在。如果说死是为了自由，那么，向死而生，此时，选择死，就是选择生，就是选择自由。否则，苟延残喘，或者失却做人的资格，或者失却做人的尊严，或者失却做人的幸福（饱尝痛苦）。那就是不自由，就与人、人格根本相悖。自杀是指人自主地选择结束自己的生命。人自主结束自己生命的方式、目的多样，不能一概而论、断然否定其合理性。与敌同归于尽，献身祖国、献身真理与正义等等，都是特殊形式的自杀。至于日常生活中的一些常见现象，诸如人处于不治之症晚期，丧失了一切生活自理能力，形枯神悴，不仅不能享受生活，而且失却了一切做人的尊严，已无任何真实意义上的自由存在而言。此时，选择自主结束自己生命，亦是选择自由存在的一种特殊方式。所以，不能简单地视自杀为“裁缝师傅和侍女的卑贱勇气”[①]。相反，它有时甚至是一种自由与崇高。当然，这样说并不意味着人可以轻率地选择结束自己的生命，并不是意味着一个人可以为一些鸡毛蒜皮的小事而轻生，更不意味着一个人不应当在必要时忍辱负重。相反，人应当有直面困苦、顽强活下去的勇气。不过，当人为了自由存在时，自觉选择自主结束自己的生命，却正是生的延续，

---

① 黑格尔：《法哲学原理》，第 79 页。

正是自由的特殊存在。死应当成为自由存在的一种方式。轻生、怕死，均系人格不健全的表现。

财产权是自由意志的定在，转让是财产权的实现，然而，自由意志不等于物，在作为自由意志实现的财产权转让中，自由意志、自由人格本身不能作为物被转让交换。

转让既是财产权的真实实现过程——这是转让各方实现“在共同意志的范围内占有财产”的过程，又是“意志对意志的关系”——这是意志间相互认肯的过程。这个过程以契约交换为中介。这样，就从“所有权”进入“契约”关系。[①]

黑格尔《法哲学原理》“抽象法”篇中有三个环节，在“所有权”后有“契约”与“不法”两个环节。尽管这后两个环节在黑格尔自身的思辨体系中都有其理由，不过，就其思想主旨而言，“抽象法”篇所立乃是法权人格、财产权对于自由的基础性意义，这个核心思想已在“所有权”章有集中明确的论述，“契约”与“不法”两章则是对此的某种近乎技术性的展开。其“契约”章尽管亦是据于“共同意志”的人际关系而非物物交换关系展开，但是，其中相当部分又是关于契约交换实证形式的。而契约交换本身又是“市民社会”中的必然环节。“不法”章则是从对不法的消除这一否定性角度讲对自由权利的维护，保证自由权利的实现，其基本内容是关于惩罚正义方面的。这样，“不法”章放在“抽象法”篇的理由也就多少有点勉强。在不影响对黑格尔《法哲学原理》全书逻辑体系把握基础之上，为了把握黑格尔关于“契约”、“法（law）”、“教育”等重要思想，故，本书将“抽象法”篇中的“契约”章调整到“市民社会”部分统一专门讲解，“不法”章则与“市民社会”中关于“司法”的内容合并，以专门讲解其法（law）的正义思想。这种结构安排方式，似乎打破了黑格尔自身的严密思辨体系，但是，在总体上仍然是在黑格尔的思想框架内——没有拘泥于其逻辑体系，却有助于对黑格尔相关重要思想的专门把握。

根据黑格尔的看法，“抽象法”阶段所确立起的法权人格及其自由仍然是抽象的。人的自由不能没有法权人格，不能没有财产权，然而，仅仅有法权人格

---

① 参见黑格尔：《法哲学原理》，第 80 页。

与财产权还远远不够。人要能够作为自由的存在者存在，必须要有主体性精神，必须要有作为主体存在的自由精神。

“在抽象法中，意志的定在是在外在的东西中”，但是在道德的阶段中，意志的定在则由外在的变为内在的。[①] 抽象法阶段的核心是自由意志的外在定在，道德阶段的核心是自由意志的内在定在。在道德阶段，我是自由的，因为自由意志精神就在我心中。我无所他恃，我只需听从来自内心的自由意志即良心的声音。在道德阶段，凸现了人的主观精神自由。

① 参见黑格尔：《法哲学原理》，第 108—109 页。

第 4 讲　道德

《法哲学》的道德阶段“完全是表述自由的概念的实在方面的”[①]，即是关于个体精神自由方面的。道德追求的是法在心中的自律、自抉的精神自由。值得注意的是，第一，在黑格尔这里，道德是私人性格、个人良心，其根据既不是某种宗教或外在的行为准则，也不是绝对命令，而是当事人自己所主张的是非善恶。[②]第二，黑格尔的道德是“主人道德”，而非奴隶道德，即道德的主体有自我意识，不再为生命生物自然性支配，不再是自利自保的物质性存在，而是有荣誉感，有超越性精神欲求的主体，是超越了自然身体限制的精神自由的主体。在这一点上，黑格尔根本不同于霍布斯、洛克。霍布斯、洛克的主体还只是自利自保、为生物性限制的人。黑格尔的人则是有超越性精神的人，他摆脱了奴隶的精神状态。[③]

《法哲学》的道德阶段有了主体与主体精神，这个主体是具有自我利益意识的个体。“在抽象法中，意志的定在是在外在的东西中”，但是在道德阶段“意志的定在是在意志本身即某种内在的东西中”。[④]即，在抽象法阶段，自由意志以外在抽象法权的方式存在，到了道德阶段，自由意志则以主体的内在精神自由方式存在。道德是人的内在法，它是主体自由意志冲动行为选择的内在法度。

黑格尔对于“道德”的理解不同于前人。这种不同，就其内涵规定性而言，至少有三个主要方面：其一，将“道德”与“伦理”相区分，“道德”指向个体、主观方面，属于“私人的性格”[⑤]，“伦理”指向客观关系及其秩序方

---

① 黑格尔：《法哲学原理》，第 110 页。

② 参见黑格尔：《历史哲学》，第 69—70 页。

③ 参见福山：《历史的终结与最后的人》，陈高华译，广西师范大学出版社 2014 年版，第 14 章。

④ 黑格尔：《法哲学原理》，第 109 页。

⑤ 参见黑格尔：《历史哲学》，第 70 页。

面。其二，即使是在个体、主观意义上的“道德”，黑格尔亦作了“广义”的理解。他并没有一般地局限于通常“道德上的善”的品德意义上，而是在主体的“一般精神”、“理智”活动，在自由意志的“意志规定性”意义上来理解“道德”。[①] 黑格尔对“道德”的这种理解，承袭了亚里士多德的“道德德性”与康德的“实践理性”概念规定，将道德涵盖所有个体自由意志活动领域。在黑格尔看来，一切直接关乎主体目的性的自由意志活动，均属于道德领域。这就突出了“道德”作为自由意志精神的无所不在的品质。其三，以权利与义务统一为“道德”的背景性规定。正由于黑格尔是在“一般精神”、自由意志的“意志规定性”意义上理解“道德”，且这种自由意志以法权人格的形式存在，所以，黑格尔的“道德”就隐含着权利与义务统一的背景性规定。正是这种背景性规定，一方面，使其道德思想理论形态有了新兴资本主义社会这一历史规定性；另一方面，亦为其后关于道德的一系列具体思想内容（诸如主观意志的法、关怀福利、特殊意志与普遍意志关系等）奠定了基础。

黑格尔关于道德有两个重要思想：道德是“主观意志的法”[②]，“道德的观点是关系的观点、应然的观点或要求的观点”[③]。这两个思想鲜明地揭示了精神自由的真实内容。

一、作为内在法的道德

黑格尔关于道德是“主观意志的法”思想中的“主观意志”，指的是现实存在着的个体、个人，所谓“主观意志的法”是指作为主体的个人“自我规定”[④] 或自我所立之法，因而，这个“主观意志的法”既是主体的内在法，又呈现了主体自我立法的自由意志精神。

道德作为自我规定或自我立法的“主观意志的法”，有三个方面的基本含义：存在着能够自我立法的主体，它是主体的自我立法，它是内在法。而在

---

① 参见黑格尔：《精神哲学》第 503 节，第 324 页。
② 黑格尔：《法哲学原理》，第 111 页。
③ 黑格尔：《法哲学原理》，第 112 页。
④ 黑格尔：《法哲学原理》，第 112 页。

“自我立法”中又以作为主体的个体存在为前提，没有这种自我立法的主体，就无所谓道德。因而，黑格尔的“道德”就必然从个体、个人出发展开自身。

黑格尔强调在道德领域一定要出现个体、个人，一定要将个体、个人规定为主体，一定要将具有独立人格、自由意志的个体作为道德的前提，这里隐含着极为重要的思想内容：其一，以此揭示“道德”不是外在力量加予人的——不管这种外在力量是彼岸的还是此岸的，而是人自身所确立的，“道德”的根据不在人以外，而在人自身。其二，揭示道德是主体自我规定的自由精神，道德是人的自我内在超越方式。黑格尔将个体人格独立作为道德的前提，其本身就是对道德内容的一种具体规定。黑格尔在理性主义精神之下，以启蒙运动所确立起的基本价值精神为主导，试图揭示以自由为核心的道德价值内容。

（一）作为主体的个体

道德以具有自由意志能力的个人存在为前提。根据黑格尔的理解，人是自由意志的存在。自由意志存在有其基础或“基地”，这个“基地”至少有两个不可或缺的方面：财产权与个体人格独立。没有财产权固然无所谓自由，但是，有了财产权未必有自由。财产只是外在的物，有了财产与财产权还必须有基于个体人格独立基础之上的自由精神。只有这个自由的精神，才有可能创造出自由的世界。所以，黑格尔视道德是一个较之抽象法权“更高的基地”。道德是“自由今后的基地”，并强调道德的观点“把人规定为主体”。[①]

所谓道德的观点“把人规定为主体”有两点值得注意：其一，这里的“人”是单个的人（person)，即当我们进入道德领域时，眼光中必须要有个体、个人，且是在个体的角度谈论人。正是有了这具体的个人，才有了后面所说的“对立面”及人与人之间关系的问题。其二，这个个人并不是生物学自然生命意义上的，而是自由意志、独立人格、自由精神意义上的主体，是具有自由意志能力的个人。这就是黑格尔所说的作为“主体”的个人。如果个人仅仅是生物学意义上的存在，或者没有自由意志能力，则不能成为道德领域中的主体。所以，黑格尔在道德领域首先强调“把人规定为主体”，就是在强调道德必须以具有独立人格、自由意志的个体存在为前提。

---

① 黑格尔：《法哲学原理》，第110页。

自由意志总是具体主体的自由意志，有了个体，才有自由意志与自由意志选择问题，才有道德问题可言。没有个体及其自由意志选择，则无所谓道德与否。这是内蕴于黑格尔所说“理念的实存方面或它的实在环节是意志的主观性。只有在作为主观意志的意志中，自由或自在地存在的意志才能成为现实的”[①] 中的重要内容。正是由于有了个体、有了个体的自主自觉自由精神，才有了道德主体及其美德与操守。

通常人们在说到道德时，往往更多的是在善、正义等理念之下指涉一系列责任、义务。然而，问题的关键在于：当我们说一个人应当承担、履行这些道德责任、义务时，总是以其是具有自由意志的、自主的行为主体为前提；当我们说一个人必须对自己的行为负责任时，也总是以这个行为是其自由意志选择的自主行为为前提。如果一个人没有独立人格（如奴隶），没有自由意志能力（如痴呆症者、婴儿等），就难以称得上是真实意义上的人，因而，就无所谓道德责任。同样，如果一个人被剥夺了一切自由选择的权利，没有独立人格，则很难谈得上其对行为结果的责任担当。[②] 换言之，一个人只能对其自由意志行为负责。这正是黑格尔在“故意与责任”这一章中所要努力揭示的内容。

作为自我立法主体的人，不是抽象的人，而是具有自由意志能力的人。这个具有自由意志能力的人有自我意识能力，以及基于自我意识的主观目的性。没有自我意识就没有自由意志。根据黑格尔的看法，在抽象法中，个人还只是在一般抽象的意义上而言，尚未有真正个性化了的、具体独立的我，[③]“还未发生什么是我的原则或我的意图的问题。这一个关于意志的自我规定和动机以及关于故意的问题，现在在道德领域中才被提到日程上来”[④]。在道德领域中有了我，有了我的意图、我的动机，有了我的自我规定与动机、目的这样一类的东西。所谓自我意识，就是自觉意识到我是我，我有自己独特的利益。所谓我的

---

① 黑格尔：《法哲学原理》，第 110 页。然而，这种个体自由、个体主观性又意味着任意的可能，意味着对自由概念的伤害可能。故，道德领域的任务就是：保证道德是自由意志的内在定在——不要因为道德的自由意志主观性存在形式而伤害其自由意志之客观性内容；将自由意志之法由外在法，变为内心之法。

② 当然，这是在一般抽象且是在强调责任、义务与权利统一意义上而言。如果进一步深入思考，就会出现如同萨特所说自由地选择了不自由之状况。这就属于另一个不同的问题，当别论。

③ 当然，正如我们在前面一再反复揭示的那样，它是为了表达所有社会成员、所有人平等的自由这一实质性内容。

④ 黑格尔：《法哲学原理》，第 111 页。

意图、我的动机等，无非是对于我自身独特利益的自觉。而我、我的意图、我的动机等所标志的我的利益，对于自由意志与道德具有极重要的意义。在黑格尔看来，在道德领域，由于自我意识出现而出现的、对于自我“独特利益”的意识，“具有高度价值”。因为在这种对于“独特利益”的自我意识中，我知道了自己的这种“独特利益”“是绝对的东西，并且是自我规定的”。[①]我的独特利益是自由的具体定在，正是在我的这个独特利益中，普遍自由被实在化了。没有我、我的独特利益，普遍自由意志仍然停留在抽象阶段。我的自由、我的利益，正是普遍自由、普遍利益的具象化、具体化；普遍自由、普遍利益并不在我的自由、我的利益之外存在着。道德总是以个体主体性为前提且不排斥个人利益，离开了个体主体性与个人利益的道德，不具有普遍性。道德必须承认个体及其幸福，离开了个体及其幸福的道德不具有普遍必然性。不过，黑格尔强调道德中须有自我意识，并不是说应固执于绝对自我或“任性”，而是强调应从自我出发向更高境地前行，强调应超越这个特殊自我而成为普遍的。

黑格尔将个体视为道德的前提与“基地”，一方面，是将自由意志作为道德的出发点，确立起道德的主体性精神，进而确立起一种不同宗法等级宗教神学的道德历史类型；另一方面，是要消除个体与他人两极绝对对立形而上学思维方式，清除“我”的利益与“他”的利益互不相容、两极对立的社会关系状态，揭示善的关系状态正是“我”的利益与“他”的利益的和谐统一。这样，黑格尔就以自己的方式在道德领域中肯定了主体性、个人及其独特价值，强调了道德领域中个人及其“独特利益”的“高度价值”。道德并不是要否定个人、个人利益、个人权利，相反，它必须正视个人及其权利。因为，一方面，这是人的自由存在的内在要求；另一方面，正如后述，它是道德得以存在并展开自身的前提。道德领域的主题是个体优美灵魂的美德精神。道德的核心问题是：雕琢特殊个体使之成为普遍的存在，使每一个体作为人存在。

（二）主体的自我立法

道德是主体的“自我规定”，而不是某种外在力量的外在规定，因而，道德

① 黑格尔：《法哲学原理》，第112页。

是主体的自我立法。主体为何要自我立法？这种自我立法又何以可能？

黑格尔本人通过思辨的哲学体系，提出道德是主体的“自我规定”或“自我立法”，以自己的特殊方式否定主体内心法的外在性根据——无论这种外在性根据是彼岸超验的，还是此岸强力的，要在道德阶段确立起个体的自由精神。然而，自由不是任性，自由是一个自我合目的性的活动过程。主体的法在心中、循法而行随心所欲不逾矩，即为自由。这样，自我规定、自我立法即是主体的自由存在方式。

而主体自我立法的可能，就在于：一方面，善原本就是自由精神（或概念）的本真存在状态，[①]善是“被实现了的自由”，是“世界的绝对最终目的”，[②]善并不外在于人，而是人自由活动的完满存在状态。另一方面，主体具有“反思”能力，主体能够把握作为“世界的绝对最终目的”的“善”，立善于心，善在心中。

黑格尔关于道德是人的自我立法的思想，在承袭康德道德哲学的启蒙传统、秉持主体与自由价值立场的同时，又明显不同于康德。康德的自我立法是绝对命令的普遍立法方式，因而是无“我”、无特殊、无感性经验内容的，而黑格尔的自我立法则是有“我”、有特殊、有感性经验内容的。在黑格尔的自我立法思想中，不仅有“我”，而且有“我”的“故意”、“意图”、“福利”这样一类感性经验性内容，甚至这些感性经验性内容本身就成为道德的一个重要方面。康德的自我立法是类的自我立法，黑格尔的自我立法则是作为自由存在者的“我”的自我立法——只不过，这是“我”的普遍自我立法。尽管康德与黑格尔的自我立法最终均指向普遍，但是，前者是在特殊以外的抽象普遍，后者则是有特殊的普遍性。

正因为道德是主体的自我立法，所以，主体在信念、意志、内心精神世界中是自由的，“任何暴力都不能左右它”，“道德的意志是他人所不能过问的”。[③]黑格尔以“未受教养的人在一切事情中听从暴力和自然因素的支配，小孩子不具有道德的意志而只听从父母的摆布”为例[④]，所揭示的正是这个思想。当然，

---

① 参见黑格尔：《法哲学原理》，第 113 页。

② 参见黑格尔：《法哲学原理》，第 132 页。

③ 参见黑格尔：《法哲学原理》，第 111 页。

④ 参见黑格尔：《法哲学原理》，第 112 页。

所谓道德的意志是他人所不能过问、任何外在暴力不能左右，也仅是在主体内在精神自由这个意义上才有其充分的合理性。[①]

人的自我立法是为了自我内在超越、升华。道德追求的是精神自由，然而，这种自我立法、自我规定的精神自由又不是一种纯粹的空洞、任性。精神自由须在克服任性、超越自然的超越过程中实现。这个克服任性的超越自然性过程有两个方面，即此“任性”有来自两个方面的“自然”内容：其一，内部自然。这是指：人要从动物界中超越而出，不再简单地受自然欲望冲动所支配，而是要将情感欲望纳入自由，使之成为自由的。[②]其二，外部自然。这是指：人的内在自由精神、善良目的要成为现实，就不能鲁莽盲目，必须尊重外部世界的因果必然性，要将外部世界的因果必然性纳入自由，成为自由的一部分。精神自由、道德，不在彼岸，而是在此岸；不是与自然绝对无涉，而是从自然中升腾而出、并使自然本身成为自由的一部分。这是黑格尔关于“道德”思想中所隐含着的极为重要的内容。

自我立法的自我超越、自我提升之使命，直接体现在道德的目的与任务上。道德的目的与任务是对个体特殊性进行加工，使特殊性上升为普遍性，使个人、特殊与社会、普遍达至统一。根据黑格尔的看法，具有自由意志能力的人会面临一个基本困境：我的“自我规定”、“独特利益”及其价值，与从纯粹“自我规定”、“独特利益”中“解放出来”的矛盾。[③]这种困境似乎是一种悖论。对于这种近乎悖论的困境如何解决？黑格尔通过对道德领域主旨揭示的方式，揭示了对这一问题的基本解决思路：道德领域的主旨是对我的个别性、特殊性“进行加工”，使之成为自由意志“概念”的具体存在。[④]这里的核心不是没有个别性、特殊性，也不是以普遍性简单取代个别性与特殊性，而是使个别性、特殊性本身成为普遍性、客观性的。即，道德的目的是使一个人自由地活动着，这种“自由地活动”是指一个人既有普遍的道德责任精神、又有个性的自由活动。“道德是主观的或者个人的意志和普遍的意志的统一。”[⑤]

---

① 在此之外，这个命题就是有问题的：一方面，对于这种意志内容的合理性与否有外在评价性干涉；另一方面，外在通过暴力、强制、折磨、羞辱等一系列手段可以摧毁一些意志不坚定者的意志。

② 参见黑格尔：《精神现象学》下卷，第124—130页。

③ 黑格尔：《法哲学原理》，第112页。

④ 参见黑格尔：《法哲学原理》，第110页。

⑤ 黑格尔：《历史哲学》，第52页。

（三）内在法

主体自我立法所确立的法是内在法。法是自由的定在，作为自由定在的法即是人的行为准则。法有内在法与外在法之分。外在法是出于外在他力的强制性要求与约束，内在法则是缘于主体自身自由意志的自我要求与约束。外在法是法在（主体）身外，内在法是法在（主体）心中。外在法为伦理要求与法律法规，内在法为道德良心。外在法对于人的自由存在不可或缺：它既构成主体的现实伦理生活世界，也是对于自由秩序、个人自由权利的一般或普遍保护。然而，外在法尽管具有普遍性、客观性之品质，但是它缺少主体性、自为性。所以，一方面，外在法必须有来自个人内在精神、良心的支持，它只有成为人们的内在自觉时才能真正普遍有效；另一方面，外在法是明令法，尽管其价值基点是保护自由，但是其存在形式却往往是禁止性、否定性的，而这种禁止性的明令法的规定总是有限的，无法及时顾及或虑及一切可能情景，因而，它必须有来自个人内在精神的诠释、激励与支撑。

黑格尔强调道德是自由意志的内在定在，这个“定在”有两层含义：一方面，指自由精神在个体心灵、精神中的具体存在，指个体的自由意志即为自由理念的具体存在。这层含义是关于自由意志具体内容规定方面的。这是黑格尔“道德是主观意志的法”所强调的基本内容。另一方面，是指道德不仅仅是一种内心精神修养状态，更重要的还在于它具有实践、行动、做等“转化为直接定在的活动”的倾向。[①]

“道德是自由意志的内在定在”表明了道德的自律性。这个自律是主体自由意志之自律，是自由概念定在的自律。道德是“自由精神”这一实质内容的内在化，是主体据于自由精神的自我立法。在这个意义上，黑格尔讲道德是“主观意志的法”与康德讲“绝对命令”的自律，实乃无异。不过，康德与黑格尔的这种“无异”也只是在道德义务是主体自由精神的自我立法意义上而言，超出了这一点，二者间则在自由意志自我立法的自律精神方面有重大差别。康德是形式与质料二分的纯自我立法，黑格尔则是形式与质料统一的自我立法。

黑格尔有一段比较晦涩的话。在黑格尔看来，道德是“主观意志的法”，根

---

① 黑格尔：《法哲学原理》，第 113 页。

据“这种法，意志承认某种东西，并且是某种东西，但仅以某种东西是意志自己的东西，而且意志在其中作为主观的东西而对自身存在者为限”①。这里其实就是强调个体自由意志内容的客观性。能够作为道德内容的东西，必须是作为自由概念这个意志自身的东西，即它必须是自由意志的定在。而这也正是黑格尔强调“道德是主观意志的法”的另一个基本缘由。

道德的自律性所标志的只是作为“主观意志的法”这一道德内容的基本特质，揭示的是自由意志的内在定在、自由意志的自我立法与自我规定这一道德实质内容。就道德的自律性自身而言，它又是一个展开的过程。它既是主体自由意志的本质，又是主体自由意志的目的，它在主体自由意志活动过程中呈现并实现。在此意义上，又可以将道德的自律性特质理解为：道德自律是主体追求自由存在的过程。黑格尔对此的认识与论述是明确的：道德阶段“就是对自由今后的基地即主观性进行加工，把这一最初是抽象的即与概念有别的主观性变成与概念相等的东西，从而使理念获得真正的实现”②。这样看来，在道德“自律”中又内在地包含着“他律”，“他律”构成“自律”的内在环节。这个作为自律内在环节的他律，是自由理念、自由意志精神内在定在于我这一特殊意志中的客观、必然。当主体对具有客观规定性的自由理念、自由精神有了自觉意识时，主体就有了自己的道德意识，当主体将这种自觉意识了的自由理念、自由精神化成自己的内在自觉追求时，主体就形成了自己的道德境界。

道德作为主观意志的法，既是自由意志的内在定在，又是人的自由行为的法则。在道德的主观性中深深隐藏着客观性、普遍性内容。道德的要求，并不是主观的任意，而是以客观性、普遍性为内容的主观自觉的自由。

二、道德的“应然”与“实然”

如前述，黑格尔认为道德是主体的自我规定、自我立法，同时，黑格尔还认为：“道德的观点是关系的观点、应然的观点或要求的观点。”③这里的“关

---

① 黑格尔：《法哲学原理》，第111页。
② 黑格尔：《历史哲学》，第110页。
③ 黑格尔：《历史哲学》，第112页。

系”是特殊意志与普遍意志、个体的自由精神与自由理念的关系，此处的“应然”是自由理念、善对特殊意志的规定或要求。黑格尔之所以提出“道德的观点是关系的观点、应然的观点或要求的观点”，就在于他要揭示主体自我规定、自我立法的自由精神的非任意性，揭示道德这一内在法有其客观内容。

道德确实具有强烈的主观性，但是，如果道德是纯粹的主观性，那么，道德就不能成为具有普遍意义的“自由意志的定在”，就不可能对社会生活起着强大的引导与调节作用。事实上，道德作为一种与人类伴随至今的悠久历史现象本身就表明：道德并不是一种纯粹的个人主观要求、欲望或冲动这一类东西；道德之所以具有某种普遍性功能，就在于其具有某种客观性内容。尽管这种客观性内容似乎看不见、摸不着，但它却又无所不在，作为人心中的一杆秤、一盏引路明灯，总是在悄无声息地发挥着作用。它正是那种人同此心、心同此理的公“心”、公“理”。

道德是意志对意志的关系。这个意志间关系应是扬弃单个意志的共同意志，这个共同意志正是普遍意志（或普遍意志的实现）。意志对意志的关系有两个具体方面：其一，“我”“他”意志关系；其二，特殊意志与普遍意志关系。

（一）“我”、“他”意志

道德以自我意识为前提，并建立在“我”与外部世界的区分基础之上。“我”有自己的特殊利益、特殊目的、特殊意志。正是这些“我”的特殊性，使“我”成为“我”，成为主体，而不是“他”，不是一个简单的物。然而，与“我”的特殊意志一起生成的就有“他人的意志”[①]，有“我”、“我”的意志，就意味着有“他”、“他”的意志。“我”的意志不同于“他”的意志。这个“他”是在一般、抽象泛指的意义上指不确定的任一个他者。“我”之所以能够作为一个特殊存在，就是因为有“他”。这样，“他”就是“我”的生活世界，就是“我”的规定：“我”是“我”与“他”的关系，“我”从与“他”的关系中获得具体规定。这就进一步意味着：“我”的存在不能离开“他”。

然而，“我”的存在不能离开“他”这一事实，只能说明“我”与“他”的

① 黑格尔：《历史哲学》，第 114 页。

相关性，并不能说明这种相关性的状态与性质："我"与"他"究竟是一种什么样的关系？是共在的内在相关性，还是异在的外在相关性？是肯定性关系，还是否定性关系？在黑格尔看来，"我"与"他"的关系是共在的内在相关性，是肯定性关系。"我的目的的实现包含着这种我的意志和他者意志的同一，其实现与他者意志具有肯定的关系。"[①] 在这里，黑格尔以自己的方式揭示：道德就是一个人超越纯粹、绝对、孤独的自我，在与他者共在中实现真实自我的一种存在精神或在世精神。所谓道德的观点是关系的观点，这种共在关系是其核心之一。

不过，意志与意志的关系还有一个更为深刻的内容，这就是特殊意志与普遍意志的关系、个体自由与自由理念的关系。

（二）特殊意志与普遍意志

道德阶段是个体扬弃其纯粹的个别性、特殊性而上升为普遍性的过程，是个别意志在普遍意志[②]的"要求"下向普遍意志提升的"应然"过程。个别意志向普遍意志提升、主观性以客观性为规定，这是道德"应然"的两个基本方面。

如前所述，道德以自我意识为开始。根据黑格尔的思想，自我意识是"意志的自我区分"，这种意志的自我区分表明：作为自为存在的意志的道德，已与作为自在存在的意志（自由概念）区分开来，进而成为"抽象的、局限的、形式的"[③]。这个抽象、局限、形式，就在于其与自在存在的意志（自由概念）这一内容的不同。这样，我们就不难理解黑格尔所说道德的观点是"有限性和现象的观点"[④]，道德这种自由意志是"形式的意志"这样一类看法了：这是在自由意志形式与自由意志真实内容二分相对的意义上而言，指的是个体自我意识具有自我规定的自由意志形式，自我规定的自我意识必须回归意志（自由概念）自身，必须获得自身的客观规定性。道德从自我意识始，这固然有对个体、个性、主体性存在及其价值肯定的合理一面，但是，如果个人听任自然冲动的支

① 黑格尔：《历史哲学》，第114页。
② 此处"普遍意志"指的是个体意志的真理性、客观性内容。
③ 黑格尔：《法哲学原理》，第112页。
④ 黑格尔：《法哲学原理》，第112页。

配，那么，这种在道德名下的自由意志其实就是没有自由意志。一个有教养、有道德的人，既重视自身的独特利益，又不听从自然冲动的支配，他在重视自身独特利益过程中过一种人的生活，拥有真实的自由意志。①

道德以个体及其自我意识为前提，道德是个体自由意志的活动，因而，个体的自我意识、自由意志，就构成了“道德”的前提与基础，构成了道德领域与非道德领域的基本区别。

不过，道德的这种主观性仅仅是为道德与不道德、善与恶的存在提供了一个基础，仅仅证成了属于道德领域，并不能成为道德与不道德、善与恶的区分依据。不能将是否属于道德领域与是否善（或恶）两类根本不同性质的问题相混淆。不能以为有主观性、自我规定性，就是道德、善或不道德、恶。主观性、自我规定性，并不能成为道德与不道德、善与恶区分的依据与标准。因为，道德领域之所以能够成其为道德领域，就在于有自我意识、自由意志。“道德和不道德的一般观点都是成立在意志主观性这一基础之上的。”② 道德与不道德、善与恶的区分不在于其主观性与自我规定性，而在于主观性、自我规定性的内容是否与客观、普遍相联系，在于自由意志的真实性内容。

如是，道德的“应然”原在于特殊意志与普遍意志的“关系”，在于个体意志自由与作为概念的自由的“关系”：从作为概念的自由中获得其客观性、普遍性规定，使个体意志自由与自由的概念同一。③ 在黑格尔看来，个体自由意志是一个否定之否定展开过程：个体主观意志—扬弃纯我的主观性—个体特殊意志与普遍意志的统一。

如前所述，个体的自我意识、自由意志是道德的前提，没有个体自我意识，没有个体主观意志，就无所谓道德。不过，个体主观意志应当有其具体内容，应当是自由概念的定在。即主观意志无论取何种具体样式，它都应当是自由概念的存在，都应当是自由的。然而，这种应当还只是“一种要求”，这种要求本身就隐含着个体主观意志“有与概念不相符合的可能性”。④ 这表明出于个体主观意志的，并非就必定与自由的概念相一致；自以为是善的、正义的，很可能

① 黑格尔以无教养者及小孩为例说明道德意志自由的这种真实内容，其旨趣可能亦正在于此。参见黑格尔：《法哲学原理》，第 112 页。

② 黑格尔：《法哲学原理》，第 112 页。

③ 黑格尔：《法哲学原理》，第 112 页。

④ 黑格尔：《法哲学原理》，第 114 页。

是恶的、不正义的。或者换言之，个体主观意志并非自在地、无条件地就是自由的存在，个体主观意志尽管由于其主体性而可以先在地获得自由的形式，但是却无法先在地获得自由的内容。而正是个体主观意志的这种并非无条件先在地就是善的特质，揭示个体主观意志应当且必须获得客观性内容。这种规定并不是否定个体与个性的存在，而是表明善、正义这一类作为价值标准的东西，并不是纯粹个人主观偏好的东西，它具有来自人（mankind）自身及其历史的深刻丰富规定性。个体主观意志获得客观性内容的过程，即是其扬弃纯粹主观性的过程。

这种扬弃并不是无“我”、无主观性的，相反，它是有“我”、有主观性的，只是“我”的意志与他人的意志不再处于外在冲突或偶在状态，而是彼此内在同一、相互肯定的关系状态。道德阶段的任务是使主观特殊意志扬弃其纯粹特殊性、主观性，而成为普遍、客观的意志。

扬弃道德的主观性，首先就是要扬弃纯我的主观性，扬弃“我”的任意、绝对的自由意志，“扬弃在这一主观性中直接的东西以及它之所以成为我个人的主观性的东西”[①]。在这个扬弃过程中，“我”的自由意志本身是不能丢失的——相反，它在这个过程中得到了肯定。不过，这个肯定并不是对纯我的主观性的肯定，而是对“我”的自由意志的肯定：这既是对“我”的自由意志的肯定，亦是对其他“我”的自由意志的肯定。道德是既有“我”也有“他”的。作为自由意志的存在，有“我”即有“他”，反之亦然。“我”是自由意志的，这同时意味着“他”也是自由意志的，否则，“我”的自由意志亦是或然的。对他人自由意志的肯定，就是对“我”自己的自由意志的肯定。当“我”的自由意志扬弃了自身的那种纯粹的我的主观性时，即已达到与他人意志的同一性。尽管他人的意志“对我说来是他物”，但“他人的意志是我给予了我的目的的实存”，“我的目的的实现包含着这种我的意志和他人意志的同一，其实现与他人意志具有肯定的关系”。[②] 在这里，我们甚至可以感觉到后来马克思所说的每个人的自由发展是其他一切人自由发展条件的思想内容。

为什么在道德阶段要扬弃纯我的主观性？这由道德的主旨所决定：道德所

① 黑格尔：《法哲学原理》，第 114 页。
② 黑格尔：《法哲学原理》，第 114 页。

追求的是主体的自由精神，是意志的普遍性或主观性的普遍性。然而，道德以个体主观性为前提，道德阶段的意志并不是单一的，在这里“不止有一个意志”，这样，就提出了主观性的普遍实现问题。主观性的普遍实现就是主观性的普遍性。于是，扬弃纯我的主观性就成了意志普遍性、客观性的必然要求。

扬弃纯我的主观性意味着什么？意味着“我”的意志与“他”人的意志是一种彼此肯定的关系，意味着一种我与他人的关系并不是一种彼此对立拒斥的关系，而是一种共在的关系。故，黑格尔说：“在道德的领域中，我的意志的规定在对他人的意志的关系上是肯定的，就是说，自在地存在的意志是作为内在的东西而存在于主观意志所实现的东西中。这里可看到定在的产生或变化，而这种产生或变化是与他人意志相关的。道德的概念是意志对它本身的内部关系。然而这里不止有一个意志，反之，客观化同时包含着单个意志的扬弃，因此正由于片面性的规定消失了，所以建立起两个意志和它们相互间的肯定关系。”[①]黑格尔此处所说“自在存在的意志”指的是“普遍意志”。普遍意志存在于个人意志中即为定在。所以，道德意志是普遍意志的（个人）定在。

道德是两个意志或意志间的肯定性关系，意味着道德是既有“我”也有他。道德是有“我”的，道德有“我”的利益、“我”的幸福，而不是人们往往习惯以为的那样无“我”，以为道德就是不能讲“我”的利益。然而，道德还必须是同时有“他”的。因为普遍意志就在“我”心中，他者的意志与“我”的意志均为普遍意志内部的关系。所以，道德讲个人利益、特殊意识，在一开始就是与他者在“我”心中、承认他者为伴。道德是有“他”的，有“他”的利益与幸福。这种有“我”与有“他”性表明：“我”的利益并不与他人的利益两极对立，而是能够相互统一的。这样，在道德领域中就严肃地提出了“他人的幸福”问题，并将我的幸福与他人的幸福确定为“肯定的关系”。[②]

黑格尔在将道德与法律相比较而言时，在阐释道德领域中的有他性、“我”的意志与他人意志的肯定性关系时，有如下一段论述：“在法中，当我的意志在所有权中给自己以定在时，他人的意志在与我的意志相关中愿意做些什么，殊属无足轻重。”[③]这易给人造成误解，以为在法律领域人们无须尊重他人的意

---

① 黑格尔：《法哲学原理》，第 115 页。
② 黑格尔：《法哲学原理》，第 115 页。
③ 黑格尔：《法哲学原理》，第 115 页。

志——而经验常识又使我们得出相反的结论。其实，黑格尔在这里是就所有权的排他性、所有权的转让须有“我”的同意这一意义上而言。不能从字面上简单地理解为在法律领域可以对他人意志不屑一顾。黑格尔通过法律与道德的这种比较是要揭示：财产权关系是排他性的关系，对于同一物不能有多个所有权。道德领域则不同。不同特殊意志间在道德领域从一开始就是可以相互肯定的，并以彼此肯定性关系为前提。故，在道德领域，尽管有个体及其特殊利益，但却要求这种具有自我意识与特殊性的个体具有博大胸怀，从一开始就有普遍的态度与立场，并将这种普遍精神投射到他者。故，从道德的立场讲，在黑格尔这里是有自利但不是纯粹自利，而是“普遍”自利，是有义自利。具有这种有义自利普遍精神的自由意志存在者，是一种新型的人格类型，正是这种人格类型，承负起自由精神实现的历史使命。

扬弃纯我的主观性，就是要使道德行为主体的主观性获得客观性内容，并通过自己的现实行动，使善的目的变为现实实在。道德的主观性、应然性以客观性、普遍性为内容或规定，它是具有主观性的客观性（或是客观性的主观性存在）；善并不是个体的任意规定，而是具有客观内容规定的东西。①

（三）客观性中的实践冲动

黑格尔关于道德的“应然”与“实然”关系的思想，除了前述特殊性与普遍性、个体主观自由精神的客观内容这一方面以外，还有另一重要的方面，这就是道德的“实践”品质及其“应然”向“实然”的转化。

黑格尔不满足于一般揭示个体自由精神应当有普遍内容，应当自我立法，他在此基础之上更关心这种普遍精神的自我立法的现实化：自由精神成为现实的活动及其具体存在。其实，从前述黑格尔关于道德是意志间关系中亦可逻辑地推论出如下结论：道德并非是一种单纯的个人闭门思过式的内向孤独修养，

---

① 这可以通过黑格尔对于作为目的实现之客观性的解释而被概要把握。“被实现了的目的的客观性包含着三种意义，或者毋宁说，在同一物中包含着三个环节：（甲）外在的直接的定在，（乙）与概念的符合，（丙）普遍主观性。保持在这一客观性中的主观性在于，（甲）客观的目的是我的目的，所以我是作为这个我而在其中保持着自身；至于主观性的（乙）和（丙）已经与客观性的（乙）和（丙）两个环节相符合一致。”参见黑格尔：《法哲学原理》，第 115 页。

而是一种人与人关系中所达至的自由精神，它具有生活、实践的特质。因为，纯粹主观精神的意志间不会发生碰撞冲突，只有当这些主观精神从精神中走出来成为具体现实的意志时，才有可能会出现意志间的关系及其相互碰撞与冲突。而黑格尔在《法哲学原理》的逻辑框架中关于"伦理"篇的存在，以及在"道德"篇中对意图、目的与目的的实现的思考，均鲜明地表明了黑格尔的这一"实践"的立场。

在这一点上，黑格尔亦不同于康德。康德重视与追寻的是善良意志、绝对命令自身，而对善良意志、绝对命令的实现却搁置一旁。黑格尔则不但重视与追寻善良意志（意志的普遍性），而且更重视这种善良意志的现实性。在他看来，善良意志具有现实性，只有真实实现了的才是现实的。因而，他不仅要求有主体的善良意志、善的目的，更要求主体实践、实现这种善良意志、善的目的。这就能够理解，为何黑格尔在《法哲学原理》开篇对"意志"的规定性中，将"思维"纳入"意志"，将"意志"规定为"能行动的思维"——黑格尔甚至要在自由与必然的统一中把握自由，要将自然纳入自由中，使自然成为自由的一部分。主体的自由意志活动不能没有"真"。主体的自由意志活动不在于绝对摆脱自然因果律，而在于以"真"为前提，在具体的善良意志活动中从"真"为"善"，进而使"应然"的成为"真实"、"现实"的。

"应然"的如果不能变为现实"实然"的，"应然"如果不能从纯思中走出来，成为人的现实活动，那么，"应然"永远至多只是一种美好的梦想，一帖心灵的抚慰剂，不能成为人自由生活的自由意志。而"应然"就其要旨言，其实质就是对现实的反思性把握或超越，是人们对于现存在观念中的批判性克服。一旦人达于这种反思性把握，在精神世界中有了"应然"，那么，作为（不同于其他万物的）精神存在的人，必定会在自由精神的"应然"引领下积极实践，使观念中的存在变为现实的存在，使"应然"的变为"实然"的。在此意义上，就自由意志主体的自由精神观之，"应然"内在地具有实践的品格。

如前所述，个体的自由意志须有客观性。此客观性有两重含义：其一，指道德"是概念这种实体性的东西"，即，在道德领域中个体主观意志应当是有所规定的，这个规定不是纯粹的自我规定，也不是自由概念以外的任何其他物，只能是作为概念的自由。这个客观性即是普遍性、必然性。其二，道德应是

“外部定在的东西”[1]。这个外部定在首先是指：个体的自由精神应当是自由概念的定在，应当有自己的特殊性，有此个体自己鲜活的精神内容。在此基础之上，就进一步引申出行动、做。因为，具有一定内容的内在精神的东西自身也是要通过成为定在才是现实的，否则，永远是主观抽象空洞的。这就是说，道德不是一种纯粹抽象的主观精神，而是包含着主观见之于客观、并使之成为直接定在的实践精神。

这样，道德就内在地包含着两个方面的要素：一方面，个体主观精神内容的客观性，即，主观精神本身成为自由的定在、进而是善的；另一方面，主观精神见之于客观之冲动、做、行为或实行。对于道德而言，二者缺一不可。因为，道德就是人趋向于自由存在的过程。没有自由的精神、灵魂、灯塔，就缺失了做人的规定与方向；同样，没有行动、做，这种优美灵魂仍然是空洞的，人的自由存在亦不能成为现实。善，不仅应当是主观精神的，更应当是客观行为、做、实行这一类实体性的。主观精神善不能代替客观行为、做。事实上，主观精神与行为（做）作为道德的两个构成要素本身就表明：由于二者各自作为特殊性存在，彼此间有分离之可能，“即使人们在主观意志中被设定了善，但这并不就是现实”[2]。这里所提出的除了个人自由意志、主观自我确定须有客观内容这一问题外，还隐含了道德领域中的知行同一问题。

于是，对道德的“应然”具有客观性之“客观性”就有如下两方面的规定或理解：一方面，指个体的自由意志不是任意，它须有普遍性内容、须与自由精神概念一致；另一方面，指个体的自由意志绝不是一种仅仅停留于内心而不见之于现实行动的内心涵养，它还须见诸行动。这也就是说，“应然”有内容及其实现的双重客观性问题。[3]我们不能仅仅注意其内心选择的合理性一面，而忽视将主观变为客观的行动、实践一面。

根据上述理解，“应然”与“实然”关系就有两个方面的内容：其一，“应

---

① 这就是黑格尔通过对主观意志与自由概念的关系所揭示的核心内容。只不过他是以“主观意志与之处于某种关系中的这种他物具有两重性”的表达方式表达出这种思想的。参见黑格尔：《法哲学原理》，第113页。

② 这里的译文根据英译本中的“realisation”稍作变动。参见黑格尔：《法哲学原理》，第113页。

③ “主观意志与之处于某种关系中的这种他物具有两重性，一方面它是概念这种实体性的东西，另一方面它是外部定在的东西。即使人们在主观意志中被设定了善，但这并不就是实行。”参见黑格尔：《法哲学原理》，第113页。

然”的“实然”基础，这是关于道德义务要求本身的合理性，关于道德义务要求本身是否具有客观性、普遍性方面的；其二，“应然”向“实然”的转化，这是关于抽象的道德义务原则要求的具体实践，由抽象到具体、由观念精神到现实定在方面的。通常我们在谈论“应然”与“实然”关系时，更多地注意到前一方面，更多地关注道德义务要求本身的合理性与否，而不同程度地忽视了后一方面。其实，从实践理性的角度看，后一方面更为重要。如何将善、义务这样一些抽象原则要求变为现实，这对于人的存在、人类生活而言，是一个极为严肃、极需智慧的问题。道德不仅仅是要有好心，更要有好事、好结果。

黑格尔上述关于“应然”的“客观性”两个方面的内容，前一方面是关于“应然”的合理性依据问题，后一方面是关于“应然”的行动、实践问题。二者的统一理解，正是行动合理性选择问题。关于后一方面，即道德行为，我们稍后再做论述，现就前一方面作进一步阐释。

自从休谟提出应然与实然关系后，应然是否为纯粹主观性，有无客观依据，合理性根据是什么等一系列问题，一直是哲学—伦理学的核心问题之一。黑格尔以思辨方式对此作了肯定性的回答，认为“应然”有其“实然”性根据，有其客观性、确定性。黑格尔事实上从抽象与现实双重角度对此作了论证。在抽象的角度，黑格尔以自由精神、自由概念规定道德“应然”的普遍（客观）内容。在现实角度，黑格尔则以伦理实体、伦理关系规定“应然”的客观内容——这就是他在其后所说的做那个伦理实体中所“熟知”的。

值得注意的是，黑格尔所说伦理实体中的客观性及其确定性问题，面临着两个重要的理论问题：其一，此客观性、确定性乃为历史过程的确定性，乃系历史积淀而成，故摆脱不了感性确定性的偶然性。其二，此客观性、确定性乃为主体生活世界的具体性，它是具体伦理环境、伦理关系的具体要求。然而，这就进一步提出了两个问题：其一，正如黑格尔自己所说，实存的未必就是合理的。实存、熟知的那个伦理关系、伦理秩序，未必就是真实的。其二，历史、生活环境是一个开放性过程，这种开放性本身就决定了确定性的开放性。因而，所谓“应然”的客观规定、确定性，又是一个具有不确定性的确定性。这个确定性本身就是历史、开放中的确定性。在“应然”内容客观性的这种确定性与不确定性之间，存在着的是主体良知与社会伦理秩序及其要求的内在紧张。

这样看来，“应然”与“实然”的关系、“应然”的实然基础问题，也必须在绝对与相对统一中加以理解。“应然”并不是一个纯粹主观性的东西，“应然”有其“实然”基础与客观内容。但是，这种客观内容，除了那作为理念的抽象自由精神以外，或者换言之，作为理念的抽象自由精神自身的具体内容，亦是一个相对开放性的规定。这种开放性，一方面表明了这种客观性的生命性、多样性，另一方面表明了这种客观性的历史性、具体性。

黑格尔在讲到道德的应然时还表达了这样一个思想：“道德中的应然在伦理的领域中才能达到。”[①] 黑格尔的这一思想可以换为另一种表达：道德中的应然在道德领域不能实现。为什么道德中的应然在道德领域不能达到，只有在伦理领域才能达到？这是因为：其一，道德领域中的应然，还只是立足于个体、主观、抽象的应然，个体自身无法对其应然内容予以客观规定，这个规定必须从伦理领域获得。正是具体的伦理关系具体规定了个人应当的具体内容。这是关于应然内容方面的。其二，道德阶段还只是主体的内在精神自由，伦理阶段则是一种客观的自由关系及其秩序，伦理阶段的自由是存在的自由。观念中的至善还只是抽象的，只有现实中的善的生活及其秩序[②]才是真实的。

三、道德行为

如前述，道德的客观性特质中包含着行动、做的内容。道德不仅仅是“我”的内在精神，更是“我”的一种现实活动、行为，“我”的内在精神升腾也只有在“我”的现实道德行为中才有可能真实达到。

（一）道德行为与非道德行为

自由意志的外在表现就是道德行为。“意志作为主观的或道德的意志表现于外时，就是行为。”[③]

---

① 参见黑格尔：《法哲学原理》，第 113 页。
② 当然，这个善的生活及其秩序本身又是开放的。
③ 黑格尔：《法哲学原理》，第 116 页。

黑格尔对道德行为有明确规定：它们是“(甲）当其表现于外时我意识到这是我的行为；(乙）它与作为应然的概念有本质上的联系；(丙）又与他人的意志有本质上的联系”[①]。这里，黑格尔不是讲一般的“行为”，而是讲道德的行为。作为道德的行为有三个基本规定：自我意识、善良意志（自由精神的定在)、共同意志（普遍意志的定在)。自我意识是道德行为的前提，因为只有具有自我意识才有可能是自由意志行为。善良意志（自由精神的定在）是道德的行为的质的规定性，这是区分道德与不道德行为的根本，只有出于善良意志的行为（而不是出于纯粹自我主观任意的行为）才是道德的行为。在特殊与普遍统一中的共同意志，则是道德行为的真实实现。

不过，黑格尔在此亦于隐约间事实上揭示了一般道德行为的三要素：自我意识、(主体内在）价值精神（的呈现)、与他者相关。具备了这三要素的行为就是道德行为，否则，就是非道德行为。

“自我意识”这一要素作为道德行为前提，已如前述。“价值精神”这一要素是指道德行为是主体在一定价值精神指导下的行为，此行为是主体内在价值精神的显现。黑格尔讲道德行为“与作为应然的概念有本质上的联系”指向的是行为本身的本质规定性，行为的本质规定性不是行为的现象，而是行为现象背后的那个抽象精神内容。主体的任何具体行为，不仅有其现象性、实存的方面，还有其精神方面，只有此精神方面才是行为的本质规定。当我们面对一道德行为时，似乎面对的就是面前的此行为，其实不然。当我们面对某一道德行为时，我们所感受到的并非是作为感性行为本身，而是此感性行为背后的精神内容；当我们对此具体行为作出道德评价时，我们所指向的并不是感性行为本身，而是感性行为背后的内在精神。“道德行为”所显现的是主体的内在精神，“道德行为”概念所指向与关心的也是主体的内在价值精神。

根据黑格尔对道德行为的规定，一切自由意志的行为均为道德行为，那么，对于具有自我意识、自由意志能力的人而言，道德行为应是无处不在、无所不在。但常识又使我们知道道德行为只是人的行为的一个特殊方面。这就直接引出一个非常重要的问题：一般而言，人的任何一种行为都是有意志的行为，那么，这是否意味着人的任何一种行为都是道德行为？如果是，道

① 黑格尔：《法哲学原理》，第 116 页。

德行为与其他行为的区别又何在？如果不是，那么，道德行为与其他行为的区别又何在？这里的关键就在于黑格尔前述“关系的观点”、“应然的观点”背后所隐藏着的自由意志精神。我们须透过“道德行为”与“一般行为”的关系，把握“道德行为”的存在方式及其特质，把握主体自由意志行为的内在精神部分。

对于发育正常、具有正常思维能力的人而言，一切行为均为自由意志的行为。即使是那些似乎选择了放弃自由意志而取被奴役状态者，也是自由意志地选择了放弃自由意志行为、自由意志地选择了被奴役状态。自由意志行为包括两个部分：感性、现象层面的，以及精神、灵魂层面的。前者指向具体感性的“做”什么、怎么“做”，后者则指向以何种精神、目的、态度去做；前者是现象、感性方面的，后者是隐藏在这些现象、感性背后的本质方面的。自由意志这两个部分的关系是本质与现象、神与形的关系。这种本质与现象、神与形关系，正是一切日常具体行为与道德行为之间的区别。我们可以依据现象形态的“做”什么，将日常生活行为区分为不同领域，我们可以依据以何种精神、目的、态度去做，将这些日常行为在一般意义上区分为道德的与不道德的，或善与恶两类（正当可以视为一种特殊的善，即弱善），但是我们却无法将这些现象形态与其本质相分离。自由意志精神“借壳”存在于一切日常具体行为之中。一切在自我意识、自由意志支配之下的各种具体日常行为，不管以何种具体样式存在，均同时是道德行为。道德行为无所在，无所不在。诸如，对于同样一个经济活动现象，既可以作伦理学的分析，也可以作经济学的分析。尽管二者均注视同一活动，然而，经济学所注视的是现象、形的方面，伦理学所注视的则是本质、神的方面。

与他者（利益）相关，这是道德行为的另一要素。因为在黑格尔的理路中，“道德”范畴所要考察的是个体的自由意志行为，是要揭示个体如何从特殊上升为普遍、应当如何行为才是善的，因而，“道德”就总是包含着主体的意图、目的、福利，总是有我的，问题的关键只在于：不能是纯粹、绝对、孤独、特殊的自我，而须在普遍的意义上实现自我，即在“我”“他”意志的内在肯定性中实现自我。黑格尔的这个理路很清晰，也很深刻。黑格尔在此亦以自己的特殊方式揭示：道德以合理处理人我关系为内容。然而，问题在于：那些纯粹不涉及他人、仅作为个人习性的一些行为，诸如个人的穿着打扮、娱乐爱好、发奋程度等这样一类与他者意志无直接关系的个人行为，是否属于道德行为？至少不能得出绝对否定性的结论，至少在自由意志概念及其目的性，在人生存在意义、目的、理想的意义上，它们可以在一定程度上归属于道德行为。这里有一个特殊的“他”者，即作为“我”的完整人格存在的“他”者。“我”的当下自觉活动与作为“我”的完整人格的“他”者的关系，同样构成道德关系，这种道德关系所隐含的内容是：“成人”的超越性与完整人格塑造。

（二）道德行为与法律行为

根据黑格尔的看法，道德行为与法律行为的区别就在于内在性与外在性。道德行为侧重的是行为本身的内在目的、意图、动机等主观性，而法律行为则注重行为的外在性、实在性。[①] 当然，这并不是说法律行为本身不具有道德因素，并不是说法律行为没有主观意图，也并不是说道德行为就不管外在性、实在性。这里不是讲法律行为与道德行为的共同点，而是讲二者的区别。“道德行为”对于行为的定在性、实在性的关注，也只是在“我”的主观定在意义上顾及。任何一个行为结果都是诸多因素作用的综合结果。在“我”的行为定在这一客观存在中可能包含着超出“我”的意图、“我”的目的性追求的东西。根据黑格尔的看法，“我”只对那些作为“我”的自由意志定在的东西负责，“我”只承认那些作为“我”自由意志定在的东西是“我”自己的东西。道德行为与法律行为的这种侧重点内外区别，揭示了道德领域所关注的是主体的内在精神、自由意志本身之内容，法律领域所关注的更多的是外在行为。[②]

值得注意的是，黑格尔在“关于道德意志的法”的构成方面及关于“道德行为的各个环节”的论述中，事实上将“道德意志”与“道德行为”两个概念等同使用，且没有说明任何理由。严格地说，即使是在黑格尔自身的概念体系中，“道德意志”与“道德行为”也是两个不同的规定。根据黑格尔的看法，法是自由意志的定在。“在抽象法中，意志的定在是在外在的东西中。”而在道德中“意志的定在是在意志本身即某种内在的东西中”，这样，这个意志的定在

---

① 参见黑格尔：《法哲学原理》，第 116 页。

② 由此就会面临一系列诘难：离开了行为结果、行为实在，如何证明动机本身的善？这正是黑格尔本人批评康德义务论所持的一个基本论点。

就是“道德意志”。如是，则“道德意志”是与其自由意志在道德阶段的定在、与“道德”概念等同的概念。“道德行为”则是道德意志的外在表现（“表现于外”），是“道德意志”或“道德”的一个环节。“道德”是我的内在精神，但是我的这个内在精神又须显现于外，这个显现于外的内在精神就是“道德行为”[①]。因而，我们在理解黑格尔的这些论述时应当注意：其将这两个概念通用，实则是在“道德”的意义上使用“道德行为”概念，且是为了进一步揭示道德的内在规定。不过，黑格尔的这种做法在客观上也有助于我们对“道德行为”概念有深刻的理解：透过行为这种现象，把握其背后存在着的更为深刻的精神内容。

既然道德是关于主体（个体）自由精神的，因而，对道德的考察就应从主观始，并以主观终。从主观始，即是从主体的自觉、意愿始，考察其行为的意愿、动机、愿望，进而考察其目的性活动本身。以主观终，即以善在心中的自我确信、以良心这一纯粹主观性作为主体精神的最高境地——就主体的道德精神而言，就是要确立起这种善在心中的自律、自由精神。这个由主观作为始与终的主体精神活动，是一个辩证运动过程。经历了这个辩证运动过程，主体的自由精神就内在地要求冲破纯粹的主观性，走向客观社会关系及其秩序的伦理境地。这正是黑格尔“道德”篇的基本逻辑理路。

---

① 通俗地说，道德不仅仅包括我的行为，还包括我的道德认知、意图、目的、选择等一系列内容，行为只是其中一个重要方面。

第5讲　道德活动[①]

《法哲学原理》"道德"篇的核心任务是思考个体自由精神问题。在黑格尔思想中，个体自由意志的目的性活动，应以个体幸福为一般目的，以法在心中的良心为最高境界。追求幸福且有良心的生活，是个体的应有精神境界。

《法哲学原理》"道德"篇有三章，分别是"故意和责任"、"意图和福利"、"善和良心"。其"故意"是指一般"知晓"且出于自己的"意愿"，所侧重揭示的是主体行为的自觉、自主；"意图"则有具体（用黑格尔的话说是"实体性东西"）"目的"的指向性[②]；"良心"则是善在心中的自我确信，并是个体行为的最终依据。黑格尔的此逻辑结构，明显受其正反合思辨体系的制约。如果我们不是在孤立、机械的立场理解"目的"、"行为"，而是将"目的"、"行为"本身看作是一个具有丰富规定的展开过程，那么，"故意"与"意图"不过揭示的是主体的自觉目的性活动，其前两章实乃是黑格尔以思辨方式深入考察主体的自觉目的性活动，并借以思考主体自由意志行为的一系列具体问题：自由与自然、特殊（个别行为）与普遍（一般目的指向）、动机与效果、目的与目的实现。

基于这种理解，我们就可以以"自由意志的目的性活动"来统揽"道德"篇的前两章，并围绕主体行为的目的性，目的性行为中的自由与自然、特殊与普遍、目的与目的实现把握其相关思想。

---

① 此处"道德活动"是在自由意志目的性活动的意义上所用，且它与"道德行为"并无实质区别。只不过前一章中所讲"道德行为"还只是一般的抽象概念分析，此章"道德活动"则深入道德行为内在诸环节展开考察。

② 参见黑格尔：《精神哲学》，第324—325页。

一、目的与目的的实现

在德国古典哲学中，讲道德总是要讲自由意志问题，黑格尔此处也不例外——当然，黑格尔在此讲自由意志不是在前述本体论意义上而言，而是在自由选择意义上而言。黑格尔此处通过“故意”、“意图”讲道德中的自由意志问题，并通过对相关问题的论述表达了一个思想：主体自觉、自主的目的性行为即为自由意志行为，自由意志的核心是主体的自觉、自主的目的性活动。

前已述，“道德”所关注的对象是个体自由意志行为，这样，就自然遇到一个问题：什么是“我”的自由意志行为？这似乎是一个不成问题的问题，只要是出于“我”的行为就是“我”的自由意志行为。然而，这恰恰值得深入探究。究竟是在何种意义上认肯是“我”的行为？是在现象的意义上，还是在本质的意义上？如果说现象总是本质的现象，那么，现象在何种意义上成为我的行为？自然又在何种意义上进入自由？在对“我”的自由意志行为的考察中，如何恰当地区分自然与自由？正是这样一连串的发问，本身就呈现了关于个体自由意志行为的丰富内容，并促使人们在自由与自然、主观与客观的联结中，合理思考与把握个体自由意志行为的“应当”。

“道德”篇的第一章从字面上看，似乎首先讲的是道德归责这一道德责任问题，其实，黑格尔在道德归责之下真正要讲的是“我”的道德行为的确定性问题：只有“我”的自觉、意愿的目的性行为，才是属于“我”的自由意志行为。

（一）道德活动主体：“能行动的意志”

如前所述，黑格尔强调道德阶段以主观、主体为前提，从主观、主体始。因为人是主体，所以人有自由意志，人是自由意志的存在者。

“我”作为自由意志的主体，是有自觉意识、自主选择的“能行动的意志”。[①] 黑格尔之所以要提出“能行动的意志”的概念，其基本缘由就在于针对“自由意志定在”的思想，并从中突出人的主体性地位，将人这一主体从一般

---

① 黑格尔：《法哲学原理》，第 119 页。

物中明确区分出来。所谓“能行动的意志”是相对于不能行动的意志而言，而“不能行动的意志”则是指作为主体的人以外的一般“物”。根据黑格尔的思想，自由意志必定取定在的形式存在（见“抽象法”篇“财产权”部分），但定在的自由意志又区分为“能行动”与“不能行动”两个部分，“能行动的意志”是指人这一主体，“不能行动的意志”则是指区别于人的一般“物”。“道德”阶段，就是考察作为主体的“我”的目的性活动。

黑格尔在《法哲学》的“导论”中曾指出精神包含思维与意志两个方面，强调“意志是特殊的思维方式”，强调意志与思维的不可分性。黑格尔在那里就已经以特殊方式表达了意志总是包含着思维的思想，因而，在这里，作为“能行动的意志”的“行动”，就不是简单地行或做，而是自觉、自主的目的性活动。它是一个内在精神与外在感性活动的统一过程，是一个目的与目的的实现过程。在这个过程中，它首先是“我”的自觉、意愿，这样，才能谈得上是我的自觉目的性活动过程。——这或许正是黑格尔在“道德”篇首先从“故意”讲起的真实缘由。

目的是以“表象”方式存在的观念中的“设定”。① 目的直接成为主体自由意志行为的目标指向，它是自由意志行为“所指向的定在”。正是这个被设定了的目的的存在，才使得行为成为可能并作为一个完整过程存在。这就是黑格尔所说自由意志“必须具有对定在的表象，才能作出行为”的基本缘由。②

“我”的具体行为的具体目的只是“我”行为的一种直接指向性，只是观念中的具体。“我”须通过“我”的具体活动使其抽象观念变为现实存在的。未见之于行为的目的，只是一种抽象的主观性。目的的实现必须扬弃这种抽象的主观性，必须通过一系列具体手段的选择，达至实存性的具体结果。这样，“我”的行为就不是一个空洞抽象的东西，而是由意愿、动机、态度、目的、手段、结果等所构成的具有丰富规定性的体系；意愿、动机、态度、目的、手段、结果等每一个方面，都是行为的有机构成部分。

作为“能行动的意志”，“我”当然要走出内心的幽独、面对外部世界，然而，“我”所面对的外部世界，“我”的行为所处的外部联系，对于“我”来说

① 参见黑格尔：《法哲学原理》，第119页。

② 参见黑格尔：《法哲学原理》，第119页。

是偶然、具体的。这样，就意味着“我”的自由意志行为的目的性活动，在扬弃其纯粹主观性、由主观性向客观性转化时，具有偶然性。这种偶然性主要来自两个方面：一方面，“我”的行为与外部联系的复杂性与偶然性，它具有向一切方面发展的可能性与不确定性。而与此同时，“我”对于这种复杂联系的认识具有有限性：在这个复杂联系中起作用的不仅仅有“我”的自由意志之自由律，还有自然世界的必然律，“我”对于这个自然世界的必然律的认识与把握是或然的。[①] 另一方面，与“我”的这个具体行为活动中有联系的一切具体方面，都会对“我”的行为产生直接或间接的影响，并形成直接或间接的结果。在“我”的自由意志目的性活动过程中，这些外在的东西会以不同方式进入“我”的目的中，存在于“我”的实现了的目的中。即，在“我”经过自由意志活动所实现了的目的中，包含着不属于“我”的某些东西。

这样，黑格尔就以自己的方式提出了“我”的自由意志行为中的“非我”、非“我的东西”这类因素的存在。他是要揭示并告诫人们，在分析道德行为时不能简单地以结果论之，须把握道德行为的特殊性，把握其内在精神与主观价值之规定性。不过，黑格尔这里事实上又向我们暗示：自由意志的行为在其现实性上必须正视自然的必然；自由意志的目的性实现，在其现实性上应当是自由世界与必然世界的统一；道德行为不仅要有善良动机，还必须有道德实践能力，有良好的知识、技能与合理的手段选择能力。[②]

如是，道德行为主体作为“能行动的意志”就至少具有三个内在规定性：其一，道德的实践、行动、做之特质。道德作为一种自由意志，并不是纯粹的主观精神，而是有着向客观转化的内在冲动的意志。纯粹的主观精神并不是道德（或道德的自由意志），道德必定是要见之于客观、行为、定在的自由意志。其二，手段、途径是目的的内在环节。不能游离于手段、途径之外空泛地谈论目的。离开了手段、途径，道德活动本身就是一个空洞无规定性的东西。道德行为的手段、途径是自由意志目的及其实现的内在中介环节，它们不能游离于

① 黑格尔通过古希腊神话中的欧狄普斯弑父事例所表达的正是我的这种认识的有限性，及由这种有限性本身所造成的我的无奈性。“在我面前有一个他物，它仅仅是偶然的东西，单纯外在的必然的东西，它可能与我相一致也可能与我不同。”欧狄普斯所要杀的是这个人而不是要弑自己的父亲，但他不知道这个偶然面对的人正是自己的父亲。参见黑格尔：《法哲学原理》，第 119 页。

② 尽管黑格尔本人并没有自觉作出这种暗示，相反，他甚至还表现出某种对于善良动机、目的的偏好，但这并不妨碍我们从黑格尔的这个思想中得出这种启示。

道德目的、善良意志之外，而只应当成为善良意志的一部分。在这里，“不择手段”本身由于缺失了自由意志的目的性，也就失却了存在的理由。目的的实现要求我必须对活动的背景世界、对象有尽可能准确的认识，必须仔细选择具体方法、手段，必须慎思而行。其三，自由意志行为的态度。这个态度是作为“能行动的意志”的主体的态度，这个态度是出于自由目的性追求的自由意志的态度，是主体的自由精神。正是主体的这种态度与精神，使我具体目的性追求的一系列具体行为，内在地凝结为一体。

（二）目的实现中的“自由”与“自然”

目的是以“表象”方式存在于观念中的“设定”。这个“设定”既是自由意志行为所要达到的境地，同时亦是自由意志行为的本质规定。目的由于是被设定的，因而，目的又总是“有限”、“偶然”的。这个目的的“有限”、“偶然”，表明主体的任何具体目的总是具有有限性、偶然性，没有亘古不变、永恒的具体目的。目的本身就是一个无限开放的过程，在这个无限开放过程中，每一个具体目的构成无限性目的的一个特定环节。

目的通过“我”的自由意志活动成为现实的，这就是目的的实现。然而，目的的实现又不等同于这个目的性行为的结果——尽管这个行为结果中有目的实现之内容。

应当承认，这个结果是“我”的自由意志目的性活动之结果。一方面，它们是“我”为了实现目的的行为活动的结果，是“我”行为的定在；另一方面，它们以“我”的目的为其“灵魂”。[①] 正是在这个意义上，结果就是“我”的行为的一个内在环节。所以黑格尔强调：后果“是行为自己的后果”，“它们附属于行为”；“后果是行为特有的内在形态，是行为本性的表现，而且就是行为本身”。[②] 如果去除了结果这一环节，行为本身就不能作为真实存在。

不过，尽管结果本身就是行为的一个内在环节，但是这并不意味着此结果本身就是作为自由意志的目的的实现。这是因为：行为结果是包括“我”的目

① 参见黑格尔：《法哲学原理》，第119—120页。
② 参见黑格尔：《法哲学原理》，第120页。

的在内的多样性东西的结果，充满了偶然性。当目的通过“我”的行为由抽象主观性变为现实存在时，在这目的的实现中就由于行为本身外部具体联系的多样性而具有偶然性特质。黄梅戏《珍珠塔》中女子的善意给予，结果却由于给予物反而使意欲相助者受害。所谓好心办坏事以及歪打正着，均属此列。

在“我”的自由意志目的性行为结果中，既有属于“我”的东西，又有不属于“我”的东西；既有“我”的目的的定在，又有“我”目的以外的其他因素的后果。黑格尔揭示：“移置于外部定在中、并按其外部的必然联系而向一切方面发展起来的行为，有多种多样的后果。”[①] 这里的多样性不仅仅指形式的多样性，它首先是指有不同于“我”的行为目的的结果。在这里，主体作为能行动的意志，在冲出自身的纯粹主观性、将主观目的变为客观定在时，就由纯粹的自由世界进入包括自然世界在内的现实世界。即，在“我”的道德行为中有两类规律或两种力量在起作用：一类是自由的规律或精神的力量；一类是必然的规律或自然的力量。“我”的道德行为在其现实性上是这两类规律或两类力量统一作用的定在。行为结果是主体自由与自然必然的统一，它既属于自由世界，又属于必然世界。因而，在“我”的自由意志道德行为结果中，就不仅有“我”的自由意志的作用，亦有外部自然的作用。这两种规律、两种力量的统一作用，有可能将“我”的行为结果推向远离“我”原初目的之境地。故黑格尔又揭示：“行为同时又作为被设定于外界的目的，而听命于外界的力量，这些力量把跟自为存在的行为全然不同的东西来与行为相结合，并且把它推向遥远的生疏的后果。”[②]

黑格尔在后面谈到“善”时认为善是主观意志的法，并提出了“判断善的法”和“判断行为本身的法”的概念，认为这是两种不同的法。[③] 这两种法的区别就在于：前者只根据“我”的内在意志，即所谓内在自由，而后者则必须同时根据行为的自然因果联系，即既须有“自由”精神又须有“自然”世界，它是自由与自然的现实统一。没有将自然世界因果必然性纳入自身的自由精神，总是抽象、空洞的。现实的目的性活动，总是自由精神与自然世界的现实统一。

正由于自由意志目的性活动中包含着如此丰富的内容，包含着主体以外的

---

① 参见黑格尔：《法哲学原理》，第 119 页。
② 参见黑格尔：《法哲学原理》，第 120 页。
③ 参见黑格尔：《法哲学原理》，第 133、134 页。

各种偶然性，因而，目的与目的的实现这一必然逻辑，就以偶然的方式出现：目的的实现具有偶然性；行为目的的必然内容通过偶然存在。对于道德行为的认识必须注意这一必然与偶然之关系。自由意志追求自由、真理这一必然性过程，以偶然性的方式呈现。[①] 如是，“我”的行为目的的实现既在“我”的行为结果之中，又不等于“我”的行为结果；“我”的行为结果既是“我”的，又不是“我”的，或不完全是“我”的。

不过，此处值得特别注意的是，当我们说作为目的实现存在的自由意志活动的行为结果中有自由世界与自然世界两类力量作用时，并不是要取一种二元分裂的立场，而是指向：应当在自由意志活动中将自然纳入自由，使自然成为自由的内在一部分。只有这样，自由意志的目的性活动，才有可能使目的达至真实实现。

正是基于对自由意志具体目的性活动中有两种规律、两种力量的这种认识，黑格尔在道德行为评价中既反对“动机论”，又反对“效果论”。在他看来，一方面，“后果是行为特有的内在形态，是行为本性的表现，而且就是行为本身，所以行为既不能否认也不能轻视其后果。但是另一方面，后果也包含着外边侵入的东西和偶然附加的东西，这却与行为本身的本性无关”[②]。黑格尔的说法不同于康德的纯粹动机论。黑格尔不仅仅强调动机、故意，而且亦强调相应的结果。

不过，黑格尔尽管看到了自然世界对于自由世界的作用，并在偶然与必然的关系中揭示自由意志的目的性行为，但是，黑格尔在此问题上表现了某种程度的思想模糊混乱：在他强调“我”只对“我”行为后果中属于“我的东西”负责中表现出某种倾向，要将由自然必然性所引起的结果排除在道德责任之外。尽管黑格尔的这种做法对于强调道德的自由意志特质有意义，但是，却事实上一方面将他原本想统一的自然与自由二分，拒斥了使自然成为自由的；另一方面又拒斥了将目的实现之手段本身纳入目的自身。这样，他一方面在理论上使得目的的实现难免空泛，另一方面在实践上又忽视了手段对于目的实现选择的内在价值。

---

① “做一种行为就等于委身于这一（即偶然与必然关系。——引者）规律”说的正是这个意思。参见黑格尔：《法哲学原理》，第 120 页。

② 参见黑格尔：《法哲学原理》，第 120 页。

对于道德行为的认识，应当展开其丰富的内容，应当将目的、手段、方法、途径等作为自由意志内在诸环节把握。道德行为是目的向目的的实现的转变过程。故，道德行为不仅仅有动机、意图、目的，还有实现目的、意图、动机的手段、方法、途径。否则，目的仍然只是停留于抽象的空洞，不能有丰富的规定，不能达于定在。如是，对于手段、方法、途径的选择，亦有两个内在的基本规定：一方面，须源于目的自身；另一方面，在合乎目的的同时亦须合乎自然必然（即须有理智的“真”）。这样，作为定在的目的的实现，就不仅仅是善的，亦是真的，或者更准确地说，善的同时就应是真的。若善的不同时就是真的，善本身就不能成为现实，自由意志之目的就仍然是停留于抽象的东西。

（三）责任及其限度

如前曾述，黑格尔与康德一样，亦将世界划分为自由世界与必然世界两类，必然世界服从于自然因果律，自由世界服从于自由律。道德属于自由世界。在这里，不仅有选择的理由或依据问题，还有选择本身所带来的由“我”的意志存在所引出的“我”的责任问题。当一个人处于复杂情况下时（诸如黑格尔所说的法国大革命时），总会面临一个选择问题[①]，总会有其责任问题。在这个意义上，自由的世界就是一个责任世界。“行动使目前的定在发生某种变化，由于变化了的定在带有‘我的东西’……所以意志一般说来对其行动是有责任的。”“凡是出于我的故意的事情，都可归责于我。”[②]“我”的自由意志行为引出了“我”对行为的责任问题。

“我”的行为是自由意志行为，所以“我”对“我”的行为负责。然而，现在的问题是：什么是“我”的行为？什么不是“我”的行为？在关于“故意和责任”部分的讨论中，黑格尔揭示了人的自由意志行为中有自由与自然两个方面因素，应当将自然的方面纳入自由中来，同时还揭示“我”应对“我”的行为本身有理性的预见判断能力，不能说“我”没有“故意”所以“我”就不应负责任。

---

① 即使选择随波逐流的不选择其实也是选择了一种选择。

② 黑格尔：《法哲学原理》，第118页。

正如前述，在黑格尔看来，在“我”的行为中既有属于“我”的东西，也有不属于“我”的东西。所谓“我”的行为中有属于“我”的东西，指的是行为中的自觉、意愿这一类“故意”内容，这些内容是属于“自由”方面的，它们是“我”的自由意志。所谓“我”的行为中有不属于“我”的东西，指的是行为中除了自觉、意愿这一类“故意”以外的内容。这些内容属于“自然”而不属于“自由”，它们不属于“我”的自由意志。这样，那些似乎是“我”的行为的行为，则未必是“我”的行为。只有那些属于自由意志的行为，才是“我”的行为。

其实，当我们能够说在“我”的行为中有属于“我”的东西时，同时就意味着在“我”的行为中亦有不属于“我”的东西。事实上，就某一行为所引起的某一变化这一直接现实性而言，能够影响其变化的因素是多方面的。在作为这个行为结果或定在的东西中，不仅包含着属于“我”的自由意志的东西，亦包含着不属于“我”的自由意志的其他东西，既有必然性，也有偶然性，既有属于自由的因素，也有属于自然的因素。它是多种因素综合作用的结果。在黑格尔看来：“某桩事变，某一既出现的状态，是一种具体的外在现实，所以其中情况不胜繁多。作为这种状态的条件、根据、原因而出现每一个环节，都贡献它的一分力量”，因而，这些影响行为的诸多因素都应当对行为的“这种状态负责，或者应至少有一部分责任”。①

道德行为结果作为“我”的行为的内在环节，确实包含着属于“我”的自由意志的“我的东西”，但是，它又包含着“我”的自由意志以外的东西。那些属于“我的东西”的东西，是自由意志的必然内容，而那些自由意志以外的东西，则是偶然的存在；“我”的自由意志只能对“我的东西”负责。所以，“我只对属于我的表象的东西承认责任。……人们只能以我所知道的事况归责于我”②。所谓“我”只对“我”的自由意志负责，而不对自由意志以外的东西负责，换言之，“我”只对自由负责，只承担自由的责任，不对自然负责，不承担自然的责任，其核心是：尽管“我”对“我”的行为及其结果负有责任，但是，“我”的这个责任是有限责任，而不是无限责任。如果要求“我”对行为结果负全部责任，那是一种“天真”状态，尚未达于“反思”境地。这正是黑格尔在

① 黑格尔：《法哲学原理》，第 118 页。
② 黑格尔：《法哲学原理》，第 121 页。

对以欧狄普斯为代表的“英雄的自我意识”评价时所揭示的重要思想内容。[①]

黑格尔于此就提出了两个重要问题：其一，道德责任的有限性；其二，自由意志道德行为中的必然与偶然、自由与自然的关系。

就道德责任的有限性这一问题而言，黑格尔在坚守道德自由意志特质的基础之上，认识到自由与自然、必然与偶然的区别，反对那种绝对的效果论，并从自然、偶然中为人的自由、善良意志争得一方净土，也为主体与无所不能的上帝作了区分。这具有积极意义。人、自由意志的主体在其现实性上是有限的，人只能对自身行为负有限责任。

然而，当我们说是我的自由意志行为引出了“我”对行为的责任时，这是否意味着当且仅当是“我”的故意自觉行为时，“我”才对此负有责任？是否意味着只要不是“故意”的，“我”就不应当担负责任？或者换言之，“我”不应当对属于“我”的物在日常生活的复杂联系中产生的后果负责？诸如，“我”养的羊、猪跑出圈外吃了他人的麦苗，“我”放在窗台上的花盆被风吹落砸破了他人的头，等等。尽管这些都不是“我”的故意，但是，“我”真的应当且能够对这些结果不负责？回答是肯定性的。[②]确实，这种“我”的外在物对于他事物的作用结果，并非就是“我”的自觉意志行为结果。然而，一方面，如黑格尔所述，由于意志是“能思维的”，因而，“我”就能够根据思维逻辑地意识到这些属于“我”的物在特定条件下可能会产生的种种自然后果，预见到在某些特殊条件下它们有可能导致的灾难性后果，进而采取预防性措施，以避免灾难性后果的发生；另一方面，由于“我”对“我”的物拥有支配权与使用权，故，“我”对物的支配、使用决定了“我”必须使物置于“我”的自由意志支配之下（既避免他人对于“我”的物权的侵犯，亦避免“我”的物对他人造成的伤害），所以，对于“我”的物对他人造成的结果，“我”亦必须承担责任。不过，正由于这些作用结果不是出于“我”的故意，故，“我”对于这些行为所要承担的责任，就不同于出于故意所要承担的责任。这是故意与过失之分。如果“我”是故意将自己养的羊、猪放到他人

---

① 参见黑格尔：《法哲学原理》，第120—121页。值得注意的是，黑格尔的这个思想在萨特那里得到强烈响应。萨特亦反对个人对其行为结果负有无限责任。

② “我的所有物，作为外在物，处于各种各样的联系中，而且发生着作用……如果它们对他人造成损害，这诚然不是我自己的作为，但其损害应多少由我负责，因为那些物根本是我的，而且按其独特的性质多少受到我的支配和注意的。”参见黑格尔：《法哲学原理》，第118页。

的麦地里吃他人的麦苗，那就是两种不同性质的作用结果，“我”所要承担的责任就会完全不同。

就自由意志行为的自由与自然、必然与偶然关系而言，黑格尔通过道德责任问题以自己的方式强调：自由意志道德行为中有自然、偶然，道德行为在其现实性上具有偶然性，不能离开偶然性“纯粹”地谈论自由意志行为；要将自然、偶然纳入自由，使自然的成为自由的。这个思想极有见地，极为深刻。但是，与此同时，黑格尔在关于道德责任及其确定性的思想中，又给人留下某种如下印象：主体不应对道德行为中的“自然”、“偶然”的东西负责。“我”真的只承担“自由”的责任，不承担“自然”的责任吗？如果真的那样，则意味着：在“我”的自由意志行为中，自然无须成为自由的一部分，“我”只要出于善良动机与愿望，可以不管任何条件限制，无论怎样做都可以。这也进一步意味着：善本身也就是一种主观动机与愿望，而不是一种实现了的现实存在。显然，这又不合乎黑格尔的原初思想。这样看来，“我”在对“我”的自由意志行为负责时，也不能推卸对某些似乎是“自然”后果的东西承担责任。这不仅是指涉前述被风吹落的花盆、跑出圈外的猪这些“自然”后果，更为重要的是指涉以下两个方面：一方面，自由与自然的关系；另一方面，道德行为中的目的与手段关系。自由不能离开自然，绝对离开了自然的自由，是空浮悬荡的自由。在目的实现的手段选择中，须使自由意志与理智统一，须在具体的时空条件中选择恰当、适宜的手段，使手段成为目的及其实现中的内在一部分。对于道德行为责任考量中的这种自然与自由、偶然与必然关系的重视，实乃对道德的现实性品格的重视。道德不是不可外露、深藏闺阁的抽象优美灵魂，而是优美灵魂的实践，或优美灵魂的显现。

这样，当我们在道德领域或立场说“我”只对行为中属于“我”的东西负责时，就并不是在说“我”只对与“我”愿望中的善良动机或目的本身负责，而是说“我”对“我”的目的及其实现负责。道德并不仅是一个通常意义上的纯粹善良意志问题，更是一个善良意志现实化、客观化的问题。道德不是空洞的，它作为人的自由存在方式，内在包含着智慧实践。人们在判断“我”的道德状况时，当然是要揭示“我”的内在精神、主观意图或目的，然而，一方面，“我”的这种内在精神、主观意图或目的，在其纯粹性意义上，似乎除了“我”自身的表白外无法被把握；另一方面，“我”自身的这种表白本身又未必是可信的。此时，人们没有必要过多地关注于“我”的表白，而是应当集中关注“我”主观意图的定在：关注“我”究竟是以何种态度、何种方式努力使“我”的这个意图成为一种现实的行为；关注作为“我”意志定在的行为，关注“我”的行为是否“与作为应然的概念有本质上的联系”，是否“与他人的意志有本质上的联系”，[①] 并通过这个定在来揭示“我”的内在精神。

“我”对自己道德行为结果负有限而不是无限的责任，这并不意味着“我”可以对于自己的道德行为轻率、不负责任。相反，“我”必须以对自己行为结果负责任的态度从事自由意志活动，必须在自己的自由意志活动中始终有这种对行为后果责任的担当意识，并尽己所能，倾己之力。因为，这个行为结果是“我”的自由意志行为目的的定在，它应当是自由意志的。尽管在这个定在中充满偶然性，但是，在这些偶然性中有“我”的目的，贯注着“我”的自由意志精神。正是“我”的自由意志使得那些原本互不相关、相互外在的东西汇聚一起。这样，“我”对于“我”的行为结果负责的责任态度，就转化为“我”自由意志行为的负责任态度：善的动机、意图与目的，恰当的手段选择，尽己所能、倾己之力的行为态度。[②]

在其现实性上，“我”不可能摆脱偶然性，但“我”应使“我”善的目的存在于偶然性之中，并通过偶然性得到实现。这正是黑格尔作如下强调的基本缘由：“即使我只造成个别的、直接的东西，但是有一些必然的后果是同每一种行为相结合的，这些后果就构成了包含于个别的直接的东西中的普遍物。我固然不能预见到那些也许可以防止的后果，但我必须认识到个别行动的普遍性质。在这里，问题不是个别而是整体，而这不与特殊行为的特定方面相关，而是与其普遍性质相关。”[③] 这样，“我”的道德行为尽管以个别、特殊、偶然的样式出现，但是它却是一般、普遍、必然的存在。“我不但应该知道我的个别行为，而且应知道与它有关的普遍物。这样出现的普遍物就是我所希求的东西，就是我的意图。”[④] 意图是贯穿诸行为环节的一种普遍物。

---

① 黑格尔：《法哲学原理》，第 116 页。

② 因而，对道德行为的道德评价，就应当既包括通常所说的动机、效果，又应当包括主体在具体行为中的具体态度、精神。关于此方面的具体探讨，可具体参见高兆明《存在与自由：伦理学引论》（南京师范大学出版社 2004 年版）第 388—393 页。

③ 黑格尔：《法哲学原理》，第 121 页。

④ 黑格尔：《法哲学原理》，第 121 页。

二、作为整体的目的性行为

道德行为是由诸多环节所构成的完整整体，而不是孤立、静止的当下一点，也不是各不相关行为外在的机械拼凑。每一个具体的目的性行为，都是自由意志目的性活动中的一个内在环节。只有在作为整体的目的性活动中，才能真正理解任一当下具体行为的意义与价值，才能真正明白当下具体行为究竟应如何做、应选择何种恰当的行为手段与方式。这是黑格尔提出“意图”概念并通过“意图”概念所要揭示的基本思想。

在黑格尔看来，我的个别道德行为不是孤立个别的，而是一整体中的某个具体存在，我的自由意志的这一具体内容或普遍性方面就是意图（intention）。黑格尔用“意图”这一“单一物的真理”[①] 所要揭示的正是目的性活动中行为的个别方面与行为整体的关系。当然，当黑格尔此处如此讲时，是以意图（应当）与善的一致性为前提。[②]

（一）行为：个别方面与行为整体

目的通过一连串行为实现，且这一连串行为系一整体（而不是各自离散孤独的），它们中的每一个都是为了目的的实现。“故意”是讲的行为主体的意愿自觉、自主性，而这个自觉、自主的活动有具体的指向性，这个具体指向性就是我们通常所说的“目的”。我将这个目的贯穿于我行为的每一个具体方面，使这个目的成为具体的而不是抽象的，这个自觉具体化了的目的性就是“意图”。意图（intention）与故意（purpose）不同。故意只是主体的一般意愿、自觉，还没有具体的目的内容，意图则有了“实体性”的明确“目的”。[③] 在黑格尔那里，故意属于抽象主观的阶段，意图属于具体客观阶段。黑格尔使用意图概念来进一步规定什么是“我的行为”及“我的责任”。此处所谓“单一物的真理”中的“单一物”，指的是“我”的单独、各别的一个个具体行动。意图是我具体行动的规定与实质。我的所有个别行为都以自由意志的目的性实现这一意图

---

① 黑格尔：《法哲学原理》，第 122 页。

② 此即黑格尔所说：“应当使善成为自己的意图。”参见黑格尔：《精神哲学》，杨祖陶译，第 326 页。

③ 参见黑格尔：《精神哲学》，第 324—325 页。

为灵魂、核心，不可偏离意图这一核心与灵魂。譬如，在火灾中，我要救人。“救人”是我的意图，将人救出来是目的。在这一行动过程中，我所有行动均以“救人”为主旨。一切手段、方法、途径的选择，均以救人为宗旨。当然，“救人”的动机可能各异：为情、为义、为名、为利等。

恰如黑格尔所说：“行为……首先只是与其中一个单一性相接触”[①]，行为总是个别具体的，总是要从某一点做起。然而，如果行为只是一连串互不相关的、孤独的行为，那么，这些行为本身就是偶然、茫然的，既没有目的指向性，亦失却意义。正是目的性使这一连串行为成为一个具有内在统一性的整体。在这一整体中，每一个单独的行为，都是这整体中的一部分、一个环节。正是在此意义上，意图作为“行为的普遍方面”，就是贯穿在全部具体行为中的普遍物，就是“单一物的真理”。[②] 所谓“单一物的真理”就是行为中一以贯之的内容。意图与具体行为的关系是普遍与特殊的关系。具体言之，一方面，“我”的具体行为总是围绕着目的性的实现，不管外界环境发生何种变化，也不管“我”在这变化的环境中因时因势究竟偶然地选择了何种具体行为方式，“我”的具体行为总是围绕着目的的实现这一意图，并以这一意图来指导、规定“我”的行为。另一方面，“我”必须慎对各个具体行为，使此具体行为成为“我的”实现意图的行为，并对此负责。

确实，“我”的具体道德行为总是具体、个别、特殊的。“我”在道德行为过程中总会受到现实外部世界各种因素的影响，在“我”的道德行为结果中总会掺杂进许多“我”的目的以外的东西，似乎这些特殊、个别并不具有普遍性，更不是普遍本身。其实不然。一方面，“我”的道德行为的这些具体、个别、特殊，是“我的”道德行为的具体存在样式。正是在这些具体、个别、单一、特殊中，存在着“我的”目的、意志。如果“我”有善良意志，那么，“我”就会在“我”的特殊（单一、具体、个别）道德行为中贯注并表现出“我”的善良意志，使“我”的善良意志成为现实存在。舍此，“我”的善良意志无法成为现实存在。[③] 另一方面，“我”在从事道德行为时，总是从某一个方面、某一点上

① 黑格尔：《法哲学原理》，第 122 页。

② 参见黑格尔：《法哲学原理》，第 122 页。

③ 古人所云勿以善小而不为、勿以恶小而为之，以及现人所说从眼前的小事做起，都包含着类似的道理：小中有大，个别中有一般，单一中有普遍；千里之行始于足下，伟大在于平凡，等等。

着手进行自己的活动，并通过这一方面、这一点追求与实现自己的目的。“我”应当理解当下这一点、这一方面的这一具体活动对于作为整体的目的性的意义，并透过这一点、这一方面把握自身行为乃至自身存在的普遍意义。正是在此意义上，任何特殊、个别的行为，总是普遍、整体的。这正是包含在黑格尔下面论述中的深刻思想内容：“人们首先仅仅在个别一点上接触现实，但是这一点的普遍性质意味着它的扩张。”[①]

如前所述，“我”应当对我的行为负责；“我”的行为本身应有理性的预见判断能力，“我”应当将自然纳入进自由自身，使自然的成为自由的；“我”不能说因为“我”没有故意，所以“我”不应负责任。同样，对于“我”的任一具体行为，“我”也必须置于基于因果必然性联系的理性预见与判断来认识，置于完整的活动过程中来把握，而不能说，“我”只是做了当下这一点的这一个具体行为，由此行为引出的其他行为不属于“我的”行为，对此结果“我”不负责任。根据黑格尔的分析，这个推论很肤浅，不能成立。因为，“我”是具有理性能力的存在者，“我”有理性判断能力，“我”有能力根据思维（知识）知道这个具体行为的可能后果，因而，只要这个具体行为属于“我”的故意，它就是“我”整个目的实现过程中的一部分，“我”就必须对由此所引出的必然结果负责。诸如，“我”拿着装有子弹且打开保险的手枪对准别人的脑袋，并扳动扳机，这就是“我”所做的一切。对此，“我”不能说：“我没有杀人，我只不过仅仅扣了扳机而已。”这就如一个杀人者用刀割断他人的股动脉，对此，他不能说“我没有杀人，我只是割断了他的一根血管，我不对他的死负责”一样。因为，任何一个有正常健全意识的人都知道上述两种情况的必然结果会是什么。所以，此处就不是一个当下、简单、个别的孤独行动，而是一连串行为的一个环节，当下的这一具体行为与其后所发生的一起构成一个活动整体。因而，作为当下这个具体行为者，“我”必须对此结果负责。一切道德活动，一切目的性行为，都应当重视当下——哪怕当下这一点非常之“小”——因为哪怕是再伟大崇高的目的性追求，都总是由当下组成的，都总是由一个个具体、个别活动构成的完整过程。

目的性活动总是通过一系列特殊、单一、具体的行为展开。我们在认识道

---

① 黑格尔：《法哲学原理》，第 122 页。

德行为时应当首先注意把握这种特殊、单一、具体背后的一般、普遍目的指向性。具体的自由意志行为绝不是绝对孤立的，单一、个别总是普遍、一般的单一与个别。这就是黑格尔在《法哲学原理》119 节附释中通过点火与放火、割肉与杀人的关系，以及强调“在生物中，单一物不是直接作为部分而是作为器官而存在的，在器官中存在着普遍物本身”等所要揭示的内容。

不过，当我们说普遍、一般的目的性活动总是通过当下、特殊、单一而存在，或当下、单一、特殊的自由意志行为总是普遍、一般的时，就直接意味着有一规定：由于普遍、一般存在的特殊、单一性，因而，在作为普遍、一般之具体存在样式的单一、特殊中，就必定包含着偶然性。这样，我们在对自由意志道德行为认识时就应当注意到这种偶然性，避免直接简单地将这种偶然性当作必然性本身，避免直接简单地将道德行为结果作为“我的”道德行为目的之内容。故黑格尔强调：“一种行为可能或多或少地受到种种情况的冲击，这是当然的事。在放火的场合，可能不发生火灾，或相反地可能燃烧得比放火者所设想的更厉害。”或者，“我”并不想杀人，只是想使他致残、教训他一下，但失了手，使他丧了命。行为的结果并不简单直接等同于行为的动机、目的、意图。然而，尽管如此，“我”作为道德行为者，并不能因为这种行为中的偶然性而对结果中这些不属于“我的东西”推卸责任。“我”对于这些不属于“我的东西”亦负有责任。因为，一方面，“我”作为“能思维的人”，应该能够根据常识与因果律预见到“我”的行为的一些可能后果；另一方面，这些后果尽管在并非“我”目的性内容的意义上是不属于“我的东西”，但是，这些后果是我的行为的后果。[①]

由于意图、目的与目的的实现之间存在着偶然性，由于个别行为与行为整体之间联系的复杂性，因而，通过自由意志活动所实现的结果与目的、意图之间，就存在着差别、不一，甚至“有可能陷入巨大的矛盾”[②]。这样，对于主体的自由意志行为，就不能简单地执着于意图、动机、单一（特殊的某一点）、结果等某一方面，而应在整体中把握。

至此，我们就可以概要地理解为何黑格尔反对简单以意图来为行为辩护的

---

① 参见黑格尔：《法哲学原理》，第 123 页。

② 参见黑格尔：《精神哲学》，第 325 页。

做法。在黑格尔看来，那些简单地“用意图来竭力替行为辩解”的做法是“把单一方面孤立起来”的机械性的做法。这有两个基本理由：其一，这种思想方法割裂了行为中的整体与个别、普遍与单一、一般与特殊的关系；其二，这种思想方法忽视了自由意志目的性活动中的偶然性。这就如黑格尔所说：“一方面，主观反思无视普遍与单一的逻辑性质，而把单一部分和各种后果细加分裂，另一方面有限性事件的本性包含着偶然性的这种分离。”①

（二）特殊目的性与普遍目的性

在完整的自由意志行为中，目的性的普遍性与特殊性有几个重要的方面：其一，不同的普遍目的性可以有同样的特殊性存在样式，反之亦然。其二，“我”作为自由意志主体存在所具有的特殊目的性，是“我”所有行为中的普遍性内容，它规定了“我”的具体行为过程，并使之成为整体；在“我”的特殊目的性实现中，拥有自由意志这一普遍目的性实现的内容。其三，“我”的任一具有普遍性的特殊目的性本身，又成为无限开放的目的性过程中的一个特殊（手段、环节）。

同样的目的性可以不同的方式追求实现，所谓条条大路通罗马。同样，同一个具体、个别、单一的行为，可以是完全不同的目的性追求的样式。

每一个体都是有特殊欲望、需要、目的性的存在。在不同个体间似乎相同的自由意志行为形式之下，会有不同的目的、动机、意图。正是这些不同的目的、动机、意图，一方面构成了每一个体具体行为的直接根据，另一方面又使这些似乎相同的个别行为具有不同的意义、价值。诸如，就努力学习这一现象而言，就可能有多种意图、目的：可能是为了今后报效民族、报效祖国，或者可能是为了回报父母，也有可能是为了实现自我价值。再譬如，同样是杀人，或者是为保家卫国、伸张正义，或者是为仇杀、财杀、情杀，甚至就是为了“练胆量”。这就意味着必须仔细从一般道德行为形式中找出这个个体的特殊目的。

“我”的目的性是“我”行为中一以贯之的东西（原则、规定、要求、精神、目的等等），“我”的行为的具体样式可能变化不居、充满了偶然性，但是，

① 黑格尔：《法哲学原理》，第 122—123 页。

它在这变化不居偶然多样之下有着某种稳定恒常的东西，这个稳定恒常的东西，使得这个行为成为“我的”，并使此行为有意义。“我”的行为目的性就是这个稳定恒常的东西。它是“主体的法”。正是这个“主体的法”“规定”了“我”的具体行为[①]，并使“我”的一系列具体、单一行为构成为一整体。“我”的这个目的性作为我行为中的普遍性内容，规定了“我”可以在“行为中找到”“满足”我的需要的途径。[②]

“我”的特殊目的性是“我”全部自由意志行为中的普遍性内容，它不仅是“我”的意愿、动机，也是“我”的现实活动。黑格尔在121节补充中有这么一段话：“行动的动机就是我们叫做道德的东西，而且照这样说来，道德的东西具有两重意义：在故意中的普遍物与意图的特殊方面。”[③] 所谓“故意中的普遍物”指的是意愿、动机，所谓“意图的特殊方面”则是指目的性（活动）。黑格尔此言是要向我们揭示：自由意志不能停留在一般善良意愿境地，必须变为具体的目的性活动，正是在这具体的目的性活动中“我”才能作为自由意志的主体存在，才能证明“我”的善良意志。

黑格尔反对在人的主观动机与客观活动之间划出一条不可逾越的鸿沟[④]，他主张自由意志目的性活动的目的与目的的实现之间的统一。在黑格尔看来，正义、善这样一类价值目的是人自由意志所“设定”，正义和善不仅是主观意愿、观念的，而且还应是客观行为的；正义与善绝不仅仅是“我”的自我意识，更重要的是“在行为中求得满足，而不停留于人的自我意识和行为的客观性之间的鸿沟上”。在道德领域必须扬弃那种纯粹主观动机、自我意识的观点，必须确立行为、实践、做的观点。正是行为的观点、实践的观点、做的观点，才是“更高的道德观点”。[⑤] 道德不是纯粹善良意志的自我意识，道德具有实践、行为的品格。道德的（或自由意志的）普遍性品质就在于，它不仅是意愿动机的，更在于它是活动实践的。

---

① 参见黑格尔：《法哲学原理》，第124页。

② 参见黑格尔：《法哲学原理》，第124页。

③ 参见黑格尔：《法哲学原理》，第124页。

④ “近人特别对行为常常追问动机。以前人们只不过问，这人是否正直的人？他是否在尽他的义务？今天人们却要深入到他们内心，而且同时假定着在行为的客观方面和内在方面——即主观动机——之间隔着一条鸿沟。”参见黑格尔：《法哲学原理》，第124页。

⑤ 黑格尔：《法哲学原理》，第124页。

而任何具体的道德行为总是特殊的，这就意味着："我的"特殊道德行为在实现了"我"的特殊价值（或"主观价值"[①]）的同时，又实现了普遍价值，它消弭了主观与客观、特殊与普遍的分离。

这样，在"我"的特殊道德行为的特殊目的性中，同时就包含着普遍性与特殊性两个方面：其普遍性，就是自由概念自身，这是无限性的目的性；其特殊性，就是我的直接欲望、兴趣等的满足这一类福利，这是有限性的目的性。不过，值得注意的是：这里问题的关键还不在于特殊道德行为的特殊目的性中有普遍性与特殊性的存在，而在于这个特殊目的性中的特殊性方面应当成为普遍性的——它应当成为普遍性的具体存在或具体环节。"我"的具体道德行为的具体目的性是多样、易变、流逝不确定的，但是，我的所有这些具体目的性无论怎样变易、流逝，它都应当成为"我"自由存在（或自由概念）的一部分(环节)。即，"我"的任何一个特殊、具体目的性，都不过是"我"自由存在无限开放过程中的一个环节。

如是，我们在理解"行为在它下一个内容上的直接的东西降格为手段。这种目的既然是有限的东西，它可以转而降为再一个意图的手段，如此递进，以至无穷"[②] 这一思想时，就应当注意：不能仅仅在通常手段—目的链这一外在方面来把握，不能仅仅将它理解为一般意义上的手段—目的向对立面的转换，更为重要的是应在自由与自由的具体存在环节这一内在关系的意义上来把握。应将一切具体、特殊活动的目的性，都理解为是自由存在这一绝对或最高目的的一个环节。

（三）目的与手段

目的的实现不能离开手段。主体的行为过程，就是主体根据特定目的选择恰当手段以实现目的的过程，在这个意义上，手段本身就构成目的的内在方面。如果在一个无限展开的过程中观之，目的与目的的实现本身就是一个无限开放的过程，在这个无限开放过程中，任何一个具体目的的实现均不过是构成自由

---

① 此特殊价值不仅仅包含着一般意义上的"我"的普遍价值、"我"的自由实现，还包含"我"的福利、幸福这样一些实质性的内容。参见黑格尔：《法哲学原理》，第 125 页。

② 黑格尔：《法哲学原理》，第 125 页。

无限活动这一无限目的性中的一个环节。正是在上述双重意义上，行为中目的与手段是统一的关系。

然而，目的与手段的这种统一关系只是表明：手段应当是目的的内在内容，目的应当有自身的手段，既没有无目的的手段，也没有无手段的目的。不过，对于目的与手段统一性中所隐含的深刻复杂内容，须小心对待，不能沦落成以目的证明手段，以为“只要目的正当，可以不择手段”。黑格尔明确认为：目的不能证明手段的合理性，目的要求有作为自己内在环节的手段，目的要求与自己手段的统一，并提出了“正当的目的使手段正当……不正当的目的就不会使手段正当”的命题。[①]

黑格尔的“正当的目的使手段正当……不正当的目的就不会使手段正当”这个命题，如同“凡是现实的总是合理的，凡是合理的总是现实的”命题一样，充满了辩证法玄机，必须引起足够的注意。在这个命题中，黑格尔集中表述了自己关于目的与手段的深刻思想。

首先，目的与目的的实现离不开手段，手段是目的实现的中介环节。手段与目的并不是一种外在或然关系，而是一种内在必然联系。正是在这个意义上，手段是目的的。所谓手段是目的的，这有两个方面的含义：一方面，手段作为目的的内在环节，应具有目的的价值特质，否则手段就由于价值上对于目的的否定性而不成其为该目的的手段；另一方面，手段作为目的实现的中介，又应具有有效性，否则手段就由于其无助于目的的现实存在而不能成为该目的的手段，不能成为此目的的内在部分。目的的价值特质与有效性特质，是手段的内在特质与现实规定。这样，就不难发现：并不是任何东西都可以无条件地成为某种特定目的的手段。那种以为“只要目的正当，可以不择手段”的“恶名昭彰”观点，其根本性失误之一就在于没有看到目的与手段之间的这种内在联系，将目的与手段之间的这种内在必然联系，沦落为外在偶然的联系，以为“为了某种善良的目的，把原来完全不是手段的东西用作手段，把某种本来是神圣的加以毁损……把罪行当作某种善良目的的手段”，以为这一切不仅是“许可的”，甚至还是“人们的义务”。[②] 事实上，目的的具体内容及其内在规定性本身，就

---

① 参见黑格尔：《法哲学原理》，第 151 页。
② 参见黑格尔：《法哲学原理》，第 151 页。

规定了某些手段与目的没有任何内在联系，或不可能成为该目的的手段。这就好比：为了公共福利进行城市改造拆迁这一公共福利善的目的，与那些欺诈、诓骗、强制原住地居民动迁这一类手段，二者间本无任何内在联系，天壤不相及。或者换言之，前者之目的注定了后者之手段不可能成为前者目的之手段。善的目的必定要求善的手段。手段的卑鄙只能表明目的的卑鄙。当然，日常生活中的善意谎言，一方面本身无伤大雅；另一方面，更为重要的是，它是“善意”的，它是以否定的方式所表达的善。此外，它还是一种实践理性的生活智慧。故，“善意的谎言”应另当别论，不能简单地与不择手段混为一谈。

其次，手段总是目的的，因而，手段总是被具体目的具体规定、总是有其具体内容的。一个人为了实现某种道德目的而采取某种特定手段，这是此人履行道德义务的一个必不可少的内容。然而，一个人为了完成这个道德目的而采取的手段必须有特殊具体规定，不能泛泛而论，否则，此手段本身就会成为一种无所限制、具有普遍绝对合理性的东西。这就如士兵杀人、外科医生动刀一样。士兵在何处杀人、杀什么样的人，医生在何处动刀、如何动刀，总是有其规定，而不是任意。一般而言，离开了战场、手术室，士兵开枪、外科医生在人体上动手术刀，那就是不允许的。离开了这些具体规定，手段本身就失却了合理性理由。

再次，手段总是有其某种特有的价值规定，这个特有基本规定并不以某个人的主观意见而改变。以为“只要目的正当就可以不择手段”的看法的根本性失误在于：否定了作为手段的行为自身所固有的善恶价值性质，否定了特定行为的特定价值特质，并将其归结为个人的主观意图。这就如说盗窃、诈骗行为本身并不是恶，只是由于我主观以为这个行为是恶它们才是恶一样荒谬。这正是黑格尔所揭示的：“标志某种行为为罪行的……它早具有客观上已经确定的界限。”①

黑格尔坚持目的与手段的统一，反对以目的证明手段，反对“只要目的正当，可以不择手段”的做法，其要义就在于：自由及其实现是一个完整过程，在这一完整过程中的任何一个环节，都只能是属于自由自身的，而不能成为自由的异己物；自由精神及其实现是贯穿我们全部活动过程的灵魂，正是这个贯穿我们全部活动始终的自由灵魂，才使得我们的行为成为自由的行为。

---

① 黑格尔：《法哲学原理》，第 152 页。

不过，黑格尔“正当的目的使手段正当……不正当的目的就不会使手段正当”这一思想仍有失于笼统之处。黑格尔没有看到目的与手段的统一的另一种特殊情景或方式，这就是以否定方式的统一。这个否定方式的统一，不是指“不择手段”的恶的手段实现善的目的，而是指在特殊情况下以最小恶的方式完成善的目的。此“特殊情况”指：存在着正当、善的目的，需要实现这一目的，但不存在独立地看自身是善的、且能实现目的的手段可供选择，可供选择的手段总是带有不同程度的不正当乃至恶，此时，就必须在这些不正当、乃至恶的手段中作出选择，以实现目的。只要不是书生气十足，就应当承认：由于道德行为的复杂性、偶然性，在特殊情况下，会出现目的正当且需要实现，但当下却无自身正当、善的手段可供现实选择的情景。此时，最小恶的手段选择即为善的选择。这是目的与手段间的一种特殊的、否定性统一关系。而“最小恶”的手段选择规定，则是善的目的对自身手段内在规定性或要求的一种特殊状态——这种内在规定杜绝了手段选择中的“不择手段”之可能。而前述“善意的谎言”则可视为此种否定性统一中的一种。不仅如此，这种目的与手段的否定性统一方式，在具体情景中，甚至还有可能因为其某种特有的否定性，而呈现出悲剧性的崇高。①

自由意志的目的性活动使主观与客观、单一与普遍达至统一。

三、幸福

自由意志目的性活动自身所追求的是幸福，幸福是“满足的总和”。在道德生活中，黑格尔非但不否定感性质料的方面，相反，给予了足够的强调。在他看来，日常生活中的具体需要、利益等感性目的性追求，是人身自由不可或缺的内容，离开了这些日常生活中的具体需要、利益的满足，所谓人生幸福、完满、自由，均是空洞、虚幻的。

---

① 如一中年寡妇，体弱多病，家徒四壁，无可奈何之下远走大城市做性工作者。她省吃俭用，挣得极可怜的钱赡养久病在床的公公，供养两个读中学的孩子。对此母亲选择性工作者挣钱养家的做法，我们或许没有多少道德勇气予以指责，取而代之的是某种同情与敬意。

（一）作为“满足的总和”的幸福

黑格尔在《法哲学原理》“导论”中讲到意志冲动及其纯洁化问题时，将“幸福”作为意志借以反思冲动的一般目的性普遍物，并认为幸福是“满足的总和”[①]。幸福是一个具有无限性与圆满性的范畴，它是人的理想存在状态，是人对于自身无限性与圆满性存在状态的感受。这样，幸福就意味着：其一，幸福是人的圆满性存在。所谓圆满，就是普遍、全部、无限，就是人生实现。幸福作为圆满，就是不再存在着未能满足冲动的缺憾。其二，幸福通过有限存在，或存在于有限之中。因为作为“满足总和”的幸福，是由无数具体满足所构成，正是这些具体满足构成幸福自身。这样，幸福既不是自然冲动的简单满足，又不是与自然冲动满足无涉。幸福就是有限中的无限，无限中的有限。所以黑格尔说“幸福”有两个环节或幸福的内在矛盾是：“一个比一切特殊性更高的普遍物”，以及作为“单一物和特殊物”的存在。[②]

根据黑格尔的上述看法，幸福是自由意志目的性活动的一般目的。“我”的行为有诸多目的，这些目的总是具体的，“我”的行为的这些具体目的的“一般性”存在即是幸福。幸福既是这些具体目的的总括性概念，又是这些具体目的的指向与实质。黑格尔讲幸福是“一般有限性所具有的目的”即是此意。[③]此“一般有限性”指的是个体自我，其含义是说：幸福是个人的普遍目的性追求，个人的所有具体目的性活动，都是为了或指向幸福，都是幸福这一一般目的的具体存在。不能将幸福理解为纯粹主观欲望的满足。[④]幸福是人作为人存在的完满状态。

幸福就其内容而言是无限的，因为人的冲动及其满足处于无限可能之中；就其现实性而言则是有限的，因为人在其现实生活中获得满足的总是一个个具体特殊的冲动要求。幸福是有限与无限的统一。幸福自身在这无限与有限矛盾中处于一个开放过程中，在其现实性上，幸福永远不会有终点。人们在现实生

---

① 参见黑格尔：《法哲学原理》，第 30 页。

② 参见黑格尔：《法哲学原理》，第 30 页。

③ 参见黑格尔：《法哲学原理》，第 125 页。

④ 幸福是人生的最高目的这一认识与古希腊哲人的看法相吻合。幸福并不是一个纯粹主观的欲望及其满足，它有其具体内容，这就是人作为人存在的“人的完满”。参见徐向东编：《美德伦理与道德要求》，江苏人民出版社 2007 年版，第 13 页。

活中对于幸福的享有通过有限的方式达到，在有限中感受到无限，把有限当作无限的存在方式来实现。这样，人们对于日常生活中的每一个具体圆满的感受，就是对于幸福的感受。没有日常生活中的圆满满足感受，就无所谓幸福。幸福就存在于日常生活之中。正是在此意义上，幸福具有确定性。这个确定性就是：幸福须通过日常世俗经验生活被体验，以及在一个相对固定的大时空背景中，幸福的基本内容具有基本的确定性。

不过，由于“幸福的内容是以每一个人的主观性和感觉为转移的”[①]，由于每一个人的冲动及其满足总是有着强烈的个别性、主观性、偶然性，因而，尽管幸福对于个人而言是圆满状态，具有统摄性意义，但是，它并不是一个最高的范畴，它自身有待获得客观规定。所以，黑格尔认为幸福还没有达到形式与内容的真正统一，还不是真理性阶段。[②]这就提示我们：其一，幸福有其客观内容或客观规定性。这有两个方面的含义，一方面指客观普遍性之客观；另一方面指存在、实存之客观。即幸福不仅仅是个体的自我感受，更是人的一种客观存在状态。[③]其二，幸福尽管是个体存在的圆满无限状态，但是，幸福却并非仅仅在个体范围内就能实现，它有赖于社会、有赖于个体存在的环境。这就为社会公正留下了空间，或为个体道德向社会伦理、幸福向正义过渡，打开了逻辑空间。

如前所述，幸福是圆满、无限，但是，当意志根据幸福作出自己的选择后，就已经将原本无限、普遍的内容具体化为单一、特殊。单一、特殊不是普遍、无限。因而，在主体意志自由选择后，就失却了普遍、无限，因而，就失却了幸福。有选择、有某一冲动满足后的幸福感，即意味着人生的不完满。这就如我们在爱情、婚姻、家庭、事业，在健康、财富、工作，在听音乐、旅游、打球、游泳等等冲动之间作出选择后，尽管我们在其所选择的这一冲动上获得了满足，获得了人生价值的体验，有了幸福感，但是，我们却失却了在人生其他方面的价值体验，因而，我们就失却了人生存在的圆满或幸福——正是在此意义上，人生幸福永远只是一种理想，人生永远存有缺憾。差别只在于我们是否能够对此自觉意识而已——这时，我们所面临的任务就是将特殊性再次提升到

① 黑格尔：《法哲学原理》，第30页。

② 参见黑格尔：《法哲学原理》，第30—31页。

③ 阿马蒂亚·森关于贫困的规定，对于我们理解幸福的客观性应当具有重要的方法论启示价值。

普遍性。这就是我们前面所说的使特殊性、日常生活自身成为无限、普遍的，在日常生活的特殊、具体、有限中体验普遍、无限。这就是黑格尔所说的意志重新回到普遍性、成为自在自为的意志之境地。

（二）幸福与福利

“福利”、“幸福”属于个体这一“特殊意志的领域”。[①]不过，“幸福”与“福利”是两个虽内在相关却又不同的概念。“幸福”是个体的“一般”或最高目的，“福利”则是个体具体需要、利益等特殊目的的抽象概括。“幸福”与“福利”均具有“一般”目的性，然而，这是两个不同层次的一般性。“幸福”的“一般”目的性是“形式”方面的，它是个体人生的最高目的。“福利”的“一般”目的性则是“质料”方面的，它是个体日常具体需要、利益方面的一般目的，指称的是个体的这些特殊目的性追求。“幸福”与“福利”之间的关系，具有普遍与特殊的属性，“福利”从“幸福”那里获得自身存在的理由，获得道德上的“合法”性。[②]

“我”的幸福完满存在状态，离不开日常生活的具体福利实现及其情感体验，它存在于这种由日常生活具体福利实现及其情感体验的无限过程中。正是人生这一完满存在的目的性，将“我”似乎琐碎、无意义的日常生活变成有意义的人生过程，并使“我”日常生活中的具体需要、欲望、情感、私见等一系列似乎自然性的内容，成为自由意志的一个内容或一个环节：“我”的需要、倾向、热情、私见、幻想这一切，似乎是“我”的“自然”冲动，似乎是一个个俗常的福利性追求，但是，它却是“我”人生完满自由存在过程中的具体环节。一方面，它是“我”行为不可或缺的环节；另一方面，它是自由意志、自由概念不可或缺的环节。

“我”的这些特殊目的性是自由意志概念不可或缺的环节。这有两个层次的含义：其一，“我”的存在是一个行动的过程，但“我”的存在不是一连串行动的外在堆砌，而是一个有着内在联系的过程整体，“我”的一切具体目的性均是

① 黑格尔：《法哲学原理》，第 131 页。
② 参见黑格尔：《精神哲学》，第 325 页。

"幸福"这个一般目的性的具体存在。"我"在追求幸福，幸福就在于日常的每一个具体目的性活动中。人生的创造、享受，就在于日常的具体目的性中。不要将日常生活具体目的孤立化，而应当使其成为一串珍珠上的一粒、一条通向光明顶石阶中的一石。应当珍视人生的每一时刻。人生的轰轰烈烈与平平常常，两极相通。重要的在于有幸福这一人生的总体目的性追求，且将日常琐碎与之相连。

其二，"我"的这些特殊目的性不仅仅是"我"这一特殊个体的自由存在方式，亦是类的自由存在的具体方式。没有每一个个体的特殊目的及其实现，类的自由这一普遍目的亦是空幻的。黑格尔以思辨方式揭示了个体幸福生活的价值合理性，批判了禁欲主义与伪道学。一切自由概念的普遍性目的，都必须通过"我"的这样一些特殊性内容而在我这里成为具体定在，且都必须通过"我"的需要、欲望、热情、私见、幻想才能变为现实。正是在这个意义上，"我"的需要、欲望、倾向、私见等就并不纯粹是"我"的。它们亦是自由概念的（或如我们通常所说是社会的）。"我"的一切个人行为成就，亦不仅仅是"我"个人的，它们还是自由概念或社会的，只不过，自由概念或社会的东西以"我"个人的样式存在、呈现罢了。它们所内含着的就是"我"的意志自由形式与其概念的同一的关系。这样，个人的需要、欲望、热情、倾向、私见、幻想存在的合理性根据，就不仅是一般人权、人道的，而且是社会普遍价值意义上的。一个社会不能扼杀个人的需要与欲望，不能否定个人的幸福追求。个人的需要与欲望并不可鄙。扼杀个人需要、欲望、私见、热情、幻想，就是毁灭社会自身。

幸福是关于个人的普遍性范畴。它不等同于简单的当下感官享受，但是它又存在于当下感官享受之中。"我"的诸多具体目的通过"我"的活动变成了现实，"我"的这些需要、欲望、热情、倾向、私见、幻想等获得了满足，这就是福利、幸福。"这种内容的满足就构成无论是它一般的和特殊的规定上的福利或幸福。这就是一般有限性所具有的目的。"[①] 黑格尔这里讲这种内容的满足在"一般"和"特殊"的双重规定上均构成幸福或福利，该如何理解？这里是说："我"不仅是一般地满足了需要、而且还是具体地满足了这个需要。这就如

---

① 黑格尔：《法哲学原理》，第125页。

“吃”的欲望的满足，总是具体想吃这个、那个，并通过吃这个、那个东西而满足的。“我”吃了一餐比萨，既满足了具体、特殊的吃比萨这个需要，又满足了一般“吃”的需要。当然，这个一般与特殊双重规定意义上的满足，还可以做更深入的引申理解：“我”的这个需要满足是“我”这一特殊主体的特殊满足，这个特殊满足同时又是一般类的需要的满足。总之，此处一般与特殊就是前面所言目的内容的两个环节：没有规定性的一般需要或兴趣，以及有特殊规定性的主观需要或兴趣。幸福存在于日常生活的每一个具体需要、欲望、热情等的满足中。这是特殊的幸福。但是在这特殊幸福中，又具有普遍价值。一方面，在这特殊幸福感受中“我”感受到了人生的普遍意义与价值；另一方面，并不是任何需要、欲望、热情的满足均是幸福的，这个需要、欲望、热情须是作为人的。

幸福又不简单地等同于“我”的需要、欲望、倾向等肉欲感官的满足。因为，“我”的需要、欲望、倾向就其特殊规定性内容而言，都是具体、个别、暂时的，因而，都是流逝的。当“我”饥饿时饱餐一顿后所直接得到的就是当下吃饱了的快乐；当“我”想当一名歌唱家的梦想得到实现时，“我”所直接得到的就是“我”实现了这个梦想的快乐。如此等等。这种单独个别暂时偶然存在的需要、欲望，都是个别特殊的，都不是“我”自身生命存在本身，它们都是流逝的，都不能成为“我”生命中普遍的存在。只有当这些需要、欲望、倾向、梦想等与“我”的自由意志存在，与“我”的生命存在内在相联系，使它们成为“我”的生命存在的内在部分时，“我”才能真正获得一种自由意志存在的感受。这种生命目的的普遍性存在及其感受，就是幸福。幸福作为“我”的生命普遍目的，它不同于“我”的那些欲望、需要、热情等一切具体目的。那些具体目的直接基于自然冲动，总是具体、特殊、个别的，因而，是偶然的。而幸福这个生命的普遍目的则不再直接基于自然冲动，它是经过反思了的意志，故，是超越了那些具体特殊易逝的具体目的，是一种经过提升了的普遍、一般的目的。幸福是“我”的一般普遍目的。这就是黑格尔所说的“这里的意志已不是原来直接存在那样的意志”，这种意志的“内容属于在自身中反思着的意志，并被提升为福利或幸福这种普遍目的”的基本思想内容。[1] 这样看来，幸福作为

① 黑格尔：《法哲学原理》，第 125 页。

自由意志的目的性追求，又直接有赖于主体的自由意志能力。

幸福包含着快乐、愉悦，并使快乐、愉悦成为幸福的一个环节。离开了日常生活具体的快乐、愉悦，幸福本身亦成为一个空洞的虚无。但幸福作为意志自由或生命存在的普遍目的，又不同于快乐、愉悦。快乐、愉悦总是与感官、欲望直接相联系，所标识的是感官、欲望满足所获得的一种自我直接肯定性感受，故，总是暂时、偶然的。幸福则不同。幸福不再与感官、欲望直接相联系——这并不否认它与感官、欲望有联系，而是在自我反思性的意义上，在一种超越感官的直接现实性、欲望的自然性，在对自我生命、自由意志存在总体性理解上，所形成的一种行为目的与主观感受，它是普遍的、必然的、稳定的。

幸福作为我的一般、普遍目的，它还只是我的意志自由、我的生命的一般、普遍目的，它还不是意志自由概念本身的一般、普遍，还不是全社会、所有人的幸福。所以，幸福还只是属于特殊意志领域的内容，它还只是我这个有限性意志范围内的一般。它还只是在否定感官直接性、欲望自然性的意义上的普遍目的，还没有成为自由意志概念本身之普遍。这就是黑格尔说幸福“还没有在意志的自由中来掌握意志，而是把意志的内容作为自然的和现成的东西加以反思”的基本意思。[①]

个人的幸福不是整体类的幸福。一方面，一个人不能只为自己，不能没有社会责任；另一方面，个人幸福离开了社会（正义环境）亦难以实现。“我”的特殊意志自由的这个普遍性，相对于自由意志概念的普遍性而言，仍然只是一个特殊、个别，它必须进一步上升为自由概念本身的具体内容，才能成为真实的幸福。即，幸福范畴本身并不是自足、至上的，它还必须从自由概念那里获得自身的内在规定性，个人幸福必须从类的幸福获得内在规定。在这里，必须注意仔细区别幸福的这种普遍性的具体规定。

正是由于幸福的这种特殊、有限的普遍特质，决定了幸福本身的内在矛盾性。这种矛盾性就在于：一方面，“幸福的种种规定是现有的”。这个“现有”指的是它的具体规定的自然性在“我”的意志中的定在，指的是这种自然性所包括的感官享受成为幸福的现实内容。而这种自然性、个别性、偶然性、感官

① 黑格尔：《法哲学原理》，第125—126页。

性，并不是我的自由意志的真实内容，故，“它们不是自由的真实规定”。它们只是“我”的自由意志的形式内容。“自由只有在自身目的中，即在善中，才对它自己说来是真实的。”[①] 另一方面，“我”的自由意志及其目的自身又必须通过定在存在，即，它离不开这些特殊、个别、偶然，离不开这些感官享受所组成的日常生活。因为，若离开了这些感官享受、欲望等自然性方面，“我”的自由意志、“我”作为自由意志主体存在本身就是空幻的。这样，幸福就内在地存在着特殊性与普遍性的紧张或矛盾。对于这种紧张或矛盾的解决，不在于简单地否定其中的任何一个，而在于使特殊上升为普遍，使普遍拥有现实的存在形态，使日常福利成为人生完满的内在一个环节。

（三）个体幸福追求与类的进步

个人自觉追求福利、幸福的目的性活动，对于人类社会具有创造历史的价值。这是黑格尔针对“鄙视与贬低一切伟大事业和伟大人物”的“心理史观”，展开尖锐批判过程中所揭示的深刻思想内容。在这种“心理史观”看来：似乎伟大人物个人之所以能在历史上创造出一些伟大的东西，就在于他们追名逐利这样一类意图与动机；而追逐个人权力、名誉、声誉等完全是在谋取个人福利或幸福；这种动机与意图是应当被鄙视的。在黑格尔看来，这种观点是浅薄、愚蠢的。[②]

不能简单地利用所谓名利动机来否定与诋毁伟人的业绩与成就。这是因为：其一，每一个人都有权利追求自己的幸福。换言之，一般说来，每一个人追求自己的特殊需要及其满足均是正当、合理的。没有每一个人对于幸福追求的正当性与合理性，哪有人类的幸福与自由？其二，伟人的成就、声名背后存

① 黑格尔：《法哲学原理》，第 126 页。

② “这种理智断定，一连串这些伟大的行为所构成的伟大行为和活动，固然在世界上创造了伟大的东西，并且给行为人个人带来了权力、名誉和声誉等后果，但是归属于个人的不是那种伟大的东西本身，而只是落在他身上的这种特殊而外在的东西；由于这种特殊的东西是一种结果，因而它好象应该就是他的目的，甚至是他唯一的目的。”这种观点“是站在主观立场上，所以它固执伟大人物的主观方面，从而忽视了它自己所造成的空虚性中的实体性的东西”。在黑格尔看来，这种“心理史观”没有看到在伟大人物的这种特殊性追求背后同时还存在着普遍性内容，没有看到在主观自由意志背后存在着“实体性”的自由精神的这一客观内容，没有看到“名誉、声誉和其他种种后果”“在实体性的活动中”能“同样找到满足”。参见黑格尔：《法哲学原理》，第 127 页。

在着一种普遍性的历史内容与时代精神。这就如我们可以承认一个画家、诗人、作家在工作时就是出于追求个人名誉、金钱，但我们不能因此就否定此画、诗词、小说就不是他的目的性追求之一（他珍视它们的价值，他要努力做好这诗、小说、画），更不能因此就否定这画、诗词、小说本身的价值。

我们确实不能否认伟人有不同于常人的那种对于名誉、声望、事业乃至权力的强烈追求，不能否认伟人活动的成功事实上也确实给他们带来了不同寻常的名誉、声望、事业与权力，甚至我们也不能否认伟人通过自己的这种行动获得了在名誉、声望、事业、权力等方面的不同寻常的满足。但是，伟人之所以能够获得成功，获得名誉、声望、事业、权力而成为伟人，不仅仅在于伟人自身的努力，更在于伟人的这种努力代表了自由的概念，代表了自由精神的现实存在，代表了时代精神，或者说代表了社会的需要，代表了时代与历史的发展方向。是自由概念、自由精神、时代精神、社会需要、历史发展方向等，使伟人成就事业、成为伟人，并拥有名誉、声望、事业与权力。使伟人成就事业、成为伟人的是上述这一类“伟大的东西本身”，是伟人的伟大精神、心志、毅力、能力，而不是这些名誉、声望、权力一类“特殊而外在的东西”。① 我们不能浅显地只看到伟人的这种特殊性追求、欲望、激情、私见一类的东西，而应当看到在这种特殊性追求中隐藏着的普遍性、客观性（或社会历史内容）；伟人的这种行动及其结果，既是伟人自身的自由活动，亦是时代精神的自由存在或自由活动。所谓时代造英雄，时势造英雄，即为此理。

如果我们不能认识或把握到伟人功成名就背后所隐藏的这种深刻的自由概念、客观规定、历史内容、时代精神，那么，我们就不能真正理解伟人，我们自己也就注定不能成就事业、成为伟人，就注定只能是“小人”或“仆人”。所谓“仆人眼中无英雄”即为是。②

这样，黑格尔事实上就以自己的方式揭示：一方面，个人的追求、欲望、私见、创造这一类东西，不仅仅是个人的，它还是类的。它是类的追求、欲望、认识、创造的具体存在。正是个体的这种为满足诸多欲望的现实创造活动，构成了推动人类文明、自由的演进历程。这正是黑格尔所说恶是历史发展动力的

---

① 黑格尔：《法哲学原理》，第 127 页。

② 参见黑格尔：《历史哲学》，第 32—34 页。

表现形式思想的核心内容之一。社会共同体应当为个人的这种创造性潜力发挥提供充分空间，因为，为个体的就是为社会共同体、为类的。另一方面，个人的追求、欲望、创造这一类自由意志活动，只有以时代精神、自由概念、历史趋势为内在规定性，才有可能真实实现。

于是，对于一个人而言，要想有所成就，实现自己的价值，成为自由的存在，就必须以自由概念、时代精神、历史趋势等为其自由意志的内在规定。人当有大志。“我”应当是有大志的，这个大志当然是“我”的，但它又不是“我”的。就此大志是“我”所立而言，此大志当然是“我”的，然而，“我”的这个志向之所以能成为大志，就在于“我”的这个志向中有不属于“我”的那个普遍性的东西。在“我”的特殊意志志向中有着普遍性内容。这正如英雄在其个人志向及其目的满足中同时就包含着普遍性内容，普遍性内容通过英雄个人的特殊志向努力得到定在、实现一样。

同样实存的外部生活世界，对每个人的意义是不一样的。这种差别取决于各人对此实存生活世界的理解。生活世界是你所理解的生活世界，人生是你所理解的人生。有什么样的理解，就有什么样的生活世界与人生。因而，人须有大志。

当然，仅仅立大志还是不够的，还要有激情，要有行动，要能成大事。有了志向还需要激情与行动。“假如没有热情，世界上一切伟大的事业都不会成功。”[①] 激情使人能够具有豪迈气质、牺牲精神，拥有战胜一切困难的勇气与毅力，激励自己为实现志向勇往直前、顽强奋斗。人不仅要有大志与激情，更要有踏踏实实的行动，通过踏踏实实的行动成就大事。这正是黑格尔所强调的：人们不仅仅应当“立志做伟大事业”，“还要能成大事，否则这种志向就等于零。单纯的志向的桂冠就等于从不发绿的枯叶”。[②]

个人的自由意志既是对于自身特殊目的性的追求，亦是普遍自由精神的具体存在。一个人在对自我特殊利益的追求中应当有普遍自由精神。这样，黑格尔就以自己的方式扬弃了幸福论与义务论的绝对对立或各自的片面性，实现了二者的统一。

---

① 黑格尔：《法哲学原理》，第 24 页。

② 黑格尔：《法哲学原理》，第 128 页。

（四）幸福论、义务论批判

黑格尔在关于主体道德行为中的福利、幸福问题的思考中，以自己的思辨方式，克服了传统幸福主义伦理学与义务论伦理学的两极对立。

幸福主义与义务论是占主导地位的两种传统学说思想，且彼此处于两极对立不相容的境地。黑格尔认为这两种思想观点都应当被否定。社会、客观目的不能离开个人、主观目的而存在，个人、主观目的是社会、客观目的的现实环节，不能将二者绝对分裂。“个人自己的主观满足（包括他的荣誉和声誉得到承认在内）也包括在达成有绝对价值的目的之内。”因而，那些将个人与社会对立，“要求仅仅有绝对价值的目的表现为被希求或被达到的东西，以及认为客观目的和主观目的在人们希求中是相互排斥”的见解，“都是抽象理智所作的空洞主张”。①

黑格尔在124节中认为，在“个人自己的主观满足”中有“绝对价值的目的”，进而强调“主观目的”与“客观目的”的统一。此处“主观目的”指的是我的目的，讲的是目的的特殊性。此处“客观目的”并非指实存意义上的，而是在自由意志概念的意义上指具有必然性、真理性的目的。黑格尔此处在主观目的与客观目的名下讨论的是个人、个体存在的价值，并认为个人具有存在目的性价值。这是从目的性维度讨论个体与社会（类）的关系，并在讨论过程中进一步具体分析了思想史上的幸福主义与义务论两种思想传统。

黑格尔有这么一段话：“主体就等于它的一连串的行为。如果这些行为是一连串无价值的作品，那末他的意志的主观性也同样是无价值的；反之，如果他的一连串的行为是具有实体性质的，那末个人的内部意志也是具有实体性质的。”② 在这里黑格尔主要表达了这样几个思想：其一，主体等于其自身行动。这个行动是黑格尔在前所述的“创造”的过程，人就是自己的一连串行动。所以，行动、做、创造，对于人而言是人之为人的基本特质之一。其二，这个行动又是自由意志的主观性与客观性、特殊性与普遍性的现实统一。人的行动不同于动物的活动。人的行动是有“实体性质的”，这个“实体

① 黑格尔：《法哲学原理》，第126页。

② 黑格尔：《法哲学原理》，第126页。

性质”的东西就是自由精神。正是这自由精神使得人的行动获得价值。其三，“我”的自由意志行动，不仅仅是“我”个体自身的，它同时亦是社会、类、自由精神的。个体与类并不是截然对立的两极，必须在统一性中准确把握二者及其关系。

那种纯粹的快乐主义幸福论的自我满足要求，将自我满足的这种纯粹个人主观性要求当作一切行为的“实质上的意图”，而一切社会责任、义务等只不过是“达到主观满足的手段”。这其实就是我们通常所说的绝对利己主义或实利主义。这种主张对于自由意志存在，对于人类社会“恶毒而有害”[①]，它将使人失却存在的目的与意义，使人成为纯粹的行动本身。那样，人只服从感官冲动的支配，人不再是自由的，人无异于物。

那种纯粹的义务论主张，要求道德行为的无我性，要求道德的任务是压抑或去掉个人的自我满足，“以为道德只是在同自我满足作持续不断的敌对斗争，只是要求‘义务命令你去做的事，你就深恶痛绝地去做’”[②]。这样一种否定一切自我满足、无我的纯粹义务论主张，其实是对自由精神发展历史的反动。人类启蒙时代所取得的最伟大成就就是人的发现：从上帝的庇护下发现了人，从类中发现了独立个性的个人。对于个人自我及其特殊需要满足的主张，正是这种启蒙时代所取得的自由精神的成果，它甚至构成了启蒙时代与前启蒙时代区分的标志。“主体的特殊性求获自我满足的这种权利，或者这样说也一样，主观自由的权利，是划分古代和近代的转折点和中心点。”[③]康德自我立法的绝对命令义务论思想，当然有其启蒙价值，他以自己的方式使人成为主体挺立于世。但是，康德义务论思想所内在隐含的这种无我性，在某种程度上又事实上露出了宗教神旨的残留尾巴。道德、自由权利的观点，不否定个体、个性及其需要的满足，也不拒斥个体的目的性与自我满足及其追求。问题的关键在于：摆脱其纯粹的特殊性，将特殊性需要上升为普遍性，成为普遍性的内容，成为自由的；在“我”的特殊需要、欲望、私见满足中，在“我”的特殊行动中，存在着一般自由概念。在社会的意义上，不能离开

---

① 黑格尔：《法哲学原理》，第 126 页。

② 黑格尔：《法哲学原理》，第 127 页。

③ 这里，笔者根据英译本对中译本略有改动。将其中的两处“法”（the right）改译为“权利”。这样，似更能准确表达黑格尔思想的原意。参见黑格尔：《法哲学原理》，第 126—127 页。

个人的幸福、权利奢谈义务。

主观目的中有“我”的主观满足与幸福追求，但是，主观目的中也有客观目的内容。客观目的通过主观目的得以存在。“我”的主观自由意志（权利）中有自由概念的客观内容，有“实体性”的东西。只有在这种个人与社会、主观与客观、普遍与特殊统一的思想之下，才能深刻准确把握与理解社会历史进程与社会历史现象，才能一方面透过变化莫测的主观性、特殊性看到隐藏其背后的客观性、普遍性历史内容，另一方面又不会贬低个体主观追求及其创造性的社会历史价值。

（五）功利论批判：作为道德选择依据的“福利”

如前述，“我”的自由意志有追求福利（或物质利益）的理由，“我”的道德行为选择非但不拒斥对福利的追求，相反，“我”的福利本身甚至就有可能成为道德行为选择的某种根据。不过，自由意志是因为将福利作为自由意志的一部分才追求福利，而不是直接将福利本身作为自由意志的目的性追求。纯粹福利本身不能成为自由意志行为的依据与理由——无论这种福利是“我”的、多数人的，还是他人的。自由意志的道德行为不排斥对福利（或功利）的追求，但是，自由意志却并不简单地以福利（功利）本身作为行为的理由与依据。

个人的特殊福利尽管是自由意志这一普遍物的特殊存在形式，但是，它不是自由意志本身，不同于“自在自为地存在的普遍物”①。“特殊福利”相对于“普遍福利”而言。“普遍福利”不同于“特殊福利”。“特殊福利”属于“私权”领域，“普遍福利”属于“公权”领域；“普遍福利”是作为整体的“国家的福利”，它“属于一个完全不同的领域，在这个领域，形式法以及个人的特殊福利和幸福同样都是次要的环节”②。

“普遍福利”不是一个量的概念，而是一个质的概念。单个性并不因为量的增加而改变其单个性的特殊性、主观性。无论多少单个人的福利都是“特殊福利”，都是特殊性、主观性、或然性的。它并不以人数的多少为转移，不因人数

① 黑格尔：《法哲学原理》，第128页。
② 黑格尔：《法哲学原理》，第129页。

的多少而改变其主观性与或然性。这就如黑格尔所说：“其他许多特殊的人的福利也一般是主观性的实质上目的和法。……特殊物的上述那些目的是与普遍物有区别的，它可能符合也可能不符合普遍物。”[①] 因而，若干单个人福利的集合并不能改变其或然性、主观性、特殊性之特质。真实的普遍福利与单个人集合的特殊福利不属于一个领域，它是作为自由概念存在的公共福利。这种区别就如同卢梭所作的“众意”与“公意”之区别一样。“众人的福利”或许多人的福利不能作为道德行为的理由。

“为他人谋福利”亦不能成为道德行为的理由。在通常看来，利他的就是道德的，因而，为他人谋福利似乎就是善的。然而，这种认识恰恰是有问题的。因为，这个“他”与“我”一样均是特殊性的，并不等于真实自由自身。这就如不能以为他人解除贫穷为理由我就可以贪污受贿偷窃诈骗一样。所以，黑格尔认为也不能以“道德的意图”或动机替错误行为作辩护。“不论是对我的还是对他人的福利的意图——人们特别称后者为道德的意图——都不能成为替不法行为（an action which is wrong）作辩解的理由。”[②] 因为“我”的行为意图属于主观、特殊、形式的法，它不能成为判断行为合理、正当的依据。否则，这个世界上就没有什么伪善与恶了。黑格尔以偷皮革替穷人制鞋为例，揭示尽管其行为是道德的但却是错误的（wrong）[③]，所说明的也正是这个道理。

即使是作为人格权直接定在的“我的生命”这一特殊福利本身，也不能无条件地直接成为道德行为的充足理由与依据。我的生命只有成为自由精神的一部分时，才能成为行为的直接依据与理由。生命作为我人格的定在与直接承负，当然具有基础性意义。但是，生命的价值规定不在于生命自身，而在于人、人的自由。人的生命是属于自由的，生命只有从自由中才能获得自身存在的理由。生命作为一种自然存在，只有属于自由时才有意义，才成为人的生命。自由就是人的生命的根本内容。没有自由，就没有人格尊严，就没有人的生命价值，此时，生不如死。这就是黑格尔所说：“对着自由这一更高领域面前，生命已非必要。”[④] 当然，这里并不是说人的生命并不重要，而是说人为了自由的信念、

---

① 黑格尔：《法哲学原理》，第 128 页。

② 黑格尔：《法哲学原理》。

③ 范译本在此将 wrong 均译成“不法”，似不如“错误”更能准确表达原意。参见黑格尔：《法哲学原理》，第 129 页。

④ 黑格尔：《法哲学原理》，第 129 页。

理想，不能贪生怕死、苟且偷生。为了自由的信念与理想，必要时应当不惧献出自己的生命。

不过，在日常道德行为选择中，由于生命是人格的直接定在，因而，生命权优越于其他具体权利。在特殊情况下，仅仅生命权本身亦能成为道德行为的理由与依据。黑格尔“紧急避难权”[①]思想所强调的正是此。当然，在“紧急避难权”这一特殊道德行为选择中，似乎是保护生命这一特殊功利性目的在起作用，其实，是更为深刻的一般人的自由意志权利这一超功利的价值在起支配作用。

① 参见黑格尔：《法哲学原理》，第130页。

第 6 讲　道德精神

黑格尔“道德”篇专门研究个体自由意志精神，并事实上集中思考了两个问题：道德活动与道德精神。道德活动是在现象层面深入道德行为的具体环节，揭示道德行为的内在规定及其丰富内容，道德精神则是在精神层面深入主体的精神世界，揭示道德行为主体的内在精神规定。道德活动作为主体的自由意志目的性活动，以自由精神为规定，它要将个体从特殊性提升至普遍性，并在这个提升过程中使个体获得自由精神。个体的自由并不拒斥个体的责任、义务，相反，它以个体的责任、义务为内容。个体的自由精神要求有向善而行、担当义务、秉持良心的优美灵魂，只不过此优美灵魂不是康德绝对命令式的，而是统一特殊性与普遍性的道德精神。黑格尔以其思辨方式在“道德”篇第三章中所集中论述的正是主体的道德精神或优美灵魂。

一、善

黑格尔在《法哲学原理》“道德”篇中对“善”的理解，首先不是我们通常所熟悉的伦理学中的规范性意义上的，而是自由的目的及其实现意义上的，其旨趣是揭示“善”的客观性。“善”就是实现了的自由目的。黑格尔旨在通过自由意志活动的终极目的性，论述作为道德行为选择、道德价值判断依据的“善”内容的客观规定性。由于黑格尔的这一旨趣所在，因而，他在《法哲学原理》“道德”篇第三章专门论述“善”时，首先并没有侧重于在通常善与恶及其辩证关系的意义上考察“善”，只是在论述“良心”时具体展开了对恶及善恶关系的论述。黑格尔的这种思维逻辑值得注意。黑格尔的这个思考理路表明，他首先关心的是善的内容的确定性、客观性问题，只有在明确善恶标准及其确定性基础之上，才能谈得上主体的自由意志与良心，才有可能合理地谈论善恶辩证法。而黑格尔在“良心”阐释基础之上才具体详细论述意志的善与恶问题，表达其善恶同源思想，则是要以自己的思维逻辑方式表明：除了自由意志活动的终极目的性之外，没有绝对的善恶，一切具体善恶都源于主体意志的自以为是的偏执。黑格尔对于善理解的这两大逻辑层次，可谓用心良苦。

（一）善的一般规定

黑格尔对“善”有一些基本思想：善是“被完成了的、自在自为地被规定了的普遍物”。[①]“善不是某种抽象法的东西，而是某种其实质由法和福利所构成的、内容充实的东西。”这个普遍物是“世界的绝对最终目的”，是“被实现了的自由”。[②] 善是“世界的绝对最终目的”，是“被实现了的自由”，这是黑格尔对善的一般规定。

善恶问题只有在与意志相关的意义上才存在，离开了自由意志及其目的性活动，就无所谓善恶问题。黑格尔在《法哲学原理》“导论”第8、9节中讲目的的“设定”、“规定”，在“善和良心”第139节讲“唯有人是善的，只因为他也可能是恶的”，等等，就已隐含了这一前提：善恶问题只有在与自由意志相关的意义上才存在，离开自由意志，离开目的与目的的实现，离开人的目的性活动，就无从谈起善恶问题；人有自由意志，所以人有善恶问题；动物只有本能，所以动物就没有善恶问题。结合黑格尔的前后论述及一贯思想，来体会善是“世界的绝对最终目的”、是“被实现了的自由”的思想，就不难发现在关于善的规定性理解中就已经包含了善恶问题存在的这一人的主体性语境规定。

因而，黑格尔此处对善的内容的理解，就不是一个空洞的善的语义分析，而是对自由意志内容的分析。善不是一个独立实存的东西，而是价值目的性存在，是自由意志的目的性追求，是意志善的问题。这样，才能把握善对于自由意志规定的真正意思。

---

① 黑格尔：《法哲学原理》，第131页。
② 黑格尔：《法哲学原理》，第132页。

在对“善”的思考中，黑格尔以自己的方式坚决反对善恶规定、内容、标准的纯粹主观性，坚持善恶规定、内容、标准的客观性，坚持要揭示主观性背后所存在着的客观内容。黑格尔用“自在自为”概念表达了自己的这种思想。

黑格尔认为：善不是作为行为主体的个体的主观产物，善是“自在自为”、“世界的绝对最终目的”[①]。所谓“自在自为”的目的，即是自身原本就有依据且能够成为现实的目的，而不是行为主体主观任意的东西。根据这个逻辑就可以推论，作为与善相对立的恶也是种目的性规定，“恶”是“自在自为地无效的目的”。[②] 所谓恶是“自在自为地无效”的目的，是指自身原本就没有存在依据与理由、因而不可能成为现实的目的。作为善恶规定性中的“自在自为”目的性，都是在强调善恶的客观根据的意义上而言，都是要排除善恶的主观空洞性；所谓“有效”、“无效”也均不是在现象、实存的意义上而言，同样也都是在善恶规定的客观性、真理性意义上而言。[③]

善通常被人们作为一种标准，用来评价判断事物的价值性质，故，通常被人们理解为是主体的主观性表达。其实，善之所以能作为一种标准，首先在于善具有客观规定性。不过，这种客观规定性并不是感性确定性意义上的客观存在、现实，而是自由理想（理念）的存在与实现：它是自由理想（不是妄想）的实现，是作为目的性的自由的实现。当下日常生活世界总有欠缺，这种欠缺被反思性把握，并在观念中被克服，以理想的目的性的方式存在，这种理想的目的性就是作为行为标准的、在观念中被实现了的自由。这个作为在观念中被实现了的自由有两个方面的意蕴：一方面，善以自由为内容，离开了自由，善就失却了内在根本规定性、确定性、真理性，就成了一个空泛、空幻的东西；另一方面，此善不是自由的某一个别方面，而是自由的全部、整体，是自由的真理性存在，它是人们为之奋斗的最终目的。这样，一方面，善就具有理想、完满的意蕴，善是被实现了的自由这一完满理想；另一方面，善就成了世界的“绝对的最终目的”。当然，我们可以说，对于这个存在的目的性、对于欠缺的反思性把握，在不同主体那里会有不同的具体理解、内容，因而，对黑格尔的

---

① 参见黑格尔：《精神哲学》，第 326 页。

② 参见黑格尔：《精神哲学》，第 327 页。

③ 正由于是在“自在自为”的“绝对最终目的”意义上规定善，所以黑格尔此处不在善恶辩证法的角度来论述善，就是可以理解的。

这个思想予以诘难，然而，问题的关键在于：无论具体主体会有怎样的具体理解，其所指向的总是以自由的存在本身为目的，如果有主体否认这一点，否认以自由为自己的追求目的，否认自己要作为一个真正的人存在，则其就会变成为不可思议的（这就背离了黑格尔在初始所确定的以“自由”作为出发点的理论基石）。这样看来，黑格尔以“绝对的最终目的”杜绝“善”的相对性、坚持其确定性的做法，不失智慧。

正如黑格尔在《法哲学原理》中作为基本立场与开端所强调的那样，自由是人的存在方式，人不同于万物，人是自由的。人的这种自由特质，既是初始、起点的自由，即人作为自由存在者来到这个世界上，并通过自由意志的活动，使自己成为现实的自由存在者。善作为世界的“绝对最终目的”意味着：在人类生活世界中，没有什么比自由（或自由的实现）这一目的更高的目的了，自由是人类生活世界的最高境地，是人的存在的最高价值目的。自由的追求，为理想而生活，这是属于人的生活，亦是人的生命意义之所在。人之所以作为人存在，就在于人的这种自由追求精神。

黑格尔的思辨哲学体系，以及他对于时代精神的理解，决定了其所理解的作为世界“绝对最终目的”的善是一元的，而不是多元的。因为在黑格尔的思想体系中，绝对真理只能是一，只能是绝对精神自身。因而，正是在此意义上，黑格尔的作为世界“绝对最终”目的的“善”，就摆脱不了独断论、绝对论的嫌疑。尤其是在多元社会中，对“善”的这种独断论、绝对论的嫌疑更是令人瞩目，并会面对诸多诘难。对于黑格尔思想中的这个局限性，应当正视。不过，即使如此，黑格尔关于“善”的上述思想仍然可以经过批判性诠释转化为积极的理解：一方面，黑格尔的上述“善”的一元论的独断论、绝对论，是在“善”“恶”区分内容确定性的意义上而言，旨在揭示“善”的内容的真理性与客观性、而非主观任意性，旨在强调善恶是非的基本区分。一个社会、一个人不能没有基本善恶区分，不能没有基本善恶原则，否则就通过相对主义陷入道德虚无主义境地，不但行无所惧，亦心无所畏。另一方面，“善”的一元本身可以有更为丰富、更为深刻的理解，此一元不是单一、单个、唯一，而是一种集合，其本身就可以内含着多。真理是由多方面内容构成的真理集。这样，就可以摆脱对善上述理解的独断论、绝对论的影子。当然，随之就在最高层次上提出了诸善的关系问题，不过，这已属于另一个问题了。

值得注意的是，黑格尔在此论述的“善”，是世界“绝对最终”目的这一“普遍物”的意义上的“善”。所谓“绝对最终”，就是相对于特殊、具体而言的终极、自成依据的目的。因而，思维的焦点在此就应当始终牢牢清晰把握这个“绝对最终”，而不是具体、相对来理解“善”，否则，就会陷入黑格尔在《精神哲学》中所批评的“对善的模糊不清的规定”之泥坑。[①] 黑格尔之所以强调这个“绝对最终”普遍物，就是要揭示“善”的确定性、客观性。黑格尔同样清晰地揭示了这种普遍善与具体善的关系，强调了此普遍善是特殊善的真理，特殊善（须）是普遍善的具体存在。[②]

然而，善的绝对与相对问题又是不能回避的。绝对善的目的总是通过相对善的目的存在，相对善是绝对善的具体存在。黑格尔在“普遍”、“绝对”善的目的与特殊意志的关系角度阐述了善的目的的绝对与相对关系问题：善的这一绝对普遍目的应当成为特殊意志的真理，特殊意志的每一个具体目的性活动都应当成为善的这一普遍目的本身的；作为行为主体的特殊意志，不应当是“任性”的“抽象确定”，不应当固执于某一特殊目的、并将此当作“绝对最终”的自由目的本身。

作为世界“绝对的最终目的”的“善”是普遍“善”，这个普遍“善”是“特殊意志的真理”。[③] 每一个人总有其目的性追求，总有其自由意志指向。现在的问题是：个人应当有什么样的自由意志？应当以什么作为自身的目的性追求？根据黑格尔的看法，只能是以“被实现了的自由”这一“绝对最终目的”作为个人自由意志的真实内容。

黑格尔认为：“善是特殊意志的真理，而意志只是它对善来设定自己的东西。意志不是本来就是善的，只有通过自己的劳动才能变成它的本来面貌。从另一方面说，善缺乏主观意志本身就是没有实在性的抽象，只有通过主观意志，善才能得到这种实在性。”[④] 在这里，黑格尔揭示了善与主观意志（或特殊意志）的关系有两个方面内容：一方面，善是特殊意志的本质、真理；另一方面，善必须获得自身的主观性、主体性，只有通过这种主观性、主体性，通过人的自

① 参见黑格尔：《精神哲学》，第 326 页。
② 参见黑格尔：《精神哲学》，第 326—327 页。
③ 参见黑格尔：《精神哲学》，第 133 页。
④ 参见黑格尔：《精神哲学》，第 133 页。

由意志活动，善才能由“抽象理念”中走出来成为现实，并进而获得自身的实在性。黑格尔通过对善与主观意志（或特殊意志）关系的分析，事实上在说明一个道理：一个人的自由意志行为须以善为规定，须善在心中、执善而行。这就是黑格尔所说善是“主观意志的法”之意蕴。①

如黑格尔曾明确揭示的那样，道德的核心就是使特殊意志上升为普遍意志，使特殊意志摆脱其特殊性而成为普遍的。那么，随之而来的问题是：为什么特殊意志要上升为普遍意志？特殊意志如何上升为普遍意志？特殊意志之所以要上升为普遍意志，就在于特殊意志原本并不就是善的、自由的。特殊意志就其自身而言，是个别意志，是我的特殊意志，因而，特殊意志是主观意志，具有任意性、偶然性、个别性。任意性、偶然性、个别性，并不是善的、自由的。特殊意志须通过教养、磨炼，上升为普遍性，才能成为善的、自由的。特殊意志上升为普遍意志，首先就是将“善”接纳进自身，使“善”作为自身的内在规定，并在此基础之上，通过自主创造性活动，进一步将善变为外在客观定在。我的特殊意志的教养、磨炼，就是要摆脱其主观性与任意性，将外在于我的意志而存在的善接纳进我的自由意志中，使我的特殊意志以善为内容，进而使我的特殊意志摆脱其纯粹的特殊性而成为普遍意志的（一个部分或具体存在）。所以，黑格尔认为：“对主观意志说来，善同样是绝对本质的东西，而主观意志仅仅以在见解和意图上符合于善为限，才具有价值和尊严。”②

这样，我的特殊意志上升为普遍意志的过程，同时就是善进入、存在于我的特殊意志内部的过程。这个过程即是黑格尔在131节所说善的发展的三个阶段。这三个阶段分别指的是：第一，善成为我的特殊意志，成为我的目的，是我的具体追求；第二，这个成为我的目的的善为我自觉认识，并被具体化（这即是“发展善的特殊规定”）；第三，这种为我自觉认识了的善，成为我具有无限性的自由意志的内容，成为我自由意志的内部自我规定，这就是良心。这个“良心”是近乎中国人所说的“天良”，是那个绝对最终目的在我心，是我聆听这个来自绝对目的的声音谨心率性而为。

---

① 参见黑格尔：《精神哲学》，第133页。

② 参见黑格尔：《法哲学原理》，第133页。

（二）善的客观性与真理性

自从休谟明确区分应然与实然、价值与事实以来，人们始终对善的真理性、必然性持有论争。一种看法认为道德自由意志行为受纯主观情感的支配，没有真理性，另一种看法则认为道德自由意志行为中有真理性。黑格尔所持的是后一立场。

在黑格尔看来，善不能离开真，善以真为内容，善是“真理中的意志”。在他看来，那些以为人只能与现象打交道、不能认识真理的主张，以为思维有害于善良意志的看法，不仅从精神中去掉了理智，亦去掉了其所有的伦理价值与尊严。[①] 善的行为，不仅须有价值合理性，亦须有认知、理智的合理性。

由于善与真的关系，由于善以真为内容，因而，道德阶段的自由意志就有认识的真与伪、主观与客观、形式与实质等关系的问题。

因为善是“真理中的意志”，所以，理性思维能力对于善而言不可或缺。善的把握不能离开理性思维。善的规定性或善的内容不是感性经验的，而是本质的，因而，善的真实性不是感官确定性，而是理性的真实性。这就如在日常生活中偶尔所见的那样，一小偷令众人愤怒，众人要将其打死。众人愤怒并不能成为打死小偷的道德理由。故黑格尔说真理中的意志“它绝对地只有在思维中并只有通过思维而存在”[②]。由此可见，若无我对真的理性认识，就无善本身，善就成为无规定性的任意，就成为一种纯粹的主观识见。

根据黑格尔的看法，人的自由意志行为必须以真为前提，必须以普遍性为规定。因为“人的本性正在于它本质上是某种普遍物，他的知识不是抽象而霎时的，也不是片段而零碎的”[③]。理性及其对真的认识，理性的实践能力，这是人之所以不同于动物之所在。人须是理性的，这是问题的一方面。问题的另一方面是，人是否能够运用理性认识真或普遍性？在黑格尔看来，这至少在原则上也是不成问题的。因为，人自身本质上就是自由的定在，故，人是有能力认识真或普遍性的。人有认识善的良知良能。这不是一种形式逻辑、知识推演，

---

① 原中译本将 depriving mind not only of intellectual but also of all ethical worth and dignity. 译为 ：“从精神中取去了一切理智的伦理性的价值和尊严。”这里根据英译本稍作了改动。参见黑格尔：《法哲学原理》，第 133—134 页。

② 黑格尔 ：《法哲学原理》，第 135 页。

③ 黑格尔 ：《法哲学原理》，第 133 页。

而是一种对生命意义、做人方式的把握。有些似乎很复杂、难以决断的事，其实，只要扪心自问，对得起内心良知，就较易决断。这种良知良能并不是所谓本能，而是如胡塞尔所说生活世界所提供的一种能够达成一致认识的生活逻辑框架在个体内心中的存在。

善作为“真理中的意志”，“就是意志在它的实体性和普遍性中的本质”。[①] 作为善之内容的真，此真有两个方面的规定：伦理性的与理智性的。伦理性的真是伦理的必然性之真，它是关于价值的；理智性的真是自然必然性之真，它是关于知识的。这两个方面的规定都是指向普遍性，或者说都是关于普遍性的寻求的：以普遍性作为善之规定。只不过，一个是关于意志自身的普遍性，这是关于自由意志概念的；一个是关于外在因果必然性之普遍性，这是关于自然必然性这一普遍性之认识，它使自由意志行为能够成为“有效”的。在实践理性的意义上，伦理性的真是价值合理性，理智性的真是技术合理性，二者的统一构成真实的善。

在道德阶段，作为“主观意志的法”的善，总是要以被我这一特殊意志认识、把握的方式存在。我的主观意志是善的定在。这就是黑格尔说它“绝对地只有在思维中并只有通过思维而存在”的缘由。这样，在这里，善自身的真理性内容就取决于我的主观认识，并以我的主观性样式呈现，乃至这种主观性可以进一步遮蔽了善自身的真理性内容而直接成了善的内容规定。

由于这种主观意志的法是我的主观规定，所以，它是“形式法”或“法的形式上规定”。“主观意志的法在于，凡是意志应该认为有效的东西，在它看来都是善的”[②]；“凡是我的判断不合乎理性的东西，我一概不给予承认”[③]。但是，我的这种主观意志规定作为形式法，其判断本身就有个真伪对错的问题：其“判断也可能是真的，也可能是单纯私见和错误”。这个真伪对错，取决于我的两个基本因素：一是取决于我的特殊的“主观教养”，这是关于我的道德修养的状况；一是取决于我的识智能力，这是关于我对“现实世界的规律”的认识能力。[④] 一个人是否能有善的目的性，既直接有赖于其对存在价值目的性的理解

---

① 黑格尔：《法哲学原理》，第 133 页。

② 黑格尔：《法哲学原理》，第 133 页。

③ 黑格尔：《法哲学原理》，第 134 页。

④ 参见黑格尔：《法哲学原理》，第 134 页。

与把握，也直接有赖于其对自然必然性的认知能力。黑格尔曾在一个演讲中谈到教育时，明确表达了道德实践中不能缺少基于科学知识的实际能力。他说："形式文化对于伦理行为来说也是必要的，因为这样的行为展示了一种理解事情和形势的能力，一种清晰地在它们之间区分伦理规则自身的能力，恰当地运用这些规则的能力。这一能力是通过科学的教育形成的。"[①] 这样看来，不能将对自然必然性的认识排除在道德认知与道德实践之外，相反，它应当成为道德认知与道德实践的不可或缺的内在部分。道德并不是一个纯粹善良动机的问题，它是一个善的目的及其实现问题。

在道德领域中，这种特殊意志自我规定的主观意志的法，由于其特殊意志的自我规定性就进一步引出两个方面的内容：

其一，主观意志的法的真理性程度。在道德领域中，作为主观意志的法，是"个人达到他的那种判断的法"。"我可以对自己提出要求并把以下一点当作自己的主观法：我根据好的理由来判断一种义务，并应对它具有信心。"甚至并不排除这种现象：我作为行为主体确实自以为是在自由的"概念和本性上来认识"这种法[②]，对于这种法虔诚而执着，但是，自认为是真的、善的，却可能由于主体的主观修养或/和认知能力之局限，而实际上是伪的、恶的。

其二，主观善与客观行为善。主观意志的法是"判断善的法"，是主观善，它既不是判断行为的法，更不是客观行为善。如果只有主观善，而同时无客观行为善，则称不上自由的实现，称不上真实的善。根据黑格尔的看法，"判断善的法和判断行为本身的法是有区别的"。这种区别就在于：在主观善或主观意志的法中，我只根据我的意志、我的认识来判断我的责任。这就是黑格尔所揭示的："作为出现于外在客观性中的目的，按照主观意志是否知道其行为在这种客观性中所具有的价值，分别作为合法或不合法，善或恶，合乎法律或不合乎法律，而归责于主观意志。"[③] 这种归责具有偶然性、主观性特质。而在客观善或客观性的法中，就不是按照我的意志、我的认识，而是按照现实世界的规律、必然性来判断我的责任。这就是黑格尔所揭示的："客观性的法所具有的形态在于，由于行为是一种变化，应发生于现实世界中，而将在现实世界中

---

① 转引自洛苏尔多：《黑格尔与现代人的自由》，第 276 页。

② 黑格尔：《法哲学原理》，第 134 页。

③ 黑格尔：《法哲学原理》，第 133、134 页。

获得承认，所以它必须一般地符合在现实世界中有效的东西。谁要在这现实世界中行动，他就得服从现实世界的规律，并承认客观性的法。”[①] 这种归责具有客观性、普遍性的特质。[②] 这就是说，在实际伦理生活中，判断我的行为的道德责任，并不依据我的主观动机或识见判断，而是依据我的行为本身是否合乎客观法则。我在实际伦理生活中的自由，主要的并不在于我的主观意志善，而在于我的行为善。

主观意志的法是主观善，主观动机善尚不是客观善，主观动机善须通过行为变为现实客观善。所以，在这个意义上，主观善一方面必须以客观善这一自由的实现为自身的目的性追求，另一方面必须扬弃自己的纯粹抽象性而向客观善过渡。而在道德的领域，作为行为主体的我尚未摆脱主观善与客观善的这种两极分离状态。

黑格尔于此事实上提出了主观意志的法这一“主观性的法”，与“客观性的法”的统一性问题。这亦有两个方面的内容：其一，在我的思维中所自认为的真与客观的真的统一。在这种统一中，我自认为的真不再是我的“私见”。其二，我的主观目的与这种目的的实现的统一。我必须选择恰当的行为方式，使主观目的变为现实存在。这样，道德就不是一种纯粹内心的孤芳自赏，而是一种实践的智慧与能力。在这种统一中，我的善良主观动机不仅仅是内在精神的，而且亦成为外部现实定在的。

善作为特殊意志的真理，使我的这个特殊意志不再是我的纯粹的自我规定，而是善的特殊存在。这样，善就成了我这个特殊意志的本质、内容。

以上黑格尔对于善内容的规定性及其客观性揭示，基本还是属于道德哲学的，还是一般、抽象的自由精神及其目的性实现的规定性揭示。黑格尔并不满足于对善的这种一般、抽象道德哲学的认识，他在此基础之上继续具体深入，揭示善的更为具体的内容规定，使善这一实现了的自由达至抽象性的具体性。这个具有抽象具体性的善，同时就成为一种规范性要求，成为行为主体的义务。黑格尔的这个思想进程，体现在他关于善是“法与福利”统一的思想中。

---

① 黑格尔：《法哲学原理》，第 134 页。

② 黑格尔通过对于放火杀人犯罪的分析，以及揭示“通过法律的公布和通过一般习俗，国家从判断的法除去其在道德观点上尚为主体保留着的形式方面和偶然性”，说的正是这个意思。参见黑格尔：《法哲学原理》，第 134—135 页。

（三）善的一般要求："法与福利"的统一

善是自由的实现，这有两个方面的内容：其一，善是自由的实现。这是善的质的规定性。只有属于自由的，才有可能是善的。不过，此自由不是某种特殊个别的自由，而是普遍与特殊统一的自由。善就是被实现了的普遍与特殊统一的自由。普遍与特殊统一了的个人特殊福利，即是普遍自由的具体存在，这就是善。其二，善是实现了的自由。自由不是空洞观念中的东西，它应当且必须成为具体的、现实的。这后一方面即成为善的要求的一般性内容。这就是黑格尔所说"善不是某种抽象法的东西，而是某种其实质由法和福利所构成的、内容充实的东西"[①]。此处的"法"，是抽象的自由精神、自由法权及其基本行为法则；此处的"福利"指（行为主体）需要、欲望等的满足。"法"与"福利"的统一，即为目的与目的的实现的统一。

善作为世界的"绝对最终目的"不是空洞的。它内容充实，具有丰富规定性，是法与福利的统一。所谓善是"法与福利的统一"是指：善不仅有自由的精神，还有自由精神的（感性）定在或自由精神的客观实现。善，不仅是形式的，亦是质料的；不仅是主观的，亦是客观的；不仅是普遍的，亦是特殊的。

善内在地包含着福利。不包含福利的善不能称之为善。换言之，作为世界绝对最终目的的善，如果不包含人们现实福利幸福，就称不上善、自由。然而，在善中所包含的这个福利，并不是作为行为主体的"我"的纯粹个别利益，而是普遍福利通过我的特殊福利的具体存在。[②] 如果善不内在地包含着福利，那么就意味着法与福利彼此的分裂，就意味着这个世界上一部分人履行法的义务，另一部分人在享受着福利。这样一个法与福利二分对立的世界，不是正义的世界。

善中的这个福利，它既是"我"的，又不是"我"的。所谓这个福利是"我"的福利指的是：这个福利确实是"我"所享有的福利，"我"的自由意志在这个福利中获得了定在或实现。然而，如果这个福利仅仅是"我"的，那么，"我"的这个福利还只是偶然的。只有这个福利不再仅仅纯粹是"我"这个特殊

① 参见黑格尔：《法哲学原理》，第 132 页。

② 这个福利"不是作为单个特殊意志的定在，而只是作为普遍福利，本质上作为自在地普遍的、即根据自由的东西，才具有独立有效性"。参见黑格尔：《法哲学原理》，第 132 页。

意志的定在时，而是成为“普遍福利”中的一部分时，“我”的自由意志实现才获得了必然性。所谓善之“普遍福利”是指：尽管这个福利仍然要以我这个特殊的样式存在，但是这个福利已经不再仅仅是作为行为主体“我”的，而是所有人的福利的具体存在。它是自由本身的具体存在。通过这种福利的普遍性，“我”不再是个别的，“我”是普遍的；普遍自由、人格亦不再是抽象的，而是现实的。

如是，善是法与福利的统一又可以被理解为“福利没有法就不是善。同样，法没有福利也不是善”[①]。如果物质生活幸福缺少了自由精神与自由权利，那么，不能称之为善，不能称之为自由的实现。同样，如果自由精神与自由权利缺少了物质生活幸福，亦不能称之为善，不能称之为自由的实现。黑格尔对法与福利统一的向往与执着，与康德对道德与幸福统一的向往与追求，一脉相承。有启蒙精神、有人类命运关切、有社会正义理想追求的思想者，总会以自己的方式提出法与福利或道德与幸福统一这一目的性境地。

理想的生活世界应当是“给善的主体提供其特殊利益的满足，而对恶的主体则不给予满足，正如应当使恶本身破灭一样”[②]。但是，法与福利或道德与幸福的统一，尽管作为一种追求的完满目标应当实现或应当成为人们为之不懈求索的目标，在其现实性上，却往往与此相悖。“这个世界是否与主观的目的相一致，是否善在这个世界里得到实现，而恶，即自在自为地无效的目的，是否在它里面是无效的……是否主体在它里面找到自己的幸福……是否善的主体在它里面成为幸福的，而恶的主体成为不幸福的”，具有“偶然”性。[③] 甚至人们常常会从日常生活中发现，往往正是那些具有高尚德性与品性者承受更多的苦难与不幸，与此同时，那些卑鄙无耻者活得更滋润舒坦。也正由于此，人们

---

① 值得注意的是，黑格尔揭示：“善，作为通过特殊意志而成为现实的必然性以及同时作为特殊意志的实体，具有跟所有权的抽象法和福利的特殊目的相对抗的绝对法。”在这里，黑格尔在相对于法与福利的意义上事实上表达了善的三个方面的内容：其一，善须通过特殊意志而成为现实存在，且善的这种通过特殊性获得自身存在的现实性具有必然性；其二，善是特殊意志的实体或真理，特殊意志须以善为自身的合理性根据；其三，善拥有法与福利所不拥有的真理性，这就是自由的概念，正是这个自由的概念成为法与福利的真理性内容。这样，我们就可以理解：法与福利作为善的内在环节，“一方面是与善有区别的，同时又仅仅以它符合于并从属于善为限，才有效力”。参见黑格尔：《法哲学原理》，第 132 页。

② 参见黑格尔：《精神哲学》，第 327 页。

③ 参见黑格尔：《精神哲学》，第 327 页。

才更加珍惜法与福利统一的这个善的目的性，人类才会始终有永具活力的正义理想与追求。

二、恶

善的否定物是恶。对“善”的深刻理解，不能离开“恶”。

（一）恶的一般规定

有“善”就必定有“恶”。如前述，相对于“善”是世界的绝对最终目的、是实现了的自由，“恶”是“自在自为地无效的目的”。[①] 与对“善”的理解一样，黑格尔首先也是以、且只能以这种一般、思辨的方式规定“恶”。黑格尔通过这种一般规定，揭示了“恶”的本质内容。之所以对“恶”的规定、理解必须首先在一般意义上的“恶”开始，就在于：一方面，如同对“善”的把握一样，首先有一个内容确定性问题；另一方面，避免陷入以人的欲望、冲动等自然性方面来规定“恶”的俗见。因为，人的欲望、冲动等自然性本身无所谓善与恶，甚至它们有可能本身就成为善的一部分。

对恶的这种一般规定，只能从其与“善”的一般内在否定性关系入手。因为，只有这样，才能在基于善恶内在联系基础之上，把握、揭示“恶”。如果我们可以在一般意义上说善是“世界的绝对最终目的”、“被实现了的自由”，那么，我们就可以否定性方式对“恶”有一个基本规定：“恶”是对作为世界绝对最终目的的自由实现的阻碍、损毁。这与上述关于“善”的规定一样，是在最普遍、一般意义上对“恶”的规定或理解。即，凡是趋于人的自由及其实现的活动即是善，具有合理性；凡是阻碍、损毁人的自由及其实现的活动，即是恶。这种规定是对善恶的质的、普遍性的规定。

与对善的思考有两个鲜明层次一样，对恶的思考亦有两个鲜明层次。绝对总是相对于相对而言，普遍总是相对于特殊而言，在关于善恶规定性的思

---

① 参见黑格尔：《精神哲学》，第 327 页。

考中，同样如此。在上述善恶内容确定性、绝对性前提下，方可、也必须进入相对、特殊的思考。这正是黑格尔于论述良心之后，在揭示善恶同源中所做的工作。

（二）善恶同源

善恶均源于意志。只有人有善恶问题，因为人有自由意志。“唯有人是善的，只因为他也可能是恶的。”[①] 正是人的意志，使人有了反思，有了自我意识，并使人能够将自然纳入自由之中。人与动物的区别，不在于欲望、冲动，而在于自由意志。这如就中国古人所说：“水火有气而无生，草木有生而无知，禽兽有知而无义；人有气、有生、有知亦且有义，故最为天下贵也。”[②] 欲望冲动自身无所谓善恶，只有将欲望冲动本身当作绝对目的，那才是恶的。这样，也就不难理解为何黑格尔在讲到自由意志的善恶问题时，强调行为主体须是“具有自我意识的成人”、且具有“对善的认识”能力这一前提性条件了。[③] 因而，在这个意义上（而不是在善恶确定性意义上）谈论善恶，事实上总是在意志的善恶意义上而言，事实上指称的是善的意志或恶的意志。意志执着于自身的特殊性、自然性即为恶，反之，则为善。

自然的东西原本无所谓善与恶，只有当它与自由相联系时，才有善与恶可言。“自然的东西自在地是天真的，既不善也不恶。”甚至自然的东西在一般的意义上如果作为自由的环节，其本身也可能是善的。但是，自然的东西如果成为自由意志本身，那么它就是恶的。这就是黑格尔下面论述的基本内容：“一旦它与作为自由的和认识自由的意志相关时，它就含有不自由的规定，从而是恶的。人既然希求自然的东西，这种自然的东西早已不是纯粹自然的东西，而是与善，即意志的概念相对抗的否定的东西了。”[④]

人总是以个体的方式具体存在着，离开了个体就无所谓人。个体、个别、特殊是人所无法摆脱的存在特质。正是在这个意义上恶亦不可避免。当然，这

---

① 黑格尔：《法哲学原理》，第 144 页。

② 《荀子·王制》。

③ 黑格尔：《法哲学原理》，第 145 页。

④ 黑格尔：《法哲学原理》，第 145 页。

个恶的“不可避免”不是说个人为非作歹的不可避免，而是说特殊性、个别性、自然性这样一类东西，是自由意志的内在环节，是人存在既不可或缺亦无法避免的方面。不过，一方面，这种不可避免性只是表明自由意志的存在，因为无自由意志即无所谓善与恶。另一方面，这种不可避免性只是表明特殊性、个别性、自然性这样一些意识存在的必然性，而并不表明人的意识必定固执于与普遍性、一般性、客观性绝对对立意义上理解的特殊性、个别性、自然性。个别性、自然性、特殊性完全可以在自由意志中成为普遍性、一般性、理性的个别性、特殊性、自然性。一个人的恶并不是注定的，而是行为主体自觉选择为恶：是行为主体自觉选择与普遍性、一般性绝对对立的特殊性、个别性、自然性。在这里，“不可避免性并不是自然的不可避免性”，而是不可避免的选择性，是“当我面对着善和恶”时“我可以抉择于两者之间”的自觉选择。这正是黑格尔强调：“恶的本性就在于，人能希求它，而不是不可避免地必须希求它”[①]之缘由。

反思、自我意识、自由意志选择这样一类东西之所以可能是恶的，就在于它的纯粹个别性、主观性。这种个别性、主观性，似乎与意志的自然冲动不同，似乎使人摆脱了纯粹的自然性，但是就其内容而言，它只不过是将外在纯粹自然性的特殊性变为内在自觉意识的特殊性，由自在的存在变为在形式上是自为的存在。这种纯粹个别性的自我意识“它只能从情欲、冲动和倾向等自然意志的规定中汲取其内容”。这种纯粹个别性、特殊性的意志有“两面性”，这就是“意志的自然性和内在性”。[②]这个两面性就是外在的纯粹自然性，以及将这种纯粹自然性通过自觉意识而变为内在的。这个自觉意识了的内在性，似乎与自然性彼此对立，但实质上它与纯粹自然性均是特殊性的。这个经过内在化的特殊性与普遍善相对立。纯粹自然性本身并无善恶可言，但是，自觉意识了的这种纯粹自然性活动，则就是恶。这样，我们就不难理解黑格尔为什么说“人在他自在的即自然的状态跟他在自身中的反思之间的连接阶段上是恶的”[③]。

这样看来，意志不是纯善，即意志并非“在它根源上就是善的”。纯善的

① 黑格尔：《法哲学原理》，第 146 页。
② 黑格尔：《法哲学原理》，第 143 页。
③ 黑格尔：《法哲学原理》，第 143 页。

意志是空洞的。“意志在它的概念中既是善的又是恶的。”[①] 这有两个方面的含义：一方面，意志具有内在矛盾性，正是这内在矛盾性，使得意志具有丰富内容。意志的内在矛盾性，即为人及其存在的矛盾性。人的存在具有自由与自然、普遍与特殊、一般与个别的内在矛盾性。每一个人都既是个别的存在，又是一般的存在。个人利益是作为类的利益的定在，每一个个人利益都有某种合理性。另一方面，特殊、个别、自然性构成善的内在环节。意志的概念（或理念）“本质上具有区分自己并否定地设定自己的因素”[②]，恶只是与普遍、一般、自由相割裂的特殊、个别、自然。因为，在人类的自由行程中，个别、特殊独立主体的出现，作为自由物质基础的物质财富的拥有，欲望冲动的合理满足，原本就是向那“绝对终极目的”自由的接近。人的自由存在，就是以自我发现、自我独立为前提，就是以日常合理需要满足为前提。这样，意志自身所包含的这种恶，就成为意志发展的内在动因：自由意志正是在不断扬弃自身内部的这种恶中发展。[③]

恶源于意志，同时就意味着恶是必定应当被扬弃的。这是因为：尽管特殊性、个别性、自然性对于主体存在而言不可或缺，但是，主体存在不仅仅是特殊、个别的，还是普遍、一般的。如果主体仅仅固执于自己个人的自由权利，而不在乎别人的自由权利，那么，其自由权利的真实实现是值得怀疑的。这样，这种特殊性、个别性、自然性，就是自由意志生长的环节：它既否定了人的存在的自在性，使人的存在成为自为的，同时，其自身又是要被否定的，并通过这种否定使自身成为自由的。这就是黑格尔强调“与恶的必然性这一方面绝对地结合着的，乃是这种恶被规定为必然不应存在的东西，即应该把它扬弃”[④] 之道理。

特殊性、个别性、自然性这样一些作为恶的自我意识，既然是必定或应当被扬弃的，那么，这是否意味着这种恶的自我意识原本就不该出现？在黑格尔

---

① 黑格尔：《法哲学原理》，第 145 页。

② 黑格尔：《法哲学原理》，第 146 页。

③ 恶是个体性、特殊性、个别性的这样一种认识，有助于我们对“恶是历史发展动力的表现形式”的理解。人们在解释社会历史现象时，有时会将那种贪欲、掠夺等理解为是推动历史进步的动因。这种看法过于浅薄。贪欲、掠夺等本身是恶而并不是善。但是在这种恶、特殊性背后存在某种普遍性的内容。正是这种普遍性内容才是善的，才是成为历史进步的动因。

④ 黑格尔：《法哲学原理》，第 143 页。

看来这种观点是浅薄识见。个体的出现是人类文明进程中的一大进步，是人类经过漫长艰苦卓绝斗争获得的成就。恶必定被扬弃“这不是说最初那种特殊性和普遍性分裂的观点根本不应当出现”，而是说“意志不应停留在这一观点上，不应死抱住特殊性，仿佛这个特殊性而不是普遍物才是本质的东西”。不仅如此，在黑格尔看来，这种特殊性与普遍性的分裂本身就具有价值：“这一分裂的观点倒是无理性的动物和人之间的区别所在”。[①] 这种分裂标识着人的自觉、自主意识，以及基于这种自觉、自主意识的自由意识；这种自觉、自主意识正是人与动物区别之所在。这种自我意识、个体性之恶，作为生长的环节，必不可少。问题的关键不在于是否要有个体性、特殊性，而在于不要固执纯粹的特殊性与个别性，在于应当使特殊成为普遍的特殊。

（三）伪善

伪善是特殊的恶。在《法哲学》中，黑格尔将“伪善”置于一个极为特殊的环节：作为主观自我确信的极端，构成良心的自我否定，并构成由“道德”向“伦理”过渡的最后一个环节。对于黑格尔的这一思维逻辑不能简单地认为是其正反合三一逻辑的必然，应看到其背后的深刻内容。从黑格尔的这一做法中，至少我们能够体悟出其良苦用心：他要坚定地坚持善恶确定性的前提，坚定地主张一个社会必须区分基本善恶是非。良心的自我确信有可能遁入消解善恶确定性、恣意作恶的境地，如果不能坚持善恶确定性这一基本前提，就无所谓善，自由意志及其生活就是不可能的。我们此处跳出黑格尔的逻辑结构，在“恶”之下理解“伪善”，这是为了更好地理解“恶”本身。

在黑格尔这里，伪善阶段与不法阶段一样，都是以否定性方式表达肯定性内容。黑格尔在这里所讨论的“伪善”，并不仅仅是通常一般“虚伪之善”意义上的。黑格尔在此所关注的核心问题仍然是道德阶段自由意志的主观性、个别性问题，是主观性必须有客观性内容规定、特殊性必须上升到普遍性问题。

在黑格尔看来，“把恶曲解为善，善曲解为恶这种高深莫测的恶的形式，以及自知为实行这种曲解的力量从而是绝对者的这种意识，乃是道德观点中的主

① 黑格尔：《法哲学原理》，第 143—144 页。

观性的最高峰，它是在我们时代邪恶猖獗泛滥的形式，这是哲学造成的结果”。这种哲学是肤浅、冒牌的哲学：它把深刻的思想曲解成肤浅的并“僭称为哲学”，就如同“把恶冒称为善一样”。①

颠倒善恶，混淆是非，指善为恶、指恶为善，口是心非、言行不一，乃是精神领域中之大恶。这种精神之恶，明知善恶是非，但却假善行恶，并在假善行恶过程中竭尽全力诋毁、污蔑、糟蹋真实善之内容。如果这种精神生活状况仅仅表现在个别社会成员身上，那只是个别人的伪善，这种伪善对整个人类社会精神生活并不构成重大影响。如果伪善盛行，成为一种社会时髦与倾向，那么，不仅意味着这个社会精神的没落，更会深刻影响时代精神的确立。

1.“伪善”一般

伪善是对善的否定。尽管伪善是一种特殊的恶，但伪善不等同于恶。伪善是虚伪之善，是以善的面貌、虚伪形式出现的恶，它以善的样式否定善本身。所以，黑格尔说：伪善“给恶以好像是善的假象”②。伪善有三要素：对善的自觉知识，恶的自觉意识，以善矫饰其恶，即，明知善、恶，虽行恶却以善饰之。这就是黑格尔所说伪善的三环节。③

能够称之为伪善的，固然具有恶的意识，然而，仅仅“具有恶的意识的行为，还不是伪善”。一方面，伪善既知什么是善，亦知什么是恶。如果仅仅有恶的自觉意识而无关于善的知识，不知道善恶是非，就无须以善的面貌饰之，就无所谓伪善——这是率直的恶。另一方面，伪善是明知善恶是非，却偏要以善的样式择恶而行。“对别人和对自己主张他的行为是善的”④，故意以善的面貌遮蔽恶的行为本身。所以黑格尔强调：“恶以及出于恶的意识的行为，还不是伪善。伪善须再加上虚伪的形式的规定，即首先对他人把恶主张为善，把自己在

① 黑格尔：《法哲学原理》，第 146 页。
② 黑格尔：《法哲学原理》，第 158 页。
③ “(1) 关于真实普遍物的知识…… (2) 与这种普遍物相对抗的特殊物的意向…… (3) 把上述两个环节作有意识的比较，以便希求的意识本身明了它的特殊意向是被规定为恶的。”参见黑格尔：《法哲学原理》，第 146—147 页。
④ 黑格尔：《法哲学原理》，第 146 页。

外表上一般地装成好像是善的、好心肠的、虔敬的等。”[1]

伪善是要尽一切可能“找到替恶作辩护的根据”，进而使恶的变为善的，使恶获得存在的合理性理由与根据。伪善是故意“颠倒黑白变恶为善”的“欺骗他人的伎俩”。这种心口不一、言行不一、颠倒善恶的行为，就是伪善。伪善这一虚伪之善，乃是做给别人看的。所以，在黑格尔看来，伪善是对于别人而言的；这种心口不一、言行不一、颠倒善恶的行为，对于行为主体自身而言，乃是言不由衷的“矫作”。[2]

在这个世界上，赤裸裸的恶固然可恶，但是，伪善更为可恶。尽管伪善亦是对善的否定，但是，伪善对善的否定不同于那种赤裸裸的恶对善的否定。赤裸裸的恶对善的否定，是在善恶直接对立形式之下否定善，这种否定性由于其直接性与确定性，而较易为人们识别，且更易引起人们对于恶的憎恨。伪善则不同。伪善是以善的形式否定善的内容，是假善的力量否定善自身。这是从善内部对于善的一种腐蚀性否定。它具有相当的隐蔽性与不确定性，进而具有更大的欺骗性与破坏性。世上有多少罪恶假善之名，世上又有多少罪孽假善之口。一方面，善良的人们往往对伪善信以为真，终至真挚情感信念被亵渎玩弄；另一方面，当善良的人们终于警醒时，出于对既有痛楚的深刻教训，出于对善良的心不再被玩弄、欺骗的警惕心理，对于一切外观是善的东西又不得不抱有一种警惕与怀疑，乃至当再次面对真正善的东西时，也不得不在深深的警惕之下持有某种强烈的怀疑态度。这也就不难理解，为何历史上当某一时期伪善盛行之后，总会随即不同程度地流行某种虚无主义、怀疑主义之价值立场与价值态度。

伪善的存在表明：道德重要的不是认知、意识，而是意志、行为；有善的道德认知，明辨善恶是非，只是善的必要条件，但不是充要条件。中国古人所说的“知行合一”固然内中包含了知行应当统一的价值要求，但是，其内中亦隐含着对于道德生活领域中“知行不一”现象的揭示。伪善就是一种以“知行合一”形式出现的特殊的“知行不一”。

---

① 黑格尔：《法哲学原理》，第 148 页。

② 参见黑格尔：《法哲学原理》，第 148、146 页。人们时下所熟悉的下列情况均属此列：某些拆迁明明是为了与开发商勾结捞钱，但却信誓旦旦地说是为老百姓办实事；某些官员不断动干部明明是为了寻租捞财，但说是为了打破“小山头”。

伪善亦是对恶的一种特殊否定。伪善不仅表明恶自身没有存在的理由，还以特殊方式表明了善的力量：恶不得不承认善，不得不以善的方式存在。正是在此意义上，善在伪善这个特殊的否定性环节中亦获得了自身的普遍性。

伪善的特质是以善的形式出现的恶。就行为主体而言，就是寻找一切“有利的理由”作为“替恶行作辩护的根据”，进而“黑白颠倒变恶为善”。这种黑白颠倒、变恶为善的行为就是“道德的诡辩”。[①]

2.“道德诡辩”：伪善诸方式

伪善的关键是偷换道德价值合理性根据。伪善要指恶为善，总得有所依据——这些依据就成为伪善变恶为善的所谓价值合理性根据。然而，伪善的这种价值合理性根据本身却是不真实、虚枉的。正因为作为伪善价值合理性根据的东西是不真实、虚枉的，故伪善才成其为伪善，而非真善。

以主观性取代善恶规定的客观性，这是伪善进行“道德诡辩”、变恶为善的基本方式。根据黑格尔的分析，其具体做法主要有以下四类：

（1）以我为主，随心所欲取舍依据。

伪善以实用主义的态度取舍价值判断标准。在这种方式中，伪善有两个值得注意的方面：其一，任意肢解作为判断标准的善，并通过这种肢解改变善的客观规定与内容。伪善颠倒判断对象与标准，将本应作为判断对象的东西作为选择判断的依据。当人们在进行行为选择时，判断一个行为是否合理，本应是以该行为本身为判断对象，以某种具有客观性的善的标准作为判断标准或尺度，并以此尺度标准来评价判断此行为本身。但是，伪善却将此完全颠倒：尽管自知我的行为或我所意欲的行为是不合乎善的，但是我却先在地要设定我的行为或我所意欲的行为本身就是“善”的，并以此来选取那些有利的理由。在这里，道德善恶的标准成为伪善者玩弄于股掌间的玩物。

其二，任意取舍标准。挑选那些合意、有利的标准，故意回避那些不合意、不利的标准。一种行为好的理由可以是多种的：可以是直接的，也可以是间接的，可以是必然的，也可以是或然的，且这些理由本身也可能同时就隐含着某种内在的消极性因素，因而，当人们在行为选择时，就必须仔细甄别这些理由，

① 参见黑格尔：《法哲学原理》，第 148、158 页。

剔除那些或然性、消极性的理由。但是伪善却并不作如此理性的选择。伪善是只拣有利于自己、合自己意的那些东西来为自己贴金。

伪善只是以自身意欲的行为本身为取舍依据，只关注那些有利于自身意欲行为的理由，而不关注这些理由本身是否合理。凡是于我有利的、我中意的，就取之；凡是于我不利的、我不中意的，就舍之。诉诸权威，只言片语、断章取义，只及一点、不及其余，扯虎皮作大旗，等等，这一切对于伪善而言，就顺理成章，毫不见怪。在这里，判断行为善恶是非的“不是事物的客观性，而是主观性”，“好恶和任性变成了善与恶的裁判员”。在这里，没有什么原则与良知，“伦理和宗教心都遭到毁灭”。① 不仅如此，尽管这种行为依据选择完全是出于我的主观性，但是，我在做出如此行为时，却还故作姿态地表白：我如此行为的善的性质并不是出于我自己的主观性判断，而是出于我主观之外的那些权威与理由，正是这些权威与理由才使我的行为成为善的。

一手为善，一手作恶，以善之面具遮蔽其恶行，这种伪善处于善恶明显二分状态，易为人所拆穿。这是伪善的初级样式。伪善的较为成熟、较为精巧的存在样式，则是直接以善的面貌出现作恶。它或者是依据所谓善良内心动机，或者是依据所谓某种外在公认的权威，直接将自己的行为本身说成是善的。这种伪善试图使善恶不再处于明显的二分状态，它通过善恶颠倒、混淆善恶的方式使恶本身就成为善的。这种精巧样式的伪善更值得警惕。②

（2）以善的意图取代善的行为。

这种伪善使恶的意图披上善的外衣，以抽象动机替换具有现实内容规定的行为，并以抽象善的动机、意图为恶的行为辩护。在这里，“一切关于善恶邪正的、自在自为地存在而且有效的规定都被一笔勾消，而这种善恶邪正的规定都被归结为个人的感情，表象和偏好”③。

正如前述，善是自由的实现，因而，善就不仅仅是主观意识，更是现实的存在：它具有现实规定性。仅有善的意图至多只是主观识见，并无任何具体规定。由于善的这种空洞抽象性，相对于善的恶亦是空洞无内容的，恶亦成为一

---

① 黑格尔：《法哲学原理》，第 148—149 页。

② 黑格尔揭露道：“现在伪善采取了更精巧的形态，这就是盖然论的形态。它的含义是：行为人根据自己的良心企图把犯规行为设想为一种善行。这种学说，只有当道德和善由权威来决定时才会发生；其结果，有多少个权威，就有多少个把恶主张为善的理由。”参见黑格尔：《法哲学原理》，第 159 页。

③ 黑格尔：《法哲学原理》，第 152 页。

种主观任意的规定。这样，一切行为均可以在扬善惩恶这一一般性原则之下获得自身的正当性与合理性。

人的任何行为都有其目的指向性，都是为了满足某种需要。相对于这种目的指向性及意志的需要满足而言，直接满足这种意志需要及其目的指向性的东西，都会获得某种肯定性的理由，或者用黑格尔的话来说，都会具有“肯定的东西的规定”。这样，一方面，一切行为的善恶判断就会蜕变为纯粹的主观性；另一方面，一切行为的意图都会在这种目的性与满足需要中成为善良意图，进而一切行为都会成为善行。若果真如此，则世间无所谓善、恶。以杀人、盗窃、怯懦而言，尽管这些行为为人们所不齿，但是，这些行为的当事人却可以在善良意图、目的性追求、需要的满足这样一类主观性中获得充分的辩护：我可以在伸张正义、忠于友情之名下报仇杀人；我可以在济贫救危、扶助弱小之名下盗窃抢掠；我可以在追求利润、实现事业之名下欺诈无信；我可以在保全性命、关照家人之名下临危逃脱，等等。如此，则世间没有什么行为不是善的！没有什么人不是善的！或者换言之，世间就没有恶事、恶人！这正是黑格尔所尖锐揭露的：“为了赈济穷人而盗窃，为了对自己的生命和家庭（或许是可怜的家庭）尽其应尽的义务而盗窃和临阵脱逃，出于憎恨和复仇而杀人，总而言之，就是为了满足对自己的权利和对一般的法所抱的自信以及为了满足对他人的邪恶、对他人加于自己或别人、全世界或一般人的不法所抱的感情，因而消灭这种包藏邪恶本性的坏人，以期对杜绝邪恶至少有所贡献——所有这些行为，都是用这种方法而使其内容具有肯定的一面，所以它们都成为出于善良意图，从而都是善行。”“在这种抽象的善中，善和恶的区别以及一切现实义务都消失了。”在这种抽象的善中，“世界上没有一个真正恶人，因为没有一个人是为恶而恶，即希求纯否定物本身，而总是希求某种肯定的东西……善的东西”。这种变善的客观性为纯粹主观任性的做法，本身就是恶。“仅仅志欲为善以及在行为中有善良意图，这毋宁应该说是恶，因为所希求的善既然只是这种抽象形式的善，它就有待于主体的任性予以规定。”①

以目的、意图证明手段，以为“只要目的正当，可以不择手段”，正是这种

① 黑格尔：《法哲学原理》，第150—151页。

以善良意图作为行为善的根据、变善的客观性为纯粹主观性做法的典型存在形式之一。[①]

(3) 以主观信念规定行为的伦理本性。

这种伪善将行为主体自身的信仰、信念、良知作为特定行为善恶的标准，进而将特定行为善恶规定视为行为主体自身的事。

确实，人不仅应当有信仰、信念、良知，而且应当"忠于"自己的信仰、信念、良知。[②] 在日常生活中人们也往往依靠信仰、信念、良知来判断某一行为的正当性、善。但是，问题的关键在于：信仰、信念、良知在何种意义上能够成为行为善恶判断的标准，只有以"真"为内容的信仰、信念、良知[③]，才真正有资格成为这种标准。因为，信仰、信念、良知本身仍属主观性领域的，它们自身的具体内容及其合理性、正当性仍然有待进一步被规定。伦理实体或事物的伦理本性，正是信仰、信念、良知的这种客观内容与具体规定性。正是来自伦理实体的客观内容与具体规定性，信仰、信念、良知本身才有真伪善恶的问题。信仰、信念、良知的真伪、善恶，并不是一个纯粹的主观性问题，它们首先是一个客观性的问题。这样，当人们在日常生活中以良知、信仰、信念作为善恶判断依据时，至少在形式上还只是一种主观的判断，它们需要获得来自伦理实体的客观内容支撑。就善恶标准自身而言，不是主观的任意，它有其客观内容与规定。善恶内容的客观性，并不依行为主体的认识程度（或认识错误）而转移（必须区分认识的真理性程度与事物本身的善恶属性）。不能因为人的认识存在着差异、高低、对错，就简单地以为事物本身的善恶（标准）也随着主体认识的这种不一而变化。

如果信仰、信念、良知以真为内容，具有客观规定性，那么，这种信念、信仰、良知只是以主观性方式存在的客观性，是客观的主观表达。客观、真本身亦在这种主观性表达中获得了主体性、能动性，并进而成为现实实践的。这

① 黑格尔明确揭示：目的不能证明手段的合理性，目的要求有作为自己内在环节的手段，目的要求与自己手段的统一。"正当的目的使手段正当……不正当的目的就不会使手段正当。""只要目的正当，可以不择手段"的伪善，试图以个人的主观意见代替善的客观内容，以个人的主观信念规定行为的伦理本性。在这里，"主观意见……被宣示为法和义务的规则"。参见黑格尔：《法哲学原理》，第 151、152 页。

② 参见黑格尔：《法哲学原理》，第 154 页。

③ 黑格尔在《历史哲学》中就曾明确表达过一个思想：信仰是对真的笃信。

正如黑格尔所揭示的那样，“规律不会行动，只有现实的人才会行动”。外在的规律、要求只有通过我的自觉、信念才能成为我的自觉义务，并对我“具有约束力”。这些外在的规律、规范、要求，如果不能成为行为主体的自觉义务，那么，它们就只是“空洞字句”，“蜕变为具文”。①

如果构成行为善恶标准的仅仅是信念、信仰、良知，仅仅是行为主体的绝对自我确信，而不是进一步以真、客观性为内容与规定，如果行为主体以这种无客观规定性的信念、信仰、良知“自负”地对抗一切客观伦理要求及其历史规定，那么，就是一种自大狂。“如果我不能认识真理，则我之所谓确信是极其无聊而卑不足道的。”② 在这种情况下，就无异于取消行为的善恶客观性，使行为善恶沦为主体的纯粹主观任意。

“如果好心肠、善良意图和主观信念被宣布为行为的价值所由来，那末什么伪善和邪恶都没有了，一个人不论做什么，他都可通过对善良意图和动机的反思而知道在做某种善的东西，而且通过他的信念的环节，他所做的事也就成为善的了。这样就再没有什么自在自为的罪行和罪恶了……在行动中所抱的善良意图以及我对这一点的信念，就可使我的行为成为善的。我们在判断和评估一种行为时，如果依照这种原则，那只好以行为人的意图和信念即他的信仰为标准。”③

不仅如此，如果真的以主体信念、信仰、良知作为行为善恶的判断依据，那么就会发现：由于不同主体间的信仰、信念、良知内容的不一，由于不同主体间的利益关系不同，同样是出于良知、信仰、信念，会有完全不同的善恶判断；因而，在自由意志领域，在不同的行为主体之间，善恶是游离乃至对立的，没有普遍的善。我在信念、信仰、良知的主观确信之下，可以认定他人的行为是恶、犯罪，可以伤害他人的自由权利；同样，他人亦可以以同样的方式对我做出类似的判断与行为。这正是黑格尔提醒人们注意的：“根据以信念为理由来作辩解的这个原则……在应付他人反对我的行为所采取的行为方式时，我得承认他们是完全正当的，因为至少他们依据他们的信仰和信念主张我的行为为犯罪；根据这种逻辑，我不仅自始得不到任何东西，甚至反而从自由和光荣的地

① 黑格尔：《法哲学原理》，第 154 页。
② 黑格尔：《法哲学原理》，第 155 页。
③ 黑格尔：《法哲学原理》，第 153—154 页。

位降到不自由和不光荣的情况。”[①] 在现代多元社会中，在思想、信仰、信念多元性背景下，如何构建起良序正义社会，其所面临的最基本问题之一就是在多元性基础之上，对于善恶判断客观性的寻求与认肯。这个善恶客观规定性正是现代性社会得以稳定存在的最隐蔽基础。罗尔斯所提出的“重叠共识”还只是识见方面的，其实，正是公共生活中的公共理性及其规范生活方式，正是平等的基本自由权利及其主观性存在的时代精神，构成了“重叠共识”得以存在的客观基础。

在以信念规定行为善恶的做法中，已经将善恶依据由外在客观蜕化为行为主体的内在主观，并借以与客观伦理实体精神相对抗。这就预示着行为主体在自我确信之下对客观伦理的主观玩弄。

(4) 讽刺：“玩弄”善。

黑格尔借用柏拉图描述苏格拉底交谈思想方法的术语“讽刺”，以进一步揭示道德伪善之主观性特质。苏格拉底思想对话交谈有两种主要方法，这就是助产术与讽刺。助产术是通过对话诘难将包含在对方思想中的内容明晰引导出来。讽刺则是通过对话诘问，将抽象问题、抽象观念具体化，从对方的一个既定命题中引申出与此命题完全相反的命题。[②] 根据黑格尔的看法，苏格拉底的这种讽刺法有其伟大之处。一方面，它“能使抽象的观念具体化，使抽象观念得到发展”；另一方面，苏格拉底的这种讽刺法“是他的主观思维对现存的伦理的反抗”，他超越了现存的伦理，他持有一种“朴素的目的”，要“引导人们走向真正的善，走向普遍的观念”[③]。但是，黑格尔在这里借用“讽刺”概念，并不是在上述苏格拉底的意义上使用，而是指道德伪善之主观性不再严肃对待任何事物，它把一切神圣崇高的东西庸俗化、空虚化、幻影化。这种“讽刺”是一种纯粹的否定：通过将主观意识至上化，使一切事物沦为虚无与虚幻。[④]

“讽刺”这种主观性是“主观性的顶峰”。在这种主观性中，行为者“自命为绝对者”。一方面，它视自身为真理、正义、法、义务的终审者，将自身主观意识作为一切善恶、正义、义务的终极性依据；另一方面，它尽管知道伦理

---

① 黑格尔：《法哲学原理》，第 155 页。

② 譬如说谎。一般而言，说谎是不对的，但是，苏格拉底将说谎问题引入具体场景：对敌人、对强盗说谎对否？进而引出与一般认识相反的东西。

③ 黑格尔：《哲学史讲演录》第 2 卷，贺麟、王太庆译，商务印书馆 1983 年版，第 55、57 页。

④ 关于对“讽刺”的这种理解，可参见黑格尔：《哲学史讲演录》第 2 卷，第 56—57 页。

性的客观东西是什么，但并不按照这种伦理性的东西去行为，而是随心所欲地玩弄这些伦理性的东西于股掌之间，它要使崇高的东西毁灭、使客观的东西虚无——唯有使崇高毁灭、客观虚无、神圣堕落，才能使它这个主观成为绝对的存在。卖假药的说是为你好，既能治病又能省钱；卖假农药的说这安全，想喝农药自杀也死不了人，你还得感谢我；卖房子的房地产商说高房价、挣暴利是他们的社会责任，他们是要做大、做强品牌，是为了带动相关产业链；马路反复开挖，说是为了增加 GDP；如此等等。这就是黑格尔所揭示的："这种主观性就在于，它的确知道伦理性的客观东西，但却没有舍身忘我地浸沉于它——伦理性的东西……并根据它而行动。相反地，这种主观性只是与伦理性的东西保持着若即若离的关系，它知道自己是如此希求和决定的主体，虽然它同样可以希求别的东西，作出别种决定。"[①]"事物说不上是优越的，我才是优越的，才是规律和事物的主宰者，我可以玩弄它们，如同我玩弄我的偏好一样，而且在这种讽刺的意识中，我使最高的东西毁灭，而沾沾自喜。这种形态的主观性不仅使权利、义务和法的一切伦理的内容变成虚无——它就是恶，甚至是彻头彻尾的普遍的恶——而且还加上它的形式是一种主观的虚无性，它知道自己是缺乏一切内容的虚无，并在这种知识中知道自己是绝对者。"[②]

在道德价值判断的信念、信仰依据中多少还有一些原则（尽管这种原则本身的正当性、合理性有待证明，但是它毕竟是有其原则存在），在"讽刺"玩弄中，这种原则性则已不复存在。在这里，没有任何原则可言，有的只是行为主体自身及其任性，或者换言之，行为主体自身及其任性就是原则。我作为行为主体就是存在的主宰者，一切客观的东西在我这个主宰者面前都将消失，荡然无存。没有诚挚性，信仰就成了一种纯粹口号，被玩弄于股掌之间。"我凌空飘荡，俯瞰广阔无垠的空间，唤出各种形态，而又把它们消灭。主观性的这种最高形态只有在高度文化的时期才能产生，这时信仰的诚挚性扫地以尽，而它的本质仅仅是一切皆空。"[③]

在这种自命为绝对者的"讽刺"中，行为者自身的主观意识成了行为善恶的标准。这就与一般伪善不同。如果行为者以自我意识为依据并"对着他人号

① 黑格尔：《法哲学原理》，第 157 页。
② 黑格尔：《法哲学原理》，第 157—158 页。
③ 黑格尔：《法哲学原理》，第 160 页。

称自己的行为是善的，那末这种主观性的形式是伪善”。但是，如果行为者以自我意识为依据并主张其行为本身就是善的，“主张它的作为本身就是善的，那末这是自命为绝对者的那种最高峰的主观性。对这种主观性来说，什么绝对的善和绝对的恶都消失了，它就可随心所欲，装成各种样子”。这就是道德诡辩。道德诡辩“俨然以立法者自居，并根据其任性来区别善恶”[①]。在这里，行为主体以一种特殊方式实现了自我立法：通过纯粹的自我规定而自我立法。

这样，伪善作为变恶为善的主观性，就有不同的样式：其一，或然理由的。这是以或然的、权威的东西为依据变恶为善。其二，主观信仰、信念的。这是以自身的信念、信仰为依据变恶为善。其三，自以为是，随心所欲的任性。这是一种没有任何原则的彻底的主观性。这三种样式其实质均是否定道德价值善恶、义务规定的客观性，均将善恶、义务等规定理解为是纯主观性的。这三种样式之间有一种依次递进的逻辑排列。于此，我们亦不难发现，黑格尔在道德阶段反复提示的基本内容之一就是：必须找出道德主观性背后的客观性内容，必须找出道德价值善恶的现实客观伦理规定。

三、义务

权利与义务关系，始终是黑格尔客观精神部分的核心内容。自由及其实现，核心就在于权利与义务关系状态，在于权利与义务间是否能够真实统一。只有一个权利与义务关系真实统一的社会，才是一个真实的人类自由生活的社会。《法哲学原理》三篇、且以伦理作为最后一篇的构思，也正传达了黑格尔的这一思想主旨与博大情怀。

（一）道德义务：《法哲学》中权利—义务关系的逻辑

权利与义务关系，在不同阶段、不同领域，有不同的具体内容或规定。在黑格尔的思想体系中，抽象法阶段的主题是权利或法权，抽象法阶段的权利是

① 参见黑格尔：《法哲学原理》，第 158—159 页。

普遍物的定在（与此相应的义务，则是权利主体对他者的要求）。道德阶段的主题是义务，道德阶段的义务所表达的是普遍与特殊的关系，它是普遍对特殊的规定（与此相应的权利，则是义务履行主体从普遍中所获得的无差别的“特殊目的和福利”[①]）。伦理阶段的主题则是权利与义务的现实统一。黑格尔在这一系列思想中，以自己的方式含蓄地为“道德权利”作了某种规定。在他看来，在最一般意义上，道德权利就是人仅仅作为人存在所应拥有的权利。这样，在最一般意义上，道德义务就是人所应履行的义务，道德权利就是人所应享有的权利。这里的人，不是自然生命体意义的，而是人格意义的；这里的权利，不仅包括一般权益方面，还包括思想、良知、行动方面。

在这三个阶段中，“在私法和道德的领域，缺乏权利和义务彼此之间关系的现实必然性”，只有在国家这一伦理实体中，“义务和权利是结合在同一的关系中”。在“私法和道德”领域中权利与义务的统一，还只是一种“抽象的”、无差别的“内容上的等同”，是只要作为人存在就无例外地应当有的。“即在这些抽象的领域中，如果对一个人说来是权利，对别人说来也应该是权利，对一个人说来是义务，对别人说来也应该是义务。”在私法和道德抽象领域，权利与义务统一的“唯一原则”是“人身自由”或人格平等原则。换言之，只有成为一个人，成为一个人格平等存在者，而不是奴隶、臣民，才能成为私法和道德领域权利义务关系的主体。[②]在作为伦理实体中真理性环节的国家领域，权利与义务的统一，就不再是抽象的，而是现实的，不再是权利和义务二分的，而是直接统一的，“个人的义务，也直接就是个人的权利”，个人的特殊意志在履行义务中变成现实的。[③]

在黑格尔关于权利和义务关系三个阶段的上述思想逻辑中，我们可以清晰地发现《法哲学原理》道德阶段的旨趣与主题，进而准确地把握其“义务”思想。“道德”以“法权”为前提，道德阶段的主体是个体，且此个体是享有法权的权利主体，道德阶段的主题是享有法权的权利主体的“义务”。在黑格尔的逻辑结构中，此“义务”已隐含着“权利”的前提。必须注意这一前提。“道德”阶段的“义务”，是普遍意志对特殊意志的规定、要求之义务，是“权利”的自

① 参见黑格尔：《法哲学原理》，第 263 页。
② 参见黑格尔：《法哲学原理》，第 261—262 页。
③ 参见黑格尔：《法哲学原理》，第 262—263 页。

我规定、自我要求之义务。来自普遍意志的善的要求即为义务。

如前述，“我”的自由意志活动总是有目的性的，自由意志的“绝对最终目的”是“被实现了的自由”，而这作为“绝对最终目的”的“被实现了的自由”，就是善。[1]在这个意义上，善是普遍、绝对，因而，就自然规定了“我”的自由意志。

“我”的意志当然是特殊的，然而，“我”如果是纯粹特殊的，则“我”就失却了我的本质规定，就失却了做人的资格，进而就无从谈起作为人的自由存在。“我”只有首先作为一般、普遍的人存在，才有“我”这一个人的具体、特殊存在。“我”的意志不能是纯粹的自我规定，不能执着于绝对的特殊性，它必须上升为普遍性，必须从普遍性那里获得自身的质的规定性，成为善的。

善是“我”这个特殊主体的“意志的本质”，“我”的这个特殊主体的意志“简单明了地在这种关系中负有责务”。这就是黑格尔所揭示的“善对特殊主体的关系”。正是由于“善对特殊主体”的这种特殊性与普遍性关系，正是“由于特殊性跟善是有区别的，而且是属于主观意志之列，所以善最初被规定为普遍抽象的本质性，即义务”[2]。即，善的规定与要求构成我的义务。义务不是纯粹主观的，义务有其客观内容，这个客观内容就是善。

（二）义务的普遍性与特殊性

正由于善是主体“意志的本质”，善或“意志的本质对我说来就是义务”，所以，义务就具有“绝对性”。[3]义务的绝对性，就在于善的普遍性、客观性。

义务的普遍性有两个方面：其一，主体的无一例外性。只要“我”作为一个人存在，只要“我”还想作为一个人存在，“我”都应义不容辞地履行这些义务，做作为一个人所应做的事。无论是谁，概莫能外。“我”在履行这些义务时，并不感到这些义务是外在强加的，而是出于对自身本质把握的自觉。“我”在履行这些义务时，因自己做了人事（人所应做的事）而感到自豪、坦荡、舒畅，感到自己是个人，“心安理得”。这就如黑格尔所说：“我应该为义务本身而

① 黑格尔：《法哲学原理》，第 132 页。
② 参见黑格尔：《法哲学原理》，第 136 页。
③ 参见黑格尔：《法哲学原理》，第 136 页。

尽义务，而且我在尽义务时，我正在实现真实意义上的我自己的客观性。我在尽义务时，我心安理得而且是自由的。”[①]

其二，义务内容的普遍性有效性。善的要求即为义务，这是善对义务的一般规定。善对义务的这个一般规定所要求的是：行善（不作恶）。然而，善的这个一般规定、要求只有通过具体化才能被具体履行。这个从纯粹抽象中走出、并被具体化了的善的要求，首先是“行法之所是，并关怀福利”[②]。

“行法之所是，并关怀福利”这个经过具体化了的义务，尽管仍然具有抽象性，但它毕竟已对“善”的具体内容有所规定，这就是：“我”的特殊意志行为须实践自由精神这一普遍法则——即“行法之所是”，并且必须能有实际效用，能够造福具体存在者——即“关怀福利”。当然，这个福利正如黑格尔所说的那样，“不仅自己的福利，而且普遍性质的福利，即他人的福利”[③]。“行法之所是，并关怀福利”，这是须贯穿“我”自由意志行为始终的义务要求。“我”无论从事何种具体活动，都必须“行法之所是，并关怀福利”，都必须既坚持自由这一普遍道德法则，又须有所实效，使自由成为具体现实的。

这种一般、普遍意义上的具体义务，只是说“我”有“行法之所是，并关怀福利”之义务，但是，“我”所要实践的普遍法、所要关怀的福利等在“我”特殊行为中的具体内容究竟是什么，以及如何实践这一普遍法、如何关怀福利等这样一些具体内容，“我”却不得而知。也就是说，这种一般、普遍意义上的具体义务，还只是原则性的、抽象性的，是“抽象普遍性”。这种一般、普遍意义上的义务似乎有“行法之所是，并关怀福利”的规定，不过，这个规定却由于其“法”、“福利”的无具体内容规定的抽象性，而成为无规定性的。它是无规定性的规定性。无具体内容规定的义务，仍然是抽象的义务。[④]为了克服这种义务内容的抽象性，黑格尔在其后就进一步具体深入伦理实体中，从具体的伦理关系中获得对义务、对“法”与“福利”的进一步具体规定——然而，这种进一步的具体规定在根本上仍然还是抽象的要求，仍然有一个如同后述在特殊

---

① 黑格尔：《法哲学原理》，第132页。

② 参见黑格尔：《法哲学原理》，第136页。

③ 参见黑格尔：《法哲学原理》，第136页。

④ 在道德领域，由于意志的自我规定性，这种“法”、“福利”无规定的规定性则转向我的意志的自我规定。所以，黑格尔才进一步认为：在道德领域，“义务所保留的只是抽象普遍性，而它以之作为它的规定的是无内容的同一，或抽象的肯定的东西，即无规定的东西。”参见黑格尔：《法哲学原理》，第137页。

语境中的特殊化的问题。

普遍、一般意义上的义务要求，只是抽象“应然”意义上的义务。它所揭示的只是“我”应当无条件地履行这种义务。然而，这种“应然”必须在具体语境中被具体化，并通过具体活动转化为现实存在，才能获得现实性，才能成为“实然”的。如果一种道德义务仅仅停留于一般“应然”，而不进入具体语境、不在具体语境中具体化，那么，这种道德义务仍然只是一种抽象、形式的。那种“未能越出应然一步”、固守于“应然”而不向“实然”转化的道德，是没有生命力的道德。[①] 道德义务必须超越其抽象性与空虚形式性，必须进入特殊性，必须有其特殊语境中的特殊规定性。

普遍的义务要求只有经过特殊化，才能成为现实的行为。普遍义务的特殊化也有两个方面的基本内容：其一，在具体语境中具体规定义务的具体内容；其二，具体规定这个具体义务的具体实践方式。“任何行为都显然要求一个特殊内容和特定目的。”这里，在“我”的具体行为的意义上提出了普遍义务的特殊内容问题，提出了在“我”的具体行为中“义务究竟是什么这样一个疑问”。这就如黑格尔所揭示的那样：“善作为普遍物是抽象的，而作为抽象的东西就无法实现，为了能够实现，善还必须得到特殊化的规定。”[②]

当“我”从事某一行为时，总是特殊、具体的，总是有其特定目的、特定内容的。这就如在一般意义上说“我”有对老人孝敬的义务，这个义务对“我”乃至对每一个具体人而言都是绝对、普遍有效的。但是，“我”光知道要孝敬老人这个义务原则是远远不够的。“我”还必须有康德所说的判断力，必须知道在每一个具体场景中真实孝敬的具体内容、规定，必须知道如何在这特定场景中履行孝敬之义务。具体言之，一方面，“我”必须区分何为善的孝敬，何为不是善的孝敬；另一方面，即使是善的孝敬，“我”也必须明了我的这个具体孝敬应当如何做。当“我”在履行孝敬这个义务时，总是有特定对象、进而有特定内容的：或者是老人重病需要及时送医院医治；或者是老人孤寂需要子女经常回家看望，给予老人情感精神上的安慰；或者是老人经济生活有困难，急需要物质上的帮助，等等。不同的对象、内容，决定了我履行孝敬义务

---

① 黑格尔：《法哲学原理》，第 138 页。

② 黑格尔：《法哲学原理》，第 136—137 页。

时必须根据具体情况选择不同的实践样式。如果没有这样一种具体区分，不根据具体情况具体选择自己孝敬的实践方式，很可能或者会手足无措，或者会将事情搞得一团糟。

如果在履行道德义务时，"我"仅仅固守于这种"抽象普遍性"的义务要求，而不深入具体伦理关系，不考量具体实际，没有判断力，那么，"我"只是与义务实现了"形式的同一"，"我"履行义务的行为至多只是"为义务而义务"的"空虚的形式主义"行为。"为义务而不是为某种内容而尽义务，这是形式的同一，正是这种形式的同一排斥一切内容和规定。"[①]在这种"空虚形式主义"之下，"我"似乎是履行了道德义务、在行善，但是，实际上由于"我"没有将这个道德义务具体化、特殊化，因而，"我"只是停留于空洞的行善形式，而未将善、义务变为现实客观。不仅如此，甚至在这种"空虚的形式主义"之下，由于一切均诉求"我"自身，善的内容是"我"的自我任性规定，因而，一切伤天害理的行为均有可能在这种尽义务下获得辩护，坦荡肆行。[②]

义务总是有其特定内容的。没有内容的义务是空洞的义务，甚至可能是一个善恶兼蓄、无所不包的虚幻义务。所谓义务总是有其特定内容，这不仅仅是指义务应是善的，是善在"我"意志中的存在，更重要的还指义务总是具体的。因而，对于义务的履行就不是一个毫无规定的为义务而义务、只要有出于义务的善良意志的问题，而是一个善良意志的具体智慧实践问题。

黑格尔针对"为义务而义务"的"空虚的形式主义"所提出的下述思想值得特别注意。在黑格尔看来，从"空虚的形式主义"出发，"就不可能有什么内在的义务学说；固然，我们也可从外面采入某种材料，借以达到特殊的义务，但是，从义务的那种规定，作为是缺乏矛盾的、形式上自我一致的……抽象无规定性来说，不可能过渡到特殊义务的规定的；即使在考察行为的这种内容时，这项原则也不含有标准，借以决定该内容是不是义务。相反地，一切不法的和不道德的行为，倒可用这种方法而得到辩解"。[③]黑格尔在这里强调从事物自身的内在矛盾性来把握义务的规定，其主旨仍然是反对对义务的"空虚的形式主

① 黑格尔：《法哲学原理》，第 138 页。

② 这就如黑格尔所揭示的那样："一切不法的和不道德的行为，倒可用这种方法而得到辩解。"参见黑格尔：《法哲学原理》，第 137 页。

③ 黑格尔：《法哲学原理》，第 137 页。

义”理解。

说义务总是有其特定内容规定，首先是在事物内在矛盾、事物自身内在生长的意义上而言。即，这种义务内容的规定，不是出自于外部任意，不是随便信手拈来的外部东西。还以孝为例。孝作为一种义务，其亦有内容规定，正是相对于这种具体内容规定而言，才有不孝。孝事实上在一般意义上已有其历史客观内容规定。义务正是根据这种一般意义上的历史客观内容规定而提出。否则，所谓孝或不孝，就失却了内容，而成为一种任意。孔子所说“父母在，不远游”，孟子所说“不孝有三，无后为大”，这是孝的一种历史内容。而在今天，这种孝的历史内容已失却其存在理由，已不再成为一种现实的历史精神。故，好儿女志在四方，送老人进养老院等，就不是不孝。这样，孝与不孝，就不是人们可以任意规定的东西，它有自身的一般原则性内容。正是在这自身内在原则性内容的内在矛盾中，呈现出义务的进一步具体规定性。这就如黑格尔所说的那样，正是由于有了对于生命人格、所有权的义务规定，才谈得上偷窃杀人是对于生命人格、所有权这一类义务的违背。否则，如果没有对于生命人格、财产权义务的历史性价值规定，那么，杀死奴隶、打家劫舍就不是恶。

这样，关于普遍义务的“特殊化”理解，就获得两个进一步的规定：一方面是关于这个抽象义务内容的历史性这个特殊化；另一方面是关于这个已经特殊化了的、具有历史性规定的义务的具体实践样式或智慧方式。

义务就其内在规定性而言，就是普遍性与特殊性的统一：这个普遍性就是其绝对性，就是其善；这个特殊性就是这个普遍性的特殊化、善的具体存在。唯有特殊化、具体性存在的普遍性、善，才是真实的义务。这样，在关于抽象义务具体化、普遍义务特殊化中，就内在地包含着主体、主观的特质。正是这种主体、主观的特质，使道德义务的履行成为现实的。也正是道德的这种主观、主体特质，使得道德实践样式无穷变幻，令人神迷。

义务的履行有个主体化过程。这个主体化的过程是普遍义务要求特殊化的过程。道德之所以成为道德，就在于主观（主体）性。离开了主观（主体）性，抽象、普遍义务要求就会成为没有生命力的僵死教条，就是一种纯粹的“机械手册”。

通常我们认为道德行为具有选择性，在行为选择中突显行为主体的道德品质，并且认为合理的道德行为选择是据于善而作出的选择。然而，这里的关键在于：善本身是抽象的，行为主体须依据对这个善的具体理解、体悟作出具体选择。在这里，作为具有普遍性、绝对性意义的善及其义务要求，并不是操作手册[①]，而是行为的指导原则。这个行为指导原则只是给行为主体指明一种行为的基本原则与方向，只是给行为主体一种行为的基本指导价值精神，至于究竟如何行为选择，则有赖于行为主体本身对这种基本价值精神、行为原则的具体理解，以及基于这种理解而因时因地因事制宜。

人们面对以下道德二难选择会争论不休，难以有基本共识[②]：失控汽车驾驶员或者选择撞死一个无辜者保全一车人的生命安全，或者为了避开那个无辜者只好眼睁睁地看着一车人失却生命。其实，这里问题的关键正在于道德的主观性，在于当事者（驾驶员）对于道德原则或善的理念在特定时间条件下的具体理解。这个善的理念或基本道德价值精神，就是对人的生命价值的尊重，就是平等的生命价值。只要当事人（驾驶员）具有这种善的价值精神，那么，这个当事人（驾驶员）就具有善的意志。至于这种价值精神在这个当事人（驾驶员）心中的具体规定，则一方面有赖于其在这个特定条件下对于这种善的价值精神的具体理解，另一方面，则有赖于其对于特定条件下具体道德实践的时空场景条件的具体理解，以及建立在这两种理解基础之上的二者的统一。在这里，普遍的道义精神（善）须通过主观性才能成为现实的。

在这里，当事人（驾驶员）对于善的精神的主观理解，就是率性而为、不确定的。然而，这种不确定性并不是毫无规定的纯粹主观任意的不确定性，而是指善的理念、善的精神在当事人心中特殊存在样式的多样性与不确定性，以及缘于这种善的内容多样性、不确定性与特殊场景中基于对特定场景的具体“知”的结合，所作出的具体行为选择的多样性之不确定性。这种不确定性所标识的不是善的精神、自由意志精神的不确定性，而是善的精神、义务实践具体存在样式的多样性。行为主体作出的行为选择，只要是出于这种价值精神的具体实践，无论其具体选择的实践样式是什么，其在特定情境下均是一种尽其所

① 犹如现代电脑或各种现代机器设备使用中的操作手册。这些手册指导人们按图索骥、一步一步地循序渐进机械操作，若有任何次序、程序上的颠倒，就会导致操作上的失败。

② 尽管有些人往往会倾向于用功利主义的理据为此作出选择论证，但是功利主义价值精神在此并不具有充分价值合理性。因为根据这种功利主义理据，一切人的自由权利均是或然的，均有可能以他人功利为理由而被剥夺。

能、问心无愧的选择。[①] 这种选择注定是悲剧。[②]

道德的主观性与任性有原则区别。道德的主观性并不是任性。任性只是如后所说的纯粹自我确信，是纯粹的主观性。它缺失善这一前提或普遍性规定。任性是行为主体“我”想怎么做就怎么做，没有任何依据；而道德主观性则听从良心的“神圣声音”。

在道德领域必须十分重视主体的这种主观性。正是这种主观性，使得自由意志精神、善的理念、道德义务，既具有现实性，又具有丰富多样性与生动性。这种丰富多样性与生动性，恰与人的自由存在的丰富多样性契合一致。

如是，则在道德实践中不可混淆道德法则与道德规范。道德法则是一种价值精神，它是一种行为的原则与方向，而不是具体的操作手册指南。博爱、平等、同情等，就是这样一些价值法则。道德规范则是一种具体实在的行为规范，行为主体须严格按照这些规范行事，不得有任何形式上的冒犯。道德规范具有明确的行为动作操作性特质。诸如，守诺、在公共场所讲究秩序排队不插队、不随地吐痰、不说脏话、不骂人、不偷窃等等，就是这样一类道德规范。这些道德规范恰如电脑操作手册一样，一般来说，须不折不扣地履行。道德规范与道德法则是两种不同的道德境界。

（三）康德义务论思想批判

康德实践哲学以义务论著称。黑格尔充分肯定了康德实践哲学的功绩及其卓越观点，肯定了康德义务论思想中所包含的深刻内容：揭示了“义务和理性应符合一致”，揭示了义务的普遍性特质与绝对性品质，揭示了义务与人的自由存在的内在一致性。[③] 然而，黑格尔认为康德的实践哲学有其致命的局限性，这

---

① 当然，这里就进一步提出两个相关的问题：其一，当时的良知平静、问心无愧，并不代表事后由于认识全面、冷静而达到的某种判断改变。这与人的一般认识选择活动规律一致。其二，对康德式的善良动机的认识。这里的关键不在于否认康德式的善良动机，而在于一方面坚持善良动机对于行为选择的原则意义，另一方面，这种善良动机在具体场景选择中并不内在地拒斥某种结果的追求，它所追求的正是这种善的原则精神的现实存在。

② 道德冲突中的选择常常并不是在善与恶中的选择，而是在善与善之间的选择。这种选择往往一开始就注定了是悲剧的。正因为是悲剧的，故才有震撼力，才能惊天地，泣鬼神。

③ 参见黑格尔：《法哲学原理》，第 136—138 页。

就是“为义务而尽义务”的“空虚的形式主义”，以及“完全缺乏层次”。[①]

在黑格尔看来，“为义务而尽义务”的“空虚的形式主义”对义务缺失内容的规定性。尽管康德关于义务内容的具体规定又进一步提出“普遍立法”的思想，且这种“普遍立法”思想包含有“对某种情况具有较具体的观念”，但是，这种“普遍立法”的义务内容规定仍然“缺乏矛盾”，仍然只是“形式的同一”，其“本身不包含任何其他原则”。[②]

正由于“为义务而义务”的义务论思想缺少义务内容的规定，故，这种义务就自然缺少层次性。义务在其现实性上言，是善的特殊定在。然而，由于事物存在的具体性及其联系的复杂性，即使是作为善的特殊定在的义务亦有多方面的内容。即，即使是从具有现实客观性的意义上言，具体行为主体所应当履行的义务亦是多方面的——这些义务都是善的，都是主体应当履行的，然而，由于实践的时空特殊性规定，行为主体只能择其一，此时就有一个价值的优先性及其选择的问题。“为义务而义务”只是在一般抽象意义上提出了履行义务的绝对性与无条件性，但是却没有考虑到义务的多样性及其冲突性，没有考虑到价值的优先性。所以，“绝对命令”、“普遍立法”就是缺少实践性的抽象空洞义务要求。[③]

四、良心

善在主观精神阶段是特殊意志的本质。当善为我自觉认识并存于心中时，即为良心。而当善为我自觉认识并存于心中时，善就由一般抽象性过渡到一般特殊性，由纯粹抽象普遍性过渡到特殊主观性。善的这种由抽象到特殊、由一般普遍性到一般特殊主观性的过渡，既是善的理念自我展开与自我实现的过程，亦是以“绝对自我确信”[④]为标识的良心形成过程。良心为主体的独立反思、反

① 黑格尔：《法哲学原理》，第137—138页。

② 黑格尔：《法哲学原理》，第137—138页。

③ 仍以“孝”为例。根据一般理解，“孝”有“敬”与“养”两个方面，“敬”与“养”二者间具有明显的价值优先性，不能将二者在价值上等量齐观，更不能将“养”置于“敬”之上。

④ 参见黑格尔：《法哲学原理》，第139页。

省精神。①

黑格尔对良心既欢呼，又警惕。黑格尔秉承了德国古典哲学中的自由精神，坚决反对神学目的论，主张思想、行为的自主性，主张对真理的认识不是来自外部绝对、超验的告知，而是来自主体自身理性能力。良心即是人的思想、行为的依据。不过，与此同时，黑格尔对法国大革命中所呈现出的自由的疯狂，又深为不安。在他看来，一种无规定的纯粹良心自由，具有毁灭性。黑格尔这种基于对历史理解与洞察所形成的复杂认识，集中反映在他的良心理论中。

（一）"良心"一般

在黑格尔看来，良心是善在心中、法从心出、听从心声的主体性精神。黑格尔通过良心这个"自我确信"环节，是要以思辨的方式确立起具有优秀道德品质的独立人格精神。在道德这一主观精神阶段，在现象上看到的似乎是主体自身的自由意志、自我确定，其实，它是自由意志理念的定在，是自由意志理念的自我确定，是自由意志理念在我这个行为主体中的特殊性存在。这就是黑格尔所说："由于善的抽象性状，所以理念的另一环节，即一般的特殊性，是属于主观性的，这一主观性当它达到了在自身中被反思着的普遍性时，就是它内部的绝对自我确信，是特殊性的设定者，规定者和决定者，也就是他的良心。"②

通常讲特殊性就是特殊性，为什么黑格尔在这里讲良心这一主观性时用"一般的特殊性"这个概念？其关键就在于：一般普遍性的自由意志理念以"我"这个行为主体的自由意志的特殊方式存在，这个特殊存在的主观性并不是任意的，而是经过反思的，是拥有普遍性的合理性根据的。正是这个反思及其所获得的自我确信，使"我"确信善在"我"心中，"我"心中的善即是一切行为的根据与规定——"我"的这种确信是在"伦理性"与"理智性"双重意义上的真的确信。这个自我确信的善，是"我"的、特殊性的，但它一方面是普遍善在"我"这个特殊身上的特殊存在，另一方面是"我"一切行为的依据，

---

① 黑格尔在《历史哲学》中认为：良心是作为"客观道德"的风俗的"直接敌人"。参见黑格尔：《历史哲学》，第 260 页。

② 黑格尔：《法哲学原理》，第 139 页。

所以它是一般的特殊性。

根据黑格尔的看法，一方面，善是特殊意志的真理；另一方面，善又在主体的反思中获得主观性与特殊性。在善获得这种主观性、特殊性的同时，善既在“我”心中，又为“我”所规定，成为“我”的自我确信：“我”确信这是善的，善就在“我”心中。[①] 这样，作为自由意志的法的善，就成为主体的内在法。这个法既系“我”的自我规定，又成为对“我”唯一具有拘束力的东西。此时，“我”无所外求，无所他待，一切均依心中的善率性而为。

所谓良心是主体的“绝对自我确信”是指：作为行为主体外在客观法的东西，已成为其内在主观法；善已不再是来自主体之外的要求，而是主体的自我规定；善就在“我”心中，“我”心中的善就是“我”一切行为的依据与理由；“我”发自内心的声音即是“上帝的神圣声音”。一切外在现象性的特殊目的性，以及一切外部的要求，在“我”的良心面前都是或然的。一切外在的特殊目的性，以及一切外部要求，对于“我”的自由意志而言不再具有有效性与拘束力，对“我”唯一具有有效拘束力，或“我”唯一必须对之负责的是“我”的良心。“我”为良心所规定。正是在这个意义上，良心是自我确信的精神自由。良心是“创造道德的天才”[②]。

这样，在道德这一主观精神阶段，良心就与人格、自由意志、善基本是同一意义上的概念。良心是做人的内在根据，是自由的精神，是生命的内在灯塔，是人的“心境”。[③]

黑格尔关于良心有这么一段论述：“良心是自己同自己相处的这种最深奥的内部孤独，在其中一切外在的东西和限制都消失了，它彻头彻尾地隐遁在自身之中。人作为良心，已不再受特殊性的目的的束缚，所以这是更高的观点，是首次达到这种意识、这种在自身中深入的近代世界的观点。……良心知道它本身就是思维，知道我的这种思维是唯一对我有拘束力的东西。”[④] 在这里，为什么黑格尔讲良心是主体的最深奥的“内部孤独”？又为什么认为它是“近代世界”的“更高的观点”？

---

① 参见黑格尔：《法哲学原理》，第 133 页。
② 黑格尔：《精神现象学》下卷，第 164 页。
③ 参见黑格尔：《法哲学原理》，第 139 页。
④ 参见黑格尔：《法哲学原理》，第 139 页。

黑格尔在《精神现象学》中谈到“优美灵魂”时，曾有这样一段论述：“良心……凭它凌驾于一切特定法律和义务内容之上的至高尊严而把随便一种什么内容安置到它的知识和意愿里去；良心就是这样一种创造道德的天才，这种天才知道它自己的直接知识的内心声音即是上帝的神圣声音，而且由于它本着这种知识同样直接地知道它的特定存在，所以它是一种以其概念为生命力的那神圣创造力。这种道德天才同时又是自己本身中的上帝崇拜；因为它的行为就是它对自己的这种神圣性的直观。”良心是存在于内心的神圣，听从良心的声音就是听从存在于内心神圣上帝的声音，因而，听从自己心中神圣声音的“上帝崇拜”，就是主体的“内心的孤独”。① 这个“内心的孤独”是精神的独立。

良心的精神“孤独”，不是萨特所说标识彼此离散状态意义上的形单影只，而是主体的独立反思精神，以及基于这种独立反思精神所形成的无所外求的自由意志精神，是主体自身与自由理念的独处对话。这样，在黑格尔这里，这个“内心的孤独”就不是消极贬义的，而是积极褒义的。它所揭示的作为独立人格灵魂的独立精神，它所标识的是人类近代以来所取得的最为深刻的文明成就——因为只有现代社会才有“自己的观点，自己的意志和良心”②。所以，不能简单地望文生义，以为良心这种现象自古以来就有，说它是近代以来才有就是胡说八道。黑格尔这里讲良心及其“内心的孤独”，是在讲自我意识、自由意志、反思能力这样一些实质性内容，是讲道德的根据不在彼岸，而是在此岸，在主体自身。只有把握了这个理路，才能真正深刻把握良心、道德这样一些概念及其内容。

良心这个主观规定性环节，是人类走向自由不可或缺的环节。正是有了良心、有了精神独立，有了主观反思、批判精神，共同体才有追求自由的活力。没有精神独立，就没有人格独立；没有具有反思、批判精神的个体，就不可能有现代社会。

良心的自我确信，就是主体的精神自由，就是主体的反思能力。它标识主体存在的自由、反思、批判性。正是在这个意义上，良心具有否定性、批判性、革命性价值。

---

① 黑格尔：《精神现象学》下卷，第 164 页。良心创造道德天才，而根据黑格尔《法哲学原理》稍后部分基于伦理实体的论述，道德天才弥补不成熟的伦理关系及其秩序。即，在成熟的伦理共同体中，伦理性东西的实现并不依赖道德天才，而是依靠伦理关系及其秩序这客观存在的“自由体系”。参见黑格尔：《法哲学原理》，第 169 页。

② 参见黑格尔：《法哲学原理》，第 263 页。

（二）“真实的良心”与“形式的良心”

黑格尔将良心区分为“真实的良心”与“形式的良心”。① 黑格尔在谈论“真实的良心”与“形式的良心”时，事实上有两个不同的层面，必须注意仔细区别。这直接关涉对于“良心”的把握。

区分“形式的”与“真实的”良心，依据就在于看良心是否有“客观”内容，有“客观”内容的就是“真实的”良心，无“客观”内容的则是“形式的”良心。然而，问题的关键就在于此“客观”本身在黑格尔那里有不同的规定。它既可以是“真”、必然意义上的，也可以是现实存在意义上的。前者指向的是良心内容本身的合理与否，指向良心是否是“善”的，强调良心不是主体、主观的任性，是要反对空洞、纯粹的自我确信。后者则指向良心内容在现实中的实现，这个现实实现是在良心“善”这一“真”基础之上的现实存在，强调良心本身还只是一种主观精神，只是一种主观善，还不是在现实中实现了的自由，还不是客观善，它要为建立客观的社会伦理关系及其秩序呐喊。把握了此处“客观”的不同含义，就能准确、合理理解黑格尔关于良心“形式”与“真实”的相关思想。

黑格尔对于良心的“形式”与“真实”问题的思考，有以下两个区别极大的层面：

其一，在权利与义务统一性的真实客观性存在意义上论及良心的“形式”与“真实”问题。黑格尔明确认为在道德这个主观精神阶段，良心只是“形式的良心”，只有在伦理阶段良心才是“真实的良心”。② 他认为“在道德这一形式观点上，良心没有这种客观内容，所以它是自为的、无限的、形式的自我确信”。③ 这里所谓“良心没有这种客观内容”指的是“并无任何特殊内容”④、仅仅停留在主观意志中的抽象，权利与义务的分离并没有得到真实克服，权利与义务的统一仍然有待在现实伦理关系及其秩序中实现。在道德阶段，善仍然

① 黑格尔于此还提出“宗教的良心”概念。宗教的良心是在崇拜、信仰的维度所言。宗教的良心是一种特殊的对真的确信。宗教的良心是精神对于精神之关系。宗教的良心的认识与其对象的统一，是精神中的统一，而不是客观存在的统一。

② “在本书中道德的观点和伦理的观点是有分别的，前者只涉及形式的良心……真实的良心包含在……伦理性的情绪中。”参见黑格尔：《法哲学原理》，第140—141页。

③ 黑格尔：《法哲学原理》，第139—140页。

④ 参见黑格尔：《法哲学原理》，第139页。

是主观、抽象的善，尚未成为客观的。在这个意义上，以自在自为的善与义务作为自我规定的良心，就只是主观、形式的。只有在伦理阶段，在国家这一伦理实体的真理性环节，权利与义务的统一、善的目的性追求，才能在现实中得到真实实现。[①] 正是基于这种善的真实实现与否的考量，相对于伦理阶段，道德阶段的良心还只是“形式的”。

其二，在良心自我确信内容的善意义上论及良心的“形式”与“真实”问题。黑格尔认为主体的自我确信、良心的主观性应当以真实的善为内容，与真实的善同一，而不能成为一种纯粹的形式自我确定。良心如果仅仅是形式的自我确信，那么，良心就是任性的代名词，就处于随时作恶的待发点上。在这个层面上，黑格尔所强调或关注的是良心的内容及其合理性。[②] 黑格尔在道德阶段所讨论的良心主观性与客观性问题，主要是这一层面的。

主体良心的自我确信是对善、自由意志理念，对权利与义务的自我确信。主体的这种自我确信，即是良心的权能。“良心表示着主观自我意识绝对有权知道在自身中和根据它自身什么是权利和义务，并且除了它这样地认识到是善的以外，对其余一切概不承认，同时它肯定，它这样地认识和希求的东西才真正是权利和义务。”[③]

然而，主体主观性反思后所达到的自我确信，由于其主观性，就有可能出现两种情况：一是对一般普遍善及其固有原则内容的真实反思性把握，一是仅有自我确信的形式，而失却了一般普遍善及其固有原则之内容。前者是“真实的良心”，后者是“形式的良心”。

“当我们谈到良心的时候，由于它是抽象的内心的东西这种形式，很容易被设想为已经是自在自为地真实的东西了。但是作为真实的东西，良心是希求自在自为的善和义务这种自我规定。”[④] 良心是“希求自在自为地善的东西”。当我们通常说出于良心时，我们总是习惯于以为良心已经是善的、真实的了。其实，我们通常所说的这个良心未必就是真实的善的，仍然是有待审视的。只有以“自由的实现”这一真实的善为内容的良心，才是真实的、善的。

① 参见黑格尔：《法哲学原理》，第 262—263 页。

② 这些正是黑格尔在第 137—139 节所反复、仔细论证的内容。参见黑格尔：《法哲学原理》，第 139—146 页。

③ 黑格尔：《法哲学原理》，第 140 页。

④ 黑格尔：《法哲学原理》，第 141 页。

确实，当我们进行行为选择时，往往直接依据自己的良心，企求良心的平静。这是一种自由的境界。然而，问题的关键在于：这是何种良心？这种良心并不是绝对毫无客观内容或客观规定的，并不是行为主体自身的纯粹自我确信——如果真的是行为主体的纯粹自我确信，则与任性无异。“真实的良心是希求自在自为地善的东西的心境，所以它具有固定的原则，而这些原则对它说来是自为的客观规定和义务。”[①] 真实的良心不仅具有自我确信的主观性形式，更重要的是具有真理性、真实善的内容的自我确信，是个人良心与善或“良心理念”的一致。[②]

真实的良心是一神物，具有神圣性。之所以说真实的良心是一神物，就在于由于真实的良心是“作为主观认识跟自在自为地存在的东西的统一”，在认识行程中达到了主客观的统一，达到了真理性境地：一方面，它自成依据，无所他恃，唯求诸己；另一方面，它又成为一切道德行为的依据与理由。真实的良心作为一种“神物”，自然具有神圣性，“谁侵犯它就是亵渎”。[③]

不过，正由于良心的主观性之特质，使得良心有可能内容与形式相分离，堕落为纯粹的形式性存在。由于良心自我确信的主观性与其应有真实内容的并非直接一致性，因而，良心就有可能以其自我确信之主观性，以其向自我内在主观意见寻求根据之绝对内在性，排斥或遮蔽其客观善之内容，进而成为形式、假象的。[④]

形式的良心是纯粹的自我确信，是将良心的真实客观内容与其主观性相分离，仅有其主观性而无其客观内容，使良心的真实内容“降低为形式和假象”。因而，形式的良心“只不过是意志活动的形式方面”。[⑤]

良心的主观性特质，使其客观内容取主观的形式存在：自我规定、自我确信。正是这种自我规定、自我确信，使得我这个特殊行为主体自成依据，无所外恃：一切外在权利、义务等诸多规定性，在我的自我规定中“蒸发”，良心就是我的全部理由与根据。这样，良心的主观性特质使我以“纯粹的自我确信”方式存在。

---

① 黑格尔：《法哲学原理》，第 139 页。

② 参见黑格尔：《法哲学原理》，第 140 页。

③ 参见黑格尔：《法哲学原理》，第 140 页。

④ 参见黑格尔：《法哲学原理》，第 140 页。

⑤ 参见黑格尔：《法哲学原理》，第 139 页。

（三）“良心”批判

“纯粹的自我确信”是良心主观性的极致。正是在这“纯粹的自我确信”中，个体的自由精神达到极致。我可以冲决一切外在的权威、打破一切精神的牢笼，秉守心中的法则，自立、自抉、自律，挺立人间，恣意前行，创造出一个自由的新世界；我也可以在这恣意前行中只有恣意本身，而无任何心中的法度与原则，进而使自己陷于毁灭。因而，良心既是一神物、圣物，又是一使人恍惚漂荡于天堂却堕入地狱的魔道。良心，既令人景仰，又令人敬畏。

黑格尔在揭示良心自我确信的主观性与客观内容关系时，用将外在内容经“蒸发”后再在内心中“重建”的比喻方式，生动地揭示了良心的自我确信内在机制。通过这种揭示让人们清楚地理解良心的奥秘。黑格尔揭示：良心“这一主观性作为抽象的自我规定和纯粹的自我确信，在自身中把权利、义务和定在等一切规定性都蒸发了，因为它既是作出判断的力量，只根据自身来对内容规定什么是善的，同时又是最初只是被观念着的、应然的善借以成为现实的一种力量”。[①]

在良心中，个体不再将外在、既有的东西直接作为权利、义务的规定性，而是直接从自“我”内心中获得其充分的规定性。而这内心中的东西，又不是纯粹个体自身的，它是为个体所把握了的善，是善在心中。所以黑格尔进一步揭示：“自我意识一旦达到了这种在自身中的绝对反思，它就在这种反思中认识到自己是一切现存的和现成的规定既不能又不应干涉的这样一种意识。”[②] 之所以自我意识达于良心这种自我确信境地后一切现存的规定不能干涉，就在于良心设定（或规定）了特殊性，“我”就是“我”的良心，因而，一切他物、现存的规定就无法再对这个自我意识予以规定。而之所以一切现存的规定不应干涉，就在于此时良心已是（自以为）以自在自为善的、真实的东西为希求，（自以为）善在心中。

自我意识的这种“纯粹的自我确信”，使得个体有可能超越现实。当现实中已有的那些关于善、正义的规定已不再符合善良意志的要求时，“我”就从自己

---

① 黑格尔：《法哲学原理》，第 141 页。

② 黑格尔：《法哲学原理》，第 141 页。

的内心理想世界中去认识与规定善、正义，并依据这种出于自己内心理想世界规定的善与正义而行为。黑格尔以苏格拉底、斯多葛派等为例所揭示的正是这种思想。当“在现实和习俗中被认为正义的和善的东西不能满足更善良的意志”时，当“到了更善良的意志已不信任目前自由的世界的时候”，自我意识“就不会再在现行的义务中找到自己”，就“想在自己内部去寻求并根据自身来认识和规定什么是善的和什么是正义的”，因而，就“不得不在理想的内心中去寻求已在现实中丧失了的协调”。[①] 以求洁身自好，而不同流合污。

良心的这种主观性具有否定性与革命性。一方面，在良心面前，一切既有的东西不再拥有天然的合理性，一切既有的规定都必须接受良心的审视，“一切规定都……必须从这里重新出发”。“所有一切被认为权利或义务的东西，都会被思想指明为虚无的、局限的和完全不是绝对的东西。”[②] 另一方面，良心从内心的理想中发展出新的关于事物、存在的认识与规定，并以这种新的认识与规定指导自己的行为。当然，在其现实性上，良心的这种主观性的否定性与革命性特质，有赖于自我意识所赋予自身的内容——它应当是真实善的，而不是恶、伪善的。

自我意识的这种“纯粹的自我确信”，将行为依据、权利义务规定由外在转向自身内心世界。用黑格尔的话说，这是主观性“把一切内容在自身中蒸发”。但是，主观性不仅要在自身中蒸发一切，更应使一切“重新从自身中发展起来”[③]。行为主体必须积极行动，去“寻求据以行动的种种原则”，寻求具有普遍效准性的正义、善原则及其内容，进而去创建起权利与义务统一的自由秩序。这个“重建”，不仅是在内心精神世界中（把握善的真实内容）的重建，更是主观见之于客观、在现实生活世界中的重建。良心不是人们借以消极遁世的托词，而应是人们积极行动的理由。良心不应是人们的抽象修养，而应是人们现实行为的出发点。

因而，黑格尔理所当然地对个人回避现实生活、逃遁进入内心世界的做法，持批评的态度。他反对个人逃避现实、隐遁进个人的内心世界，而不是积极进入现实生活、努力改变现有生活关系的消极态度。在他看来个人进入自身内心

① 黑格尔：《法哲学原理》，第 141 页。
② 黑格尔：《法哲学原理》，第 142 页。
③ 黑格尔：《法哲学原理》，第 142 页。

世界的自我确信并非是无条件的。只有在现实世界虚惘不实的情况下，即，只有在现实世界不能提供给人们现实有效的权利、义务，不能提供给人们现实有效的价值规定的情况下，人们才有理由完全进入内心世界寻求善与正义。“只有在现实世界处于空虚的、无精神和不安定的实存状态中的时代，才容许个人逃避现实生活而遁入内心生活。”黑格尔正是在这个意义上为苏格拉底辩护。[①] 在此，黑格尔向我们传达两个思想：

其一，个体内在主观操守修养自然重要，自然值得赞美，但是，如果仅仅有个体内心精神的主观修养，而不见之于日常生活，那么，这种良心操守修养至多是一种自保的孤独自赏，而不能成为挺立人格的脊梁。它不免苍白。

其二，当一个社会普遍诉诸道德、诉诸个体的内心精神时，这个社会很可能缺少正义与善，很可能处于空虚、无精神状态。此时，一方面，这个社会需要通过社会成员内心精神诉求，获得某种精神支撑与安宁；另一方面，这个社会中的大多数成员很可能对现存状态既不满又无可奈何，进而转向内心，以寻求某种宁静与安逸。一个社会如果没有具有普遍效准性的基本价值标准，没有基本的正义与善，则这个社会就会主观性盛行，盛行自以为是的“替天行道”，并在这主观性盛行之下呈现出动荡与混乱；这个社会中的成员不再有普遍的价值标准，他们直接将现存有效性作为价值取舍的依据，并作为自身自由意志的内容。[②] 这也就能够一定程度地合理解释，为何在历史上大凡所谓“信仰危机”的年代，总是同时是“良心危机”的年代。因为，无论是信仰危机还是良心危机，总是意味着缺失具有真的属性的精神，而这种缺失，又缘于社会客观生活世界自身真的关系及其秩序的缺失。

一个社会，若其成员普遍遁入内心世界，那么，其根本缘由就在于这个现实世界本身：这个现实世界的正义秩序及其善的精神的缺失。这种现象并非绝对消极，它本身就可能预示着社会正义秩序及其善的价值精神的重构。

在现代多元社会，人们更多地进入自身的内心世界，反思正义与善，这本身或许就是多元社会的一个基本特质。这个进入内心世界的过程，一方面，是

---

① “苏格拉底生活在雅典民主衰颓时期，他逃避了现实，而退缩到自身中去寻求正义和善。”参见黑格尔：《法哲学原理》，第 142 页。

② 这就是黑格尔所揭示的：“人们对巩固地存在着的东西已不再敬畏，他们硬要把现行有效的东西作为自己的意志、作为自己所承认的东西。”参见黑格尔：《法哲学原理》，第 142 页。

以社会基本结构及其制度的正义安排为背景，以一个具有公共理性且较为规范的公共生活为前提；另一方面，它又是一个具有丰富内容的公民美德的精神陶冶过程。这或许就构成如哈贝马斯所说“商谈”“对话”的前提，并进而构成“商谈”“对话”过程的一部分。只不过，现代多元社会中的这个个人进入自己内心世界的活动，本身就是一个严肃、积极、负责的活动，而不是任意纵性。

良心将自我意识的一切外部的规定性蒸发消失，仅成为“纯粹的自我确信”。这个纯粹的自我确信是无所他恃、自成依据的“纯内在性”。黑格尔将这个蒸发过程理解为“贬低”过程：“自我意识把其他一切有效的规定都贬低为空虚，而把自己贬低为意志的纯内在性”。[①] 为何这是个“贬低”过程？其基本缘由在于：这个过程是自由意志获得主观性的过程，但在这个主观性、抽象性过程中，自由意志的善、义务这样一些具有客观普遍性的内容却消失了。这样一个由普遍变为空虚、由内容变为形式的过程，就是“贬低”。[②]

良心的纯粹自我确信，乃是无所他求的纯粹个体（主观）性。正是这个纯粹自我确信，使个体主体性达到了极致，并使良心有可能处于作恶的待发点。在良心中，善恶同源。值得注意的是，黑格尔此处所说“恶”，并不是简单地指违背道德规范、为非作歹这一类人们通常理解意义上的恶，而是指执着于纯粹个别性、个体性、特殊性，听任纯粹个别性、个体性、特殊性支配。当良心成为纯粹的自我确信这一主观性时，良心自身就成为自我意识的原则。这个良心既可能是以善为内容，如我们通常所说的为真理而献身之精神，亦可以是以任性为内容，如江湖黑社会的讲义气，贪官污吏们为家庭成员的幸福贪得无厌、不顾一切铤而走险时的所谓良心。“良心如果仅仅是形式的主观性，那简直就是处于转向作恶的待发点上的东西，道德和恶两者都在独立存在以及独自知道和决定的自我确信中有其共同根源。”[③] 这就是黑格尔所揭示的：良心“有可能或者把自在自为的普遍物作为它的原则，或者把任性即自己的特殊性提升到

---

① 黑格尔：《法哲学原理》，第 142 页。

② 胡塞尔亦以自己的方式提出了良心的这种自我确定性的主观性之局限性问题。胡塞尔对“良心”本身并不推崇。在他看来，“良心”所传达的只不过是一种“历史直觉的声音”，良心是直觉、情感，有良心只是表明人具有直觉能力，但并不表示（相对于其他“良心”）因此就具有价值优越性。在他看来，“良心”是等价的。参见胡塞尔：《伦理学与价值论的基本问题》，艾四林、安仕侗译，中国城市出版社 2002 年版，第 18 页。

③ 黑格尔：《法哲学原理》，第 143 页。

普遍物之上，而把这个作为它的原则，并通过行为来实现它，即有可能为非作歹”[①]。而黑格尔通过对恶、伪善等概念的具体分析，则将良心纯粹的自我确信这一主观性嬗变为恶的可能，揭露得淋漓尽致。[②]

黑格尔重视主体的自由意志精神，希望主体有独立自由的批判精神，因为，只有具有独立自由批判精神的主体，才能建立起自由的现实生活世界。但是，黑格尔并不将自由的实现奠基于良心，而是奠基于客观的伦理关系及其秩序，因为良心毕竟是主观的，其自身缺少客观性。只有在客观的伦理关系及其秩序中，自由意志才能得以真实实现。这样，黑格尔就自然地由“道德”过渡到“伦理”。

由良心向伦理过渡、良心以伦理为内容这样一种逻辑进路，隐藏着一个黑格尔自己并未直接言说的理想追求。这就是：良心与伦理的统一，心灵秩序与社会秩序的统一。而这种统一，在黑格尔那里又有两个基本进路：一是自由的政治生活秩序优先于心灵秩序，在自由政治生活秩序基础之上的二者统一；一是自由的精神必须进入现实生活世界，必须独立地审视现实生活世界，必须变为创造自由生活世界的现实力量。这两种进路有着内在的紧张。

在黑格尔的理想中，主体的良心不再与现实伦理关系及其秩序对立，相反，它在现实伦理关系及其秩序中“找到”了自己，并“信任”[③]现实的伦理关系及其秩序，与此同时，现实伦理关系及其秩序中所包含的权利义务统一的自由生活，成为良心的现实内容与主体的自觉活动。在这理想境地中，人的主观自由精神不再是“凌空飘荡”的神灵，而是富有朝气、自由主体的灵魂；现实的伦理关系及其秩序也不再是良心的异己物，而是权利与义务统一的主体的现实自由生活世界。

不过，由于黑格尔的“道德”在总体上奠基于个体、个人权利，个体自由意志的自我规定（或良心）就与普遍（正义）有了深刻的内在紧张。黑格尔似乎意识到了这一点，试图在自己的思辨体系中消弭这种紧张。他要以正义为“道德”背景，以“伦理”为“道德”内容，以“伦理”规定“道德”。然而，黑格尔的这种努力至多只是揭示了良心（或善）与伦理、正义间的协调、平衡

---

① 黑格尔：《法哲学原理》，第 142—143 页。

② 参见黑格尔：《法哲学原理》，第 139—140 节，尤其是 140 节最后一段文字。

③ 参见黑格尔：《法哲学原理》，第 141 页。

问题，却不能如其所愿彻底消除二者之间的内在紧张，不能消除道德“良心”与社会秩序“合理性”二元生发的基础及其冲突的可能。事实上，“道德”良心是主体的心灵世界，它所指向的是主体的心灵秩序（或心灵法度），它以人生意义、价值及其实现为核心，它是超越性的精神世界。“伦理”则是人类社会的伦常习俗生活世界，它所指向的是社会秩序（或社会法度），它以社会生活的正义秩序及其实现为核心。尽管心灵世界与日常生活世界密切联系，但是它们却有根本区别。心灵秩序无法用社会秩序替代。社会不能没有独立、高贵的良心，不能没有来自独立、高贵良心的反思、批判。一旦良心真的为社会伦理习俗、政治生活秩序所填塞，则人就不再有、也不会倾听内心“上帝的声音”，人类社会生活自身或许就会因失却来自良心的自省与批判，进而失却了灵魂与生气。良心创造道德天才，道德天才弥补不成熟的伦理秩序。人类真正需要面对的，不是如何消弭个体良心与社会秩序的紧张，而是如何在二者间保持恰当张力。

第 7 讲　美德与伦理

如前述，《法哲学原理》“道德”篇所探究的对象是个体自由意志活动，与此相应，“伦理”篇所要探究的则是社会关系及其秩序。“道德”篇指向的是个体精神世界，关注的是个体的精神境界，“伦理”篇则指向社会客观生活世界，关注的是社会正义的关系及其秩序，并在这种对社会客观生活世界的探究中，在总体上完整地揭示人类自由存在的历史与现实。所以，黑格尔说：“伦理是客观精神的完成，是主观精神和客观精神本身的真理。”[①] 由此可以发现，《法哲学原理》中的“道德”、“伦理”概念，较之人们通常在严格道德哲学、伦理学意义上所使用的“道德”、“伦理”概念，要远为丰富、深刻，不可彼此简单等同。

黑格尔区分“道德”与“伦理”概念，并在思辨体系中“道德”要向“伦理”过渡，这不能简单地以为是文字游戏，也不能简单地以为是其正反合的思辨节律要求。应当看到隐藏其后的一系列极为重要的思想内容。这些重要的思想内容是：

其一，义务、美德内容的具体确定。义务的具体、特殊化，美德的真实性，都有赖于伦理实体及其具体伦理关系的具体规定。离开了这些具体关系，一切义务要求就会流于空洞。

其二，追求自由的活动应当走出纯粹的内心精神世界，走向现实生活世界，应当建立起具有必然性的伦理关系及其秩序。真正的自由不可能建立在纯粹内心世界的精神孤独基础之上，它必须奠基于客观的伦理实体。正是在建立伦理实体的现实活动中，才可能达至主观自由与客观自由的统一。

其三，权利与义务的统一只有在伦理实体中才能实现。个体美德义务的履

---

① 黑格尔：《精神哲学》，第 329 页。

行并不否定个体同样拥有自由的权利。个体如果只有义务而没有权利，那么，这不合乎自由的精神。而在“自由的现实化”[①]了的伦理实体中，个人只要履行义务，并不必为其权利操劳，个体权利自然地会受到伦理实体的保护、并在伦理实体中得以实现。[②]

其四，个人美德不能离开滋生美德的现实生活世界。个人的道德行为总有其现实的社会生活世界背景，正是这现实的生活世界，不仅规定了义务的具体内容，而且还哺育着个人的美德。只有在一个权利与义务统一的现实生活世界中，个人的美德才能在普遍的意义上被哺育并成长。

就道德维度言，道德向伦理过渡的核心是义务、美德的规定及其实现，关键是走出善的抽象性，扬弃主体纯粹自我确定性的主观性。对于这种过渡，又有两个基本解释维度：其一，义务的社会维度。这是由作为主体的个体内在美德、良心，上升为客观社会关系、结构的维度。这是黑格尔明确揭示的维度。其二，美德的历史维度。这是个体善与社会正义的历史维度。这个维度虽然黑格尔没有明确揭示，却值得重视。

一个人的良心品性操守可以一定程度地超越其所生活的那个社会、时代，如孟子所说大丈夫精神气概，如苏格拉底的牺牲精神。个人的这种美德自然令人们仰慕，然而，它会遇到两个方面的问题：一方面，个人的美德总是受生活于其中的那个时代、社会所影响，总是带有那个时代、那个社会的印记，正是在这个意义上，个人的美德良心由于其所生活于其中的那个时代、社会的不完美，而并不能达于完美。换言之，要使一个人的良心品性操守成为完美的，就必须使那个社会、时代变得完美。这样，我们的视野就须通过个体美德而深入社会秩序。另一方面，个人的美德如果仅仅是个体、个别的，那么，还只是偶然的，它只有成为一种社会的普遍存在，才会是必然的。个别存在的美德，不仅仅是偶然的，而且往往以悲剧的形式存在。只有在一个良序、正义的社会中，个体的美德才有可能成为普遍的存在，才能摆脱其偶然性而成为一种必然性，才能摆脱个体美德的悲剧性色彩。期望普遍的个体美德，就须建立起一种客观社会生活秩序，这种生活秩序本身就是合乎人性健康生长的。根据这种解读，

---

① 参见黑格尔：《法哲学原理》，第 258 页。

② 参见黑格尔：《法哲学原理》，第 262—263 页。

我们的思想行程就自然地由"道德"深入进"伦理"，由个体的美德进入对于社会生活秩序的改造。

由"道德"向"伦理"过渡、且以"伦理"为真理性环节的思想体系，包含着两个重要的解读维度：客观伦理关系及其秩序对于个体美德的基础性意义——只有在一个合乎人性健康生长的环境中，个体精神世界才能趋于完美；个体自由精神对于客观社会伦理关系及其秩序建立与巩固的主体性意义——只有具有自由精神的主体，才能创造出一个自由的现实生活世界。这两个解读维度是一种互补、互动的关系。如是，则不难发现，《法哲学原理》中包含着的思想内容，较之罗尔斯制度正义优先于个体善的正义论思想，要更为深刻、丰富。

一、伦理

根据黑格尔的理解，善是世界的绝对且最终的目的，善就是自由的实现。[①]伦理是"活的善"，是"自由的理念"。[②]

（一）伦理："活的善"

黑格尔《法哲学原理》中译本中的"伦理"概念，在与其对应的英文本中有不同的表达：ethical life，ethical order。这表明：黑格尔所理解的伦理不是抽象的概念，不是主体的内心修养，而是一种（社会）生活及其秩序，这是自由的（社会）生活及其秩序，是自由的现实存在。这种生活及其秩序不是私人的，而是社会的。这种自由的现实存在是由人们自由交往关系所构成，在自由的秩序中所呈现出的是人们的自由生活。正是在此意义上，伦理的观点，就是（社会）生活、关系、秩序的观点，就是人们的现实生活世界的观点。伦理具有实体性。这就是黑格尔在后面所揭示的"伦理关系是实体性的关系……它包括生活的全部"的内容。[③]而这种生活、关系、秩序、生活世界的观点，就是社会的

---

① 参见黑格尔：《法哲学原理》，第 132 页。
② 参见黑格尔：《法哲学原理》，第 164 页。
③ 参见黑格尔：《法哲学原理》，第 176 页。

而非个体的观点，就是实体的而非抽象的观点。这样，“伦理”概念亦可以被进一步理解为是“社会伦理”，“社会伦理”与“伦理”实乃同一概念。[①]

把握了“伦理”的这种 ethical life、ethical order 内涵，就易于理解与把握黑格尔关于伦理是“活的善”思想：为什么伦理是“活的善”？黑格尔在什么意义上讲善的“活”与否？“活”的善与非“活”的善区别何在？其要旨就在于：在“道德”阶段，善还只是一种主观精神中的、因而是有待实现的东西（目的）；在“伦理”阶段，善则是被实现了的现实具体存在着的东西（目的）。

善作为世界的目的，它是现实存在着的“被实现了”的自由，而不是某种抽象的一般规定。但是，在“道德”阶段，善还只是仅仅作为事物的“绝对本质”存在，并未具有具体现实性，所以，它还只是抽象的。这种抽象的善，通过主体的活动，以“主体的意志为中介”“进入到现实”，获得“实在性”[②]，成为生动、现实、鲜活的存在，这才是实现了的、活的善。所谓伦理是“活的善”是相对于抽象的善而言，它是对善的抽象性的否定，它所强调的是善的具体现实实现。[③]伦理作为活的善，是具有实体性、实在性的具体、现实的善。这个活的善，并不是超验、先在的，而是由具有独立人格、自由精神的主体，在追求平等自由权利、实现自由的目的的实践过程中所创造。[④]这正是我们能够从黑格尔《法哲学原理》逻辑体系，从抽象法、道德构成作为“活的善”的伦理环节中，所能解读出的深刻内容。

人的一般自由权利、福利财富等，固然是人自由存在的条件，是人权、人道、自由、平等这样一些价值要求的内在要求——因为没有这样一般自由权利，没有这样一种社会价值精神或时代精神，就无所谓人的自由存在或人的自由权利。然而，如果这种自由权利、福利财富等仅仅停留在一般要求层面，而没有变为人们的现实生活，那么，这种自由权利仍然是空洞抽象的。自由权利的现实、具体存在，才是活生生的真实的自由。这或许是黑格尔关于“活的善”思想中所包含的最重要思想内容之一。

---

① 如是，我们则亦有理由认为：当罗尔斯在努力探究良序社会何以可能这一社会正义问题时，事实上罗尔斯就是以自己的方式在探究他所理解的良序社会这一伦理生活及其秩序，就是在探究伦理问题。

② 参见黑格尔：《法哲学原理》，第 132—133 页。

③ “伦理性的东西不象善那样是抽象的，而是强烈地现实的。”参见黑格尔：《法哲学原理》，第 173 页。

④ 如黑格尔所说，这个作为“最后目的”的实体，是“他通过他的活动所产生着的”。参见黑格尔：《精神哲学》，第 329 页。

值得注意的是，黑格尔之所以要对作为活的善的伦理作实体性理解，还有其由思想内容所决定的方法论缘由：反对对社会、国家现象做原子论还原式的机械理解。在黑格尔看来，对于社会、国家生活的考察有两种基本方法："或者是从实体性出发，或者原子式地进行探讨，即以单个的人为基础而逐渐提高。"黑格尔认为原子式的方法"只能做到集合并列"，只能是特殊性的聚合，不能把握社会、国家生活真实内容。他主张从实体性出发，即从伦理共同体的有机整体性出发，在普遍与特殊的统一中认识伦理生活及其秩序。他通过家庭、市民社会、国家这几个实体性环节，就是要从实体性出发具体揭示伦理生活及其秩序、存在的自由权利的具体内容。[①] 事实上，原子式的方法面临的最大问题是：个人的无规定性及由此引出的自由的抽象性，社会的不可还原性。而实体性的方法则可以在普遍与特殊、个人与共同体的辩证关系中，合理揭示各自的具体规定性，揭示自由及其秩序的具体内容。正是这种方法论上的深刻，决定了黑格尔对于自由权利、伦理生活及其秩序思想的深刻。当然，实体性的考察方法亦有自身所无法回避的问题，其所面临的最大问题是个人的绝对被规定性，以及以整体淹没个体的可能。

（二）"伦理实体"

黑格尔在《精神现象学》中曾有过如下论述：伦理实体是"现实的实体"，是"在实际存在着的意识的复多性中实现了的绝对精神"，这个"绝对精神"即是"公共本质（或共体）"，伦理实体自身具有"多种关系"。[②] 根据黑格尔自己的思想理路，"伦理实体"是具有伦理性的实体性存在。这个"实体性"存在消灭了"应然"与"实然"的对立，它不是纯粹的实然、实存，而是具有应然性的实存，是既具有应然性、又具有时空规定性的有限、特殊的存在。黑格尔的"伦理实体"是作为"客观世界"的"公共生活"、"实践世界"，是具有应然性的"社会生活"、"实践世界"共同体；这个共同体具有多种样式、多个环节，它是多个环节、多种样式所构成的统一体。[③]

---

① 黑格尔：《法哲学原理》，第 173—174 页。

② 参见黑格尔：《精神现象学》下卷，第 6—7 页。

③ 参见泰勒：《黑格尔》，第 558—559 页。

伦理实体这一活的善有一系列重要特质：

其一，伦理实体具有现实性品格。伦理实体是现实的，但这个现实并不简单地等同于实存。作为活的善的伦理，既存在于现存世界中，又不等于现存世界。这有两个方面的含义：一方面，现存世界是既包含普遍必然又包含偶然特殊杂多的世界。某种现存的东西很可能就是一种失却必然性、行将消失的东西。时髦的东西往往昙花一现。这就意味着当我们在面临后面所说人们应当做些什么、应当从伦理实体中找到依据时，必须注意仔细区别什么是活的善，什么不是活的善，什么是具有必然性的东西，什么是不具有必然性的东西。另一方面，能够作为道德内在规定性的伦理生活、伦理秩序，不是现象形态的，而是自由精神这一质的规定的。这个自由精神就是伦理精神。伦理精神是隐藏在伦理生活与伦理秩序背后、且作为其本质存在的客观精神。道德以伦理为内容，就其根本而言，是以隐藏在伦理生活、伦理秩序背后的伦理精神为内容。只有这种理解才有可能从根本上摆脱那种以为道德是由外在习俗、惯例调节的俗常浅薄识见。

其二，伦理实体是人的现实生活关系及其秩序，权利与义务在伦理实体中统一。伦理实体这个现实生活关系及其秩序，有其客观内容、客观规定。这种客观规定、内容不是人为加予的，而是这个生活关系得以存在的内在结构。在这内在结构中，每一个具体、特殊都有其相应的权利与义务。一切权利、义务都不是空洞的，都是伦理实体这个现实生活关系及其秩序的要求或规定。在这里，义务亦不再是抽象、空洞的，它从伦理实体那里获得现实规定。①

作为活的善的伦理实体，是权利与义务统一的实体。在《法哲学原理》中，抽象法阶段讲的是权利，道德阶段讲的是义务，在这两个阶段，权利与义务处于分离状态。②而在伦理阶段，义务和权利“合而为一”，达至统一。“一个人负有多少义务，就享有多少权利；他享有多少权利，也就负有多少义务。”③黑格尔关于伦理实体中权利与义务统一的思想，与其对时代及时代精神的理解直接相一致。正如黑格尔在《法哲学原理》开篇所强调的那样，关于权利问题的研

① 参见黑格尔：《精神哲学》，第 330 页。

② “在抽象法的领域，我有权利，别一个人则负有相应的义务；在道德的领域，对我自己的知识和意志的权利，以及对我自己的福利的权利、还没有……同义务一致起来，而成为客观的。”黑格尔：《法哲学原理》，第 173 页。

③ 黑格尔：《法哲学原理》，第 172—173 页。值得注意的是，对于黑格尔这一思想的理解须小心谨慎。

究以自由为第一前提，即以启蒙时代以来所确立起的平等的自由权利这一时代精神为第一前提。一个权利与义务相分裂、权利与义务不统一的社会，不是一个自由的社会，不具有正义性，没有存在的理由。只有权利与义务相统一的社会，才是一个自由的社会，才具有正义性，进而拥有存在的合理性根据。这样，我们就不难明白为何黑格尔不是借助于思辨而是借助于意志的“独断”讲：“如果一切权利都在一边，一切义务都在另一边，那末整体就要瓦解，因为只有同一才是我们这里所应坚持的基础。”[①]

其三，伦理实体是理解权利—义务关系奥秘的基地。对于任何一个具体个人而言，当其来到世间时，就会首先被规定为自由或不自由的，就会先在地有一系列权利、义务规定加于其身。这些权利、义务对于这个具体个人而言，在具有先验性的同时亦具有神秘性：它们从何而来？为何具有这等权威？这个问题直接关涉权利、义务规范要求的起源。黑格尔借用安悌果尼表达了自己的看法：“谁也不知道法律是从什么地方来的；法律是永恒的，这就是说，法律是自在自为地存在的，它们是从事物本性中产生出来的规定。但是这个实体性的东西同样具有意识，尽管这种意识总是处在环节的地位的。”[②] 这里重要的是“事物本性”。

权利—义务、法律制度等规范要求从何而来？是否如人们通常所认为的那样它们是人的自觉创制？是人们通过议会制订或各级政府部门颁布？如果真的仅仅如此，那么，它们就不能摆脱偶然性与任意。人们为什么制订这些法律制度规范、提出这些权利—义务要求，而不是其他？为什么在日常生活中有些具体法律制度规范、权利—义务要求是短命的，而另有一些则具有某种持久性？为什么有些是恶法，另一些是良法？这就不得不透过主观而深入客观，深入人们的生活世界，深入“事物本性”。那些具有某种持久性的法律制度规范、权利—义务要求，正是“从事物本性中产生出来的规定”。正是这些“从事物本性中产生出来的规定”才具有客观性必然性。

那么，这个“事物本性”又是什么？它又如何被把握？确实，一个人面对那些历史悠久的权利—义务关系规定时，会对其充满神秘感与敬畏心，不知道

① 黑格尔：《法哲学原理》，第 173 页。
② 黑格尔：《法哲学原理》，第 165 页。

它们是“从什么地方来的”。然而，在黑格尔看来，它们来源于“伦理性的东西”，来源于伦理实体。原初的权利、义务规范要求，来源于人们在长期共同生活中形成的稳定的交往关系结构。当这种稳定的交往关系结构为人自觉意识把握并成为一种自觉的安排后，就成为我们所说的法律制度及其权利—义务关系要求。①

其四，伦理实体具有无限样式。作为活的善的伦理实体不是抽象的善，而是具体的善。即，它是以特殊样式存在着的普遍善，在其特殊性中蕴藏着普遍性，它是特殊性与普遍性的统一。没有这种特殊性存在样式，它就不可能是活的。这意味着作为活的善的伦理总是具体实存的，这种具体就是人的具体生活关系、生活世界。正是在这个具体生活关系、生活世界中，人们的权利、义务获得具体规定。因而，当我们在说到人的权利、义务时，只要不是在纯抽象意义上而言，就必须深入这种具体生活关系具体认识与把握。

在黑格尔的体系中，家庭、市民社会、国家构成伦理实体螺旋运动的三个环节，它们分别代表伦理实体的“直接”“自然”、“形式普遍”、“有机现实”三个发展阶段，国家在其中作为真理性环节存在。②然而，我们不能据此就简单地以为伦理实体只有家庭、市民社会、国家三种具体存在样式。一切作为社会生活实践世界的共同体，即，一切具有伦理性的实体，均为伦理实体。伦理实体的具体存在样式具有无限多样性可能。不仅如黑格尔所说家庭、市民社会、国家，而且村落、单位、社团、集体、企业等任何一个现实存在着的社会学意义上的有机组织，均可构成特殊的社会生活共同体，均是特殊的伦理实体。正由于伦理实体的这种开放性与无限多样性，才使得伦理本身的存在样式成为活的，而不是僵死的，才能够对伦理这个“活的善”有深刻的把握。不过，黑格尔关于家庭、市民社会、国家的伦理实体三环节思想给我们重要启示：对于生活共同体的认识，在抽象的意义上，可以从家庭共同体、社会共同体、法权共同体三个维度把握；法权共同体是现代人自由生活的政治共同体。

黑格尔通过作为伦理三个环节的家庭、市民社会、国家，事实上论述了“社会生活”、“实践世界”的三种形态。家庭是以情感为基础、未经反思的直接

① 笔者在《道德生活论》(1993)、《存在与自由：伦理学引论》(2004)、《伦理学理论与方法》(2004)中关于道德起源及道德与法律规范关系的相关论述，就是对这种“事物本性”及其自觉把握的一种阐释。

② 参见黑格尔：《精神哲学》，第330—331页。

自然统一体，市民社会是以契约交换为基础的独立个体通过共同需要结合在一起的合作社会，国家则是以公共理性为基础的公共理性共同体。[①]黑格尔将家庭、市民社会、国家作为伦理实体的三环节，表明了他把握“伦理实体”时的深刻历史意识：就人类文明演进历史进程而言，血亲家庭、市民社会、公民国家，构成伦理实体演进的三个基本历史阶段。不仅如此，黑格尔通过家庭、市民社会、国家这三个环节，事实上以思辨方式论述了人的血亲关系、个人间关系、公民关系三种不同类型的现实生活关系。因而，对于伦理实体三个环节的解读，就不仅仅应是历史意识的，亦须是现实意识的。

具体善的无限性在于人的活动、人的关系的无限性，它包括了人的全部生活世界。正是伦理关系这种包括人的全部生活世界的无限性，使得伦理这个活的善具有无限存在样式。这种存在的无限样式有两个方面的理解：一方面，伦理实体的无限形式。这是指人的具体实践方式、交往关系的无限样式。正是这种具体关系之间的差别，才使人具有丰富的权利—义务关系规定。黑格尔讲伦理实体在自己的内部设定了“差别”，其实是讲共同体中人与人关系的特殊性，以及由这种特殊性所规定的权利—义务关系的具体性。这样看来，黑格尔说这些差别是伦理实体“自己内部设定”、“自为地必然”，其实是在说人的权利—义务关系并不是一种当事人自己的主观愿望关系，而是一种客观关系，是一种客观结构性规定与要求。当我们说伦理的规范性时，也正是在这种伦理实体“自身内部设定”了的权利—义务关系具体要求的意义上而言，它是这种具体伦理关系、伦理秩序的具体规范性要求。离开了伦理关系与伦理秩序自身的内部具体规定性，这种规范性要求不仅无法理解，亦无法具体实践。另一方面，即使是同一伦理原则或伦理精神，在不同的实践关系中会有不同的具体存在样式。这个世界上可以有人们所共同认肯的仁爱、慈善精神，但是，这个世界上却不可能只有一种具体不变的仁爱、慈善行为。仁爱、慈善及其他一切具有普遍性意义的价值精神，都有无限的实践样式。不承认无限多样性的善的实践样式，就没有善自身。

其五，伦理实体自身是一生命有机体——用黑格尔的话说伦理实体是具有“必然性的圆圈”的丰富体系。根据黑格尔的思想，伦理或伦理性的东西本身亦

---

① 参见泰勒：《黑格尔》，第 661、663—675 页。

有个“合理性”问题：“伦理性的东西就是理念的这些规定的体系，这一点构成了伦理性的东西的合理性。”提出伦理性东西自身的合理性问题，这非常重要。如黑格尔后面所说的，一个应当的行为就是做那个伦理环境中所熟知的，但是，这绝不意味着要按照一切实存的要求、习惯行事，而是要依那些具有真实合理性的伦理要求行事。伦理性东西的合理性依据就在于“自由”或“自在自为地存在的意志”。而由于自由或自在自为地存在的意志本身又是具有丰富内容规定的东西，且这些丰富内容本身是“必然性的圆圈”[①]，因而，作为伦理性东西合理性根据的自由或自在自为地存在的意志，就是具有丰富内容的有序体系。所谓“有序”、“体系”，是指的权利—义务间的价值关系，这种价值关系不仅确定具体权利—义务要求的合理性根据与范围，而且还确定不同权利—义务要求间的层次性与价值优先性。

作为伦理实体丰富体系中具体存在样式的具体伦理实体，诸如家庭、市民社会、国家，除了拥有作为丰富体系的伦理实体所共有的一般伦理精神外，还均有其自身独特的伦理精神。这种独特的伦理精神是一般伦理精神在此独特伦理实体中的具体化。家庭的伦理精神是（血亲）孝亲慈爱，市民社会的伦理精神是（个体）诚信互惠，国家的伦理精神是（公民）平等自由。在黑格尔那里，这三个环节构成了完整的“必然性的圆圈”。

值得注意的是，黑格尔在这里揭示的作为体系的伦理性的“必然性的圆圈”，不能简单地停留在抽象法、道德、伦理这个圆圈运动来把握。而应在伦理实体是一有机体，这一有机体自身是具有丰富内容的体系意义上来把握。这就是黑格尔在后面所要具体论述的家庭、市民社会、国家的圆圈运动。伦理关系自身具有丰富的结构，这个丰富结构亦是伦理关系自身的展开过程。这个圆圈中的各个环节对于个人行为均有调节作用。这就是黑格尔所说的“这个必然性的圆圈的各个环节就是调整个人生活的那些伦理力量”[②]。

伦理实体是个丰富的“体系”与“必然性的圆圈”表明：一方面，即使是在自由、善的立场来看，调节个人行为的伦理要求也有多方面。即，在特定境况下个人的权利、义务可能会具有多方面的内容，单独地看，这些权利、义务

---

① 参见黑格尔：《法哲学原理》，第165页。

② 参见黑格尔：《法哲学原理》，第165页。

中的任何一个都有其存在的合理性或理由。另一方面，正由于自由的内容是作为“规定的体系”出现，因而，这些不同权利、义务之间会有价值优先性区别，而并不是简单等同的。这样，黑格尔通过对伦理的具体实体性分析，就为进一步揭示权利—义务关系及权利—义务关系冲突时的选择，奠定了一个学理基础。

（三）伦理实体中的个人

在伦理实体“活”的善中，普遍意志与特殊意志达于统一。伦理实体中内在地包含着个人对于自己特殊需要满足的权利，个人存在的特殊性亦不再是与普遍性相对立、在普遍性之外的东西，而是普遍性自身的实存方式。“特殊性是伦理性的东西实存的外部现象。”[①] 这种普遍意志与特殊意志的统一，是个人与共同体的统一。这个共同体既是个体存在与实现自身价值的方式，又是个体自由活动的创造物。

伦理这一活的善，不是聚合体，而是有机共同体，不是构成的概念，而是本体的概念，个人与伦理实体是“偶性对实体的关系”。[②] 黑格尔有这样一段论述：“伦理性的规定就是个人的实体性或普遍本质，个人只是作为一种偶性的东西同它发生关系。个人存在与否，对客观伦理说来是无所谓的，唯有客观伦理才是永恒的，并且是调整个人生活的力量。因此，人类把伦理看作是永恒的正义，是自在自为地存在的神，在这些神面前，个人的忙忙碌碌不过是玩跷跷板的游戏罢了。”[③] 黑格尔在此对个人的自以为是泼了一盆冷水。那些整日忙忙碌碌的人们，殚精竭虑、不惜一切、自以为是地追求着功名利禄等一切自以为是重要的东西，其实，在伦理实体这个具有神性的存在物面前，无异于蝼蚁。在

① 参见黑格尔：《法哲学原理》，第 172 页。第 154 节内容英文本的表达如下：“The right of individuals to their *particular* satisfaction is also contained in the ethical substantial order, since particularity is the outward appearance of the ethical order—a mode in which that order is existent.”英文本的表达更有助于我们把握黑格尔的原意。

② 参见黑格尔：《法哲学原理》，第 165 页。

③ 参见黑格尔：《法哲学原理》，第 165 页。值得注意的是，中译本中此处“伦理性的规定构成自由的概念”的相应英文本表达是“the laws and institutions of the ethical order make up the concept of freedom”。根据英文本的表达，黑格尔此处并不是一般泛泛讲伦理性的规定，而是讲伦理性的法律制度构成自由的概念，其突出强调的是伦理性的法律制度是实存着的自由理念，这种实存的自由理念对于个人具有现实有效规范性。

这里，尽管黑格尔是从个体存在的本质规定性维度论述自己的思想，但是，至少在他的这个思想中隐含着某种忽视乃至否定个人价值的消极性内容，缺失个体对于共同体批判、创造这样一种积极性内容，与其所说伦理实体通过个体活动所创造的思想相悖。[①]

在黑格尔看来，伦理实体相对于个人而言“独立”存在，并具有“绝对的权威和力量”。[②]在黑格尔这里，伦理实体不是一个构成的概念，而是一个本体的概念。它本身就自成依据、自成理由。用黑格尔的话说它是“自在自为的意志”。在社会学意义上，我们可以说一个民族、一个国家由无数个人构成，在一般抽象的意义上，我们也可以说个体与类一体两面、互为依存。然而，当我们不再是在这种构成的意义上而言，而是针对某一具体个人的具体存在而言，那么，我们就必须承认一个民族、国家的存在不依赖于这个民族中的这一个或那一个具体个人。民族、国家先于这一个或那一个人存在，并是这一个或那一个人的生命本根，正是在这个意义上，它对于这一个或那一个人具有先在性，并具有内在不可抗拒的权威与力量。

尽管伦理共同体的存在以及伦理性力量的显现都离不开具体的个人，[③]但是，由于伦理共同体的历史延绵性而获得的稳固性，由于伦理共同体对于具体个人的先在性，由于个体的社会化或人化过程就是进入伦理实体、成为这个伦理实体中的一员的过程，就是将这个伦理实体历经世代积淀而成的价值精神内化的过程，因而，伦理共同体相对于个人而言，就是一种历史、永恒与生命之根。值得注意的是，不能离开个人存在的社会性、个人存在的生命之根、个人存在价值、个人行为合理性根据的意义，来泛泛谈论什么个人对于伦理共同体是偶存的，谈论“个人存在与否，对客观伦理说来是无所谓的”。因为在纯粹哲学思想行程中，共同体是个体的共同体，社会是个人的社会，没有个体就无所谓共同体，没有个人就没有社会。伦理共同体由个体构成，伦理共同体的价值精神是无数个体现实活动中生成的价值精神，伦理共同体的历史既由个体所承负又由个体所创造。泛泛谈论个体是“偶存”的，就会失之于否定个体的价值、

---

① 参见黑格尔：《精神哲学》，第329页；《精神现象学》下卷，第2—3页。

② 参见黑格尔：《法哲学原理》，第165—166页。

③ “正是在个人中，这些力量才被观念着，而具有显现的形态和现实性。”参见黑格尔：《法哲学原理》，第165页。

否定个体权利与自由，进而会事实上否定自由与权利本身。

事实上，黑格尔在认为伦理实体既是“一切个人的行动的不可动摇和不可消除的根据地和出发点”、是“一切个人的目的和目标”的同时，又认为伦理实体是“一切个人和每一个人通过他们的行动而创造出来”的“作品”。[①] 在伦理实体中，个人并不是一种纯粹消极的存在，个人具有主体性与创造性——这正是黑格尔在《法哲学原理》中重视偶然性、特殊性、主观性的缘由之一。伦理实体既是个人的生活世界、出发点，又是个人活动的创造物，因而，它在个人的创造性活动中成为开放的。正是在这个意义上，个人又创造着自己的社会及其历史。不过，黑格尔的这一思想在其封闭的体系中受到压抑、窒息。

伦理实体作为个人活动的“根据地和出发点”，个人存在、生活、行动于其中，并通过这种存在、生活、行动，获得“伦理上的造诣”，成为一个人，一个摆脱了纯粹自然性的自由存在者。所以，个体主观性、个人美德、优美灵魂，都离不开伦理实体，只有在伦理实体中，这一切才有可能成为真实的。

二、美德

黑格尔在道德阶段还只是在抽象的意义上讨论了主体的自由意志精神问题。在道德阶段，黑格尔强调法在心中，人必须自觉履行道德义务，强调道德义务的履行须个性化、个别化、特殊化。然而，这种论述与强调仍然是原则、抽象的。对于现实具体存在者而言，抽象义务要求的具体规定究竟是什么、究竟应如何履行义务，则有待进一步具体揭示。道德义务的具体内容须在伦理实体中规定，道德义务的实践须在伦理实体中展开，道德精神须在伦理实体中呈现。

黑格尔在“伦理”篇中关于家庭、市民社会、国家等伦理实体的具体分析，既应当被理解为是对自由权利、正义关系在不同领域具体实现的揭示，同时亦应被理解为是对一系列相关具体义务、美德的具体揭示。履行这些自由权利、维护这些正义关系，就构成义务、美德的现实内容。道德品质、道德修养不是

① 参见黑格尔：《精神现象学》下卷，第 2—3 页。

空洞的，它体现在日常生活的每一个方面、每一个环节。家庭、市民社会、国家生活中的具体行为，正是履行义务美德的具体呈现。这样，自由与美德就是一体两面之事：自由不在（履行）义务之外，而在于（履行具有必然性的）义务之中；美德是个体“伦理上的造诣”。[①]

（一）作为“伦理造诣”的美德

黑格尔反对形式主义的义务论，认为义务应有其客观内容规定。[②] 义务的这种客观规定，通过伦理实体得到了进一步合理揭示。

在黑格尔看来，义务是一种客观伦理关系及其规定。个人的义务与个人在伦理实体中的具体存在、被规定性直接同一。抽象的个人由于无规定性的抽象性，因而，也只能在抽象的意义上提出一般的义务要求：她／他作为人有做人的义务，“成为一个人，并尊敬他人为人”，“行法之所是，并关怀福利”。[③] 个人只有在伦理实体中获得自身的具体规定、成为具体的存在，才能获得具体的义务要求。对于个人而言，伦理实体的“法律和制度这些实体性的规定”就是“义务”。[④] 义务作为个人的伦理性规定，是一种客观“必然的关系”要求。[⑤] 由于个人存在的伦理性规定具有丰富的内容，因而，在其现实性上，个人的义务就有丰富的内容，这每一个内容都是一种“必然的关系”。个人的任何伦理性规定都是具体的义务，任何这样一个具体义务要求都有其理由——至于义务冲突中如何选择，则属另一个问题。并不能因为义务冲突及其择一而否定义务存在的多样性及其合理性。[⑥]

义务具有拘束性，这是伦理实体对其成员的一种规定与要求。当且仅当社会成员以这种规定与要求的方式存在时，她／他才是这个伦理实体中能够自由

---

① 黑格尔：《法哲学原理》，第 170 页。时下伦理学中有义务论与美德论之争。其实，二者只不过是从不同角度对规范性价值根据的理论解释，就规范性价值要求本身而言，并无根本的差别。

② 参见黑格尔：《法哲学原理》，第 135 页。

③ 参见黑格尔：《法哲学原理》，第 46、136 页。

④ 参见黑格尔：《法哲学原理》，第 167 页。

⑤ 参见黑格尔：《法哲学原理》，第 167 页。所谓“必然的关系”是相对于任意、偶然而言，指称义务的“真实”性。

⑥ 黑格尔在对家庭、市民社会、国家的分析中，包含了对这种个人存在的伦理规定性的丰富多样性的具体揭示。

存在的现实成员。正是在这个意义上，义务又是人的本质的规定、要求。人的自由存在不在于任意，而在于自由意志行为，在于“从心所欲不逾矩”。人们自觉执行伦理实体对个人的规定，履行义务，就无所谓约束。约束只是针对那些缺少自觉意识、不能履行伦理实体义务要求的人而言。“具有拘束力的义务，只是对没有规定性的主观性或抽象的自由、和对自然意志的冲动或道德意志（它任意规定没有规定性的善）的冲动，才是一种限制。”[①]“义务仅仅限制主观性的任性，并且仅仅冲击主观性所死抱住的抽象的善。当人们说，我们要自由，这句话的意思最初只是：我们要抽象的自由，因此国家的一切规定和组织便都成了对这种自由的限制。所以，义务所限制的并不是自由，而只是自由的抽象，即不自由。义务就是达到本质、获得肯定的自由。”[②]

人总是有意志冲动的，然而，并非任何意志冲动均是自由意志的。自由意志不同于自然意志与纯粹自我意志。自然意志以自然欲望为内容，纯粹自我意志则是任性。只有自由意志才是自由的存在。个人对于伦理性规定的自觉，一方面摆脱了对自然冲动的依附性，另一方面，又摆脱了纯粹率性而为的主观任性。所以，黑格尔揭示：“在义务中个人毋宁说是获得了解放。一方面，他既摆脱了对赤裸裸的自然冲动的依附状态，在关于应做什么、可做什么这种道德反思中，又摆脱了他作为主观特殊性所陷入的困境；另一方面，他摆脱了没有规定性的主观性，这种主观性没有达到定在，也没有达到行为的客观规定性，而仍停留在自己内部，并缺乏现实性。在义务中，个人得到解放而达到了实体性的自由。”[③]

因而，个体美德的核心，是将伦理共同体的伦理性规定这一义务，变为主体的内在自觉并身体力行。换言之，主体自觉将这种伦理性规定作为自我规定性的内容，即具有了美德。美德是个人在“伦理上的造诣”。

所谓美德是个人在“伦理上的造诣”是指：美德是伦理性要求在个人性格中的反映。“伦理性的东西，如果在本性所规定的个人性格本身中得到反映，那便是美德。”[④] 善或恶，或美德与否，在特定的社会环境中总有其可公度的客观

---

① 黑格尔：《法哲学原理》，第 167 页。

② 黑格尔：《法哲学原理》，第 168 页。

③ 黑格尔：《法哲学原理》，第 167—168 页。

④ 参见黑格尔：《法哲学原理》，第 168 页。

判断标准。这个可公度的客观标准，就是特定伦理实体中的伦理要求。大“道”内守为“德”。此“道”为普遍精神、法则，得“道”即为“德”，“道”在“德”中，故，“道”又在现实中表现出无限丰富的实践样式。

从这种伦理性规定出发，个人义务及其行为选择就有了明确的规定：做那个伦理共同体所规定的。“一个人必须做些什么，应该尽些什么义务，才能成为有德的人，这在伦理性的共同体中是容易谈出的：他只需做在他的环境中所已指出的、明确的和他所熟知的事就行了。”[①] 所谓做那个伦理共同体所规定的是指：一方面，一个人的义务由（其所生活于其中的那个）伦理共同体所规定；另一方面，在这个伦理共同体中，一个人获得多样性伦理关系的具体规定，正是这些伦理关系的具体规定，成为其所应尽的义务。在具体时空条件下，我究竟应当做些什么，什么是我的义务？对此，我只需搞清楚我在此具体时空条件下的具体伦理关系，明白我在这个伦理关系中的具体所处，我就容易回答。这个“应做”义务，不是针对“我”这个人，而是针对这个特殊的伦理关系，针对处于这个伦理关系中的个别存在而言。故，这既针对我个人，又不仅仅针对我个人。它针对的是一种关系。

不过，对黑格尔关于“做伦理共同体所规定与要求的”思想，须小心对待。其一，伦理共同体规定的丰富复杂性。由于伦理共同体本身具有丰富内容，因而，伦理共同体的规定本身就具有丰富内容。家庭、社团、地区、社会、民族、国家等等，都是伦理共同体的具体存在。这些实存的伦理共同体对于个人都会有各自特有的规定。正由于伦理共同体规定的丰富性内容，因而，个人美德实践不仅具有丰富多彩的方式，而且还有一个道德冲突及其选择的问题。正是在这个意义上，“做伦理共同体所要求的”对于个人而言，既说了一切可能说的，又什么都没有说。之所以说是说了一切可能说的，就在于：它明确揭示美德并不是个人主观任性，而是对于客观伦理性规定的自觉践行。之所以说其什么都没有说，就在于：它只是揭示了一种行为选择依据的基本方向，这个基本方向只能是客观伦理规定而非主观任意，但是，由于伦理共同体自身内容的丰富多

---

① 黑格尔：《法哲学原理》，第 168 页。对黑格尔此段论述的理解，不仅可以读出已被解释了的伦理共同体的“风俗习惯”，更应读出伦理共同体的风俗习惯后面所隐含着的更为重要的内容，这就是如泰勒所说的“道德空间”、“背景性价值框架”。此“道德空间”、“背景性价值框架”是伦理共同体的价值认同依据。可参见泰勒：《自我的根源》，韩震等译，译林出版社 2001 年版，第 28—29 页。

样性，所以，当这种丰富多样性伦理规定呈现在个人面前、且只能择其一而行时，仅仅凭借这个一般规定显然是远远不够的，它必须要求对这些伦理共同体及其规定本身进行进一步反思。

其二，并非做“环境中所已指出的、明确的和他所熟知的事”必定是善、美德。黑格尔的这一思想充满玄机，既有深刻思想智慧，又有荆棘陷阱。黑格尔这个论述的思想方向旨在揭示：个人美德须有客观规定性，这个客观规定性来自伦理实体。就这个思想方向而言，是合理、深刻的。但是，一旦离开了这个思想方向，满足于字面的意思，则充满荆棘与陷阱。“做在他的环境中所已指出的、明确的和他所熟知的事”成为善恶选择的依据，在日常生活的层面，就很容易被理解为依据于人们俗常风尚习惯行事，从众随大流。而问题的关键恰恰在于：俗常风俗习惯本身并不是善恶内容自身，不能成为具有“真”的属性的客观标准。尽管黑格尔此处仅说“只需做在他的环境中所已指出的、明确的和他所熟知的事就行了”，但对此却不可简单理解，以为简单地按习俗行为即可。简单按习俗行事是“习俗的道德”。“习俗的道德”是缺失反思、批判与良心的道德。

黑格尔在书中曾明确将“风俗习惯”与“风俗习惯中的真理”相区别，[①] 并在《历史哲学》中明确认为：“习俗是没有反对的活动，在那里边只剩下一种形式上的持续，生命的目的原来所特别具有的丰富和深刻，在习俗里是谈不到了”[②]，因而，所谓做“环境中所已指出的、明确的和他所熟知的事”，并不是简单地依风俗习惯行事，也不是从众，而是明确自己的具体伦理关系及其要求，依“风俗习惯中的真理”行为。习俗有陋习恶俗，习俗中有真理与谬误。只有习俗中的真理才能成为个人行为选择的真实依据。应区分“习俗的道德”与“良心的道德”及“反思的道德”。“习俗的道德”不是真理性的道德，不能将“习俗的道德”等同于“良心的道德”与“反思的道德”。

这样，做伦理共同体规定的、做环境中所熟知的这样一些要求，内在地向个人提出理性反思判断这一美德前提。一个人是否能够从习俗中判断出真理性内容，取决于其道德能力。一个具有自由选择能力的人，是一个能够清楚地从

---

① 参见黑格尔：《法哲学原理》，第 160 页。

② 黑格尔：《历史哲学》绪论，第 116 页。

习俗中辨别出真理与谬误的人。正是在这个意义上，判断与选择能力是一个人道德行为的最根本能力。

由于美德是伦理上的造诣，因而，美德就不是人的自然天性，而是人在伦理实体生活中所获得的“第二天性”。

（二）作为“第二天性”的美德

美德是伦理性的东西在个人性格中的反映，[①] 即，只有当伦理性规定、要求成为一个人性格中的固定内容时，才能称此人有美德。“一个人做了这样或那样一件合乎伦理的事，还不能就说他是有德的；只有当这种行为方式成为他性格中的固定要素时，他才可以说是有德的。德毋宁应该说是一种伦理上的造诣。”[②]

黑格尔关于美德还有两个提法：“真正的美德”，及“关于德的学说不是一种单纯的义务论，它包含着以自然规定性为基础的个性的特殊方面，所以它就是一部精神自然史”[③]。对此该如何理解？

在黑格尔看来，只有在全部伦理关系已经得到充分发展和实现时，才会有“真正的德”。[④] 为什么真正的美德非要有在已经充分发展和实现、且有冲突的关系中才能出现？其真实意义是什么？这里面有深刻的内容。它不仅揭示了考察个体美德形成的“精神自然史”或“精神发育史”这一理解理路，揭示了应当在“精神发育史”的视野中理解个体美德及其教育内容，更揭示了只有经历了丰富复杂的社会生活关系，经历了丰富的人生历程，个体才有可能真正形成健全的人格。

已经充分发展和实现了的伦理关系，是具有丰富内容的伦理实体。在这种伦理实体中，各种伦理关系在伦理实体中的地位、相互联系都会在整体中呈现，

① 参见黑格尔：《法哲学原理》，第 168 页。

② 参见黑格尔：《法哲学原理》，第 170 页。

③ 参见黑格尔：《法哲学原理》，第 169 页。

④ 参见黑格尔：《法哲学原理》，第 169 页。与此相关的英文本表达是：“In an existing ethical order in which a complete system of ethical relations has been developed and actualised, virtue in the strict sense of the word is in place and actually appears only in exceptional circumstances or when one obligation clashes with another.”

并获得自身的丰富规定性。只有在这种全部伦理关系已经形成并实现的伦理秩序中，伦理性的规定才具有丰富的内容并具有确定性，进而，作为伦理性东西在个人性格中反映的美德，才具有全面性与确定性。

伦理关系及其秩序的充分展开过程，亦为人的自由意志生长过程，且这是"一部精神自然史"。人的自由意志生长史在类与个体两个层面上发生。在类的层面上，是人类自由意志的精神发展史。这个精神发展史是一个自然历史过程。个体精神发展史是类的精神发展史的重演。个体美德的形成是一个过程。个体美德的形成与发展，取决于其所生活于其中的伦理关系及其秩序。孔子所言："三十而立，四十而不惑，五十而知天命，六十而耳顺，七十而从心所欲，不逾矩"[①]，就包含了这种伦理关系丰富性与个体美德形成的内在关联性思想。没有丰富的人生经历，没有经历丰富伦理关系的磨砺，没有经历大开大合、大喜大悲，就不可能有真正的美德。这就好比一个没有长大的儿童，不会知道生活的艰辛、不会懂得忠孝仁爱义务的道德冲突，没有经历过恋爱的青年男女，不会真正懂得爱情一样。

同样，在一个市民社会没有得到相当发展、现代国家政治生活没有发展成熟的社会中，缺失基于现代市民社会、民主国家政治生活基础的一系列伦理关系及其秩序。在那里，处于支配性地位的只会是血亲家族等级伦理关系及其要求，其成员的个人美德在总体上亦不会超出这个境界。在这个意义上来认识黑格尔关于"真正的美德"一说，就会真正深刻理解美德是伦理上的造诣这一思想，明白个体美德原本是个体在伦理实体中养成。

美德在伦理实体中养成的核心是：伦理性的规定成为一个人性格中的固定部分。使一个人的性格成为伦理性的性格，这是对伦理性事物的习惯。"对伦理事物的习惯，成为取代最初纯粹自然意志的第二天性，它是渗透在习惯定在中的灵魂，是习惯定在的意义和现实。"[②] 使某种行为方式"成为性格中的固定要素"、成为性格中的"习惯"，这就是人的第二天性。人的这种第二天性是在伦理实体中熏陶习染而成。这种习惯当然不是行为动力定势这样简单的外在行为

① 《论语·为政》。

② 在黑格尔看来，对伦理性东西习惯的过程即是获得自由的过程："当他成为伦理性的性格时，他就认识到他的起推动作用的目的就是普遍物，这种普遍物是不受推动的，而是在它的规定中表现为现实的合理性。他还认识到，他的尊严以及他的特殊目的的全部稳定性都建立在这种普遍物中，而且他确在其中达到了他的尊严和目的。"参见黑格尔：《法哲学原理》，第 171 页。

习惯，而是一种稳定的心理—精神结构。这种稳定心理—精神结构，表明了一个人的稳定人格状态。

美德是将特定伦理性东西成为性格中的固定要素与习惯。不过，值得警惕的是：习惯的这种内在稳定性同时包孕着对生活、对新生事物无动于衷的消极可能。这就是黑格尔所揭示的："人死于习惯，这就是说，当他完全习惯于生活，精神和肉体都已变得迟钝，而且主观意识和精神活动之间的对立已消失了，这时他就死了。因为一个人之所以在活动，是因为他还没有达到某种目的；而在争取达到目的时，他就要创造自己发挥自己。目的一经达到，活动和生命力也就消失了，接着而来的乃是对一切失去兴趣，也就是精神或肉体的死亡。"① 一个人如果对生活不再有新鲜感，不再有好奇心，不再有兴趣，不再有追求意识，那么，她/他事实上已经踏进死亡的坟墓。② 兴趣、好奇心、追求，均是表示生命力的概念。一旦没有了任何兴趣、好奇心、追求，则意味着没有了活力与生命，没有了反思、批判。当然，兴趣、好奇心、追求等，也只是在生命力、活力意义上而言是善的。舍此，则不能简单地说它们无条件地就是善的。

（三）"正直"与美德

美德是伦理上的造诣意味着美德即是对伦理要求、义务的忠实履行。正是在这个意义上，美德具有康德式的绝对命令性质。然而，如果美德仅仅是履行具有绝对命令性质的义务，而不纳入主体的选择与判断能力因素，不与履行义务的特殊时空、对象、方式等相结合，那么，就难免康德式的为义务而义务。黑格尔既强调人应当有美德，但是又反对为义务而义务的形式主义。履行普遍义务有个特殊化、个性化、个别化的问题。普遍义务的履行必须经过特殊化、个性化、个别化过程。普遍义务没有经过特殊化、个别化、个性化，并不能被真实履行，也不会有真实的美德。美德并不仅仅是康德式的本乎律令，更是对普遍义务、绝对命令的特殊化、个性化、个别化的理性实践

① 黑格尔：《法哲学原理》，第 171 页。

② 老人对于生活的习惯、恬淡，与其肉体趋于死亡二者之间是否有着某种隐喻、玄机与奥秘？

能力。本乎律令只是一种善良主观愿望，只有将这种绝对命令、普遍义务要求经过特殊化、个性化、个别化实践后，才能说是真实履行了这种普遍义务、绝对命令要求。

黑格尔曾提出义务的一般抽象要求："成为一个人，并尊敬他人为人"、"行法之所是，并关怀福利"，履行义务的一般要求仅此而已。然而，究竟是何种具体义务要求、以何种方式履行这种义务要求，却是义务履行过程中不可或缺的。仅仅停留在一般履行义务、服从绝对命令的美德境界，并不能有效地履行义务。对此，黑格尔通过"正直"概念作了进一步阐述。

"正直"在此指的是在一般意义上忠实履行作为规范要求的义务。黑格尔认为："个人单纯地适合其所应尽——按照其所处的地位——的义务，那就是正直。"[1] 正直，忠实履行义务，是值得赞美的美德。在一个物欲横流、虚伪风盛的社会，一个人能做到正直，实属不易。不虚伪，不委曲，不奸猾，不口是心非，不阳奉阴违，不两面三刀，不玩弄义务于股掌之间，秉持道义操守，总是令人尊敬，并拥有某种人格的力量。一个社会，如果正直成为一种风尚，成为大多数人的品质，则这个社会就是一个清明良序的社会。在一个腐败没落的社会中，正直总是作为奢侈品为少数人拥有。正是在这个意义上，正直永远是社会的稀缺品，人们永远不会嫌正直太多。

然而，仅仅忠实履行义务意义上的"正直"，还并不是真正的美德。如果不能做到将普遍义务要求特殊化履行，不能在更高价值精神引领之下履行义务，这种对于义务的履行还只是为义务而义务，这种美德还只是一种形式上的美德。黑格尔在《历史哲学》"绪论"部分提出"形式上的正直"概念。他在讲到私人道德与世界历史进程中"精神"的关系时说道："那些主持旧的权利和旧的秩序的人，他们所拥戴的也只是一种形式上的正直——只是一种有生命的'精神'和上帝所抛弃了的形式上的正直。"并认为世界历史进程将这些私人道德"完全置之度外"。[2] 仅仅在一般意义上秉持义务本身，而不考量义务的具体内容及其具体实践，还只是一种空洞、形式的"美德"。

"正直"本身仍然是有待提升的精神。这有两个方面的具体理由：

---

① 黑格尔：《法哲学原理》，第 168 页。

② 参见黑格尔：《历史哲学》，第 70 页。

第一，履行义务必须将普遍义务要求特殊化。不能特殊化地履行普遍义务，并不能真实有效地履行义务。如果履行义务不分对象、场合，不知道具体问题具体对待，不知道恰当“隐”、“曲”，不知道义务履行中的特殊化、个性化，就难以真正履行好义务。诸如，尽管是出于好意并秉持公道，但是不考虑别人的感受，说话“直冲”，未必就能很好地履行义务。[①] 医生不知道在某些特殊情况下须善意谎言，司机不知道在特殊紧急情况下为了救人驾车闯红灯等这些似乎违反特定义务要求的道德实践，就不能很好地履行道德义务。这就如伦理共同体中亲子关系的具体规定是慈孝，但是一个人在具体情境中究竟如何慈或孝，或者说，慈或孝的具体存在样式究竟是什么，却是一个特殊性存在的问题，必须有一个具体、恰当的考量。所以，仅仅有慈、孝之心，未必就能真正履行好慈、孝义务。黑格尔通过“正直”概念就进一步揭示了普遍义务履行中的特殊化要求。“正直是在法和伦理上对他要求的普遍物。但从道德观点看，正直容易显现为一种较低级的东西，人们还必须超越正直而对自己和别人要求更高的东西；其实，要成为某种特殊的东西这种渴望，不会满足于自在自为的存在和普遍的东西。”仅仅满足于这种一般普遍性而不深入特殊性的美德言论，近乎“空话”，“因为这种言论尽是讲些抽象的和没有规定性的东西”[②]。亚里士多德在《尼各马科伦理学》中关注美德及其实践问题，并提出了“中道”思想。“中道”不是一个量的概念，而是“恰当”、“允执厥中”这样一种事物的具体“好”的概念。黑格尔在这里通过美德行为的特殊性问题，亦以自己的方式表达了与亚里士多德相同的思想。[③]

第二，履行某一具体义务必须以更高价值精神为灵魂，必须在自由精神引领之下、于一完整义务体系中把握此义务。当此义务在完整义务体系中有助于更高价值目的的实现，则此义务是应当被履行的，如果相反，则应慎思谨行。所谓为义务而义务的形式主义，还有另一种情形，这就是仅仅独立地考虑此单一义务本身，而没有在完整的义务体系、没有在更高价值层次的义务中把握此义务。这种情形似乎是履行了义务，但实际上并没有正确地履行义务，相反，甚至可能是在伤害一种更高价值层次的义务，伤害作为普遍理念的自由精神自

---

① 黑格尔甚至将这种“直冲”视为“无教养”。参见黑格尔：《法哲学原理》，第 203 页。

② 黑格尔：《法哲学原理》，第 168 页。

③ 参见黑格尔：《法哲学原理》，第 169 页。

身。通常所说战争中执行命令枪杀无辜百姓这一履行执行命令的义务，就是这种履行义务但伤害更高义务的恶。“二战”结束后的纽伦堡国际审判中，德国纳粹分子以执行法律为由替自己迫害犹太人行为辩护，试图以所谓“执行法律的人不受法律追究”为由开脱罪责。后来，法官们受到德国法学家拉德布鲁赫《法律的不法与超法律的法》一文的启示，得出结论：凡是展示人类共同理性，以维护人权为特征的法才叫法；凡是背离了人类共同理性，剥夺和践踏人权、侵犯人的尊严的法，不叫法。并据此对纳粹分子作出公正的审判。这里关于守法义务的辩驳，正是我们此处所说为义务而义务的一种特殊情形。[①]

这样看来，美德就不仅仅是我们通常所理解的一个人忠实履行义务的操守修养，它还包含着个别化、特殊化、个性化的做、行动、践行这样一类特质。一方面，正是在做、行动、践行中，才存在着普遍性的特殊性、具体性问题；正是做、行动、践行，才使美德能够摆脱抽象性的普遍性，成为普遍精神的具体实践。另一方面，也正是在这做、行动中，才鲜明地提出了更高价值精神指引下的履行具体义务问题。即使独立地看具有正当性的义务，还必须获得更高价值精神的审视，使之成为其内在一部分，只有这种特殊义务，才是应当被履行的义务。这样，我们的道德行为评价，所关注的就不仅仅是动机、目的、善良意志的问题，而应是包含因时、因地、因人的普遍价值要求特殊实践的问题。一个能够称得上是美德的行为，应当是普遍价值精神的恰当实践。

严格意义上的美德，不仅仅是个人对于伦理性规定的自觉践行，更是伦理性一般规定的恰当特殊化的践行。它有三个基本要素：其一，个人的这种行为是一种自觉行为，而不是形同神异、仅仅在行为上的合乎要求；其二，这种自觉行为是将一般普遍伦理性规定要求具体化、特殊化的恰当实践；其三，这种特殊化了的恰当实践必须是在自由理念这一更高价值精神指导之下的实践，必须有作为价值灵魂的东西贯注其中。这就是说，首先，一个人做

---

① 又如，公务员有执行上级决定与命令的义务，但在我国《公务员法》中，又有这样一条规定：当公务员认为上级的决定与命令有违法律时，下级可以要求上级纠正。如果上级不纠正、收回，则其后果由上级承担法律责任。如果是对一个明显违反法律的决定或命令，即使下级向上级提出了收回的要求，下级在上级坚持的情况下仍然继续执行，那么，下级就不得免责，就得与上级承担法律责任。此法律条文即是以法律的方式表明，具体义务履行必须以更高价值精神为灵魂。参见徐显明：《和谐社会中的法治》，《新华文摘》2007 年第 3 期。

了仅仅合乎伦理性规定要求的事，还不就是具有美德的。借用康德术语表达，就是仅仅合乎律令不是美德，只有本乎律令且恰当行为的才是美德。其次，一个人即使是本乎律令、自觉根据普遍义务要求行事，也未必是真实的美德。只有那些自觉将普遍义务要求恰当特殊化、个性化、个别化了的道德实践，才是真实的美德。再次，为了更高的善或具有更高价值等级属性的义务，有时不履行就自身而言似乎是正当的义务，本身就是在履行一种更为崇高的义务，就是一种崇高美德。

美德作为伦理上的造诣，是伦理性要求在个人性格中的反映，是作为灵魂存在于行为中的人格精神。

个人在伦理实体中熏陶习染形成作为“第二天性”的美德的过程，就是个人的社会化、人化过程。个人的这个社会化、人化过程，从个人的角度看，就是个人接受伦理共同体（或社会）教育的过程；从伦理共同体的角度看，则是伦理共同体对于个人的教育过程。①

三、伦理实体中的教育

《法哲学原理》关于教育的论述，尽管在“抽象法”篇的第3章有所涉猎，但主要集中在“伦理”篇。“伦理”篇中的各章均从不同的角度论及教育，且均是在做自由存在者这一成人的意义上论及。黑格尔多次论及教育，旨在揭示：做一个自由意志的存在者并不是一个自然过程，而是一个去除自然性、塑造人性的成人过程，这个成人过程是个体在伦理实体中经受教育、接受塑造的过程；教育是塑造人性的艺术，其最终目的是人的自由；不同的伦理实体环节有不同的教育内容；生活教育是美德形成的基本教育途径。

① 黑格尔在讲到“德”时，曾比较了当时的德、法两个民族对“德”的态度差别。在他那个时代，“法国人最常谈德”，他们把“德”视为“个人特性和行为自然方式的问题”。即法国的唯物主义者们基于原子个人主义与功利经验的双重缘由，将“道德”视为个人基于理性获取利益的行为方式。在黑格尔看来，法国人的这种“道德”缺失普遍性。当时的德国人则从“普遍性”的立场理解“德”，认为个人的美德在于拥有普遍客观内容，在于对“伦理性事物的习惯”。然而，依据黑格尔自身的理路，这种普遍内容不能离开个人、个人利益，关键在于个人利益不是自然冲动、任性。这样看来，当时德、法两国人对“德”的立场应当互补、整合。参见黑格尔：《法哲学原理》，第170页。

（一）教育：塑造人的艺术

黑格尔在哲学的高度把握教育，将教育视为塑造人性的艺术。他认为："教育学是使人们合乎伦理的一种艺术。它把人看做是自然的，它向他指出再生的道路，使他的原来天性转变为另一种天性，即精神的天性……使这种精神的东西成为他的习惯。"① 教育就是要转变人的自然天性，使之成为人的存在，成为伦理共同体中的一员，使伦理性规定成为个人性格中稳定的一部分。教育当然包括知识技术技能传授，但是教育最重要的并不是知识技术技能传授，而是有自由能力的自由人的塑造。知识技术技能只不过是人自由存在的手段和工具，教育的核心是人的塑造，是人的人化，是人的第二天性养成。没有人化、人性塑造的教育，只是在制造一个个有现代活动能力的现代动物。

教育作为塑造人的艺术，是塑造人的自由精神与完整人格，因而，教育的终极目的、最高价值就是人的解放：去除自然质朴性，使特殊性提升到普遍性，获得自由生活的目的与手段。这就是黑格尔所说"教育的绝对目的是人的解放"，且这个解放是一个无限开放的过程。②

这样，作为塑造人的艺术的教育，就有两个方面的规定：其一，教育这一塑造工作的本质内容，将特殊性提升到普遍性，将自然的塑造为自由的。"教育就是要把特殊性加以琢磨，使它的行径合乎事物的本性。"③ 使特殊性上升为普遍性，其核心是否定其自然性，而不是否定其特殊性本身——与其说在这种使特殊性上升为普遍性的过程中特殊性本身被否定，毋宁说特殊性在上升为普遍性中获得了新生。这个获得新生的特殊性，不再是那个作为自然性存在的特殊性，而是作为普遍性定在的特殊性。在特殊性的这个新生过程中，"特殊性给予普遍性的充实的内容和无限的自我规定，所以它自己在伦理中就成为无限独立的和自由的主观性"④。

---

① 黑格尔：《法哲学原理》，第 170—171 页。

② 此处英译本的原文是："The final purpose of education, therefore, is liberation and the struggle for a higher liberation still; education is the absolute transition from an ethical substantiality which is immediate and natural to the one which is intellectual and so both infinitely subjective and lofty enough to have attained universality of form." 参见黑格尔：《法哲学原理》，第 202 页。

③ 黑格尔：《法哲学原理》，第 203 页。

④ 黑格尔：《法哲学原理》，第 203 页。

其二，教育自身内容的真。教育本身必须合乎人自由存在的本性与规律，它要求“真正的教育”而不是虚假的教育。虚假的教育似乎也是在改造人、创造人，但是，这种教育只是根据某些人的主观任意、荒诞想象来扭曲人性。这种教育与其说是在解放人性，毋宁说是扭曲、湮没人性。所以，黑格尔明确提出要区分真正的教育与虚假的教育：“创造事物的这种真正创造性要求真正的教育，至于假的创造性只采用无教养的人们头脑中所想出来的荒诞事物。”①

教育解放人的过程，对于主体自身而言，亦是自我革命的过程。根据黑格尔的看法，“在主体中，这种解放是一种艰苦的斗争”，它要“反对举动的纯主观性，反对情欲的直接性，同样也反对感觉的主观虚无性与偏好任性”。② 离开了主体的自觉、意志、毅力，教育解放人的这个功能就难以实现。

人生过程就是获得教育的过程。在人生的每一个阶段、每一个环节，都有教育的问题。尽管人生每一阶段教育的具体内容及其形式各异，但是，这些各异的具体教育内容及其形式中却有其共同性，它们所指向的均是：远离自然性，具有社会性、人性；由特殊性上升为普遍性，使特殊成为普遍的特殊；获得自由生活的目的与手段。这个获得教育的过程，即是人获得解放的过程。当然，这种共同的教育指向，在人生的不同阶段有不同的具体内容。根据黑格尔的思想体系，在家庭这一伦理生活阶段，人生的教育主要是爱的教育，是在爱基础之上的信任、规则意识及其习惯养成教育。在市民社会阶段，人生的教育主要是独立人格、平等互惠、遵守规则精神的教育。这个教育过程通过市民社会生活实践完成。在国家阶段，人生的教育主要是公民精神教育。这个过程通过公民公共生活的日常参与实现。

在黑格尔生活的时代，关于教育有两种谬见：一种观点认为人的自然性是“淳厚质朴”的，教育腐蚀了这种淳厚质朴性；另一种观点认为教育只是提供满足私人享受目的的手段，只是知识的传授。③ 黑格尔明确否定这两种观点，并通过针锋相对的论述，揭示了教育的本质及其在成人过程中的作用。

在黑格尔看来，第一，教育是对人的纯粹自然质朴状态的否定。正是在这个意义上，教育的目的是人的自由解放，教育工作是一项使人获得自由、解放

① 黑格尔：《法哲学原理》，第 203 页。

② 此处译文根据英译本稍有改动。参见黑格尔：《法哲学原理》，第 202 页。

③ 参见黑格尔：《法哲学原理》，第 201—202 页。

的工作。自然质朴性固然可爱，然而，由于它是自然质朴的，因而，就是有待被扬弃的。这就如儿童的天真一样。儿童的天真质朴自然可爱，但是没有几个成年人真的希望自己被别人看作是如儿童般天真质朴，因为那是人不成熟的状态。从人的自然质朴中超越出来，成为人的存在，这是人的自由进程之一。正是在人的这一自由、解放历程中，我们才能合理理解教育是内在于人的自由、解放的工作。不能将质朴自然简单地作为完美来欣赏，亦不能简单地以为只有自然状态才是"纯洁的"，更不能离开人的自由、解放进程，简单地仅仅将教育"看成只是某种外在的东西和腐蚀性的东西"①。

第二，教育不仅是作为获得普遍知识、提供满足自身需要的手段，更具有自由、解放的意义。尽管教育可以通过提供知识、提供满足需要手段的方式，使人从外部自然界获得某种自由与解放，但是，这种意义上的解放还只是一种外在形式上的解放。如果教育仅仅停留在这种手段性意义上，那么，教育本身有可能成为催生人自身异化的东西：人不再以自身解放为目的，人所追求的仅仅是对外部世界的支配权、享有权，以及建立在此基础之上的对物质生活的享受与无休止追求。如是，则不仅教育沦为一种手段，甚至人本身亦沦落为一种手段：物的自我消费的手段。②

必须将教育理解为人的内在人性及其能力的生成过程，理解为人的自由解放过程。这正是黑格尔通过批评上述两种谬见向我们传达的重要思想内容。在黑格尔看来，无论是将教育看成是对自然状态的腐蚀，还是看成仅仅是满足需要的手段，都是将教育看成是人的外在性的东西。这种看法是对人的自由存在的无知。用黑格尔的话说，这种看法"表示着对于精神的本性和理性的目的的一无所知"。黑格尔认为人的自由存在或"理性的目的既不是上述的自然的质朴风俗，也不是在特殊性发展过程中通过教养而得到的享受本身。理性的目的乃在于除去自然的质朴性"③。

人的"自然质朴性"，根据黑格尔的看法，有两个方面：一是"消极的无我性"，一是"知识和意志的朴素性"。前者指的是人停留于自在状态，缺失自为

① 参见黑格尔：《法哲学原理》，第 201 页。

② 遗憾的是，尽管黑格尔之后历史又过了两个世纪，但是，社会对于教育的这种解放人的工作性质，似乎仍然处于某种迷茫乃至无知状态。教育正日益成为一个机械加工厂，输出的是精神侏儒。

③ 黑格尔：《法哲学原理》，第 202 页。

性与主体性，是缺失自我的这样一种“自然质朴”存在状态。后者指的是人虽有自为性与主体性，但是，这种自为性与主体性只是对于自身需要这类“自然必然性”的自觉及其意志要求。由于这种自觉及其意志要求还只是对于自身自然需要、享受这样一类东西的自觉与意志，故，它们仍然是行为主体对于自身的一种“自然性”意识及其意志。而无论上述哪一个方面，都指向人的纯粹自然性。因而，去除人的“自然质朴性”，实乃是要去除人的纯粹自然性。

这样，所谓教育的目的就是除去“自然质朴性”，就是要去除、改变人的纯粹自然性，一方面使人作为主体存在，另一方面使人从简单的自然欲望冲动的支配中提升、解放出来，成为具有自由精神的自由存在者。

正由于教育是项解放人的工作，黑格尔高度重视教育，主张教育的公共性，主张政府在教育中有所作为。在黑格尔看来，教育不是纯粹私人的事，教育不仅仅是为了“做一个好的人”，更是为了“做一个好的公民”。教育要为人进入公共生活服务。教育直接关涉人的自由能力、社会地位的升迁与改善之可能，因而，黑格尔站在反封建、反教会控制教育的立场上，主张公共力量进入教育领域，强调教育的公共性。[①]

当然，作为塑造人的艺术的教育，有个教育主体的问题。在一般抽象的意义上而言，这个教育主体就是人自身。人的自由是人在日常生活中通过理性学习而获得。人的解放是人的自我解放。没有任何他物可以使人获得自由与解放，唯有人自身才可能使自己获得自由解放。遗憾的是，黑格尔对此忽略未论。

（二）教育中的强制性：自律、他律

既然教育是去除人的自然性、是解放人，那么，教育就必定是一项要付出艰苦卓绝努力的事业，必定难免由于人的自然性的某种顽固性而不得不采取的某种强制性。黑格尔在关于“不法强制”的讨论中，就曾讨论了教育中的强制性问题。

在黑格尔看来，法的强制是对不法强制的否定。不法强制有两种类型，一种是对通常所说的契约约定或法定义务的违反，另一种是作为“纯粹自然的意

① 参见洛苏尔多：《黑格尔与现代人的自由》，第268—290页。

志”的“自然的暴力”。[①] 对后一种不法强制的否定，是要通过强制的方式克服或否定人的纯粹自然意志。黑格尔正是在教育中的强制性意义上来思考、论述这一问题的。

所谓“纯粹自然的意志”，是未经教化的意志或“未开化的意志”，它“是对抗自在地存在的自由的理念的一种暴力”。[②] 所谓“自在地存在的自由的理念”，是指人的自由的本真状态。人是自由的，自由是人的本真状态。人不是因其自然性，而是因其自由性而成为人。因而，人既注定要成为自由的，又注定有一个摆脱纯粹自然性的成人过程。在个体摆脱纯粹自然性、成为自由的存在者这一成人过程中，人须经历一个由“未开化”、“野蛮”到开化、文明的转变历程，在这个转变历程中不能没有某种外在客观强制力量的作用。由于“纯粹的自然意志”是针对“伦理性的定在”的“赤裸裸”的“对抗”，因而，为了成为一个人，用黑格尔的话说，为了“保护”“自由的理念”[③]，必须以“强制”的方式否定这种“纯粹自然的意志”。从个体发生学的角度看，个体社会化的过程，即是成为自由存在者的过程，即是以社会伦理关系与伦理精神及其规范性要求塑造个体的过程。尽管在这个社会化过程中，也有个体自身的主体、主动性，但是，他首先是一个接受、被塑造的过程，这个接受、被塑造过程具有“强制性”。[④]

黑格尔并以强制教育以及对“野蛮人和未开化人”的强制，来具体说明这一问题。在现代社会，国家有义务教育法。义务教育是一种强制。一般看来，似乎我接受不接受教育是我个人的事，或者是我家庭中的私事，并不影响他人的自由，并没有伤害他人的权利，故，似乎这是我自己的自由权利。但是，一个人生活在现代社会，没有文化就没有自由的能力，就不能很好地生活，因而，

---

① 黑格尔：《法哲学原理》，第 96—97 页。

② 黑格尔：《法哲学原理》，第 96—97 页。

③ 参见黑格尔：《法哲学原理》，第 97 页。

④ 对于黑格尔“自在地存在的自由的理念”还可以有另一种理解、解释进路。这就是自由的自在性。人是否自由似乎总是要通过自己的感觉被认识与把握，但人的自由与否并不完全是自己的感觉问题，或并不完全取决于自己的感觉。在人类文明发展的特定阶段，人的自由有其客观规定。这种客观规定的自由，就是人类文明在那个历史阶段所能达到的人的存在高度。这就是“自在”的“自由的理念”。“自由”不是个人的自我任意规定，有其客观、人道内容。我们讲“自由”、讲“幸福”时，不能离开这个“自在”的“自由的理念”，不能离开客观规定，否则，自由、幸福等就成为一种纯粹主观、偶然的东西了。纯粹主观、偶然的，不能称之为自由、幸福。

有文化就是现代人的基本规定之一。这就是人及其自由的“自在地存在的自由的理念”。文盲“对抗自在地存在的自由的理念”，与现代社会中的人及其自由相悖。为了保护“自由的理念”，为了社会成员拥有自由能力，社会必须通过强制的方式，使其成员接受应有的教育。①

针对“纯粹自然的意志”，黑格尔强调要有“教育上的强制”。②黑格尔此处强调的“教育上的强制”，不是简单地在实行义务教育这一类“强制教育”的意义上所言，而是在更为一般的、去除意志的自然性这一成人的意义上而言。根据黑格尔的思想，在人的操守、品德养成的成人教育过程中，不能缺少某种强制性。

为什么对于自然意志一定要采用强制的方法予以消除？难道不能通过说理、说服的教育方式解决吗？根据黑格尔的思辨逻辑，“纯粹自然意志”也是一种暴力与强制，强制的否定须通过强制的自我否定性实现。在这种思辨思想背后隐藏着更为深刻的真实内容。“纯粹自然意志”是人（person）的一种自然秉性或天性。人要摆脱自己的既有秉性或天性，放弃既有的意志，意味着开始一种新的生活逻辑与人生规定。这是一种根本性的转变。除非有一种异常强大外在力量的促使乃至逼迫，否则，从一种生活逻辑跳跃到另一种生活逻辑，依靠自身的力量是无法实现这种转变的。因而，要实现这种生活方式、生活逻辑、意志内容的根本性转变，就必须有一种强制力量的存在。这个强制性力量就是来自生活实践的力量。这种强制性教育就是生活实践的某种“必须如此”、“不得不如此”教育。这正是黑格尔说“采用温和手段来对抗自然的暴力是不会有什么成效的”基本缘由或依据。③

由此，我们可以发现教育有说理说服与强制两种基本方式。或者换言之，说理说服有两种方式：一是我们通常熟悉的言说的说理说服，一是来自生活实践要求本身的说理说服。要改变人们的既有生活习性、道德精神，言说的说服教育固然重要，但却并不是唯一的，甚至还并不是最重要、根基性的。在上述那样一类两种生活逻辑、两种不同意志内容的根本转变中，必须要有一种强有

---

① 由此亦可见现代国家并不是一个无为的国家，而应是一个有为的国家：保护公民的基本自由权利，使公民能够自由存在。

② 参见黑格尔：《法哲学原理》，第96—97页。

③ 黑格尔：《法哲学原理》，第97页。

力的外在强制力量的推动（这种强制力量可以是经济的、政治的、法律的）。甚至一个人善的习性的养成，亦离不开社会的强制力量的作用。在社会、客观的维度观之，（个人）道德尽管是一种自律，但是这种自律却总是以（社会）他律、以某种客观强制力量的存在为前提。没有某种客观强制力量为前提，道德自律的形成与稳定就是空幻的。这是因为：

其一，从社会道德精神的角度看，一方面，道德总是有其现实社会物质生活基础，在这种社会物质生活基础中存在着具有现实性的社会伦理关系，它们在具体调节社会日常道德生活的同时，亦规定了道德善恶的具体内容。这种社会伦理关系以社会客观力量的方式规定并引领着社会的价值原则与道德精神。另一方面，在普遍意义上言，当一个社会处于两种道德价值体系、两种生活态度的重大或根本转换时，这个社会必定处于两种生活方式、存在逻辑的转换之时。正是这种客观生活方式、存在逻辑的变化，顽强地推动着社会道德精神的变迁。没有客观生活方式、客观存在逻辑的根本变化，就没有社会道德精神的变迁。

其二，从个体道德品质的角度看，其美德形成与秉持均离不开客观生活世界伦理精神的“强制”模塑。一方面，一般说来，个体的道德品质、操守，总是其现实生活世界的反映。个体现实生活世界中的伦理关系及其伦理精神，以客观力量的方式在“强制”地塑造着特定个体的道德品质。这正是黑格尔借用古人之口，在回答如何教育孩子这一问题时，说使之成为一个具有良好法律国家中的公民思想之要义。另一方面，一个人的内在道德力量往往需要有某种外在力量的激发、支撑，没有这种外在力量的激发与支撑，个体内在具有的某种善或正义的道德感，往往处于沉睡或朦胧状态中。在一个社会中讲道德，当然必须强调社会成员的道德自觉，但是，却不能忽视这种客观伦理关系及其精神的强制性教育作用，这种来自生活本身的教育，更具有基础性。这种“强制”不仅提供了所谓“底线”道德，而且还突显了这种“底线”道德不可冒犯的权威性特质。

对“纯粹自然意志”的强制性教育所强调的是：为了社会成员的文明与教养，社会必须有强制性生活价值及其规范教育，这个生活价值及其规范教育不是口头说教，而是必须实行的行为方式。法治社会基础之上的管理，具有塑造社会成员品德、移风易俗、改造社会的功能。必须重视这种社会功能的恰当积极发挥。社会管理活动具有伦理价值，其核心就是个体美德形成的社会条件，以及公序良俗形成的社会条件。[①]

黑格尔教育强制性思想与康德的“自律论”似乎水火不相容。其实，冷静思考，康德的“自律论”至少在双重意义上并不绝对拒斥黑格尔的强制教育论。其一，康德自律论揭示的是自律为何，黑格尔强制教育论则揭示自律何以可能。其二，康德自律论以主体具有道德自由能力为前提，而黑格尔强制教育论则揭示主体的道德自由能力并非天生，亦有一个经历生活教育与学习的形成过程。

黑格尔通过对“纯粹的自然意志”的强制这一立场，事实上对道德哲学中的自律与他律问题发表了自己的独特看法。自由意志、自律有两个方面：一方面，自由意志、自律的内容；另一方面，自由意志、自律精神何以形成。黑格尔并不否认道德的自律性。因为，在他看来，道德是主体的自由意志精神，善在心中的率性而为是道德的最高境界。然而，黑格尔作为一个具有强烈现实关照意识的深刻思想家，又总是以自己的思辨方式直面现实。他认为，人不是因其自然性而成为人，人有一个由“纯粹的自然意志”走向“自由意志”、确立起自由精神的问题，在这个由“纯粹的自然意志”走向“自由意志”、确立起自由精神的过程中，人（person）需要被教育、塑造。通过这种教育、塑造，人获得第二天性。在这个教育、塑造过程中，不可缺少某种他律的强制性。他律是自律形成不可或缺的条件。

然而，仅仅一般肯定教育中强制性的存在还不够，还必须直面谁来担当这一强制性教育任务的问题。如果我们不满足于社会、国家这一一般回答，并试图在谁引领这种强制性教育的内容与方向的意义上思考这一问题，则会有更多发现。

黑格尔对上述问题的回答是“英雄”。他认为在古代社会这是英雄的“权利”与职责，是英雄担当了这种强制性教育的使命与职责。[②]黑格尔此处所说“英雄”是在“杰出人物”、“伟人”的意义上所使用。黑格尔是在谈到“一般暴力横行的状态”下对抗“纯粹自然的意志”时，曾提出了“英雄权利”的概念，并认为英雄只出现在人类的“未开化状态”。如果我们不是过于注意其“未开化状态”的字面表达，而是在以血亲关系为核心的古代社会这一更为深刻的意义

① 如此看来，“管理伦理”就有两个完全不同的方面或规定：其一，对一般管理活动及其过程的伦理关系、目标、手段等的伦理研究。这属于应用伦理学范畴。其二，对社会管理（规范引导）的伦理意义、价值的研究。这属于道德社会学的范畴。人们通常仅仅在前一种意义上谈论管理伦理，这是远远不够的。

② 参见黑格尔：《法哲学原理》，第97页。

把握其思想内容，仔细琢磨，就会发现黑格尔的思想中事实上有两个方面的含义：一方面，英雄的这种强制性教育任务担当，只存在于（相对于现代社会的）古代社会；其二，英雄所担当的这种强制性教育作用，在人类不同文明类型转型时期格外重要。

古代社会是血亲社会，实行的是家长制。家长制将那个共同体的命运直接维系于家长一人身上，家长及其家神精神状况直接决定了特定共同体的现实状况。这正是家长制下家长的人治及其英雄人格气质孕育的现实土壤。一个有远大抱负、心系民众、励精图治、教民化性，具有如同韦伯所说魅力的家长，会引领那个共同体摆脱“纯粹的自然意志”状态，走向繁荣兴盛。现代民主制度在根本上不同于古代家长制度。在现代民主制度中，家长连同家长制本身已不再有存在的理由与根据，法治取代了人治。现代民主制是一个去英雄的时代。正是在这个意义上，强制性教育任务的英雄担当，随着古代社会及其人治的被否定，亦失却其存在理由。

然而，去英雄的现代社会并不意味着这个社会不再需要有强制性的教育，并不意味着这个强制性教育（内容、方向）不需要引领。如果说英雄只是社会的个别现象，那么，英雄所标识的一般内容则是：社会精英阶层。这是一个代表社会良心的先进分子所构成的阶层。一个社会的主导价值、精神风貌、风尚习俗，总是需要被引导的，且总是在被引导过程中走向更加文明的境地的。一种不加引导、顺其自然的社会，其精神难免“自然”流俗。如果引领一个社会的是那种庸庸碌碌或私利熏心集团，则这个社会的精神难免恶俗，并在恶俗中混乱、颓废。只有作为社会良心的先进分子处于社会精神的引领地位，这个社会才有可能形成一种浩然正气，富有生命力。

道德教育中的这种强制性内容，是渗透在日常生活各个环节、各个方面的价值精神。人们通过日常伦理生活体悟到这种价值精神，并塑造自己。在伦理实体的生活教育中，来自他者的教育与来自自我的教育，浑然一体。人们在生活中学习、接受塑造的过程，既是对他者教育的体悟接纳，亦是主动自我反思、批判、重塑过程。在这里，二而一体。在这个意义上，伦理实体的生活教育，是最好的教育。

（三）生活教育

作为塑造人性的艺术的教育，并不是书本教育、课堂教育，而是生活教育、伦理共同体教育，或者换言之，是生活、伦理共同体这个大书本、大课堂的教育。这就是说，一个人的美德养成固然需要自己的努力，但是，在根本上却有赖于伦理共同体本身，有赖于伦理共同体这个大书本、大课堂。在这里，精神（包括意识、语言）逻辑依赖于生活逻辑，精神逻辑是对生活逻辑的把握与反映。离开了特定的生活世界，就无法理解某种精神（包括意识、语言），无法理解个体美德的具体内容、形成方式与途径。理解一个时代的精神、意识或其文化内容与结构，必须首先理解那个时代的生活方式、交往结构。

就美德的生活教育而言，至少有两个方面的基本内容：其一，美德教育不能回避现实。那种回避现实、与世隔绝的教育方式，不利于人性的塑造。回避现实的教育，本身就是一种虚伪与软弱。虚伪与软弱的教育，不可能塑造出健康人性。温室中培养不出能够经风雨见世面的健康人格。只有直面现实生活世界，使个人在纷繁复杂、风起云涌的生活世界中经受洗染、磨炼，通过反思，才有可能塑造出真实健康的人性。这正是黑格尔批评卢梭、爱弥儿等人孤离世界从事教育方式的基本缘由。①

其二，美德的养成有赖于伦理共同体的善。若伦理共同体所呈现的伦理关系及其秩序不佳，社会成员个人要想在人性上有所成就，则比较难。所以，黑格尔借用古希腊人之口表达了一个极为重要的思想："成为一个具有良好法律的国家的公民"是人性教育的最好途径。② 所谓"良好法律的国家"，就是如罗尔斯所说的"良序"社会。为什么非要通过"成为一个具有良好法律的国家的公民"方式，才能有助于人的第二天性的塑造？这不仅仅是因为在这样一种国家中，社会伦理规定及其法律规范表达稳定有效，因而人们有章可循，更是因为这种法律秩序、风俗习惯具有真理性，在这种伦理关系及其秩序中，个人能真正获得"自己的（自由）权利"，个人的特殊意志与伦理性规定的普遍要求能够达至统一。③ 这是一个如同马克思所说的"合乎人性"生长的环境。一旦这种具

---

① 参见黑格尔：《法哲学原理》，第 172 页。

② 参见黑格尔：《法哲学原理》，第 172 页。

③ 参见黑格尔：《法哲学原理》，第 172 页。引文中的括号及"自由"二字为引者所加。

有真理性的伦理关系、伦理秩序作为伦理性的东西，成为一个人性格中的固定部分，成为性格中的习惯，她/他就必然会在人性塑造上有所成就，拥有美德。

黑格尔在“伦理”的家庭、市民社会、国家三个环节，以思辨的方式，从人性生长的内在历史过程，具体论述了伦理实体生活教育的基本内容。

1. 家庭：爱的教育

黑格尔主要在父母对子女教育的角度论及家庭这一爱的教育。根据黑格尔的思想，父母对于子女的爱，是对自身及其伦理实体的爱，因而，这种爱就不是顺从子女任性的溺爱，而是有其客观规定性的伦理性爱，它内在地包蕴了对于子女的教育。

子女不是父母的私人财产，不是父母的附属品，子女自身就具有自由的权利。“子女是自在地自由的……他们不是物体，既不属于别人，也不属于父母。”[①] 子女属于伦理实体。父母对于子女的教育，就其根本而言，不是他们本人对于子女的教育，而是伦理实体对于子女的教育。因而，父母教育子女的权利，就其根本而言，不在于他们固有的权利，而在于伦理实体赋予的权利。这里隐含着一个命题：对子女的教育不是纯粹家庭的责任，它亦是社会、国家的责任。为儿童提供平等、良好的教育，是现代社会、国家义不容辞的重任。

“子女有被抚养和受教育的权利。”子女的这个被抚养与受教育权利的本体论根据就在于：人并不是其本能所是，雕琢其本能而人化，方可为人。这就如黑格尔所说：“应该怎样做人，靠本能是不行的，而必须努力。”[②] 正是在子女的这种成人过程中，伦理实体自身的生命得以延续。

家庭教育的目的在总体上是使子女去除纯粹自然本性，“破除子女的自我意志，以消除纯粹感性的和本性东西”，使其成为伦理实体中的现实成员。家庭教育有两个基本方面：一方面，“灌输伦理原则”，使子女拥有“伦理生活基础”；另一方面，使子女成为独立自由人格的公民。[③] 换言之，家庭教育的任务是双重的：一方面使子女成为这个家庭伦理实体的一员，另一方面使子女成为国家伦理实体中的一员。前者是使其成为家庭成员，后者是使其成为社会成员。家庭

① 黑格尔：《法哲学原理》，第188页。
② 黑格尔：《法哲学原理》，第188页。
③ 参见黑格尔：《法哲学原理》，第188页。

教育的这双重任务意味着有爱的教育与公民教育的双重取向，意味着家庭教育的内在规定性中，包含着民主的教育这一公民教育的基本价值取向。

家庭教育以爱、规范性为基本内容。黑格尔特别强调儿童作为人生的第一阶段，应当“在爱、信任和服从中度过”，应当“处于为父母所爱和信任的环境中”。[①]黑格尔在这里事实上将爱、信任、服从三者作为家庭教育的主要内容。不过，由于信任是在爱基础之上所形成的一种对家长的特殊情感，故，信任可以被归于爱之下：由爱而生信任。这样，根据黑格尔的思想，家庭教育的主要内容有二：一是爱的情感性教育，一是包含在“服从”中的规范性教育。具体言之：

其一，爱的情感性教育。（父母对于子女的）家庭教育不同于一般社会教育，其特殊性就在于它是基于亲情基础之上的教育，且是针对儿童这个充满稚气的未成年人的教育。因而，家庭教育中亲情的情感性教育就具有特殊的意义。伦理必须首先“作为一种感觉在儿童心灵中培植起来”[②]。在家庭教育中，爱是核心。在一个没有爱的生活教育中，儿童不可能培育起信任精神。由爱、信任所构成的生活环境是儿童伦理性教育的第一课堂，亦是儿童人格形成过程中的最重要阶段。儿童时期所受到的情感教育将影响人的一生。一个人的性格、心理特征在儿童时期塑造，一个儿童时期生活在爱与信任环境中的人，会对世界拥有更多的爱与信任。相反，则会对世界怀有更多的怀疑、冷漠乃至敌视与仇恨。正是在此意义上，一个家庭所能够给予孩子的最大教育与最珍贵财富，莫过于在爱与信任中形成的健康人格。弗洛伊德的心理学理论，罗尔斯的公民美德形成社会条件思想，都从不同层面揭示了这一点。[③]

当然，这种爱的情感性教育并不等于溺爱，并不等于无规范。其中的区别在于：这种规范性教育本身就是通过爱与信任进行。诸如，父母对于子女的爱的教育，并不否定父母有要求子女为家庭服务的权利，并不否定父母对于子女行为规训的权利。父母要求子女对于家庭的照顾，是以一种特殊方式进行的塑造子女爱的情怀与品德的教育，并通过这种特殊教育使子女能够体悟到爱的互相性与互动

---

① 参见黑格尔：《法哲学原理》，第188、189页。

② 黑格尔：《法哲学原理》，第189页。

③ 罗尔斯关于公民正义感美德形成的三个阶段（权威的道德、社团的道德、原则的道德）思想，也揭示了爱在公民健全人格形成中的基础性意义。

性。父母对于子女行为的规训权利，亦是伦理实体琢其成器的大爱权利。

其二，规范性教育。家庭教育的“一个主要环节是纪律”[①]。此处所谓“纪律”实为规范性。这种规范性教育本身亦是基于对子女的爱：使其成人。父母教育子女的核心任务就是要“矫正子女”的“任性”，认识与接受社会的规范性。一个人的成长过程，就是文化、文明、规矩的过程。文化、文明、规矩，当然需要说理，然而，由于人的本性的恣意性，往往仅仅言说教导并不有效。所以，黑格尔强调：“不得以为这里单靠善就够了，其实直接意志正是根据直接的恣性任意，而不是根据理由和观念行动的。如果对子女提出理由，那就等于听凭他们决定是否要接受这些理由，这样来，一切都以他们的偏好为依据了。”[②] 如果说服不够，这时，就需要强制与惩罚。这种强制与惩罚，一方面表明这种规范纪律本身的权威性与神圣性；另一方面，通过这种强制与惩罚使子女服从这种规范纪律，并逐渐对这种规范纪律形成习惯，以培养成第二天性。惩戒是教育的必要环节或手段。尽管仅仅依靠强制与惩戒的教育是不行的，但是没有强制与惩戒却就没有教育。[③] 当然，教育中的这种惩罚本身须有度，须以不伤害子女身心健康为原则。

其实，家庭教育中的这种惩罚本身就表明伦理实体的一种价值取向与价值灌输。这是生活本身向儿童所灌输的价值内容。这种通过生活本身向儿童所传达灌输的价值内容，对于儿童的影响，较之一般说服更为深刻与持久。

儿童确实有其天性与稚气，对于儿童的教育方式应适合其天性。然而，这并不表明对于子女的教育就是要保留子女的儿童气息，而不是通过教育提升子女。强调游戏中的价值引导，这可能正是黑格尔对“游戏论的教育学”批评的真实意蕴所在。[④] 教育对于儿童的提升应寓于游戏过程中，使儿童通过游戏学会遵守规则、发现规则、创造规则。纯粹游戏只是一个无规定的手段性东西。游戏须有思想内容，须有适合儿童身心发展的积极价值引导。游戏教育中的游戏，既应当适合儿童的天性，又应当有恰当的价值引导。

对于子女的教育，父母均有不可推卸的权利与义务，并各自承担着特殊的

---

① 黑格尔：《法哲学原理》，第 188 页。

② 黑格尔：《法哲学原理》，第 188 页。

③ “惩罚的目的不是为了公正本身，而是带有主观的、道德的性质，就是说，对还在受本性迷乱的自由予以警戒，并把普遍物陶铸到他们的意识和意志中去。”参见黑格尔：《法哲学原理》，第 187 页。

④ 参见黑格尔：《法哲学原理》，第 189 页。

角色。只有父母的共同配合，才能使子女受到良好健康的教育。黑格尔认为在“幼年时代，母亲的教育尤其重要”[①]，因为母爱通过一种直接的爱使子女获得存在的信任、安全感。其实，即使在整个儿童时期，父亲亦有其重要作用。如果说母亲是大地，施之以温暖与庇护，那么，父亲则是苍空，施之以法律与威严。母亲与父亲所承负的这两种教育内容，对于子女缺一不可。这亦从一个特殊层面呈现出子女教育的情感性与规范性两个方面的统一内容。

爱的精神与行为的规范意识，是人的两种基本美德。家庭是人来到世间后首先接触并生活于其中的伦理实体。爱的精神与规范意识，首先在家庭中培育。

2. 市民社会：独立平等互惠的市民精神教育

当个人从家庭中走出、进入社会后，首先是作为独立平等的主体出现。在市民社会中，独立平等的主体在彼此相互交往过程中养成独立平等互惠精神，以及一般的普遍规则意识。尽管黑格尔对于市民社会中的教育并无专门集中论述，但是，只要我们仔细爬梳、于大处琢磨，仍能窥见其基本思想精义。对于黑格尔关于“市民社会”部分教育的思想，须围绕专门活动的“教养”问题、并据于专门活动的“教养”这一特定角度方可较为准确地把握。[②]

市民社会教育的直接目的是培养有“教养”的市民（或个体）。专门活动的“教养”主要有两个方面：（从事）专门活动的一般精神；（从事）专门活动所需要的知识与技能。与此相应，市民社会教育有两个方面的基本内容：一方面，专门活动的一般精神、意志这一普遍性方面的教育；另一方面，专门活动所需要的知识与技能这一特殊性方面的教育。通过这两个方面的教育，使市民社会成员成为有教养的存在者。这个有教养的存在者，尽管追求私人利益，但是，却以平等互惠、遵守规则的方式去实现自己的私利，通过满足他人需要来满足自身需要。这个有教养的存在者，是自由精神在市民生活中的具体呈现。

市民社会中存在着的是私人，这些私人受自身的欲望所支配，他们直接以追求自身利益为目的，并不能自然地就成为具有普遍（责任）精神的人。因而，市民社会中的私人必须经受教育，使自己摆脱直接受自身欲望支配的自然

---

① 参见黑格尔：《法哲学原理》，第 189 页。

② 参见黑格尔：《精神哲学》第 525 节；《法哲学原理》第 197 节。

性，从狭隘的个人利益中走出来，成为具有普遍（责任）精神的人。这个有普遍（责任）精神的人亦有两个方面：一方面，是指去除了“纯粹自然意志”而成为拥有人性的自由存在者，有自由的精神、意志，而不是一个唯利是图的纯粹逐利者。他以平等互惠这一普遍性方式实现自己的独特利益。另一方面，是指有普遍规范意识的自由意志活动者，自觉遵守市民社会活动的准则规范。

值得注意的是，市民社会中的这种普遍精神、意志方面的教育，一方面，它亦是生活实践的教育，是市民社会成员在生活实践中的体悟、濡养——这样，它就要求以市民社会生活本身的正义性为前提；另一方面，它主要还是形式方面的，是平等互惠、遵守规则这样一些形式的普遍性。不过，不能小看这种形式的普遍性精神对于人的自由精神生长的意义，它是人走向真实自由不可或缺的环节，甚至它本身就有可能进一步演化为实质的，成为自由精神的一个方面。如果这种平等互惠的自我利益实现方式本身不再仅仅作为一种手段性存在，而是作为一种人与人的基本关系，作为一种人的交互主体性的存在方式，那么，它自身就成为一种人的自由存在方式。因而，对于市民社会中的平等互惠濡养教育，不能仅仅停留于纯粹手段性的意义上来把握、理解，而是要在人的交互主体性存在这种本体论意义上来把握、理解。只有这样，才能真正深刻把握与理解市民社会生活教育对于人的解放的真实内容。

市民社会作为现实劳动、交往、财富交换的境域，人的自由存在又须以获得从事具体专门活动的知识、技能为前提。这个知识、技能前提，既是市民社会这一伦理实体或特殊活动境域的特殊要求，又是人的自由的一般要求。因而，市民社会成员就必须接受各种专门知识、技能的教育，拥有专门的知识、技能，并拥有以这些专门知识、技能为内容的一般知识、技能的这一普遍性。

黑格尔在“市民社会”部分谈到劳动时，曾从人的劳动能力培养的角度谈到市民社会中的教育，并明确提出市民社会中的教育有理论与实践两个方面。理论教育是“一般理智教育”，它训练人的思维、思想，使人获得各种知识、观念，掌握对外部世界必然性的认识。实践教育则“在于养成做事的习惯和需要”，它使人养成善的行为习惯：既包括关于勤劳、认真、克制这样一类的美德性习惯，亦包括关于从事专门劳动所需要的技能一类的技能性习惯。[①]

---

① 参见黑格尔：《法哲学原理》，第209—210页。

在市民社会中，当一个人既拥有了精神、意志的普遍性，又拥有了知识、技能的普遍性时，当这种具有普遍性的精神、意志与知识、技能均成为一个人的第二天性时，人就成了一个有教养者。

市民社会中的教育，考察的立足点还是私人间的，是市民精神。市民精神尚缺公共生活情怀，一个市民社会生活中的有教养者，未必就是一个国家公共政治生活中的合格公民。因而，公民、公民精神教育在黑格尔的体系中就是一个必然。这集中体现在《法哲学原理》的"国家"章中。

3. 国家：爱国精神教育

黑格尔所理解的国家这一客观精神的真理性环节，是权利与义务的现实统一体。在这里，权利与义务不再分立，特殊的就是普遍的，普遍的就是特殊的。正是在这权利与义务统一的伦理实体中，个体在作为公民存在的同时拥有公民精神，并且个体的自由成为一种现实。权利与义务统一的现实关系及其秩序，是把握与理解黑格尔公民精神思想的关键。本文此处主要集中通过黑格尔的"爱国心"思想具体切入伦理实体与教育的关系，揭示其"爱国心"中所包含的深刻内容。

黑格尔认为公民应当有"爱国心"，且他将"爱国心"理解为"政治情绪"。[①] 黑格尔所说的"爱国心"相当于我们通常所说的"爱国精神"。

人们在两种基本意义上形成自己的爱国精神，这就是自然情感与黑格尔所说"政治情绪"。而爱国精神的这两种维度与对国家的不同理解直接相关。根据黑格尔的逻辑，当国家被理解为是真理性的伦理实体时，此伦理实体即为自由理念的实现，是地上行走的神，人们爱国就是爱这个伦理实体。这种"爱国心"就是一种自然情感。当国家被理解为是一系列现存制度的政治实体时，此时人们的"爱国心"就是"政治情绪"。换言之，当人们将国家理解为是一种自然性民族伦理实体，即理解为一个人生命存在的本体论家园时，人们面对这个生于斯、长于斯的生命家园，怀有深深的敬意与敬畏，并对其有一种近乎自然本能的热爱。在这个意义上所形成的，就是作为自然情感的爱国精神。严格地说，这个所谓作为自然情感的爱国精神，所爱的是自己的民族，而不是通常意义上

① 参见黑格尔：《法哲学原理》，第 266 页。

的国家。当人们将国家理解为一种政治伦理实体、一种自我利益实现方式的政治制度时，人们在长期政治生活实践中基于自身利益而对这种政治制度形成一种“信任”，并愿意为其“作出非常的牺牲和行动”，在这种意义上所形成的爱国精神，就是作为“政治情绪”的爱国精神。严格地说，这个所谓作为“政治情绪”的爱国精神，所爱的是这种实存的政治制度。爱国精神的这两种不同内容并不总是统一的，有时这二者之间会出现重大冲突。

爱国精神的这两种含义有着非常重要的区别。前者是一种无条件绝对命令式的爱国精神，它与生俱来，不可移易亦无法移易。后者则是一种有条件的爱国精神，它直接取决于这个具体国家、具体政治制度本身的合理性。[①] 我们不能以作为自然情感的爱国精神来投射、遮蔽作为政治情绪的爱国精神，更不能以作为政治情绪的爱国精神来悄悄取代作为自然情感的爱国精神。不能以作为政治情绪的爱国精神为理由，轻率地否定一个人的作为自然情感的爱国精神。以下我们即在作为一种政治情绪的意义上理解黑格尔的爱国精神及其教育思想。

爱国精神在现代国家政治生活中具有重要价值。根据黑格尔的看法，人们对于国家的感情是“唯一维护国家的东西”[②]。现代国家当然不能没有暴力与强权机器，但是暴力与强权机器只能为一种政治制度提供外在强力，而不能提供其合理性与合法性。强力可以为强力所推翻，暴力可以为暴力所灭。水能载舟，亦能覆舟。仅仅依靠暴力与强权维系的政治制度，只是或然、偶存的。现代国家必须建立在深厚的“心力”基础之上。此“心力”是一种政治制度不朽的心中长城。现代国家不能没有爱国精神的支撑，爱国精神是一个国家长治久安之基，蓬勃生命之根——因为它标识了人们对于这个国家的价值认同与支持，标识了这个政治制度的合理性与合法性。

这种爱国精神何以形成？这种爱国精神不是灌输的结果，而是现存国家政治生活的结果。用黑格尔的话说，它是“国家中的各种现存制度的结果”[③]。人们之所以爱这个国家、这种政治制度，就是因为这个国家、这种政治制度是自己得以自由存在的国家与政治制度，是因为从自己的日常生活经验中感受到这

① 罗尔斯所说“自然义务”与“职责义务”之分，与此两种爱国精神类似。在罗尔斯看来职责义务是有条件义务，它以制度正义为前提。作为“政治情绪”的爱国精神以现实国家制度的正义性为核心。

② 参见黑格尔：《法哲学原理》，第 268 页。

③ 参见黑格尔：《法哲学原理》，第 266 页。

个国家与政治制度值得爱、应当被爱，而不是因为别人告诉我说这个国家与政治制度值得爱、应当被爱。人们从自己的长期日常生活经验中，感受到自己的自由权利在这个国家与政治制度中得到了尊重与维护，进而对这个国家与政治制度产生了一种信任意识。这种信任意识正是爱国精神之根。这就如黑格尔所说，这样一种爱国精神是一种“信任”意识：“我的实体性的和特殊的利益包含和保存在把我当做单个的人来对待的他物（这里就是国家）的利益和目的中，因此这个他物对我来说就根本不是他物。”这种信任意识在“日常生活关系中”形成，且“在日常生活经历的一切情况中获得证实的这种意识，随后就成为作出非常努力的那种志愿赖以产生的根据”。[①] 人们总是爱值得爱的东西，人们亦总是通过日常生活经验体悟到何种东西可爱，何种东西不可爱。人们对于国家政治生活的这种日常体验，是通过国家政治生活的各个具体方面、通过政治制度的具体实施获得。人们的爱国精神这一政治情绪，要“从国家机体各个不同的方面取得自己的特定的内容”[②]。

爱国精神是人们在长期日常生活经验感受中所形成的一种精神、品质。爱国精神的教育重要的不在于空洞、华丽的言说，而在于日常生活中国家对每一个公民自由权利的有效保护，给公民提供安全感、可信任感，以及基于此的自豪感。基于这种日常生活的体验、感受，公民就会自然地对作为自己生命本根的国家这个伦理实体具有自我牺牲精神。这种自我牺牲精神，不仅是“一切人的普遍义务”，更是公民们对自己生命本根的自觉维护。[③] 美德精神孕育于滋生美德的日常生活。

在黑格尔“道德”向“伦理”过渡的思辨架构中，隐含着“道德”与“伦理”的统一这一极为重要的思想内容。这个统一，不仅仅是道德以伦理为内容，更重要的是：个体美德只有在现实的伦理共同体中才能具体形成，有什么样的伦理共同体，就有什么样的个体美德；个体的美德、自由精神又是伦理共同体得以健康存在的条件与前提，离开了个体美德、自由精神，离开了个体的自由创造精神，伦理共同体本身亦是无生命的僵死空壳。

---

① 黑格尔：《法哲学原理》，第 267 页。
② 黑格尔：《法哲学原理》，第 268 页。
③ 参见黑格尔：《法哲学原理》，第 340—342 页。

不过，道德与伦理之间的紧张冲突，又未必如黑格尔所愿那样真能消融和解。一个人之所以要有道德精神，就在于她 / 他要用这种主体性精神对抗来自外部的强权不义与霸横不公，并用以对抗来自内心的贪婪物欲与自私恣意。这种道德精神正是主体的“良心的道德”。“良心的道德”总是以“大道”在心、“天理”在心为特质，因而，总是以主体的精神独立与反思为前提。（主体）良心与（社会）秩序的矛盾，是人类无法摆脱的存在矛盾。自由的生活要求二者间有恰当张力。

第 8 讲　家庭

家庭、市民社会、国家是伦理实体的三个环节。然而，当我们对伦理实体的这些具体环节进行理解、把握时，首先就有一个前提性的问题：究竟应当在何种维度上把握伦理实体的这些环节？是在现代性意义上，即是在现代社会的家庭、市民社会、国家的意义上来把握，还是在历史性的意义上，即将家庭、市民社会、国家理解为人类社会发展的不同历史阶段来把握？这直接关涉对于黑格尔思想的理解。既然黑格尔思想的基本特征是精神生长史，具有深厚的历史感，那么，我们就必须首先遵循其基本思想脉络，以一种历史感或在历史的维度把握其关于伦理实体的基本内容。在此基础之上，再进一步进入现代性的维度，在现代性意义上理解家庭、市民社会、国家的伦理关系及其秩序。对黑格尔伦理实体三环节思想的具体理解，应当注意这两个理解维度，应当注意历史维度的优先性与基础性。

黑格尔通过家庭、市民社会、国家这三个伦理实体环节，从权利哲学的维度揭示了人类政治关系（制度）的演进过程，这就是：前政治的（家庭）—社会（市民社会）—政治（国家）。须注意黑格尔在其阐释过程中将“社会”区别于“政治（国家）”的思想。尽管社会、社会性中隐含着生长出政治、政治性的可能与逻辑，但社会、社会性不等同于政治、政治性。“社会性”本身可能是私人间的，这种私人间的社会性不具有政治性。不能将社会性泛政治化，不可将一切社会性的均视为政治的。市民社会就其本身而言就不直接具有政治性——尽管市民社会的存在本身标识着某种政治的社会历史类型，并有作为背景性存在的社会政治制度安排。这样，在理解柏拉图“人是政治的动物”时，就不能简单地将此“政治动物”理解为“社会动物”。[①]

---

① 参见赫费：《政治的正义性》，庞学铨、李张林译，上海世纪出版集团 2005 年版，第 156—157 页。

就历史的维度言之，家庭、市民社会、国家这三个伦理实体环节，所揭示的是人类历史发展进程中的三种不同类型的社会伦理关系及其秩序，即以自然血亲为特质的前现代伦理关系及其秩序，以市场经济、个体间普遍交往为特质的现代伦理关系及其秩序，以及基于市民社会基础之上的法权共同体理想的政治秩序。

家庭这一伦理实体性存在阶段所标识的是伦理实体的“自然”性存在，它所揭示的是宗法血缘等级制的伦理关系及其秩序。家庭关系由于其天然的自然血亲性而成为一个具有自然等级、身份依赖性的伦理实体。在家庭中没有个人。[①] 在这种“自然”性伦理实体中，每一个人均作为“成员”而不是作为一个“独立的人”存在。[②] 在这里，没有个体和个别意志，只有家庭这一普遍整体及其意志，家长是家庭这一普遍与整体的化身与代表，家长的意志即为家庭的普遍意志，家长在这个伦理实体中拥有绝对的权威与意志。市民社会则是个体获得了自身个别性、特殊性存在的伦理实体。在这个伦理实体中，每一个体均拥有自己的独立人格、权利与利益。这些拥有独立人格、权利与利益的个体，通过交往形成普遍联系，并在这种普遍联系中成为普遍、整体的。不过，这种普遍、整体是基于个体、个别间的形式普遍。黑格尔所称之为国家的这一伦理实体，不能简单地理解为是实存的国家，而应理解为真实的国家。这个真实的国家是一种近乎理想、完满的共同体，在这个共同体中，个体与整体、特殊与普遍、偶然与必然相统一。这个共同体是既超越单个个体又代表了单个个体真实利益的共同体，它是在地上行走的神。它作为一种“绝对精神”以“上帝”的超越性、正义性之光普照大地，使社会获得一种必然性的正义关系与秩序。

在这种历史维度中把握黑格尔所说伦理实体的家庭、市民社会、国家三个环节，甚至会发现其中内含着后来马克思所揭示的历史发展三阶段论思想胚芽：从人的依赖性，到以独立个体为形式的物的依赖性，再到人的自由存在。

每一思想家的思想表达方式都受其历史所限制，都有其独特性。我们应当善于认识与揭示其具体表达方式背后所存在着的真实思想内容。对于黑格尔伦理实体存在三环节的认识，我们首先应当有上述历史感，唯有如此，方不至于一叶障目。

---

① “家庭关系……是以牺牲人格为其实体性的基础。”参见黑格尔：《法哲学原理》，第 49 页。

② 参见黑格尔：《法哲学原理》，第 175 页。

家庭关系是人的最初社会关系[①]，正是在家庭关系基础之上，才进一步演进出丰富的伦理关系。以家庭作为伦理生活的第一个环节，体现了逻辑与历史的统一。

一、家庭伦理精神

家庭是“直接”、“自然”的伦理实体，“以爱为其规定”。[②]所谓“直接”、“自然”，是指家庭是以血亲自然关系为基础所形成的自然血亲性伦理实体。家庭这个伦理实体是人自然性与伦理（社会）性的连接点。值得注意的是，黑格尔在《精神现象学》中曾表达过如下思想：家庭是“天然的伦理的共体或社会”，作为“直接的伦理的存在”，家庭成员之间的伦理关系“不是情感关系或爱的关系”，而是“个别的家庭成员对其作为实体的家庭整体之间的关系”。[③]在那里，黑格尔明确否定家庭是爱的关系，似乎与“以爱为规定”相矛盾。其实不然。两处所论问题不一。黑格尔在《精神现象学》中所说表达的是：反对从个体主观的立场、主张从个体与家庭整体关系的立场来认识家庭这个伦理实体，因为个体、主观的立场不是实体的立场。而在《法哲学原理》此处所论，则是针对家庭这个伦理实体自身而言，是要揭示家庭作为伦理实体自身的伦理规定、伦理精神是什么，爱正是这种伦理规定与伦理精神。

家庭“以爱为其规定”，爱是家庭的伦理精神，家庭的这一爱的关系孕育出人的“天然道德”。[④]不过，作为家庭伦理精神的“爱”，不是普爱、博爱，而是基于自然血亲同一性的自然（血亲）之爱、亲情之爱。这个自然之爱是没有理由的：自然性或自然血亲关系本身就是理由。因为她／他是我的父母、兄弟姐妹、丈夫妻子、孩子，这就是我爱她／他的理由，就是我应当且能够为她／他放弃一切的理由。这就如一个人爱自己的祖国一样，祖国本身就是理由，祖国是我存在之根，无须其他任何特殊的理由。

---

① 马克思恩格斯在《德意志意识形态》中就曾明确表达了家庭关系是人类第一个社会关系的思想。

② 黑格尔：《法哲学原理》，第 173、175 页。

③ 参见黑格尔：《精神现象学》下卷，第 8—9 页。

④ 参见黑格尔：《历史哲学》，第 294—295 页。

作为家庭伦理精神的爱，使我成为这个自然伦理实体中的一员，并为这个伦理实体所设定。我是一个自然的存在，然而，这个自然存在并不是指的生命肉体本身这种自然性，而是指一种自然的伦理关系、自然的伦理实体性存在：由于我生命肉体形成所构成的自然的伦理关系及其自然血亲性的伦理实体性存在。正是在这个血亲性自然伦理实体中，我摆脱了自身的抽象性，得到了规定，成为一个具有规定性的具体社会成员。在这里，我不是作为抽象的、纯粹的个人而存在，而是作为一个成员存在：我是作为一个丈夫或妻子、父亲或母亲、兄弟或姐妹、儿子或女儿存在。在这里，我获得了自身存在的理由与依据。正是在家庭这个伦理实体中，我拥有了自己的价值。正是由于我的这种成员身份，我被设定，并被规定了一系列职责、权利与义务。这样，作为家庭伦理精神的爱，对于我而言，就不再是空洞的，而是有现实规定的，且这种具体规定是与我作为这个伦理实体中的具体成员身份直接同一：做这个伦理实体中的好成员。具体言之，就是做个好丈夫／妻子、父亲／母亲、兄弟／姐妹、儿子／女儿的职责，使自己与这个共同体成为一体。这个“好”，并非某个人的主观规定，而是家庭这个伦理实体的伦理性规定。

家庭这一伦理实体中有三种基本伦理关系：夫妻（男女）、亲子、兄妹关系。这三种基本伦理关系使家庭这个伦理实体的爱具有丰富内容。它不仅仅有我们通常所说的基于两性的爱情或情爱，还包括慈爱、孝爱、友爱。爱情（情爱）、慈爱、孝爱、友爱分别表达了两性间、代际间以及同伴间的伦理性规定或伦理关系。唯有情爱、慈爱、孝爱、友爱的统一，才能构成一个现实丰富的家庭伦理实体。中国古人所说的父慈子孝、兄友弟恭、夫义妻顺等所表达的正是这种丰富的伦理规定。

爱自身规定的丰富性，不仅仅在于上述关系结构的多维全面性，更在于其内容的丰富性。它是人的一种真实存在状态。黑格尔通过爱情对爱作了具体分析。黑格尔认为爱有三个环节：否定孤独的自我，在他人身上肯定自我，自我与他人的统一。[①] 爱的核心是我以“无我”的方式存在。这种存在方式是对孤独自我的

① “爱的第一个环节，就是我不欲成为独立的、孤单的人，我如果是这样的人，就会觉得自己残缺不全……第二个环节是，我在别一个人身上找到了自己，即获得了他人对自己的承认，而别一个人反过来对我亦同……作为矛盾的解决，爱就是伦理性的统一。”值得注意的是，黑格尔此处的“爱”概念已发生漂移，已不是在一般意义上而言，而是事实上在两性爱情的意义上而言。我们姑且凑合着理解为他是在以爱情来说明、阐述一般爱。参见黑格尔：《法哲学原理》，第 175 页。

否定，并使我在这种自我否定中获得了存在的意义，成为一个真实的我，因而，这个“无我”的存在方式又是“有我”的。因为，一方面，没有“他”就无所谓“我”，“我”是在“他”中才存在着的。孤独的自我是抽象的自我，无法得到规定。我是作为一个孤独的男人／女人存在，但是，我这个孤独的男人／女人自身不能证成，我必须与她／他形成联系、发生关系，才能证明自己是作为一个真正的男人／女人存在，进而才可能有自我意识，真正认识到自己是一个男人／女人；另一方面，通过爱，我获得了他人（另一个女人／男人）的承认，与他人达到了统一，并由此找到了生命存在的方式与意义。

孤独的自我是“我”的孤离存在状态：我既是所谓无根漂泊的野鬼孤魂，又是霍布斯式的孤独的狼。我只有进入伦理实体中才能作为一个真实的人存在，才有生命之根，才有存在家园。所以，否定孤独的自我其实是要发现与确立真实的自我。在爱中同样如此。“我只有抛弃我独立的存在，并且知道自己是同别一个人以及别一个人同自己之间的统一，才获得我的自我意识。”[①] 爱中的无我正是有我，只有无我，才能有我。一个人的爱，首先必须是无我的，以所爱者的幸福为主旨，这才是真正、真实的爱。真正的爱没有任何势利与铜臭。一个自私的人不可能有爱。一个人对自我孤独的否定，事实上是对自我的重新发现与确立。这就是我在他人身上“找到了自己”，我“获得了他人对自己的承认”。此时，我不再是孤独的，我由于他人的承认而成为真实的存在。伦理实体使我成为真实的自由存在。爱正是这种自我与他人的统一方式。在此意义上，爱就不只是一种主观情感与偏好，爱其实是一种基于两性基础的自我与他人统一的存在境界。所以黑格尔认为：“爱是一种最不可思议的矛盾，决非理智所能解决的，因为没有一种东西能比被否定了的、而我却仍应作为肯定的东西而具有的这一种严格的自我意识更为顽强的了。爱制造矛盾并解决矛盾。作为矛盾的解决，爱就是伦理性的统一。”[②]

爱作为家庭的伦理精神，所表达的是人在家庭这个伦理实体中的存在，以及在家庭中自我与他人的统一。这样，我在家庭中就并不是绝对无我的，而是有我的，我通过家庭这个伦理实体享有自己的权利。这样看来，爱内蕴着（个

---

① 黑格尔：《法哲学原理》，第 175 页。
② 黑格尔：《法哲学原理》，第 175 页。

人的）权利。这个权利主要有两方面的内容：其一，“他在这统一体中的生活”的权利。这就是作为家庭成员应享有的权利（诸如被保护、赡养、教育等），与此同时，还负有赡养老人、抚养教育儿童等的义务。其二，享有家庭财产的权利。这就是黑格尔所说“外部方面（财产、生活费、教育费等等）”的内容。[①]为什么享有家庭财产是一种家庭伦理精神的规定？因为，一方面，一个人在家庭中与他人的统一并不是抽象的；另一方面，一个人在家庭这个伦理实体中生活的权利亦不是抽象的，或者说，这种生活的权利必须有其客观存在，有其外部定在，只有具有客观存在或外部定在的生活权利才是真实的权利。这就不难理解，为什么说妇女在家庭中的解放及平等自由权利的真实实现，必须建立在妇女经济地位获得的基础之上。

个人在家庭中的权利缘于家庭这个伦理实体自身的统一性。一方面，“家庭的实体性应具有定在”；另一方面，这种权利的存在本身表明家庭这个伦理实体存在的真实性，进而，人们有义务维护这个家庭伦理实体。不过，家庭中的这种个人权利，在维系这个伦理实体统一性的同时，事实上又从内部否定家庭这个伦理实体。家庭这个伦理实体，按其本性而言，“它是反对外在性和反对退出这一统一体的权利”[②]，然而，家庭中个人权利意识的滋生，却又意味着在家庭这个伦理实体中，个人不再仅仅是作为血亲成员存在，而是亦作为公民[③]存在。正是这种公民身份与公民意识从内在否定了家庭伦理实体，并使个人通过家庭进入社会。这样，家庭关系就具有二重性：自然血亲关系与公民关系。当然，家庭的这种社会性及与此相应的公民关系的明晰，只是近代以来的事。

值得一提的是，黑格尔在关于家庭总论中的上述论述容易引起误解：个人在家庭中不是作为一个独立的人存在，是否就意味着个人在家庭中就没有个性、没有独立人格？其实不是。一方面，根据黑格尔自己的表述，在家庭中个人“不是一个独立的人”，但是却是有“个体性”的成员。她／他是有特殊性的、

---

① 黑格尔：《法哲学原理》，第 175、176 页。

② 黑格尔：《法哲学原理》，第 176 页。黑格尔讲“退出”家庭这一伦理实体，这容易引起误解，以为一个人可以随心所欲地退出家庭这一伦理实体。家庭这一伦理实体是无法退出的，这是由其一个人的自然实体性存在所决定了的。尽管在现象层面上似乎不乏这种退出家庭关系的实例，其实，那只是一种法律民事关系上的退出，而不是伦理意义上的退出。当一个人通过某一家庭来到人世间时，这个基本存在方式就决定了他永远无法摆脱自己家庭这一伦理关系的“纠缠”。

③ 此处“公民”概念用得有点勉强。它只能表明我们是在现代社会的立场理解家庭。如果在严格的前现代自然血亲社会中，则此“公民”概念的使用是有问题的。

个体性的个人。在家庭这个特殊伦理实体中，黑格尔的主旨仍然是解决人的存在的特殊性与普遍性统一问题。另一方面，黑格尔在这里所要强调的重点不是人的独立、个别的一面，而是要强调人的现实存在，强调人的存在的伦理关系或社会性的一面。作为一个现实的人，总是存在于某种伦理实体、伦理关系之中，总是首先作为一个社会性成员存在，否则，这个人就是抽象的，而家庭正是人首先生活于其中的、最初的伦理实体。人是从家庭进入社会的。在把握黑格尔的这些思想时，须时刻注意逻辑与历史统一的思维方法。

家庭自身是一个形成与演进的逻辑过程。黑格尔通过婚姻、家庭财产、子女教育这三个环节，具体分析与揭示了家庭的丰富内容。

二、婚姻

婚姻是“家庭的概念在其直接阶段中所采取的形态”[①]，婚姻直接构成家庭的存在。

（一）作为“直接伦理关系”的婚姻

在黑格尔看来，婚姻“实质上是伦理关系”，婚姻关系是“直接伦理关系”。婚姻关系之所以是“直接”的伦理关系，就在于它包含着“自然生活的环节”或“自然的因素”。[②]这个“自然”就是性。婚姻是以性为基础的实体性关系。性原本就是自然的，就人的男女自然性别差异、两性交媾及其繁衍而言，如同其他一切哺乳类动物一样，是一个自然过程。只不过，人又是唯一能够自觉意识到这种两性关系、并将性“提高到精神的规定”高度的存在物。[③]人使两性关系脱离纯粹的自然性而成为属于人的生活的一部分，使纯粹的自然性升华为令人心醉的高尚爱情。自然性以及对这种自然性的扬弃，构成婚姻的两个环节。自然性表明婚姻以两性为前提并通过两性结合的方式使男女为一体，在这种男

① 黑格尔：《法哲学原理》，第 176 页。
② 参见黑格尔：《法哲学原理》，第 176 页；《精神哲学》，第 331 页。
③ 参见黑格尔：《精神哲学》，第 331 页。

女肉体的自然结合中，各自否定自身而成为一个统一体。但这种两性结合统一，不是纯粹自然的“外在的统一”，它以爱为其内在规定性。[①]

在婚姻关系中，尽管还存在着性、性的关系，但是这已是一种人化、文明化了的性、性的关系。婚姻关系是一个以性为自然基础的伦理关系。这种认识，使我们不仅能够把握婚姻关系的本质，亦能够理解黑格尔通过对既有三种婚姻谬见批判所表达的思想：

婚姻关系不是纯粹的自然肉体关系。那种以为婚姻是纯粹自然肉体关系的观点，“只是从肉体方面，从婚姻的自然属性方面来看待婚姻”，只看到了性、“性的关系”，而没有从人的、“精神的”高度来认识性、性的关系。[②] 这种观点没有将人从动物中提升出来。

婚姻关系不是性器官交换利用的物品交易关系。黑格尔在《法哲学原理》中几次明确反对用契约论的观点来认识、解释婚姻关系。他直接针对的是庸俗婚姻关系观。这种庸俗的婚姻关系观将婚姻关系理解为“按照契约而互相利用的形式”，理解为男女双方根据契约互相利用对方性器官的物品交易关系。尽管这种观点试图从人的立场来认识两性婚姻关系，但是却并没有把握这一伦理性关系的本质；尽管这种观点试图从契约关系的立场来认识两性关系，但是却没有认识到性器官不是一般物品，没有认识到必须从人格统一性的维度来认识性这一特殊身体器官。在黑格尔看来，契约关系是两个独立人格之间的外部物的交换，而婚姻则是两个独立人格扬弃自身独立性的“双方人格的同一化……成为一个人”，因而，“婚姻不是契约关系”。[③] 对黑格尔“婚姻不是契约关系”这一观点的理解，务必注意其语境、语义、语指。对黑格尔的这一思想，笔者在第 10 讲中将列专论。

婚姻关系不是纯粹的主观爱。那种以为婚姻仅仅是一种主观爱的观点，将婚姻归结为主观爱，没有把握其中所存在着的伦理性、客观性的东西。婚姻确实不能没有爱，但是爱却是一个颇为模糊的概念，在爱的口号之下，可以包容人间一切轻率无情乃至罪恶。爱必须有其伦理性规定，必须有其责任。为了摆脱这种纯粹的主观性，婚姻须有其客观性。这个客观性不仅仅指其内容应当是

---

① 参见黑格尔：《法哲学原理》，第 176—177 页。

② 参见黑格尔：《法哲学原理》，第 177 页。

③ 参见黑格尔：《法哲学原理》，第 179 页。

伦理性的，还指其存在样式必须是经过法的确认并受到法的保护。这正是黑格尔通过对于婚姻的“精确规定”所要表达的思想内容。黑格尔认为婚姻的精确规定应当是：“婚姻是具有法的意义的伦理性的爱，这样就可以消除爱中一切倏忽即逝的、反复无常的和赤裸裸主观的因素。”① 不过，黑格尔在强调爱情婚姻中的责任精神时，事实上又流露出对没有爱的婚姻的顽固支持偏向。婚姻的严肃责任精神与爱情不能互相拒斥。即使是根据黑格尔自身的逻辑，爱是家庭的伦理性规定，那么，此爱首先就应当包括两性结合婚姻存续中的爱。责任与爱情两者不可偏废。

婚姻是“直接伦理关系”，只是对婚姻内容的一般本质规定，一个现实存在着的婚姻还有其主客观要件，这就是身心灵肉及其统一。

（二）婚姻中的偶然与必然、身与心

家庭以爱为其基本规定，婚姻亦不例外。不过，婚姻中的爱不是纯粹精神的爱，而是包含着与对方缔结婚姻、结为一体、灵肉交融的客观性追求。这就是黑格尔所说的婚姻中的主观出发点与客观出发点。②

婚姻具有偶然性。这个偶然性主要在于：当事双方两人相遇相识的偶然性（萍水相逢或咫尺天涯），以及当事人双方特殊爱慕的偶然性（一见钟情）。“罗马假日”、“廊桥遗梦”，等等，不失偶然。没有偶然，婚姻本身就会失却神秘与向往，也许会索然无味。

一对男女结合走进婚姻殿堂，期间充满一系列的偶然性。然而，如果婚姻仅仅是一种纯粹偶然性的东西，那么，就没有神圣性与圣洁性，就会成为一种纯粹的快餐享乐。婚姻具有偶然性，但是在这偶然中却贯透着一种必然性，这种必然性就是爱。无论婚姻以何种偶然性方式呈现，爱总是其灵魂。没有爱的婚姻是一个无法在对方中发现自身生命，或者换言之，自身生命无法在对方生命中存在的结合，因而，没有生命力。

婚姻以爱为规定，当事人灵肉交融成为一体，达至主客观统一。不过，就

① 黑格尔：《法哲学原理》，第 177 页。

② 黑格尔：《法哲学原理》，第 177 页。

其现实性而言，一对男女究竟如何形成这种主客观统一的伦理关系，却途径万千。这些万千途径大致可分为两类，这就是通常所说的先婚后爱与先爱后婚。黑格尔倾向于偏好先婚后爱，认为这是一条“更合乎伦理的道路”。[①] 究竟是先婚后爱还是先爱后婚更好？尽管先爱后婚是一种较为理想的过程，然而，生活中亦不乏先婚后爱之佳谈。其实，一般说来，对于是先婚后爱还是先爱后婚这一问题，本身并没有一个绝对的回答。严格地说来，无论哪种途径本身并不很重要——因为两个人的结合充满了偶然性，重要的或核心在于当事人双方都超越纯粹的主观冲动激情，都具有那样一种爱的精神以及由这种爱的精神所内生的责任精神，都意识到对方是自己的生命所在，意识到“这个统一是实体性的目的”；在于双方“恩爱、信任和个人整个实存的共同性”，努力在实际生活过程中建立与呵护这样一种亲密关系。[②]

然而，对于先婚后爱或先爱后婚哪种更好的问题，如果在一种历史的视野中考察，而不是在上述这种一般意义上谈论，那么，回答则是明确的：近代以来所确立起的由爱而婚范式在价值上具有优越性。因为，在现代社会有了“恋爱”当事人的主观性、主体性因素。婚姻关系作为一种伦理关系，其状况可以反映一个时代的伦理关系类型。这正是黑格尔关于“婚姻和爱慕”考察所留给我们的重要思想。自古以来，婚姻曾经历了不同历史类型：特殊财产处置（父母“任意安排”子女的婚姻）、功利性追求（“对财产、门第、政治目的等考虑……成为决定性因素”）、爱情的现实存在（“恋爱被看作唯一重要因素”）。[③] 与婚姻发展的这几个历史类型相吻合的则是人自身的自由存在状况：人究竟在多大程度上是自由的，人究竟是作为物、作为交易商品存在，还是作为自由的存在者存在。

灵与肉的统一，应当是婚姻的真实规定之一。有性无爱、有爱无性，都不是人的自由存在方式，都不是人道的。有爱无性有时会被冠以“纯洁的爱”之名义，但在黑格尔看来这与“僧侣观点”即宗教禁欲主义无异。黑格尔认为在婚姻这个伦理关系中，两性关系这个“自然生活环节本身……（有）无限重要

---

① 参见黑格尔：《法哲学原理》，第 177—178 页。

② 参见黑格尔：《法哲学原理》，第 178 页。

③ 参见黑格尔：《法哲学原理》，第 178 页。

性”[①]。一般说来，婚姻关系以性为前提，缺失这个自然性，一方面，婚姻关系由于缺失这个自然环节而缺失完整性，进而呈现出某种欠缺；另一方面，婚姻关系由于缺失这个自然性内容而缺失人格统一性的直接实存基础。值得注意的是，这里所说的有爱无性，指的是一种对待婚姻、两性关系的态度：对两性性生活持一种绝对否定性态度，而不是柏拉图式精神恋爱之崇高。柏拉图式的精神恋爱与宗教禁欲主义是两个完全不同的概念。这在罗密欧与朱丽叶的悲剧中可以得到某种体会。

（三）婚姻自由与责任

婚姻是自由的，这个自由集中体现在：首先，选择与之结合为一体的选择自由；其次，在婚姻统一体中彼此恩爱、信任、人格平等意义上的自由；再次，在婚姻死亡时选择离婚的自由。关于第一点黑格尔在论及婚姻的现代性形态时事实上已有所揭示。对于第二点，黑格尔则表现出思想的矛盾性。他一方面强调婚姻的双方“恩爱、信任和个人整个实存的共同性”、“互爱互助”；另一方面则又表现出强烈的歧视女性的男性主义。[②]对于离婚这一事情本身，黑格尔虽然承认其存在的可能性，但在总体上持有一种强烈的反对态度。[③]在婚姻自由问题上黑格尔表现出某种强烈的思想迟钝与保守性。

不过，黑格尔关于婚姻自由问题的思想，亦以自己的方式给我们留下了某些值得重视的思想财富：

第一，婚姻自由并不意味着任性随意。这主要体现在两个方面：一方面，一夫一妻制的婚姻排他性；另一方面，血亲禁婚。[④]血亲禁婚是人类从原初蒙昧状态进入文明状态的标志之一。血亲禁婚是基于文明的理由，而不是如有些人所认为的优生理由——尽管血亲禁婚有其客观上的优生优育之优点。

第二，婚姻自由同时内含着婚姻的责任。当事人双方通过婚姻被伦理实体规定了一系列相关义务与责任。当事人双方缔结婚姻有双重意蕴：一方面，意

---

① 黑格尔：《法哲学原理》，第 179 页。引文中括号及其内文字为引者所加。

② 如黑格尔认为：女子在家庭中的责任就是“守家礼”，女性天生不配从事研究高深的学问，女性不需要获得知识的教育，女性不能领导国家，等等。参见黑格尔：《法哲学原理》，第 178、180、182—183 页。

③ 参见黑格尔：《法哲学原理》，第 180 页。

④ 参见黑格尔：《法哲学原理》，第 183—184 页。

味着当事人进入一种新的伦理关系之中，使自身获得更为丰富的存在规定。一个人由小而少而壮的过程，就是一个人的社会联系、社会关系日益丰富复杂的过程。一个人的生长过程，事实上就是一个人自身的展开过程，就是由抽象变为具体的过程。婚姻不仅表明了一个人的成熟，更表明了一个人进入了一个全新的生活世界、获得全新的社会规定。如果我们并不是过多地注意黑格尔歧视妇女的大男子主义，而是进一步看到其关于男女家庭角色分工及其能力品性要求论述中所隐含的更为重要的思想内容，即婚姻中的社会角色分工及其相应的伦理义务，那么，在一般的意义上，我们可以说婚姻本身就意味着当事人承负起一系列新的社会责任与义务。

另一方面，当事人缔结婚姻还意味着双方的一种承诺。这既是相互间的承诺，更重要的还是对自己生活于其中的这个伦理关系的承诺。这种承诺的核心就是爱与责任，就是对于社会伦理关系及其秩序的维护。这就是黑格尔专门讨论婚姻仪式及其庄严问题留给我们的思想。在黑格尔看来，仪式的使命是使“实体性的东西得以完成”，尽管仪式本身只是一种符号，但它是赋予婚姻神圣、庄严、庄重的一种方式。人们通过婚姻的庄重仪式，“把这种结合的本质明示和确认为一种伦理性的东西”，明确意识并公开承诺摆脱“爱慕的偶然性和任性”，“服从”伦理“实体性的东西”，以伦理性的内容“凌驾于感觉和特殊倾向等偶然的东西之上”。[①] 仪式作为一种形式，承载着重要的内容。日常生活中的那些隆重婚礼等一类仪式风俗，往往有着深刻的伦理价值：它们既是获得世俗合法化的方式，更是以一种严肃、庄重、隆重的方式表明一种伦理关系及其相应责任的确立，表明当事人对此的庄重承诺。

三、家庭解体

黑格尔关于家庭生长的历史辩证法思想，集中体现在其家庭解体的认识中。在他看来，财富、子女，既是家庭这一伦理实体存在、延续的基础、象征，又是家庭自身的内在否定性因素，并通过这种内在否定性，使家庭本身获

① 黑格尔：《法哲学原理》，第 180—181 页。

得新生。

黑格尔家庭问题论述中思想最深刻的是关于“家庭财富”部分。家庭成员个体主体意识觉醒、个别性与普遍性、为己与为家、家庭分解等一系列家庭的内生辩证法，充满思想活力。甚至我们可以从中窥见家长制社会的奥秘，了解家长制社会的基本活动机制，洞悉家长制内在否定性的必然趋向。

（一）家庭财富

财富是家庭得以存在的基础，这在三种意义上而言：其一，生命存在。家庭由其成员所构成，家庭的存在与延续首先有赖于现实生命体的存在，这些现实生命体的存在本身以消耗一定的物质财富为前提。家庭的存在与稳定需要一定的物质财富，没有起码的物质财富，衣食住行及医疗、子女教育等就成为虚无缥缈的东西，家庭的维系亦难以想象。

其二，生命繁衍。家庭作为一种伦理实体，直接承负着人的自身再生产这一伦理性使命。没有人自身的再生产，伦理实体就会由于没有新的生命而消亡。家庭本身在这种人自身再生产过程中得以延续。而人自身的再生产又必须以一定的物质条件为前提。正是在这双重意义上，财富对于家庭而言不可或缺。不过，上述财富对于家庭存在的基础性意义，仍然只是在财富提供人的生命存在与繁衍意义上而言。

其三，独立自尊。财富为作为人格存在的家庭及其成员提供独立自尊的依据。虽然财富不能直接简单等同于人格，但是在其现实性上，人格及其尊严却往往离不开财富。抽象的平等自由权利与这种平等自由权利的现实存在，不是一回事。甚至人们要在现实生活中现实地行使自己平等的自由权利，有时亦离不开一定的物质基础。

正是基于这样一些理由，我们就不难理解黑格尔所讲：“家庭不但拥有所有物，而且作为普遍的和持续的人格它还需要设置持久的和稳定的产业，即财富。”[①] 正是由于财富是家庭得以存在的基础，因而，家庭成员为了家庭这个伦理实体的存在而追求财富，本身就是必要、正当、合理的。如果我们能够将家

---

① 黑格尔：《法哲学原理》，第 185 页。

庭理解为社会的细胞，如果我们能够说财富是家庭存在的基础，那么，对于一个社会而言，重要的是富家富民。民（家）富而后才会有真正的国强。

不过，正是在家庭成员为了家庭存在而追求财富的过程中，孕生出对于家庭这个伦理实体的内在否定性。

一个人总有其自然欲望与特殊需要，且总要设法满足这些欲望与需要。家庭成员亦不例外。不过，由于个人在家庭中是与家庭一体的，她／他一方面通过家庭获得自身的规定，另一方面通过家庭满足自己的特殊需要。在家庭中，一个人为了获得更多的利益、满足更多的需要，在总体上就得努力劳作、为家庭创造更多财富，在此基础之上，才有可能或者在使家庭财富增多的同时使自己相应比例份额的绝对量增大，或者赢得家长的喜好获得特殊偏爱。这样，在家庭这个伦理实体中，一个人为了自身的存在就必须关怀家庭这个伦理实体并努力增进共同利益。这就是黑格尔所说的“在抽象所有物中单单一个人的特殊需要这一任性环节，以及欲望的自私心，就转变为对一种共同体的关怀和增益，就是说转变为一种伦理性的东西”[①]。在家庭这个伦理实体中，“顾家”、“爱家”是一种美德。“泛爱众”如果是在博爱的意义上而言，当然不失其高尚。不过，博爱必须落到实处，必须从自己身边做起。不爱家人、不爱邻人，何以爱众人？一般而言，如果一个连家人都冷漠不顾的人，很难说是一个真正具有爱心的人。

在家庭中，我们已经见到了个人自利心及其超越的可能——这种个人自利心存在于所有具体伦理实体样式中，见到了公、私各自向自身对立面转化的可能。个人自利心在这里甚至成为伦理实体自身发展的一个内在环节。在家庭中，一个人的纯粹自利冲动转变为为家庭利益的冲动。这个转变是个人自利心的一种自我否定。

家庭中没有个体，只有成员，因而，家庭财富就是家庭的“共同所有物”，它为所有家庭成员共同享有。然而，这个“共同所有物”还有一个支配问题：尽管每一个家庭成员都有权利享有这些“共同所有物”，但却并不是每一个家庭成员都能够直接支配这些“共同所有物”。家庭财富总是通过作为家庭伦理实体中“家神”之定在的家长来支配。这就内在产生出两个重要问

① 黑格尔：《法哲学原理》，第185页。

题：其一，在家庭财富角度所规定的家长责任、义务规定性。家长的责任不仅在于带领家庭成员创造更多的财富，还在于须公平地在家庭成员间分配财富。家长权威的合法性与家庭的凝聚力，在很大程度上依系于家长对于家庭财富的这种公平分配。其二，在家庭这个伦理实体中存在着家庭成员对于家庭共有物的享有权与"家长的支配权"的"冲突"。[①] 这个"冲突"直接隐含着公共产品的所有权与支配权、所有者与支配者、委托人与代理人的矛盾与冲突的雏形——这些矛盾、冲突在其他一切具体伦理实体中均可见到，这些矛盾与冲突内在于一切具体伦理实体之中。不仅如此，家庭共有财富中所隐含着的这些内在矛盾，还以一种特殊方式孕育并表达了在家庭这个伦理实体中存在着双重伦理关系及其彼此间的矛盾冲突，这就是家庭血亲关系与公民关系及其彼此间的矛盾冲突。

家庭财富的创造，及对共同所有物的享有权与支配权之矛盾，孕育着家庭这个伦理实体内部个人独立人格意识的觉醒，催生着家庭自身内部的自我否定性。

（二）子女

子女及其成长是家庭的另一内在否定性因素。

子女是爱的结晶，是夫妻"结合的整体"。父母"在子女身上见到了他们的爱客观化了"[②]。父母对于子女的爱是对自身及自身所处于其中的伦理实体的爱。父母的生命与爱，在子女身上得到存在与延续。"父母把……子女作为他们的爱、他们的实体性的定在而加以爱护。"正是在父母对子女的这种爱中，不仅生命得以世代薪火相传，更使伦理实体本身成为一个"世世代代无穷进展的历程"[③]。一个人的自然生命是有限的，但是由爱所构成的伦理实体的生命却具有无限延续可能。在这无限延续可能的伦理实体中，爱的精神自身亦得到无限延续。这样，子女作为爱的定在，就具有双重含义：他们既属于父母，又属于伦理实体。

---

① 黑格尔：《法哲学原理》，第 185 页。
② 黑格尔：《法哲学原理》，第 187 页。
③ 黑格尔：《法哲学原理》，第 187 页。

父母对于子女的爱是慈爱。这是一种近乎无条件的大爱。这种爱不是溺爱，而是希望子女健康生活、长大成人的成人之爱，因而，内在包含着严格的规训、教育——通过这种教育，使子女去除任性、健全心智、获得必要的知识与技能、拥有做人的资格与能力。因而，黑格尔极为重视家庭中父母对于子女的教育问题。[1] 不过，伦理实体中父母与子女的关系是双向的，它不仅有父母对于子女之慈爱，亦有子女对于父母的孝爱。慈爱与孝爱构成家庭伦理性实体中父母与子女的完整伦理关系及其秩序。遗憾的是黑格尔在家庭伦理中仅明确揭示了慈爱，而未明确揭示孝爱。[2] 其实，在对子女的教育中，父母亦通过自己孝爱长辈的日常行为教育子女养成孝敬的美德。

黑格尔有这么一个看法："总的说来，子女之爱父母不及父母之爱子女。"[3] 这既是对生活现象的一种概括，更包含有深刻哲理。一方面，这不是简单地说子女对父母的爱不及父母对子女的爱，而是说子女的爱更多地指向生活自身，以及对于自己子女的爱。老年人作为伦理实体的一部分，当然应当得到良好的照顾，颐养天年。一个老有所养、少有所教，一个老人能够安度晚年、儿童能够得到良好教育的社会，才有资格被称为和谐的社会。不过，儿童、年轻人是社会的希望与未来。在一个社会中，若儿童与年轻人较之老年人能得到更多的关注，则这个社会就是一个充满希望、具有未来的实体；若老年人较之儿童与青年得到更多的关注，则就是一个老年人占主导地位的老年性社会[4]，这个社会就缺少未来与希望。父母（老年人）不要因为子女（年轻人）对自己照顾少了，就简单责怪子女（年轻人）。子女乃至这个伦理实体有其未来，他们应当为未来而努力。这是老年人对于子女、对于这个伦理实体的一种睿智与豁达。另一方面，伦理实体本身的生命在于其生生不息，在于自身内在的否定性。如果一个人或一群人永远占据着这个伦理实体的中心，那么，这就意味着这个伦理实体本身缺失生命力，缺失基于内在否定性的未来。当下实存的一切，总是要被事物自身的进程所否定。

---

① 参见黑格尔：《法哲学原理》，第 188—189 页。

② 当然，黑格尔亦表示："父母有要求子女为自己服务……的权利，但仅以一般性的照顾为基础，并以此为限。"不过，就总体而言，黑格尔主要强调与关照的是父母之爱。参见黑格尔：《法哲学原理》，第 187 页。

③ 黑格尔：《法哲学原理》，第 189 页。

④ 此处"老年性社会"不是社会学意义上的，而是政治学、哲学意义上的。

子女的出现是对父母的一种否定。这是家庭这一伦理实体自身无穷进展过程中的一个否定性环节。子女经教养长大成人，组成自己的家庭，这就是既有家庭的解体与家庭伦理实体的无限展开过程。[①]

（三）家庭解体方式

在黑格尔的思想体系中，家庭解体是家庭通过自我否定获得的自我生长过程。在这个意义上，家庭解体是事物生长的内在环节。根据这种理解，尽管家庭解体在现象上有三种形式：夫妻离异、子女成家、双亲去世，但是，只有子女成家才是真正生长性的、内在否定性的家庭解体。

婚姻自由中包含了离婚自由。无论结婚还是离婚都应当是一个严肃的事。然而，相比而言，由于婚姻后所形成的新的伦理关系，由于子女的出现，离婚较之结婚似乎有了更多的责任因素。必须认真考虑由于离婚而可能对子女、父母所造成的伤害。这是问题的一个方面。另一方面，离婚本身应当以平静理智的方式进行。爱情与友谊是两回事。当不能成为夫妻一体生活时，未必就不能拥有珍贵的友谊。离婚未必意味着两个人之间有着根本的对立，甚至彼此之间仍然会由衷地认为对方是一个好人，只不过由于个性、习惯、生活习性等的差异，使得双方对成为一体的生活方式难以适应而造成离异而已。

双亲去世——曾在一个相当长历史时期中，尤其是父亲去世——是家庭解体的一种代表形式。这种解体不仅在于既有家长的消失，更在于由于伴随着双亲去世而出现的财产继承及其财产独立所造成的分户而立。这里的核心问题是财产分立而造成的个体独立。[②]在更为一般的意义上，它所包含的是隐藏在家庭财产分割方式中的家庭存在形式。这种财产继承关系可以折射出家庭关系的历史类型。[③]与这种双亲去世家庭解体直接相关的家庭财产分割方式，以及由这种分割方式所造成的家庭存在形式，有三种类型：

其一，嫡长子继承。嫡长子继承制保持与维护了既有家庭在世袭性中的存

① 参见黑格尔：《法哲学原理》，第 190 页。

② 参见黑格尔：《法哲学原理》，第 190—191 页。

③ 这正是黑格尔通过揭示古罗马时代儿子、妻子在财产继承问题上的历史事实，向我们传达的一个信息。参见黑格尔：《法哲学原理》，第 192—193 页。

在。它甚至成为一种政治权力转移的结构模式。在黑格尔看来，“长子世袭权连同不可让与的宗族财产”不是“任性”，因为它不是依据一个人的当前主观感觉，而是依据一种伦理共同体理念所形成的一种实体性的财产存续方式。[1]根据黑格尔的理解，嫡长子继承制不会因为分家而造成家庭财富与力量的分散与削弱，从而有助于维系这个既有血亲家庭的强盛。

其二，遗嘱继承分割。这种遗产继承方式表达了家长对于财产的自由处置权利。但是根据黑格尔的看法，它却又同时充满了主观任性。它一方面可以呈现出亲属关系的亲疏远近，使人感到不快；另一方面或者可能给一些人以可乘之机，通过“不光彩的手法”获得遗产，或者可能立遗嘱者借此而要求指定人去做“卑鄙龌龊的事”。因而，黑格尔对于遗嘱遗产分割方式持有保留态度。[2]

其三，家庭内的火拼。这种形式的家庭解体，在历史中表现为因争夺遗产而兄弟反目，刀刃相见。这是毁灭意义上的解体。

一个富有生命力的家庭，必定通过解体获得新生，这是内生性的否定性。“家庭的伦理上的解体在于，子女经教养而成为自由的人格，被承认为成年人，即具有法律人格，并有能力拥有自己的自由财产和组成自己的家庭。”此时，“儿子成为家长，女儿成为妻子，从此他们在这一新的家庭中具有他们实体性的使命。同这一家庭相比，仅仅构成始基和出发点的第一个家庭就退居次要地位”。[3]这种家庭解体是严格意义上的伦理性解体，它是家庭自身生命过程的一个环节。

子女从家庭中的独立导致家庭解体，家庭解体的结果是独立人格的出现。这些独立人格以独立的身份存在，且彼此之间以有差别的特殊性的方式存在。这些互有差别、有独立身份的人的平等交往，构成了市民社会。黑格尔通过对家庭解体的特殊思辨分析，表明了人必定要从既有血亲关系中走出来、成为独立人格的思想。

在黑格尔的思想体系中，家庭不仅是市民社会得以存在的逻辑原点，亦是民族、国家得以存在的逻辑原点。或者换言之，从家庭这个伦理实体中可以逻辑地生长出市民社会与民族、国家。从家庭伦理实体的自身存在与发展过程中

---

① 参见黑格尔：《法哲学原理》，第 194 页。

② 参见黑格尔：《法哲学原理》，第 194—195、191 页。

③ 黑格尔：《法哲学原理》，第 190 页。

来看，家庭解体是家庭的扩大与发展，它造就了更多的家庭。“家庭的平静扩大”就成为民族。民族是无数家庭“平静扩大”了的自然统一体。民族形成有三种方式：基于自然血亲渊源的方式，外族暴力占领后在漫长历史过程中融合形成的方式，[1] 以及不同血缘群体间的自愿结合。如果这些诸多“家庭”间通过某种方式集合在一起，并形成自己的政治结构，则成为国家。[2]

① 漫长的历史不仅使暴力占领被淡化，归于平静，更重要的是使占领与被占领者之间在文化上逐渐实现融合。这对于在历史上曾经出现过被占领现象的民族的形成与存在而言，特别重要。这是内容上的“平静”。

② 参见黑格尔：《法哲学原理》，第195—196页。

第9讲　市民社会

"市民社会"部分是黑格尔《法哲学原理》中最精彩的部分之一。《法哲学原理》中"市民社会"的论域为经济生活，其主题为"交换正义"；"国家"的论域为政治生活，其主题为"存在正义"。黑格尔在市民社会中所直接面对的是现实的具有独立人格的私人，所要揭示的则是：这些单独存在的私人是社会性的存在；这些私人的特殊利益只有在社会中才能真实实现，且这私人的特殊利益本身亦是社会普遍利益的一个环节或具体存在。黑格尔通过这种揭示是要进一步揭示：在市场经济基础之上的现代社会中，个人是如何成为社会的、并通过社会实现自身的利益；社会自身的利益又是如何通过个人的特殊利益追求而成为现实的；在现代社会中个人是社会的，社会是个人的。市民社会远非仅是自由的个体财富创造与交换的过程，它甚至还是自由的个体获得社会身份的过程。①

一、"市民社会"理念

黑格尔从思辨的历史观、政治经济学出发，在宏观上把握与理解"市民社会"，并将市民社会视为现代国家中的一部分。②依据黑格尔的看法，家庭、市民社会分别是关于"私权"和"私人福利"的领域。③市民社会是由作为独立人

---

① 参见 Hegel，*Elements of the Philosophy of Right*，Allen W. Wood (ed.)，中国政法大学出版社 2003 年版，p. xix。

② 参见洪镰德：《黑格尔哲学之当代诠释》，第 229—230 页。

③ 参见黑格尔：《法哲学原理》，第 261 页。

格存在的个人所构成的伦理性实体。市民社会一方面以独立存在的个人为前提，另一方面以独立存在的个人具有普遍性（法则）意识为指向。市民社会所要解决的核心问题是：私人利益及其普遍实现的方式是什么？独立存在着的自利的个人，如何通过满足需要的普遍交往活动组成一个有机整体并和谐有序？

（一）“市民社会”原则

“市民社会是处在家庭和国家之间的差别的阶段。”[①] 对于这个问题的理解有两个维度，一是逻辑的维度，一是历史的维度。就逻辑的维度而言，市民社会所表达的是绝对精神在客观精神阶段的否定性环节：家庭（普遍）——市民社会（特殊）——国家（普遍）。在这个阶段中，有了个体性、特殊性，客观精神通过这种个体性、特殊性展开自身，使自身得到丰富的内在规定性；在这个阶段中，作为主体存在的个体，通过普遍交往活动获得关于自身的普遍意识，进而为进一步提升自身开启了通向更高存在环节的空间。

就历史的维度而言，市民社会的出现是人类历史上较近的事实。在黑格尔看来，市民社会的“形成比国家晚”，它是“在现代世界中形成的”。[②] 黑格尔的这个看法极具歧义。其一，此处所说“国家”的内在规定性是什么？其二，此处所说市民社会“必须以国家为前提”，是在应然的意义上而言，还是在实然的意义上而言？

就“国家”的内在规定性而言，黑格尔这里所说国家是何种意义上的国家？是作为传统意义上的国家，还是近代以来意义上的国家？如果指的是传统意义上的国家，则由于人类自摆脱蒙昧时代以后就有了国家现象，而市民社会作为一种运动最早在公元 9 世纪才出现，其作为一种普遍的社会存在现象、并用以指称现代工商业社会，则是 18 世纪以来的事，在这个意义上，国家确实先于市民社会而存在。但是，若是以近代意义上的政治国家而言，那么，以民主政治为内在规定性的近代以来意义上的政治国家，则以市民社会为基础，是先有市民社会而后才有严格的近代以来意义上的政治国家。

---

① 参见黑格尔：《法哲学原理》，第 197 页。

② 参见黑格尔：《法哲学原理》，第 197 页。

如果说市民社会“必须以国家为前提”，这是在实然的意义上而言，那么，确实，近代市民社会的兴起总是有其寄生、依托，传统意义上的国家正是其寄生与依托，因而，传统意义上的国家确实是市民社会的前提。然而，这个“前提”却不是指作为市民社会健康存在必要条件这一“前提”，故不是黑格尔本人所意指的、作为市民社会真理性存在环节的国家。这样看来，黑格尔所说的作为市民社会前提存在的国家，并不是在实然意义上而言，而是在应然的意义上而言，不是指的传统国家，而是指的近代以来意义上的政治国家——且这个近代以来的政治国家亦是应然意义上的，它标识一种正义的社会基本权利—义务关系制度结构。如是，则关于市民社会必须以国家为前提的思想就应当被理解为：市民社会的健康存在，离不开超越市民社会的政治国家。这个国家，不是传统、实然的国家，而是现代、应然的国家。

尽管市民社会运动可以上溯至欧洲9世纪，但是作为伦理实体存在环节之一的市民社会却是“在现代世界中形成”。这个“在现代世界中形成”的市民社会指称的并不是通常意义上所说的市民社会运动[①]，而是指称商品经济这一人类社会经济历史形态。在这个历史形态中，有了个人、个人利益，有了个人的人格独立性，个人通过市场交换进入普遍交往的历史关系。这个历史形态有着完全不同于既往的伦理关系及其秩序。在此理解基础之上，就可以准确把握市民社会的原则。

市民社会的原则是（个体）主体性这一“特殊性”原则与平等交换这一“形式的普遍性”原则。在市民社会这一伦理实体中，每一个人都是作为主体存在，并通过主体间的普遍交换（交往）构成自己的丰富伦理关系与现实生活世界。这样，作为市民社会原则的主体性，首先就是个体主体性，以及在此基础之上进一步生长出的交互主体性。只不过这种交互主体性还只是交换正义的主体性，它是平等交换互惠意义上的外在交互主体，尚未是存在正义意义上的内在交互主体性，故，还停留于形式普遍性的层面。

黑格尔本人并没有明确提出这种思想，他只是通过晦涩的方式，以市民社会二原则思想隐约表达了这一思想。黑格尔认为市民社会有“特殊性”与“普

① “市民社会”有两种理解理路，一是政治的，一是经济的。黑格尔以及后来的马克思所秉持的基本理解理路是经济的。

遍性形式”两个原则。其“特殊性”原则讲的正是个体主体性原则，“普遍性形式”原则讲的则是平等互惠、交换正义意义上的普遍交往、交互主体性。这两个原则讲的是作为现实利益主体的个体，通过劳动与普遍交换的形式，满足自己的欲望，实现自己的利益。个体的这个实现自身利益的过程，同时亦是社会整体实现其利益的过程。黑格尔试图通过特殊性与形式普遍性两原则实现个体与社会整体的统一，但是，由于这种统一中的普遍性还只是形式的普遍性，因而，还不是真实的。真实的统一，在作为地上行走着的神的“国家”中实现。

市民社会的原则，首先是个体这一“特殊的人”的特殊性原则。根据这个原则，个人及其利益本身具有目的性，且“利己”[①]在市民社会中具有正当性、合理性。这就是黑格尔所说：“具体的人作为特殊的人本身就是目的。”[②]这是市民社会不同于家庭的根本之处。在家庭中没有特殊与个人，只有整体。当家庭中出现了特殊与个人时，就意味着家庭本身的解体。近代人类在双重意义上获得解放：一是从神的庇护下的解放，使人不再成为神庇护下的存在；一是个人从类中的解放——此“类”包含家庭这一特殊的“类”，个人不再是无足轻重的存在，每个人都有其独特的存在价值。当康德提出“人是目的”时，这里的人就不是一般抽象的类的人，而是普遍的个体，是每一个人。只有（普遍）个体成为目的，作为类的人才可能真正作为目的存在。

市民社会中作为特殊存在目的性的个人，有自我意识，并以追求个人私利为目的——这就如黑格尔所说这些具体的人是作为“各种需要的整体”并具有“任性”特质。[③]因而，市民社会亦是一个富有个性的社会。在市民社会中，“一切癖性、一切禀赋、一切有关出生和幸运的偶然性都自由地活跃着”。这个富有个性的市民社会充满激情，这种个性激情仅仅受到“理性的节制”。[④]而这个理性的节制，首先指的是作为精明的经济人以（如后来韦伯所说）理性的方式获得私利。

市民社会是一个为了私利（或是为了个人经济利益）的领域，在这里，我个人的私利是目的，其他每一个人都不过是实现我目的的手段。因而，“市民社

---

① 参见黑格尔：《法哲学原理》，第198页。
② 参见黑格尔：《法哲学原理》，第197页。
③ 参见黑格尔：《法哲学原理》，第197页。
④ 参见黑格尔：《法哲学原理》，第197—198页。

会是个人私利的战场，是一切人反对一切人的战场，同样，市民社会也是私人利益跟特殊公共事务冲突的舞台，并且是它们二者共同跟国家的最高观点和制度冲突的舞台。”[①] 这就是说，市民社会这个私利领域的出发点，不是为了他人，也不是为了某种共同体的利益或崇高的目的，而是一切为了私利，为了自己私人利益的最大化，因而，市民社会领域充满了激烈竞争，是没有硝烟的战场。

然而，市民社会中的个人是有理性的个人，其追逐私利、以私利为目的，并不意味着眼中就只有自己而无他人，只承认自己的逐利权利而不承认他人的逐利权利。这里的私利“特殊性”原则，是抽象、普遍的私利、特殊性，即承认市民社会中的每一个成员，都无一例外地拥有这种追求自己利益的平等权利。这就意味着市民社会中的每一个人，相互承认彼此具有平等的自由权利。

如果仅仅有特殊性原则而无普遍性原则，如果市民社会中的每一个人仅仅承认自我而不相互承认，如果市民社会中的每一个人仅仅是为了自己而完全不顾及他人，如果只有我是绝对的目的而其他所有人都是绝对手段性存在，那么，不仅我的个人私利无法通过交换实现，我的目的性存在也无法实现，当然也就无所谓市民社会、市场经济秩序本身。这样，市民社会的特殊性原则就内在地要求生长出（形式的）普遍性原则。

“普遍性的形式是市民社会的另一个原则。”[②] 此“普遍性的形式”之“普遍性”有多重含义：特殊性原则的抽象、普遍性，指的是毫无例外、每一个个体；普遍交换活动中的普遍性，指的是个体的需要只有通过他人才能获得满足（它相对于自给自足、主奴秩序两种状态而言）；普遍交换活动中的普遍（交换活动）规则，指的是规则的普遍性。第一种含义是对前述特殊性原则的普遍性品质的揭示，其基本内容已如前述。

市民社会中的个人利己不是在一种纯粹己他对立中实现的利己，而是在利人利己、己他共同利益中实现己之利益。只不过此共同利益不是存在本体论意义上的，而是互惠交换正义这一外在形式意义上的，个人的目的性存在须通过普遍交往形式才能得以实现，在这种普遍交往形式中每一个人又互为目的。

“在市民社会中，每个人都以自身为目的，其他一切在他看来都是虚无。但

① 黑格尔：《法哲学原理》，第 309 页。
② 黑格尔：《法哲学原理》，第 197 页。

是，如果他不同别人发生关系，他就不能达到他的全部目的，因此，其他人便成为特殊的人达到目的的手段。但是特殊目的通过同他人的关系就取得了普遍性的形式，并且在满足他人福利的同时，满足自己。”[①] 作为目的的个人，须通过为他人服务的方式实现自己的目的，并通过这种普遍交往获得自身的普遍性。在这种以我为目的的活动中，尽管我将他人作为实现我的目的的手段，但是，我却必须通过为他人服务的方式获得来自他人的服务，实现自身的目的。这就意味着：尽管我是将自己作为目的、将别人作为手段，但是，事实上我为了实现自己的目的，却又必须将他人作为一种目的性存在、自己作为一种手段性存在来对待。这个我通过为他人服务以实现自身特殊目的性存在的过程，即是我和他人都成为目的性存在的过程。每一个人都既是目的，又是手段。

市民社会中的每一个人都以自我为目的，在这个意义上，都是“利己”的。然而，这种以自我为目的的“利己”，并不必然意味着“已”之间的彼此绝对对立。“利己”作为社会交往关系及其秩序的原点本身并不可怕，甚至在道义上也并不可恶，相反，它还在一定意义上拥有善的品质。因为，它所标识的是个人自我意识的觉醒，个体独立自主权利的存在。在历史的视域中，个人作为独立主体存在是一种社会进步现象，它普遍出现在对封建宗法等级人身依附制否定之后。主体性的自由权利必定包含着个体的自由权利。[②]

马克思恩格斯亦曾揭示：人总是从自己出发的。[③] 马克思恩格斯的这个思想与欧洲启蒙时代以来的主流思想一脉相承。对“利己”的认识既必须要有一种历史的眼光，亦必须要有一种逻辑的认识。从利己出发，可以是彼此间的绝对对立，亦可以是彼此的和谐共存。究竟会出现何种结果，关键在于：一方面，取决于行为主体的精神意识，取决于具有利己心的个人以何种方式实现自身的目的，取决于究竟是以两极不相容彼此拒斥的方式，还是兼容共在的方式实现自身的目的性存在；另一方面，取决于行为主体行为活动的客观制度性背景，取决于那个特定的背景性制度安排是否能够有效地引导并规范个人获得自身利益的方式。

市民社会是一个基于相互承认、人格平等的普遍交换的社会，自利的个人

① 黑格尔：《法哲学原理》，第 309 页。
② 参见洪镰德：《黑格尔哲学之当代诠释》，第 232 页。
③ 参见马克思恩格斯：《德意志意识形态》，人民出版社 1961 年版，第 504 页。

在普遍交换中实现自己的利益。黑格尔在讲到市民社会时认为："整个市民社会是中介的基地。"[①] 所谓"中介的基地"指的就是基于平等身份的"普遍交换"之处。作为具有特殊利益的特殊个人自身，并不是必定想成为具有（形式）普遍性的社会人，但是，这种具有特殊利益的个人又总是成为社会、普遍的存在。缘由何在？如果我们在此不考虑个体生长过程中的教化这一社会化过程，而是从建构主义思想方法维度来认识，那么，就不难发现：具有理性能力的特殊个人，正是在对自身特殊利益的目的性追求中，通过目的性实现的手段寻求而自觉使自己成为社会、普遍的存在。严格地说，这种社会存在的"中介"性概念亦是近代以来的概念。在一个身份等级制社会中，不存在"中介"、交换，只存在着索取、豪夺。"中介"所表达的普遍交换，是以平等身份为前提的经济上的平等交换。这是普遍交往的物质基础。

市民社会基础之上的普遍交往有两个方面的基本含义：一方面，这是一种客观交往关系。这种交往关系是由市场交换所客观造成的普遍交往关系，每一个生活在市民社会中的人都无法摆脱这种相互依赖性的关系。另一方面，从事这种交往活动的主体对这种客观交往关系具有自觉意识。作为具有特殊目的性存在的个人具有理性能力，具有理性能力的个人，通过这种普遍相互依赖的交往关系，意识到这种普遍交往关系及其秩序的存在。正是这种自觉意识，使得个人不仅在形式上遵循客观普遍交往规则，而且有可能在（特定制度背景下）对自身特殊性的反思中，自觉将这种特殊性上升为普遍性。

在市民社会中，上述特殊性与形式的普遍性两个原则是"各自独立的"，因而，它们之间的统一"不是伦理性的同一"。即，这种普遍性形式所表达的只是市场的普遍交换、普遍依赖这种"必然性"，以及个人对这种普遍交换与普遍依赖"必然性"的认识。在市民社会中，个人利益、个体间平等互惠关系是否能够真正实现，尚处于偶然、不确定状态。这种不确定、偶然状态的自由存在，是如同萨特所说的被抛向自由的不得不自由，它不是真实的自由。所以，黑格尔说它"不是作为自由……存在的"。个人要作为自由存在者存在，就必须在自由的伦理实体中。这个伦理实体，在黑格尔看来就是国家。[②]

---

① 黑格尔：《法哲学原理》，第 197 页。

② 参见黑格尔：《法哲学原理》，第 201 页。

（二）“市民社会”批判

黑格尔对于市民社会尽管抱有满腔热情，但同时又不失冷静。他既看到市民社会中每一个人的目的性存在中对于个性、个人、个体及其活力的解放作用，亦清醒地看到了市民社会的自身局限性。市民社会的根本局限性在于“原子论的系统”[①]。在他的思辨逻辑中，市民社会中的特殊性上升为普遍性，还只是形式的普遍性。

黑格尔在总体上持个人与社会、特殊与普遍统一的价值立场。他不仅肯定个人、个体的价值，肯定“主观性”的地位，更肯定社会的、伦理实体的价值。一方面，黑格尔批评了柏拉图的理想国。他认为柏拉图的理想国否定了个人、个性、特殊性，否定了“私有制”，否定了个人的自觉意识与自由意志（“主观任性”）；在柏拉图的理想国中，“普遍性把特殊性的力量都吸收过来”，使特殊性、个人没有任何存在的余地，这样的国家不是真理性的伦理实体，或者换言之，不是“实体性的真理”，而只是“抽象思想的幻想”。[②] 另一方面，黑格尔又强调个体间的相互依赖性，强调个体的福利、权利只有在国家的普遍性制度中才能真实实现，强调“普遍性”、“制度”的重要。黑格尔认为：“受到普遍性限制的特殊性是衡量一切特殊性是否促进它的福利的唯一尺度。”“利己的目的，就在它的受普遍性制约的实现中建立起在一切方面相互倚赖的制度。个人的生活和福利以及他的权利的定在，都同众人的生活、福利和权利交织在一起，它们只能建立在这种制度的基础上，同时也只有在这种联系中才是现实的和可靠的。这种制度首先可以看成外部的国家，即需要和理智的国家。”[③] 注意黑格尔对市民社会的这个总体立场，就会准确把握与理解其关于市民社会的具体思想。

市民社会“解放”了特殊性，使个人、个体、个性“特殊性的独立发展”成为现实可能[④]，但是，市民社会却又使人与人之间“变得生疏”[⑤]。这个“变得生疏”的社会，会趋于离散，并有可能陷入霍布斯所说一个人面对所有人的战争的丛林法则。

---

① 参见黑格尔：《精神哲学》，第 332—333 页。
② 参见黑格尔：《法哲学原理》，第 199—200 页。
③ 参见黑格尔：《法哲学原理》，第 198 页。
④ 参见黑格尔：《法哲学原理》，第 199—201 页。
⑤ 参见黑格尔：《法哲学原理》，第 241 页。

市民社会在解放人的主观性的同时，又无限刺激人的无限贪欲，使人既没有了"节制"，又没有了"尺度"，陷入贪欲的"恶的无限"。[①] 在黑格尔看来，私人并不是天生的有教养者，并不天生具有服务他人的普遍性思想，公益并不能自动地从私利中涌现。市民社会犹如一头猛兽，必须严加控制才不至于伤人。[②]

市民社会在创造出巨大财富的同时，既造就了"奢侈"，又不能消除社会的"匮乏和贫困"现象。[③] 黑格尔以自己的方式洞察到：尽管市民社会能够创造出巨大的财富，但是，市民社会所创造出的财富并不能解决社会贫困问题，它在解决既有问题的同时甚至会产生新的社会问题，会使社会面临新的更为严峻的挑战。

市民社会的成员只是以特殊性为目的，而将普遍性作为"中介"、手段，市民社会的个体是"偶然性"的存在，还谈不上真实的自由生活。在这里，国家还只是作为外在存在，起"调节"、"调和"作用。[④]

正是基于对特殊性与普遍性、个体性与社会性统一的理解，黑格尔坚决反对任何形式的割裂个体性与社会性、特殊性与普遍性的做法，并坚决主张特殊性应当上升为普遍性、个体性应当上升为社会性。正因为市民社会存在着上述诸多内在局限性，正因为市民社会存在着将特殊性提升为普遍性的艰巨任务，因而，黑格尔认为市民社会中必须要有教育，必须使社会成员摆脱"贱"的精神，成为有教养者；必须要有作为外部存在的国家，这个国家为市民社会活动提供"外部秩序和设施"，既"保护和促使大量的特殊目的和特殊利益"，又照顾超出市民社会之上的公共利益[⑤]，既有摆脱贫困中的私人慈善这一主观善，亦有国家制度保障的客观善；必须生长出市民社会成员自己可以依赖的伦理实体，使"个人成为市民社会的子女"，这个伦理实体既保护其权利，又约束其行为[⑥]。

尽管黑格尔对市民社会的批判不失深刻，但是，这种批判在总体上还只是

① 参见黑格尔：《法哲学原理》，第 200 页。
② 参见洪镰德：《黑格尔哲学之当代诠释》，第 236 页。
③ 参见黑格尔：《法哲学原理》，第 200、208、244—245 页。
④ 参见黑格尔：《法哲学原理》，第 200—201 页。
⑤ 参见黑格尔：《法哲学原理》，第 215—229、249 节。
⑥ 参见黑格尔：《法哲学原理》，第 241 页。

停留于一般、形式层面，并没有深入市民社会的具体经济活动过程，彻底揭示市民社会平等人格、平等交换的形式正义性。尽管他看到了市民社会、市场经济活动并不能解决社会贫困问题，相反有可能带来财富分配中的严重的两极分化，但是，他并没有深刻揭示资本、资本逻辑在市民社会中的主导与宰制性地位，更没有能够深入揭示资本集团的贪婪及其剥削的奥秘。尽管黑格尔也提出用国家这一“外在”、“客观”力量为市民社会活动提供背景性安排，并用来约束、规范市民社会活动，但是，黑格尔并没有虑及这个作为“外在”“客观”力量的国家，与资本携手一致、成为资本的看家狗、打手与代理人的可能，更没有虑及如何避免这种可能。在这些方面，黑格尔远逊色于其后来者马克思。

对黑格尔关于“市民社会”这种批判性态度的洞悉，不仅有助于准确把握黑格尔的“国家”思想，亦能发现黑格尔“国家”概念中的某种思维混乱处。[①]

二、作为中介环节的个体性

尽管黑格尔坚决主张特殊性应当上升为普遍性，个体性应当上升为社会性，但是这种上升不是某种外在力量的提携，而是伦理实体自身内在发展的过程。这是一种内生性的自我否定性生长过程。[②]

没有市民社会这样一个自为的存在环节，没有市民社会这样一个个人独立、个人利益，没有基于这种自我利益的作为特殊目的性存在的自我意识觉醒，就不可能有自由的精神，亦不可能有人的真实自由存在。自由，不是某种外在力量赋予，而是人通过自己的理性在生活中学习而获得的一种能力。如果联系到黑格尔前述关于个体美德只有在全部伦理关系已经形成并实现的伦理秩序中才能真实形成，以及个体美德形成本身就是一部“精神自然史”的思想，就会明白市民社会阶段对于个体自由精神、个体健全人格形成的意义。市民社会的这种个人自我意识、自利精神，似乎给社会带来了诸多问题与混乱，然而，这种问题与混乱正是人们走向成熟所不可或缺的阶段。这就如儿童一样，始终被裹

---

① 参见黑格尔：《法哲学原理》，第252页。

② 参见黑格尔：《法哲学原理》，第201页。

在襁褓中就永远长不大，放手让其学习独立行走、生活，尽管免不了摔跤乃至碰个鼻青脸肿，但是却能够学会独立生活。或许正是基于这种理由，黑格尔坚决批判了那种固执于以为“未开化……的风俗是淳厚质朴的”，任何文明教育引导都是一种“腐蚀性的东西”的思想。[①]

在普遍交换的市民社会中，尽管每一个人都是作为“私人”存在，尽管每一个人都是从自己出发，“把本身利益作为自己的目的”，尽管每一个人在普遍交换活动中都将“普遍物”当作实现自己目的的“一种手段”，进而亦将他人作为手段，但是，这个作为“私人”存在的个人为了实现自己的目的，就必须进入普遍交换活动。不仅如此，“如果他们要达到这个目的，就只能按普遍方式来规定他们的知识、意志和活动，并使自己成为社会联系的锁链中的一个环节”[②]。即，这个作为“私人”存在的个人，为了在这个普遍交换活动中能够实现自己的目的，满足自己的需要，就必须认识这个普遍交换活动，把握普遍交换活动的规律，按照普遍交换活动的规律行为。这样，这个作为“私人”存在的个人，就在这种将自己作为目的的普遍交换活动中，事实上形成关于普遍交往的普遍性理智。尽管这种普遍性理智是基于私人目的性的，但是，这种普遍性理智本身却已是对其“私人”性的一种否定，已使作为“私人”存在的个人拥有形式上的普遍性。这样看来，市民社会或普遍的市场交换活动本身，就是对于个别意志的特殊濡养过程。市民社会或市场经济活动，作为社会生活大课堂，其所培育出的最重要社会精神，就是对于普遍交往活动普遍性规则的知识与自觉，或者换言之，就是濡养出普遍性知识与普遍性规则意识。这就是黑格尔下面一段话所揭示的深刻道理：在市民社会以普遍物为中介实现私人目的的活动中，“理念的利益——这是市民社会的这些成员本身所意识不到的——就存在于把他们的单一性和自然性通过自然必然性和需要的任性提高到知识和意志的形式的自由和形式的普遍性的这一过程中，存在于把特殊性教养成主观性的这一过程中”[③]。

黑格尔通过“市民社会”这一环节试图揭示：作为特殊目的性的个体存在的合理性。个体在市场普遍交换活动中所获得的普遍性知识与法则，以及对这

---

① 黑格尔：《法哲学原理》，第 201 页。
② 黑格尔：《法哲学原理》，第 201 页。
③ 黑格尔：《法哲学原理》，第 201 页。

种普遍性知识与法则的自觉与意志，使个体获得形式普遍性。这种形式普遍性是个体自由意志的现实存在。在这个意义上，黑格尔关于“市民社会”的思想，就是对于个体、个体性合理性的一种思想辩护与思想启蒙。

值得特别注意的是，黑格尔通过“市民社会”研究，所要表达的并不是对于作为市民社会基础的市场经济（普遍交换）效率性的辩护，而是对于作为市民社会基础的市场经济（普遍交换）的自由辩护。在法哲学、政治哲学的维度理解市场经济，其核心不是效率，而是自由，是作为个体存在的人的普遍交往的自由。自由是市场经济存在的最深刻价值根据。正是自由，使市民社会、市场经济获得存在合理性的哲学辩护。在这里，市场经济被理解为是人的自由活动在经济这一具体领域中的具体显现。也正是这种缘自对市场经济的自由的辩护，一方面能够使我们明白市民社会、市场经济的合理性在于它属于人的自由的现实活动，没有这种经济生活中自由的现实活动，就无所谓人的自由存在本身；另一方面，使我们进一步清醒地看到市场经济并不等于人的自由存在本身，意识到市场经济对于自由精神生长、人的自由存在的局限性。

三、需要及其满足

以市场交换为基础的市民社会，以现实存在着的具有独立人格及其独特利益的个（私）人为前提。这样，对市民社会分析的逻辑出发点就是个（私）人需要。

（一）需要

这里的“需要”不是在一般心理学意义上而言，而是在具体私人需要意义上而言，它有其具体历史规定。与抽象法权阶段不同的是，市民社会阶段的人已不再是抽象的人，而是具体现实的个人，是 the burgher or bourgeois[①]，因而这里所讨论的就不是一般抽象的所有权问题，而是现实存在着的具体个人的需

① 参见黑格尔：《法哲学原理》，第 205 页。

要及其满足。通过对个人需要及其满足方式的揭示，可以具体揭示人的社会存在方式。由“需要”（kind of need）而至“劳动”（kind of labour），由“劳动”至“阶层”或“阶级”（classes），就构成了这部分的三个环节。[①]

市民社会中具体存在着的个人总是有需要的。这里的需要不是在人的自然生理要求意义上而言——尽管它以这种自然生理要求为基础，而是在人的自由意志、自觉意识这一“主观”性意义上而言。纯粹自然生理需要是动物式的“客观需要”。市民社会中的私人需要则不同。它是主体自觉意识了的需要。黑格尔强调作为市民社会出发点的个人需要是“主观需要”。[②]这个“主观需要”有双重意思：一是个体性，一是自觉性，其核心是个体对需要的自觉。

私人需要首先是个人的，总是特定个人的需要，且总是通过此特定个人需要的满足得以满足。这正是私人需要的个体性。根据通常的看法，私人需要似乎只需提供外在物就能满足，然而，在黑格尔看来，问题并不这么简单。这种通常的看法至多只是一种经济学的看法，不能成为哲学的认识。在哲学的维度看来，个人的这种“主观需要”要得到满足，主要不是通常所谓“物”的问题——尽管这很重要——而是“客观性”问题，是主观需要的客观实现问题。[③]这就必须考虑需要的内容及其实现方式，必须进入人的存在关系、进入特殊与普遍关系的领域。黑格尔认为个人的这种“主观需要”，须通过“外在物”与“劳动”这“两种手段而达到它的客观性，达到它的满足”。[④]

满足需要当然得有“外在物”，然而，此处这个“外在物”并不是无主、可由“我”任取的，相反，它是“别人需要和意志的所有物和产品”。由于这是市民社会而不是奴隶社会或宗法封建社会，不能强取豪夺，只能通过交换获得，于是就进一步引出满足需要方式的劳动。正是市民社会中这个劳动的出现，使个体的需要成为人自由存在的一个环节：一方面，个体的需要通过劳动得以满足；另一方面，个体的需要通过劳动扬弃其个别性、主观性而成为普遍、客观的，与此同时，作为个体存在的人亦不再是个别、偶在的，而是社会、普遍的。

---

① 这样三个环节在英译本中有明确标识。

② 参见黑格尔：《法哲学原理》，第 204 页。

③ 主观需要的“客观性”包含需要内容的客观性与需要实现方式的客观性两个方面，这两个方面的统一，揭示了此“客观”需要是那特定伦理实体中的必然性要求。由此，“奢侈”、“贫困”等亦可获得学理性判断前提。

④ 参见黑格尔：《法哲学原理》，第 204 页。

个体自由在这需要及其满足过程中实现。

人的需要不同于动物的需要。动物的需要是纯粹自然性的，这种纯粹自然性体现在两个方面：其一，出于本能的自然需要。动物饿了就找吃的，要下崽了就做个窝，这些是出于纯粹本能的自然性。正因为动物的需要是纯粹自然的，因而它是有限的。其二，满足需要的方式是“随遇而安”[①]式的对自然界的纯粹适应。正由于动物的需要是纯粹本能的自然性，它不能、也不可能改变自身的需要，因而，动物的这种需要就是有限的：仅是满足这些本能本身的要求，而没有其他；满足了本能，就满足了需要。

人则不同。人的需要是自觉的需要。人是能够自觉意识到、且能创造自身需要的存在。人的需要不是作为本能、自然存在，而是作为自由的内在环节存在。不仅如此，人的自由精神、自觉意识还创造着需要。[②]作为自觉需要的人的需要有几个基本特质：其一，内容的无限性。人的需要是一种自觉意识、被创造的需要。人不仅有动物所不具有的精神需要，而且人在满足自由需要的过程中总有“精炼”的倾向，总是有生理自然性以外的其他诸多需要内容，诸如身份、地位、权力、享受等，因而，人的需要具有无限性，且在此无限性中隐藏着贪婪性可能。动物没有贪婪，唯独人有贪婪。其二，满足方式的创造性。人不同于动物的“随遇而安”，人能通过劳动创造出自然界原本不存在的物品来满足自身的需要。其三，精神需要。人的需要本身不是纯粹物的，人有动物所没有的精神需要这一更为高级的需要，且人的物的需要及其满足受自身精神需要的制约。人的精神、理性使需要变得特殊化、多样性（“殊多化”），人在这种创造需要的过程中，甚至“需要本身也受其影响。必须得到满足的……不再是需要，而是意见了”[③]。

精神需要的出现对于人的自由存在而言，具有决定性的意义。如果人的需要仅仅是外在物的，则意味着人自身亦是纯粹自然物的存在。只有精神需要才能标识人是不同于纯粹自然物的特殊存在，这种特殊存在有自身的精神生活世界。正是这种精神生活世界，使人有可能成为自由的存在。这样，对于人而言，

---

① 黑格尔：《法哲学原理》，第 206 页。

② 譬如，衣服作为人的需要而言，就不仅仅是保暖御寒这一纯粹自然需要，它还是一种遮体文明的需要。随着人的审美意识的增长，衣服的功能还具有了审美、身份、个性等方面的需要内容。附加于衣服之上的这种审美、身份、个性标识等需要，就完全是人的精神自觉创造。

③ 黑格尔：《法哲学原理》，第 206 页。

尽管物的需要是其自由存在的前提，但是真正能使人拥有人的需要的，则是精神需要。正是这种精神需要甚至使对物的需要本身亦成为精神需要的一部分：人不再成为纯粹物的，相反，物应成为人的一部分；物欲不再对人有绝对支配作用，相反，物欲应当服从于人的自由精神。这正是黑格尔所说“需要的殊多化就包含着对情欲的抑制”中所包含的重要思想。这样，也就会清楚地认识到教育在人的自我提升中的意义：在作为人的需要的维度，使人明白人的需要的多样性，在这种多样性需要中尽管物的需要不可缺少，但物的需要自身并不是人的最高级需要，人还有较之物的需要更为重要的精神需要。①

人的需要不同于动物之处还在于：人能够通过自己的自觉活动来满足自己的需要，并在这种满足自己需要的创造性活动中，创造新的需要及其满足手段。满足需要的过程，即是创造需要的过程。黑格尔以英国人对于“舒适”追求为例所作的解释，内在所包含的正是这种人的需要及其满足“是某种完全无穷无尽的和无限度前进的东西”②。人通过自己的自觉意识及其活动创造自己的需要，进而使得自己的需要具有无限开放性。③

纯粹自然本能的需要是有限的需要、自然的需要、物的需要，人的需要是自由意志所创造的无限的需要、社会的需要、精神的需要。

（二）劳动

需要通过劳动得到满足，劳动成为需要及其满足的手段。需要及其满足方式所表达的是人的自由存在方式。

1. 需要与劳动统一的历史形态

人与动物的显著区别之一，就在于人通过劳动满足自己的需要。然而，劳动与需要究竟以何种方式统一，却标识人脱离动物界的文明进化程度。人类不同历史时期，有不同的需要与劳动统一的历史方式。

---

① 黑格尔本人在此并未明确区分“物的需要”与“精神需要”。黑格尔在此关于教育对情欲抑制的论述亦牵强附会。具体参见黑格尔：《法哲学原理》，第 206 页。

② 参见黑格尔：《法哲学原理》，第 206—207 页。

③ 正是在这个意义上，人较之动物有着更加贪婪、更加劳碌的可能性。人似乎是在不断满足自身需要的追求中实现自我，但人往往成为物之奴。

需要总是通过劳动实现，然而，需要与作为需要实现中介的劳动究竟以何种方式统一，却直接揭示了人的不同存在方式。在原始初民社会，需要与劳动直接以原始自然的方式混沌一体。在这里，一方面，劳动或人的活动直接为了血亲社会自身；另一方面，人的劳动对于自然有极大依赖性。当社会出现分化，需要与作为实现自身手段或中介的劳动亦分化，二者两极殊立。在这里，一部分人作为主人拥有需要，另一部分人作为奴隶拥有劳动，需要与劳动的结合以二者截然对立基础之上的占有与被占有方式实现。在需要与劳动的这种外在形式统一中，所实现的需要并不是普遍的需要，而只是部分、特殊（即主人）的需要，它所标识的是人的主—奴关系存在类型。在这种外在形式统一中，无论是拥有需要的主人，还是拥有劳动的奴隶，均失却了存在的自由特质。在这里，人不再作为自由存在者存在。

在市民社会中，需要与作为需要实现手段的劳动不再二者截然对立。需要与劳动的统一不再通过人身占有与被占有的方式实现。相反，它通过普遍交换的方式实现。黑格尔关于市民社会中劳动及其与需要统一的思想，意蕴深长。他不仅仅揭示了通过劳动创造财富、满足需要这一经济学的形式方面的内容，更重要的是他从权利哲学的高度，揭示、证成了现代社会财产占有正当性的一般原则。这就是以合法的方式、通过劳动所占有的财产，才具有正当性。与此同时，黑格尔对于劳动在自由中的理解，亦从主—奴社会的斗争哲学演进到市民社会的法权哲学高度。[①]

市民社会是一个具有“理智”（understanding）的社会。正是这个“理智”，既成了市民社会的基本特征，又成了市民社会“合理性”表现之一。[②] 在市民社会中，尽管个人是作为独立人格与利益主体存在，有其需要体系，但是，个人却是以一种理性的态度认识与把握市场交换的一般法则，并使之成为自觉意志，个人的行为不是出于任性，而是如前述出于对这种一般法则的认识与意志。在市民社会中尽管有利益差别，但是这并不影响一般社会秩序的形成。即这是一个具有正义秩序的社会，在这个社会中，既往社会中的那种基于人身

① 应当重视黑格尔在《精神现象学》与《法哲学原理》中对于“劳动”理解的重大差别。黑格尔在《法哲学原理》中已是从现代宪政的法权自由意义上把握劳动。关于此，可参见高全喜：《论相互承认的法权》，北京大学出版社 2004 年版，第 55—61 页。

② 黑格尔：《法哲学原理》，第 204 页。

占有与依附关系的财富占有与被占有、剥夺与被剥夺关系，得到了有效克服（“调和”）。

2. 劳动是人的解放方式

如果不是在人与动物区分这一最一般的存在本体论意义上而言，那么，劳动并不注定是人的解放方式。劳动甚至有可能成为被剥夺、失却自由的方式。[①] 劳动要能够成为人的解放方式必须是：劳动是自由存在的方式（环节），而不是一种奴役的方式。而劳动要能够成为人的自由存在方式，至少需要两个条件：

其一，普遍性品质。这是使个别劳动成为普遍劳动的普遍性品质。这里的个别劳动并不是在经济学抽象劳动与具体劳动意义上所言，而是在人的利益关系及其所表达的存在方式意义上所言。人总是具有利己心的，具有利己心的个人在追求满足自身需要的活动中，究竟如何才能摆脱奴役与被奴役、或一个人对所有人的战争状态？这是直接关涉人类自身命运与前途的根本性问题。如果人类不能摆脱这种利己心，那么，就意味着自由不过是海市蜃楼式的梦想，人类社会根本不可能实现自由。人类如果真的能够摆脱这种利己心，那么，在何种意义上才能摆脱？黑格尔以自己的方式在严肃认真地探索与回答这个问题。

黑格尔通过权利的立场、通过个人需要及其实现的存在方式表明：具有自利心的个人总有其存在的特殊性，这种特殊性只有通过成为普遍性、作为普遍性的特殊存在，通过为己—为他的一体性才能真正实现。为自己的就是为他人、为社会的，为他人、为社会的就是为自己的。在这种思维方式中，利己心的存在并不可怕，亦不可恶，相反，它通过劳动的普遍性品质而成为普遍性的一个环节，成为增进社会共同利益的方式。这正是市民社会（或市场经济）不同于前市民社会（或前市场经济）的一个根本点。在市民社会中，每一个人彼此间的权利不应当是尖锐对立的。彼此尖锐对立的个人权利，是一个谁都不能真正实现其权利的权利（姑且称其为权利），因而，是谁都没有自由的权利。

在市民社会中，个人通过自己的劳动为他人提供服务，在满足他人的需要

---

① 耶拿时期的黑格尔就曾对他那个时代的市民社会的劳动方式，有过较为具体的分析。在他看来，广大劳动群众在现代工厂中的劳动，尽管使人从原先的自然桎梏中解放出来，但是与此同时却又成为机器的奴隶。肮脏的环境，危险的劳动条件，无聊的重复活动，使劳动本身成为人的桎梏。参见洪镰德：《黑格尔哲学之当代诠释》，第 235 页。

中获得满足自己需要的“外在物”。与此同时，个人在这种通过劳动满足自己需要的过程中，亦为社会创造了财富、为他人增进了福利，进而成为社会有机体中的一员。在这里，财富既是普遍的又是特殊的。这就如黑格尔所揭示的那样：市民社会“在劳动和满足需要的……依赖性和相互关系中，主观的利己心转化为对其他一切人的需要得到满足是有帮助的东西，即通过普遍物而转化为特殊物的中介。这是一种辩证运动。其结果，每个人在为自己取得、生产和享受的同时，也正为了其他一切人的享受而生产和取得。在一切人相互依赖全面交织中所含有的必然性，现在对每个人说来，就是普遍而持久的财富”。个人通过劳动所创造的财富，对于个人而言，使他能够从社会中分享到保证自己生活的一部分；对于社会而言，则又增加了社会的普遍财富。[①] 在这里，劳动是社会财富与私人财富、“主观性和客观性的中介”。“需要的目的是满足主观特殊性，但普遍性就在这种满足跟别人的需要和自由任性的关系中，肯定了自己。”[②]“需要和手段，作为实在的定在，就成为一种为他人的存在，而他人的需要和劳动就是大家彼此满足的条件。”“我必须配合着别人而行动，普遍性的形式就是由此而来的。我既从别人那里取得满足的手段，我就得接受别人的意见，而同时我也不得不生产满足别人的手段。于是彼此配合，相互联系，一切各别的东西就这样地成为社会的。”通过需要及其满足手段的这种普遍性，“孤立的和抽象的需要以及满足的手段与方法都成为具体的、即社会的”。各个体的需要及其满足亦成为普遍需要及其满足中的“一个环节”。[③]

其二，平等性品质。这是在相互服务中平等人格的平等性品质。以劳动作为需要及其满足的中介或手段，“直接包含着同别人平等的要求”[④]。这里的平等，首先不是指的平等市场交换这一经济活动内容，而是指的平等的特殊个别存在这一人格内容——经济活动中的平等交换只是这种平等人格的次生性平等。正因为每一个特殊、个别存在在人格上是平等的，这才是一种普遍的平等；只有在这种普遍平等中，每一个人的人格及其需要与需要的满足才能被平等对待。

① 黑格尔：《法哲学原理》，第 210—211 页。

② 黑格尔：《法哲学原理》，第 204 页。

③ 黑格尔这里所说需要及其实现手段由抽象变为具体、社会性的，还包含着在这种普遍劳动交往关系中，个人需要及其满足方式不再是空洞的，而是具体现实的这一思想。参见黑格尔：《法哲学原理》，第 207 页。

④ 黑格尔：《法哲学原理》，第 207 页。

正是劳动主体的这种平等性品质，使得劳动本身不再成为被奴役与被占有的方式，而成为人获得自由存在的现实方式。

值得注意的是，在劳动的这种普遍性、平等性品质中所包含的是个人人格的抽象或普遍平等。这种抽象、普遍平等并不意味着个人特殊性、个性的消失，相反，个人的个性、特殊性应当在这种抽象、普遍性中得到现实存在。换言之，作为具体存在的个体，要在普遍性中得到真实存在，就必须保持自己的特殊性与个性；作为具体存在的个体的需要及其满足，要能够成为自己的并得到真实满足，就必须保持自己的特殊性（包括劳动的特殊性）。没有个性、特殊性的需要与满足需要的劳动（方式与结果），就既不可能有真实的需要，也不可能使需要得以满足。因为，没有成为特殊的，就不可能进入普遍交换，更不能进入以普遍交换为基础的普遍性关系。只有特殊性的，才有可能是普遍性的。需要以及满足需要的劳动及其产品的特殊性，这是获得自身普遍性存在的内在要求。这正是黑格尔在论及需要的平等时突出强调“特殊性”、“用某种突出标志肯定自己”所包含的最重要思想之一。[1]

不过，以劳动作为需要及其满足中介的这种人的“解放”，还只是“形式的”。[2] 其基本缘由有二：其一，劳动本身并不能创造财富，劳动只有与劳动资料相结合才能创造财富。没有与劳动资料相结合的劳动仍然是抽象的，缺失劳动资料的劳动有可能成为被奴役与被剥削的方式。对此，后来的马克思有过深刻揭示，但是黑格尔并没有涉及。其二，劳动本身并不能使人从对物的依赖中彻底解放出来，相反，有可能通过不断创造新的需要的方式使人陷入贪婪、陷入对物的需要的恶的无限性之中。对此，黑格尔以其思辨方式予以揭示。

在黑格尔看来，人有不断创造自己需要的能力，人在通过劳动满足既有（物的）需要的同时，又会通过“细致化”、“精炼化”产生新的需要，以至无穷，这就产生了奢侈、贪婪，并进而陷入（对物的）需要的恶的无限性。[3] 在这个意义上，劳动作为满足需要的手段，并不能使人从对物的依赖中彻底解放出来，相反，它还有可能加深人对物的依赖性。劳动作为谋生的手段，往往又与

---

① 黑格尔：《法哲学原理》，第 207 页。

② 黑格尔：《法哲学原理》，第 208 页。

③ 这就是黑格尔所说：“社会状况趋向于需要、手段和享受的无穷尽的殊多化和细致化。……这就产生了奢侈。”参见黑格尔：《法哲学原理》，208 页。

疲惫劳作、枯燥无聊、身心伤残做伴。所以，作为满足需要手段的劳动对人的解放，还只是形式的。

在这里，人类事实上面临一个近乎恶的无限性问题：(物的）需要的无限性。(物的）需要，通过劳动、发展科学技术满足人的需要，再到新的需要，再进一步发展科学技术……以至无穷。在这样一个无穷过程中，人的物欲贪婪膨胀。在这种不断膨胀的物欲追求中，人始终处于一种焦虑与紧张之中，内心精神不得安宁。这使人越来越倾向于将自身等同于物，越来越远离自我、自由。仅仅依靠劳动这一外在活动形式，并不能使人真正获得自由、解放。人的解放必须从形式的上升为内容的。

这样看来，人们通常所熟悉的生产力的历史动力论，至少必须得到进一步澄清后方可获得其存在的合理性。因为在生产力历史动力论中隐含着这种基于需要及其满足的欲望的恶的无限性，这种恶的无限性非但不能使人获得自由，反而会使人在发展生产力过程中进一步远离自由。这从一个侧面表明（经济）发展并不是、也不能成为人类社会的至上目标。人类是否有能力控制自己的这种恶的无限需要，是否有能力以精神需要恰当地代替这种（物的）需要及其满足的无限内容，正是人类能否真正获得自由的关键所在。难道人类真的会陷入这种恶的无限性的悲剧之中？真的会毁灭于自身无限追求的创造力发挥过程之中？

现代社会的最伟大成就之一就是科学技术的发展。科学技术给人类带来了巨大解放，人类对于科学技术亦寄予厚望，期望通过科学技术手段解决一些社会问题，使人类获得更大自由与解放。然而，科学技术对于人类的这种解放作用也只是形式上的。现代科学技术在不断创造出满足物质生活需要的新的手段的同时，也在不断创造出新的物质生活需要，乃至于奢侈与贪欲；在创造出巨大社会财富的同时，亦创造出贫困的无限增长——需要的无限增长决定了人的基本需要的相应增长。科学技术进步，以及以科学技术进步为核心的经济发展，可以带来财富的增长，但却并不能消除贫困。这不仅是因为科学技术自身只能带来财富而不能决定财富的分配，更重要的是因为科学技术进步所带来的财富增长会创造出新的无限（物的）需要。这种需要一方面会不断改变对于贫困的既有规定，另一方面会不断膨胀人的物欲与贪婪。正是在这个意义上，科学技术进步、经济发展、劳动并不能使人真正获得解放，相反，它们却有可能使人陷入无限焦虑、无限贫困的恶的无限性之中。物质生活改善永无止境。在这种永无止境的追求中，人自身会异化为需要的存在、物的存在。人类应当警惕这种恶的无限性，警惕这种在幸福物质生活名义之下的恶的无限性。人类应当从自身内部的自由精神生活中寻求对这种恶的无限性的消解，平和欲望，朴实需要，以精神需要的无限性代替物的需要的无限性。

奢侈是人在满足自身需要过程中所无法避免的一种否定性环节。奢侈有相对性与绝对性两重不同含义。在一般情况下，奢侈是文明生活水准提高过程中的一种现象：一种新的、有利于人的身心健康的生活消费内容（或方式），当其不能为一般人所承受而仅为少数人所享有时，即为奢侈；当其成为绝大多数人所有时，则失却其奢侈性而成为生活必需。这是奢侈的相对性。这种相对性，与文明、进步内在相连，并构成人的自由存在的内在环节。另一种奢侈则是自由存在的绝对否定性内容。这种绝对否定性就在于它无论从何种意义上看均不利于人的身心健康。[①] 然而，即使是前一种相对意义上的奢侈，也可能是前述恶的无限性的定在，因而，也应当对其持有警惕。

既然人类需要及其满足具有恶的无限性可能，那么，人类是否有可能摆脱这种无限物欲的恶的无限性？结论似乎是肯定性的。这里的关键有二：其一，人类能够创造自己的需要，这种需要既有物质的，亦有精神的。物的需要不是人所特有，人所特有的是精神需要。对于人而言，物质的需要只有成为精神生活的一部分时才有可能成为人的。正是在这个意义上，人们应当在满足基本物质需要基础之上，寻求精神需要及其满足。正是这种精神需要及其满足，才使人有可能将自身从外在无限性追求中召回，获得心灵的宁静与精神的恬淡。其二，精神的追求也是无限的，但这种追求不再以对外在物的依赖为特征，而是回归人自身。

尽管劳动作为需要及其满足的中介对于人的解放只是一种形式的解放，但是，并不能因为其形式性而否定其存在的某种合理性，因为它毕竟是超越了人与人之间绝对对立关系的互利共在的交往方式。对于人类而言，人类尚不能找到一种较之劳动更好、更为有效、更合乎人性健康生长的满足需要的手段。这样，人类就必须面临两个方面的任务：一方面，警惕其所隐藏的某种滋生恶的

---

① 诸如时下时有所闻的斗富显富中的黄金床、黄金马桶、黄金宴等。

无限性之可能；另一方面，为了使人满足自己的需要、成为自由的存在，必须培养人的劳动能力。

3. 劳动能力培养

人的劳动能力通过教育培养获得。这个教育有理论与实践两个方面的内容。理论教育是“一般理智教育”，它训练人的思维、思想，使人获得各种知识、观念，掌握对外部世界必然性的认识。实践教育“就在于养成做事的习惯和需要”，它要使人养成善的行为习惯。这种行为习惯既包括关于勤劳、认真、克制这样一类的美德性习惯，亦包括关于从事专门劳动所需要的技能这样一类的技能性习惯。①

由于在市民社会中劳动是人满足需要的手段，因而，劳动能力状况就直接决定了一个人需要的实现状况，以及由这种实现状况所进一步决定的新的需要内容，进而直接决定了一个人的自由存在状况。正是在此意义上，作为劳动能力培养途径的教育，是市民社会中每一个人最重要的基本自由权利之一。平等的自由权利，在这里首先意味着平等的受教育权利。由于作为劳动能力培养的教育是人获得满足需要手段的方式，因而，这种教育就不能仅仅是一般知识、理智的，更重要的是实践能力、技能方面的。

劳动作为满足自身需要的手段，这还只是在一般意义上揭示了市民社会成员满足需要的方式：在市民社会中，除了劳动以外的其他一切方式，都不能成为获得物质财富、满足需要的手段。但是，劳动究竟在何种意义上成为市民社会成员满足自身需要的具体现实手段，社会成员究竟如何凭借劳动从社会财富中获得一份属于自己的财富，这是一个具有丰富内容的具体展开过程，它受一系列重要因素的制约。要真正准确、深刻认识市民社会需要及其满足的方式，就不能仅仅停留在劳动是满足自身需要的手段这一一般结论，而必须继续深入创造财富的劳动与财富交换的具体过程，仔细分析与揭示一系列先天后天、主观客观等方面的相关重要制约影响因素。黑格尔通过对于社会等级（或阶层、阶级）及其关系的分析，事实上将自己的视野投向了这一重要方面。

---

① 参见黑格尔：《法哲学原理》，第209—210页。

（三）市民社会阶层：平等与不平等

劳动作为满足需要的手段，这只是抽象表明劳动是市民社会成员获得社会物质财富的方式，且这种获取物质财富的方式表明社会成员之间的人格平等。就以劳动作为社会成员满足自身需要的手段、从社会获得自身物质财富的方式这一点而言，人人在劳动面前都是平等的，不再有人格身份等级的差别。

然而，在黑格尔看来，社会成员通过劳动"分享普遍财富"，在其现实性上，会受到"资本"、"技能"及先天后天诸多"偶然情况"的制约，因而，不平等"为其必然结果"。[①] 以劳动为获得社会物质财富方式的这一平等，必然是这种劳动结果所致财富分配的不平等——这种不平等正在于劳动平等、平等的自由权利。试图无视社会成员先天、后天、主观、客观等方面的差别（"自然不平等"），要求平等（平均）分配社会物质财富的做法，是"保持着自然状态的残余"的"任性的特殊性"，"是空洞的理智的勾当"。[②]

在市民社会中，在劳动分配社会物质财富这一平等面前，必须以承认（先天、后天、主观、客观）差别、不平等为前提，且其具体实现亦只能是不平等。这种基于平等的不平等，是权利正义的一种呈现。无视乃至否认这种不平等，是对劳动作为满足需要手段的否定，是对市民社会成员自由权利平等的否定。不过，对于市民社会这种物质财富分配中的平等、不平等之认识，须仔细注意其内在所包含的紧张：尽管这种不平等本身是出于平等的，但是由于这种不平等存在的理由是平等的自由权利、人格平等，因而，这种不平等的存在本身，就不能伤害原本作为前提的平等的自由权利、人格平等。即这种不平等本身必须受到合理限制。自由只能以自由本身为限制。必须在这种劳动分配财富的平等与不平等之间寻求恰当的平衡点，以真正维护人的平等的自由权利。

对于市民社会、市场经济活动中的财富分配差别乃至两极分化，市民社会、市场经济本身无法解决，它必须有作为自身活动前提条件的背景性制度，必须有赖于如同斯密所说的作为"旁观者"的国家这一第三者的公正之手。所以，黑格尔在其关于市民社会的思辨逻辑中首先出现的是作为外在存在的国

① 参见黑格尔：《法哲学原理》，第 211 页。

② 参见黑格尔：《法哲学原理》，第 211 页。

家，并要将市民社会纳入国家之中，呼吁作为“地上行走的神”的国家发挥调节作用。

在市民社会中，通过劳动获得财富、满足需要的具体实现过程，不仅受前述个体自身先天后天、主观客观等一系列偶然性条件影响，而且更受其所从属的那个社会阶层状况所制约。市民社会会形成不同的“普遍的集团”，每个“普遍的集团”都有其特有的需要及其满足需要的劳动方式，有其特有的思想观念与行为习惯。这些具有特殊性的“普遍的集团”的存在，就“形成阶层的差别”。[①] 在黑格尔看来，阶层非常重要，因为，阶层与家庭是国家的两个基础。但是，阶层不同于家庭，阶层不是以人的自然血缘性、而是以自利的人追求自利的现实活动方式使人联系结合为一整体，它从利益的方面成为人的特殊性与普遍性、私人性与公共性的现实结合点。[②]

黑格尔根据劳动方式将市民社会阶层三分：农业、产业、公职，这三个阶层分别以实体性、反思性、普遍性为特质。并认为农业阶层“比较倾向屈从”，产业阶层“比较倾向自由”，公职阶层则是以“普遍利益为其职业”。[③] 黑格尔的这些具体看法极其勉强。除了其所包含的不同职业活动自身特点之外，不必给予过多重视。在黑格尔市民社会阶层思想中值得重视的是：个人通过劳动从社会中获得财富的方式及其多寡，直接受其所在特定社会集团、阶层状况制约。

个人自由、个人福利须通过特定社会集团、阶层才能得到实现。个人总是属于阶层的，并通过阶层进入社会普遍联系。在黑格尔看来，市民社会的每一个具体成员作为“个别的人则分属于”这些阶层，并通过阶层融入到整个社会的普遍联系中去。[④] 黑格尔提出：“人必须成为某种人物。”人为什么要成为“某种”人物？要成为何种“人物”？黑格尔自己的两段话对此作了说明解释：“个人只有成为定在，成为特定的特殊性，从而把自己完全限制于需要的某一特殊领域，才能达到他的现实性。”又说：“人必须成为某种人物，这句话的意思就

① 此处与中译本相比有所改动。与中译本中“等级”一词相对应的英译本为class，此处译为“阶层”似更为恰当。参见黑格尔：《法哲学原理》，第211—212页。

② “阶层之所以重要，就因为私人虽然是利己的，但是他们有必要把注意力转向别人。这里就存在着一种根源，它把利己心同普遍物即国家结合起来，而国家则必须关心这一结合，使之成为结实和坚固的东西。”参见黑格尔：《法哲学原理》，第212页。

③ 参见黑格尔：《法哲学原理》，第212—214页。

④ 参见黑格尔：《法哲学原理》，第211页。

是说，他应隶属于某一特定阶层，因为这里所说的某种人物，就是某种实体性的东西。”[①]

事实上，“人必须成为某种人物”有两种含义：其一，个人只有成为某种社会集团、某种阶层的人，才能成为一种现实的、伦理实体性的存在。一个不属于任何社会集团、阶层的人，是一个没有伦理实体性的空洞的存在，进而，其所谓自由权利亦是一种空幻的东西。这就是黑格尔所说“不属于任何等级的人是一个单纯的私人，他不处于现实的普遍性中”所包含的思想内容之一。[②]这是对人的一种伦理实体性的理解。黑格尔的这个基本思想，为现代社群主义所秉持。一个人要获得自身的解放，就必须首先解放自身所在的那个阶层；一个人的自由权利要被尊重，就必须首先使自身所在的那个阶层的自由权利被尊重；一个人（在通过劳动分配财富活动中）要被公平对待，就必须首先使自身所在的那个阶层被公平对待。

其二，成为某种伦理实体中的人物，同时即意味着自由意志精神内容有了来自伦理精神的具体规定。这样，个人美德就不再是空洞的，而是具体的。这种个人美德当然包括人作为人存在的一般自然美德，但是，此处主要是在市民社会的职业活动、在特殊性的意义上来认识把握这一问题的，故，主要是在与阶层相关的职业美德意义上而言。黑格尔认为：一个人在这种社会“等级”（这个“等级”应当被理解为社会分工及其职业）中会形成一种“伦理性”精神，这就是“正直”与“等级荣誉”。[③]这里的“正直”指的是忠于职守、恪尽职守这样一类敬业精神，它内在地包含诸如刻苦勤劳、技能上的精益求精等相关实践精神。这里的“等级荣誉”指的是一种职业自豪感与职业荣誉感。这样，市民社会中的美德内容就具有现实规定：职业敬业，与职业自豪感、荣誉感。黑格尔前述“行法之所是，并关怀福利”的一般义务要求，也就在社会职业活动中得到了具体规定。在现实生活中，义务并不是空洞的，总是与具体生活、活动关系直接相联系，并从中得到具体规定。基于这种理解，我们就不难发现：在成为某种伦理实体性中人物的过程中，由于特定阶层的社会活动有其特有的

---

① 参见黑格尔：《法哲学原理》，第216页。引文中着重号为引者所加。

② 参见黑格尔：《法哲学原理》，第216页。

③ 参见黑格尔：《法哲学原理》，第216页。

行为规范，这些特定阶层的行为规范同时又成为了这些阶层的美德内容。[①]

既然阶层在劳动分配财富中具有如此重要影响，那么，如何合理地正视并解决这一问题？黑格尔的思路是：(除了作为外在的背景性制度安排外）社会阶层间的开放性、流动性。

根据黑格尔的上述思想，个人的自由首先是其所在社会集团、阶层的自由，而个人属于何种阶层，“却受到天赋才能、出生和环境等”各种偶然性因素影响。这些偶然性因素对于个人来说完全是一种异在的东西。个人面对这些异在的东西，就如萨特所说的是被“抛向”自由。然而，这并不意味着市民社会中的个人在这种阶层中就无所作为、无法改变自己的存在命运——如果真的是无所作为、无法改变自己的命运，那么，一方面，市民社会本身就不是开放流动的，因而就不具有普遍性；另一方面，则是宿命论的，因而，人就是不自由的，进而人的自由就无从谈起。所以，黑格尔特别强调：“最后的和基本的决定因素还在于主观意见和特殊任性”，个人在改变自己的阶层方面是“自己意志（的）作品”。[②] 黑格尔此处所说“主观意见”、“特殊任性”指的是个人的主观自觉、自由意志行为。

如果结合黑格尔关于农业、产业、公职三个阶层特质的认识，那么，黑格尔此处关于个人在社会阶层变动方面的能动性论述，与其说是社会学的，毋宁说是哲学的。他所要表达的核心思想就在于：市民社会结构的开放性，以及在这种开放性社会结构中个人的有为性。因为，个人的自由创造精神发挥，需要有相应的社会背景性条件。只有社会结构的开放性，才有真实的个人有为创造性。一个结构缺少开放性、不同阶层之间缺少流动性的社会，既是一个宿命的社会，也是一个缺少活力的社会。

只有这种阶层间开放、流动的社会结构，才会将一切特殊、个体的活力冲动与创造纳入自身，成为自身本质中的一个环节——这种活力非但不至于成为

---

① 现在问题是：市民社会中的个人是为满足自身需要、获取自身财富而劳动的，那么，个人要作为“某种人物”成为某种伦理实体性中的存在，除了在社会阶层利益的意义上能够使自己利益得以实现以外，还会有什么更重要的意义吗？有。这就是使个人原初的直接满足需要之冲动升华为一种道德精神，使原初的为己而为他的理智升华为职业活动精神，而这种职业活动精神的确立反过来又“遮蔽”了个人原初的那种满足需要的直接支配性。这其中隐含着微妙但很重要的精神境界提升过程。当然，这些内容应当别论。

② 参见黑格尔：《法哲学原理》，第215页。

一种破坏、毁灭性的力量，反而会是一种创造性的力量。隐含在《法哲学》第 206 节附释关于东西方、古代与现代政治生活差别分析中的，正是这种思想。在黑格尔看来，东方社会以及人类社会古代是整体性的存在，在这里个人“特殊性的原则并没有同时得到它应有的权利”，个人分属于何种社会阶层，或者是“听凭统治者来决定”，或者“听凭纯粹出生的事实”。这是一个封闭的社会。在这个社会中，个体性、特殊性就“表现为敌对的原则，表现为对社会秩序的腐蚀”。黑格尔认为个体性、特殊性“作为本质的环节”，无论如何总是要显露出来的：它或者像古希腊、罗马各共和国所发生的那样“颠覆社会秩序”；或者像在古斯巴达人以及 18 世纪印度人的种姓制度中所发生的那样，尽管社会通过权力或宗教权威得以维持一种秩序，但是它却使这个社会“内部腐化和完全蜕化”；或者就像在市民社会中那样，既使个体“主观特殊性被维持在客观秩序中并适合于客观秩序，同时其权利也得到承认”，这样，“它就成为使整个市民社会变得富有生气、使思维活动、功绩和尊严的发展变得生动活泼的一个原则了”。①

黑格尔通过关于市民社会中的需要及其满足的分析，揭示了市民社会自由及其内在矛盾，揭示了市民社会的内在紧张及其演进方向。黑格尔的这些分析，事实上是在政治经济学、政治哲学、哲学高度的分析，这些分析，尽管有其思想局限，但不应否认其有极为丰富、深刻的内容。

由于市民社会是一个私人活动的领域，由于市民社会自身的内在矛盾性及其局限性，它需要有作为外在力量存在的背景性制度安排，它需要将这些单个的私人组织起来成为一个整体，在市民社会的范围内由特殊性走向普遍性。这样，在黑格尔关于市民社会的思考中，就自然提出了公共权力、同业公会问题。

四、公共权力与同业公会

黑格尔《法哲学原理》将“司法”、“警察”这样一类超出市民社会自身之外的内容置于市民社会部分，看上去很别扭。这当然有其正、反、合三一

---

① 黑格尔：《法哲学原理》，第 215 页。

逻辑体系因素。在黑格尔的逻辑体系里，需要体系这一环节所关注的是私人福利及其实现的制约，司法这一环节所关注的是对私人福利伤害的消除，公共权力这一环节关注的则是在客观性上统一前二者，这就是如黑格尔所说："把特殊福利作为法（right）来处理，并使之实现。"[1]这表明，公共权力这一部分的主旨在于：公共权力使私人福利（或权利）真正实现，或私人福利在公共权力的保护下实现。

不过，从思想过程本身来理解，则应将"司法"、"警察"等理解为是一种作为市民社会、市场经济活动背景性安排的规范、约束力量。这种理解合乎其内容的逻辑理路，可掌握包含其中的真实合理内容：个人通过劳动满足自己需要的制度性前提，制度背景性安排对于私人交换正义实现的前提性意义，市民社会、市场经济活动的规范化有赖于严格的法律体系及其正义性。这样一种理解了然于胸，我们也就有理由将《法哲学》市民社会部分中关于司法、公共权力等的论述，分别与"抽象法"、"国家"篇中的相关内容集中考虑，作专题理解。

同业公会是市民社会成员在市民社会分工体系中，基于特殊劳动、特殊利益而构成的"具体的""普遍物"。[2]这里有两个方面值得注意：一是它是"普遍物"而不是特殊物，不是特殊、个别社会成员的特殊物；一是它是"具体的"普遍物，而不是抽象的普遍物，即它是现实确定的、特定集团的普遍物，是"具体的"某一行业、部门的普遍物，而不是一般市民社会本身这一普遍物。一般市民社会是一个抽象的普遍，"它同个人及其特殊急需比较疏隔"。在市民社会中，同业公会是其成员的"第二个家庭"[3]。

同业公会是由某一行业成员有机组成的整体，而这个整体本身又是普遍市民社会中的一个环节。一方面，个人通过这个整体与普遍社会形成普遍联系；另一方面，个人的特殊利益在同业公会这一"具体的"普遍利益中得到实现。在此意义上，同业公会成员为了行业整体的，就是为了自己的。个人在同业公会的有限限制下，将个人的偶然活动"提升为对一个共同目的的自

① 黑格尔：《法哲学原理》，第 238 页。

② 参见黑格尔：《法哲学原理》，第 248 页。

③ 如此看来，伦理实体就是"家"。此家为人（社会性）存在的本根、本源。家庭、以行业协会为标识的自治社团、民族国家等，都是此家的具体存在样式。参见黑格尔：《法哲学原理》，第 249 页。

觉活动”。在这里，特殊与普遍得到现实统一。同业公会是市民社会成员自治的现实形式。[①]

在现代社会，同业公会以及以同业公会所标识的公民自治组织，乃至一般的非政府组织，既是个人参与普遍社会事务的一种具体形式——这是个人自由权利及其实现的一种现实存在[②]，也是现代社会长治久安的基础。这就如黑格尔所说：“国家的真正力量有赖于这些自治团体。”[③]

在黑格尔看来，家庭与同业公会是构成作为地上行走的神的国家的两个“伦理根源”[④]。值得注意的是，黑格尔始终将市民社会作为国家的一个环节，但是却并没有将市民社会自身作为国家的“伦理根源”之一，而只是将从市民社会中产生出的同业公会与家庭一起作为国家的两个伦理根源。这有其深刻道理。市民社会是私人、“无组织分子”的活动领域，因而，并不是一个有机体，而只有有机体才能是真实“伦理”实体性的。从市民社会中生长出的作为具体普遍性的同业公会是一个有机体，因而，它是真实“伦理”实体性的，它才能够成为“伦理根源”。市民社会必须从中生长出自身的有机体，必须形成自身的伦理性实体，这个伦理性实体，就是同业公会。作为伦理实体的国家，并不是一聚集体，而是一有机体；[⑤]同样，国家也并不是直接面对每一个社会成员，而是通过家庭、同业公会这两个伦理性有机体，面对其所有成员。作为有机体的国家就是一个具有活力的自组织整体。一个现代国家，应当是公民自治组织得到充分发展的国家。

根据黑格尔的分析，人的自由权利的普遍实现必须基于家庭与同业公会这两个伦理实体性存在。家庭与同业公会是个人进入现实社会关系、构成普遍联系的两个基本环节。[⑥]个人通过社团而被组织起来。这种组织，一方面使个人不

---

① 参见黑格尔：《法哲学原理》，第 249—251 页。

② “在现代国家的条件上，公民参加国家普遍事务的机会是有限度的。但是人作为伦理性的实体，除了他私人目的之外，有必要让其参加普遍活动。这种普遍物不是现代国家所能常提供他的，但他可以在同业公会中找到。”参见黑格尔：《法哲学原理》，第 251 页。

③ 黑格尔：《法哲学原理》，第 311 页。

④ “除家庭以外，同业公会是构成国家的基于市民社会的第二个伦理根源。”参见黑格尔：《法哲学原理》，第 251 页。

⑤ 参见黑格尔：《精神哲学》，第 350 页。

⑥ “婚姻的神圣性和同业公会的尊严性是市民社会的无组织分子所围绕着转的两个环节。”参见黑格尔：《法哲学原理》，第 251 页。

再作为单个原子存在；另一方面使个人组成的社会群众，成为一支具有权力的现实的力量。[①]

同业公会是具体的普遍性，因而，亦是特殊的普遍性，有其局限性。它必须扬弃其自身的局限性，进入真实的无限普遍性。以警察为代表的公共权力是对外部秩序的维护，其具有外在物的形式，它必须扬弃其自身的这种外在性，使之成为内在的存在。这个内外统一、具有真实无限普遍性的实体性存在，就是国家。

黑格尔的这种思辨逻辑有其强烈的现实关照或历史内容。在“伦理”这一领域，黑格尔于家庭、市民社会之下，事实上指涉与考察了自身所处时代的具体社会结构。这个社会城乡二元分立，以工业为基础的城市与以农业为基础的乡村，两个不同结构同时并存。当时的农村仍然没有摆脱传统的农业生产与生活方式，家庭是其社会基本单位，私人及其权利的实现仍然依赖于家庭，这是“以自然为基础的伦理的所在地”。当时的城市则建立起现代工业生产及其生产关系，在这里“反思沉入在自身中并进行细分”，个人成为社会基本单位，且个人又总是通过一定的行业与社会形成普遍联系，并从社会获得自身的物质财富。在这城乡二元分离的存在结构中，“个人与家庭构成两个依然是理想性的环节”。国家正是从这两个环节的统一中逻辑地出现。[②]在黑格尔心目中，城市与乡村必须统一，只有二者统一了，社会成员的个人自由权利才真正谈得上有可能普遍实现。而这个统一只有在国家中、且通过国家才能实现。在这里，黑格尔对国家寄以无限期望。国家既是他的理想社会，又是他希望实现的理想途径。黑格尔通过“国家”理念也表达了自己的一种立场：明确反对市民社会生活与经济生活中的自由放任，反对将一部分人的利益建立在另一部分人利益之上的贫富两极分化与对立，要求社会的普遍自由秩序。[③]

不过，这种由市民社会到国家的过渡，只是黑格尔权利哲学中国家这个环节出现的一个理由。其另一个理由则是关于人自身自由状态的。在市民社会阶段的个人，还只是市民生活的个人。市民个人间关系是纯粹的利益关系，在这

① 群众“应成为有组织的，这一点非常重要，因为只有这样，它才成为力量，成为权力，否则它只是一大堆或一大群分散的原子。合法的权力只有在各特殊领域的有组织状态中才是存在的”。参见黑格尔：《法哲学原理》，第 311 页。

② 参见黑格尔：《法哲学原理》，第 252 页，尤其是“附释”部分。

③ 参见洛苏尔多：《黑格尔与现代人的自由》，第 257—261 页。

种利益关系中，个人始终是行为的动力与原点。然而，如果一个人只是生活在市民社会中，只是在一种纯粹利益交换的意义上与他人形成联系、发生关系，那么，这个人的存在并不能从根本上摆脱霍布斯所说的一个人对所有人的战争状态，不可能获得真正的自由。一个人要真正获得自由，就必须从经济生活进入公民的政治生活领域，成为政治共同体中的现实一员。

第 10 讲　契约、契约关系

黑格尔在《法哲学原理》中曾数次论及契约与契约关系问题。尽管黑格尔对契约、契约关系的理解是基于自由权利的视野，但是，总体上却是居于经济活动、私法的立场。加之黑格尔对伦理实体的理解拒斥建构主义的思想方法，因而，其对契约、契约关系的思想，一方面，欠缺霍布斯、洛克、卢梭等人的深刻与朝气（却有斯密的细腻、缜密）；另一方面，即使是对于经济活动、私法领域的分析，也缺失后来马克思深入资本主义经济活动过程、揭示资本主义经济活动在形式正义背后的实质不正义之鞭辟入里。不过，这不妨碍我们可以从中发现与理解平等人格身份、平等自由权利这一契约关系一般内容，并获得某种启示。

一、契约关系的一般解释

黑格尔在《法哲学原理》“抽象法”中首先讲了所有权，并认为财产权是自由意志的定在，财产权通过转让实现。财产权的转让过程，既是我的财产权的实现过程，亦是我由抽象单一的存在通过与他人交往而成为具体社会性存在的过程。财产权的转让通过契约方式进行。黑格尔通过对契约、契约关系的研究，一方面，使原本抽象的自由意志进一步具体化，另一方面，使原本抽象的自由权利在人际关系中展开。黑格尔思考契约与契约关系问题，核心是要揭示“个别意志”通过契约达到“共同意志”的权利间关系。

黑格尔在关系的意义上理解契约，认为：“契约是一种客观精神的关系”[①]，

① 参见黑格尔：《法哲学原理》，第 80 页。

因而，在黑格尔的思想中，契约与契约关系几乎是一个同等意义的概念，彼此互用。当契约一词用来指称缔约双方的一种具体合约缔结过程时即为契约活动，用来指称具体合约缔结主体间的关系时则为契约关系，用来指称这种合约缔结的结果时则为约定（或狭义的契约）。

黑格尔对“契约”有一段论述：“人使自己区分出来而与另一人发生关系，并且一方对他方只作为所有人而具有定在。他们之间自在地存在的同一性，由于依据共同意志并在保持双方权利的条件下将所有权由一方移转于他方而获得实存。这就是契约。”[①] 尽管黑格尔此处是在私权及其交换的意义上论及契约，但是，黑格尔首先不是在经济学的意义上、不是在物物交易的角度理解契约，而是首先将契约理解为一种人际关系、在权利（交换）关系意义上理解契约。契约首先标识的是权利间关系。

如前所述，财产是自由意志的定在。而拥有财产权本身就意味着一种社会关系：存在着多个“我”，否则，就无所谓财产权本身。这就如没有星期五的鲁滨逊无须宣布对于荒岛的所有权一样。即，财产权的存在本身就表明个人间的划界。这样，财产权的存在表示的是我的存在、我的自由意志、我的权利。而当我们能够说我的存在、我的意志、我的权利时，同时就意味着他的存在、他的意志、他的权利，以及我对于他的这一系列相关方面的自觉意识与尊重。因而，在这个意义上，财产作为自由意志的定在，就不仅仅表达的是我的单一性存在，更为重要的是在我的存在这一形式之下表达了他人的存在，并通过这一形式表达了我与他人的关系：这是“意志对意志的关系”[②]，我是这个“意志对意志的关系”中的具体存在。这个“意志对意志的关系”，既是“成为一个人，并尊重他人为人”的具体呈现，亦是财产权普遍性品格的内在要求：对他者存在及其财产权的承认，这既是“我”的自由意志的一般要求，亦是契约关系得以存在的前提。只有在意志与意志关系基础之上，才能有契约交换中的所有人与所有人关系。

自由意志本身具有无限性，但是作为定在的自由意志却是具体有限的，具有无限性的自由意志只能通过有限定在的方式实现。这意味着作为自由意志定在的财产，内含着无限与有限的紧张：这是无限的有限，有限的无限。自由意

---

① 黑格尔：《法哲学原理》，第 48 页。

② 黑格尔：《法哲学原理》，第 80 页。

志的无限性本质，必定要冲破具体财产这一具体物的有限性：通过不断放弃既有的定在或物的有限性样式，寻求一种无限的拥有。具体到财产及其占有来说，这就是“我”必须放弃这些偶然、有限的样式，使这些财产、物成为他人的。通过这种放弃，“我”获得无限拥有的可能。因为，“我”所占有的具体财产无论怎样富有，总是有限的，而“我”的自由意志冲动及其要求却又是无限的，“我”无法通过自己的这些有限已有物来满足自己自由意志的无限要求。“我”只有通过将所拥有的财产转让出去，以互换的方式获得或拥有自己原本不占有的具体财产形式，才有可能满足自己自由意志的无限要求。正是在这不断的转让、互换中，“我”的自由意志的无限性方有可能得到实现。这样，契约交换存在的最深刻根据，就不是物的享有，而是“我”在关系中的现实存在，以及“我”的具有无限性的自由意志的实现。

“我”的具有无限性的自由意志在这财产转让过程中，冲破了其定在的有限性，而成为现实可能的，“我”的具有无限性的自由意志在这个财产转让过程中得以实现。这表明：其一，这些原本“我”所拥有、作为“我”自由意志定在的物，就不是为“我”而存在，而是为他人而存在。其二，“我”的自由意志的真实实现，离不开他人，离不开互换互惠：“我”的具有无限性特质的自由意志实现，有赖于他人具有无限性特质的自由意志之实现；“我”的自由意志实现过程，同时就是他人自由意志实现之过程。而这就又意味着：其三，“我”的具有无限性的自由意志的实现，必须通过将我的这单一意志上升为我与他人的共同意志，只有在这共同意志中才能实现我的具有无限性的自由意志。离开了共同意志，仅仅在我的单一意志中，我的意志永远不可能摆脱其有限性而达于无限性。

契约正是我与他人普遍联系、“在共同意志的范围内占有财产”、实现各自自由意志的“中介”。[①]

正是在此意义上，契约关系所表达的不仅仅是一种表面的物的转让这一物的关系，更重要的是表达了一种人与人的关系：对他人意志的承认、由单一意

① “作为特定存在的定在，实质上是为他物的存在……财产作为意志的定在，作为他物而存在的东西，只是为了他人的意志而存在。这种意志对意志的关系就是自由赖以获得定在的特殊的和真正的基础。这是一种中介，有了它，我不仅可以通过实物和我的主观意志占有财产，而且同样可以通过他人的意志，也就是在共同意志的范围内占有财产。”参见黑格尔：《法哲学原理》，第80页。

志向共同意志的提升、在实现共同意志中实现我的意志、我的权利。

如是，我们就可以对作为共同意志的契约关系的一般规定，作进一步揭示：

其一，契约关系是“意志对意志的关系”，它以“当事人双方互认为人和所有人为前提”。[①] 用罗尔斯的话说这是具有平等基本自由权利的主体间关系。这就意味着：不是任何一种转让交易行为都是契约关系，不能简单地将任何一种具有契约形式的转让交易均视为契约关系。那种不是基于平等的自由意志关系、不是基于独立身份与人格自由的转让，都不是契约关系。契约关系的核心不是具有契约的形式，而是具有平等的自由意志这一前提及其核心内容。卖身契约似乎也具有契约交换的形式，但是这却是基于人格不平等的交易，它不是自由意志对自由意志的关系，因而，它尽管拥有契约的形式，但却不是契约关系。杨白劳与黄世仁的卖女契约之所以不合理，就在于此。这样，我们也就不难明白，尽管契约交换形式自古有之，但是，作为一种普遍的人类关系形式，却是人类近代以来的成果。这样，我们就不难理解为何马克思亦认肯梅因的下述思想：人类近代以来的历史是由身份关系向契约关系转变的历史。

其二，契约关系对于财产所有权的转让与拥有，以我的个别意志上升为我与他的“共同意志”的方式实现。“在契约中，我通过共同意志而拥有所有权。”[②] 在这共同意志中，我的个别意志得到了保存与实现。财产所有权具有排他性，因为它是我的自由意志的定在，因而，在这个意义上它是单一的。不过，这种绝对排他性的自由意志，又不合乎自由意志无限性之本性要求。具有无限性的自由意志的实现，要求自由意志自身放弃绝对的排他性。这种放弃，并不意味着放弃财产所有权本身，而是放弃在我、他绝对两极对立中占有财产权。这不仅意味着放弃对于财产物的特殊形式的绝对占有，更意味着放弃囿于纯粹自我立场的对于财产物之占有。只有放弃这种绝对的排他性，才有可能谈得上契约关系，以及我的具有无限性的自由意志的实现可能。因而：

其三，共同意志就是一种既排他又非排他的意志。这是一种个别意志在共同意志中得到保存与实现的意志。根据黑格尔的看法，“契约是一个过程，在这个过程中表现出并解决了一个矛盾”，这个矛盾就是自由意志的排他性与非排他

① 黑格尔：《法哲学原理》，第 80 页。
② 黑格尔：《法哲学原理》，第 80 页。

性。在合约达成前“我是而且始终是排除他人意志的独立的所有人”[①]。这是意志的排他性。但是，当我与他人要相互间转让财产时，则必须达成意志一致，获得统一性。“作为已被转让了的我的意志同时是他人的意志”，这是“不同意志的统一，在这种统一中，双方都放弃了它们的差别和独特性”。[②]这是契约关系的非排他性。

不过，这种契约关系的非排他性，自身亦有内容与形式两个方面的规定：一方面，实质内容方面的，这是我的意志与他人意志的并非两极对立不相容状态。即，这种统一意志并非消解了我的独立意志，并非排斥了我自身意志的独特性，相反，始终保持着我的自由意志及其权利之独立性。“一方的意志并不与他方的意志同一，而且他自身是并且始终是特殊意志。”[③]另一方面，物的形式方面的，这是契约双方对于具体交换物的共同认肯与接受。黑格尔认为不同意志的统一性“使在绝对区分中的独立所有人达到意志同一”。这里所说的“意志同一”指的是，在保持契约方各自独立性基础之上的、对于特殊财产所有权的共同接纳：我对此物终止为所有人，他方接受为此物的所有人，同时，他方终止对另一物的所有人，我接受为该物的所有人。如果双方不能就同一物达成转让共识，则意志的统一性亦不能达成。契约在内容与形式两个方面都是非排他性的。只有双方在内容与形式两个方面都达到一致，契约交换关系才有可能真正成立。这也就是黑格尔所说“一方的意志仅在他方的意志在场时作出决定”的基本含义。[④]

黑格尔在具体论述契约过程时说了这么一段话：“契约双方当事人互以直接独立的人相对待，所以契约（甲）从任性出发；（乙）通过契约而达到定在的同一意志只能由双方当事人设定，从而它仅仅是共同意志，而不是自在自为地普遍的意志；（丙）契约的客体是个别外在物，因为只有这种个别外在物才受当事人单纯任性的支配而被割让。”[⑤]黑格尔在这里事实上讲的是作为共同意志的契约关系的三要件：

其一，契约平等自愿。契约是平等主体双方之间的自愿行为。作为契约主

---

① 黑格尔：《法哲学原理》，第 81 页。
② 黑格尔：《法哲学原理》，第 81 页。
③ 注意黑格尔这里用“同一”概念所要表达的对于意志无差别同一性的否定。参见黑格尔：《法哲学原理》，第 81 页。
④ 参见黑格尔：《法哲学原理》，第 81—82 页。
⑤ 黑格尔：《法哲学原理》，第 82 页。

体的只能是具有平等自由意志的人格主体，若不是以平等自由意志人格主体身份出现的转让关系，并不能成为契约关系。强迫、非自愿契约转让关系不属于契约关系，且平等主体的“自愿”须是主体真实意思的表达。

其二，平等主体的契约约定。契约关系是由当事人自己作为行为主体所达成的共同意志关系。契约具体内容是由契约各方当事人具体协商商定，而不是某一方意志或外来意志的强加。如是，则契约关系就有形式的与真实的两类：那种不以独立平等人格出现的转让（如城下之盟、枪下之约，以及欺骗所达成的合约等）属于形式契约；那种以独立平等人格出现的转让属于真实契约。

其三，契约客体的个别外在性。契约关系中的客体只能是个别外在物。这有两层含义：一方面，契约转让的只是外在具体物，而不能是人的人格精神与灵魂。另一方面，即使是外在具体物，也只是个别、可以分割的，而不能是全部、整体的。因为如果外在全部具体物均被彻底转让，那么，就意味着转让方失却了自由意志定在之可能。此时，尽管转让方在名义上仍然是自由意志的存在，但是事实上已失却了自由意志得以存在的前提，已成为一个抽象空幻的东西。不仅如此，由于人身的某些能力作为财产也能转让，如果作为财产的这种能力亦全部转让，那么，当事人自身就会成为一个绝对被支配者。

只有首先在人的关系基础之上理解契约、契约关系，只有把握了契约关系是意志对意志的关系，才有可能对具体的契约交换活动有准确、清晰的认识。

二、交换契约

黑格尔通过财产所有权的交换引入契约，其具体讨论所指是财产所有权交换。黑格尔与康德一样将契约分为三大类：赠与契约、交换契约、担保契约，且各类具体内容亦与后者基本相同。[①] 一般说来，契约过程是当事人双方的双向让与和接受过程。“赠与契约”、“担保契约”都是契约中的特例。“赠与契约”是单向的让与和接受过程，是当事人一方放弃财产所有权，另一方获得所有权

① 参见黑格尔：《法哲学原理》，第 87—89 页。康德对于契约的分类见其《法的形而上学原理——权利的科学》，沈叔平译，商务印书馆 1997 年版，第 105—108 页。

的过程。“担保契约”是“交换契约”中的特殊状况。故我们以“交换契约”作为契约的代表性状态加以讨论。

（一）交换契约的一般解释

契约的典型状态是“交换契约”。“交换契约”就是契约过程中当事人双方的双向让与和接受过程，这是一个当事人双方财产所有权互相转让与交换的过程。在“交换契约”中“有两个同意和两个物，即我既欲取得所有权又欲放弃所有权……当事人每一方都做全了，既放弃所有权又取得所有权，在放弃中依然成为所有人”[①]。所谓“两个同意”、“两个物”指的是在这种契约过程中作为契约客体的物有两个，且分别属于当事人双方，当事人双方通过达成意志一致交换所有权，各自在放弃对自己原有物的所有权的同时，获得原属于对方所有物的所有权。

这样，交换契约就进一步获得了两个规定：

其一，当事人在契约中是放弃中的未放弃。当事人放弃的是对既有物的特殊占有这一占有的具体样式，未放弃的则是存在于这种特殊占有物中的某种共同、一般的占有内容。这个共同、一般的内容就是“价值”。这就是黑格尔说“当事人每一方所保持的是他用以订立契约而同时予以放弃的同一个所有权”的基本含义。[②] 因为，如果当事人在放弃特殊占有物所有权的同时，亦放弃了这种一般占有内容的所有权，那么，就意味着当事人没有理由或权利获得属于对方所有的特殊占有物。这就是说，正是由于当事人所放弃的仅仅是占有的特殊形式，而不是放弃占有本身，所以，他才能够从对方获得以另一种特殊样式存在的占有。当事人所未放弃的这个所有权，就是黑格尔在前面曾说过的作为物的普遍性的价值。这个普遍价值并不因交换而变更所有人。“作为在契约中自在地存在的所有权，与外在物是有区别的，外在物因交换而其所有人变更了。”[③]

其二，交换契约是价值上的等量交换。所谓契约公正或财产交换公正，就

① 黑格尔：《法哲学原理》，第 83 页。
② 参见黑格尔：《法哲学原理》，第 83—84 页。
③ 黑格尔：《法哲学原理》，第 84 页。

是在平等人格自愿交换前提之下的等量交换。“契约的对象尽管在性质上和外形上千差万别，在价值上却是彼此相等的。”[①]

交换契约的双向让与和接受，使得两个意志、两个物获得了统一，这种统一以“合意”与“给付”的方式实现。合意就是共同意志，合意遵循的是平等的自由意志原则。给付就是特殊物所有权的转让、具体物的交换，给付遵循的是价值等量原则。

（二）约定

用符号表达的共同意志（或合意）即为约定。[②]

共同意志必须得到表达，并以特殊的方式使之成为定在。为什么共同意志必须得到表达并成为特殊定在？在黑格尔的逻辑体系中，共同意志本身仍然是一种抽象，这种抽象性东西必须变为现实性的，必须外在化为具体、特殊的。在这种具体特殊中，抽象的共同意志才能拥有现实性。一般说来，这种共同意志的定在，一方面，可以使契约双方以一种更为严肃的态度对待契约；另一方面，可以使契约过程中所达成的权利—义务关系“有据可查”，以避免给付过程中所可能出现的种种由于违犯约定而造成对当事人权利的伤害。因为在正式约定前，我的义务并没有得到明确规定，我仍然对于我的所有权拥有排他性与单一性，我对于我的所有权的转让仍然只是停留于意志阶段的一种潜在可能。是否转让，是否给付，取决于我的意志。这对于当事人的另一方而言，情况亦是如此。通过约定，我的法律权利、义务就得到了明确的规定。“通过约定，我放弃了所有权和在所有权中的我的特殊任性，所有权就马上属于他人的了。所以通过这种约定，我就在法上直接负有给付的义务。”[③] 同样，作为当事人的另一方，亦同时通过约定获得其法律权利、义务规定。

约定作为合意的定在，同时就在法律上拥有有效性。所以，黑格尔不同意费希特的主张，不同意将我对于约定义务的履行与否建立在当事人他方的履行基础

---

① 黑格尔：《法哲学原理》，第 84 页。

② 这就是黑格尔所说的“用符号给与合意以特殊定在，或者表达为约定”。参见黑格尔：《法哲学原理》，第 85 页。

③ 黑格尔：《法哲学原理》，第 85—86 页。

之上，不同意这种由约定所确定了的义务在未给付前“只具有道德性质，而不具有法律性质”的看法。[①]这里的关键在于：约定是自己意思的真实且正式表达。不能以对方是否给付为前提，而擅自取消自己的这种义务。因为，这种擅自取消履行义务的行为，看起来不过是不给付现在似乎处于自己支配下的物，但是，一方面，实际上，这个似乎现在处于自己支配下的物的所有权，在约定时就事实上通过约定已在约定的特定时间地点转让给对方；另一方面，正是基于这种理由，不给付就是对对方自由意志权利或财产权的一种侵犯。故，这种侵犯就不仅仅是道义上该受谴责的，亦是在法律上应承担责任的。当然，这种给付的法律义务，并不意味着绝对无条件性。当出现了不可抗拒的因素时，未履行约定就属于例外。此外，当对方不履行约定义务、而我已履行了约定义务时，我的权利并不因此而丧失，我仍然拥有获得约定中所规定的所有权或财产的权利。

约定是“契约的符号”，或者一般说是用文字方式存在的契约。在约定中，不仅体现了所有权关系，亦体现了转让的具体物之关系。这是当事人以自由意志方式对于各自所有权及基于所有权的主张的表达。所以，一个有效的约定，或者准确地说，一个约定的达成，是当事人之间的自由意志关系，它要既能维护当事人双方的财产所有权，又能使这种财产所有权在特殊存在样式中得到存在。它是财产所有权的普遍与特殊、质与量的统一。在一个有效的约定中“共同意志和特殊意志都获得表达”[②]。

“约定”的契约关系又是信用关系。当事人以约定的方式表明自己的权利与义务，并从内心深处真诚地意欲履行这种约定，亦笃信对方如己一样会真诚地履行这种约定。离开了对己对他的这种真诚笃信，就不可能有契约关系。由于约定的契约受到法律的有效保护，因而，在此意义上，契约关系又是受到法律保护的信用关系。

（三）契约符号：信用

上述这种对于“契约符号”的理解，固然有道理，但是还不深刻，还仅是

---

① 黑格尔：《法哲学原理》，第 86 页。

② 黑格尔：《法哲学原理》，第 85 页。

形式、表象的。黑格尔还以自己的特有方式揭示了“契约符号”的更为重要内容：信用、价值物。

物的交换交易有多种方式。以交易的时间来分，有当场交易与非当场交易；以交易物的空间来分，有直接的以物易物与非以物易物。在较为原始的物的交换中，盛行的是当场直接以物易物。这是时间与空间高度直接同一的交易过程。在这个交易过程中，由于直接以物的具体形式作为交易的对象，因而，要达到前面所说两个意志、两个物的同时存在与统一，就相当困难。只有在出现了一般等价物，物与物之间的交换通过一个更为抽象的中介体，经过时空分离后，两个意志的同时存在与统一才有可能成为普遍性的。尽管黑格尔并没有明确揭示这个一般等价物，但他却思辨地揭示了具体物中的“普遍物”，认为“价值是物的普遍物”[①]，这就在思辨的意义上为一般等价物、货币奠定了基础。黑格尔在《法哲学原理》中通过自己的方式，意识到了商品的价值与价格二重性特质，并以普遍性与特殊性、所有权与特殊占有、物的价值与外形这样一系列术语表达。

黑格尔从历史中发现“在文明民族，用符号来表示的合意跟给付是分别存在的，但在未开化民族，两者往往合而为一。例如在锡兰的森林中，有一种经营商业的民族，他们把所有物放在一处，静候别人来把他的所有物在对面放下进行交换”[②]。根据黑格尔的看法，用符号表达的支付这一非直接物物交换方式，较之直接物物交换方式，是一种文明程度更为高级的交换方式。它之所以更为高级，就在于这是一种建立在普遍性与特殊性分化基础之上的交换方式。在这个交换方式中，用以交换的物的普遍性（所有权、价值）与其占有的特殊形式（使用价值）可以分离。这一方面扩大了交换的范围，另一方面则确立起社会的信用系统。

符号不仅仅表示契约合意的定在，表示合意这一事实，更重要的是表示契约当事人各方对于这种合意的尊重；不仅仅表示对于自身自由意志权利的维护，更重要的是对于自身转让与接受这一自由意志行为的承诺；不仅仅表示对于自身承诺的记录，更重要的在于自身对于这个符号权威性的认肯。隐含在符号背

① 参见黑格尔：《法哲学原理》，第 84 页。
② 参见黑格尔：《法哲学原理》，第 85 页。

后的这一系列因素，正是信用（信用关系、信用系统、信用意识）。

根据吉登斯的分析，现代性社会具有时空分离及在时空分离基础之上的脱域再嵌入特质。[①] 正是这种特质，使得社会成员相互交往方式发生了由“在场”到“缺场”的重大改变。伴随着这种交往方式的改变，人们在交往活动过程中，越来越依赖于由符号系统与专家系统所构成的社会抽象性系统，并对这种抽象性系统寄予无限希望与信赖。正是这种时空分离基础之上的脱域再嵌入特质，使得普遍交往得以实现。现代社会的信用系统，首先是一个由符号系统所表达的人与人关系。它的实质性内容首先不是经济方面的，而是人的存在方式、人际关系的：交换主体的质的规定性（这就是罗尔斯所说的公民能力之规定性）、人际关系的社会结构性状态、社会抽象系统的权威性。

在交换契约中，符号的出现，一方面，既能够扩大交易的范围，建立起普遍性社会交往关系；另一方面，又由于其普遍性与特殊性之分化、分离，物与物之间的一般中介物这一符号性东西存在就隐藏着一种危险：由于这种分离而使得我的所有权及其占有物得不到实现。这就进一步提出了两个方面的问题：其一，符号的权威性。它并不仅仅是当事人双方的事，它事实上已成为社会整体的事——社会一般财产交换及其实现，以及在这种一般财产交换及其实现中的社会秩序状况。其二，公权力对符号权威性的维护。由于符号的权威性超出了当事人私权所能够控制的范围，因而，就要求有公权力的存在，要求公权力必须维护符号的权威性。

三、私人契约的偶然性

契约通过所有权交换使我原本单一存在的自由意志，变为共同意志（或合意），且在这种共同意志中我仍然保留着自己的自由意志。这对于我的自由意志及其实现来说，当然是一大进步。然而，现在的问题是：这种通过契约所形成的共同意志自身是否具有必然性？或者换言之，在这种共同意志中我的自由意

① 参见吉登斯：《现代性的后果》，田禾译，译林出版社 2000 年版，第 15、18 页；古登斯：《社会的构成》，李康等译，北京三联书店 1998 年版。

志实现是否具有必然性？回答似乎令人失望。财产所有权的交换契约，就其要旨而言，乃属私权范围，这是私人间关系。在黑格尔看来私人间关系具有任性之偶然性与不确定性。这表明，所有权关系仅仅在私人领域无法必定得到充分有效的保障。

在契约交换中，契约交换双方通过共同意志达成统一，并实现所有权交换。不过，在这种交换过程中，每一个当事人都是作为一个“特殊意志”存在，每一个这样的特殊意志都有自己的冲动、欲望与要求，“它表现为任意而偶然的见解和希求”，因而，它是否合乎普遍性，是否合乎法的要求，“乃是偶然的事”。[①] 即，通过契约关系实现的自由意志权利，就其现实性而言，只是偶然的。这种通过契约交换实现的自由意志权利之所以是件偶然的事，除了特殊性与普遍性这一最抽象、最一般的说明之外，其缘由主要在于：作为当事人的每一个人“都是直接的人”，即都有自身特殊的意志、权利要求，且权利享有、义务履行本身亦在很大程度上依赖于、取决于外在他物，因而，不能摆脱偶然性。具体言之：

其一，取决于交换主体对于自身自由意志权利的认识能力，以及对契约对方真实状况的认识能力。一方面，是否有能力恰当准确地自觉意识到自身全部的自由意志内容，是否有能力在这众多自由意志内容中，恰当地评估与选择自己具有价值优先性的自由意志内容。不仅如此，每一个当事者还得面临两个更为重要的能力问题：是否有能力在与正义、善这一类普遍价值精神的连接中，合理把握自己的自由意志权利内容？是否有能力在合理评价作为当事人的另一方的意志真诚与给付能力中，恰当把握契约交换中自己自由意志权利内容？另一方面，是否有能力准确把握对方的真实意图与真实的给付能力？是否有能力准确了解与契约相关的所有重要影响因素，以及在此基础之上采取相应对策？事实上，无论上述哪一个方面，对于每一个具体个人而言，似乎都欠缺这种完美能力。而其中的每一个方面，都会给所有权的实现，以及所有权实现背后所隐藏着的我的自由意志实现，带来极大的不确定性。

在契约交换中，我们每一个人都生活在一大堆由偶然性所构成的事件中：我的交换对象、交换客体、交换方式等等的确定，似乎都经过我的理智的仔细

---

① 黑格尔：《法哲学原理》，第90页。

权衡，但是，其实这只不过是偶然性本身中的权衡。甚至亦不排除这种可能：我自以为通过契约维护了自己的权利，实现了自己的自由意志，但很可能事实上恰恰相反。

其二，取决于当事人对于上述一系列认识的表达能力。合意总是要通过约定而成为定在。然而，一方面，这个约定是否能够准确地表达我的真实意思，而不是相反？诸如，对于那些"城下之盟"、"刀下之约"，我是否有能力拒绝，而不违心合约？另一方面，即使是出于我自己真实意思的表达，我是否有能力表达准确无误，而不至于留下种种漏洞？

其三，取决于当事人的给付能力。首先，当事人是否有诚意？是否当事人原本就不准备给付，或不准备按合约给付，或原本就无充分能力按时给付？其次，即使当事人原本有诚意且有能力给付，但是由于种种原因（既有不可抗力原因，也有主观原因如经营破产）而丧失了给付能力。

上述诸多来自主观与客观方面的原因，使得私人间的契约合意只具有或然性，而不具有必然性。然而，人们的自由意志又都渴望去除这种或然性，使其具有必然性。这就要求人们同样在主观与客观两个方面作出努力：在主观上实现道德自律，在客观上建立起一种客观的社会正义关系及其秩序。

不过，在此应当注意的是：其一，契约合意并不仅仅是对于财产或具体物的交换合意，它首先是对平等的自由意志权利的合意。即，在契约合意中本就（或本当）贯注着一种普遍意志精神；契约合意不仅仅是当事人之间的相互同意，它首先是基于普遍价值精神前提的承认、对话、协商、商谈。没有这种普遍价值精神，契约就只能是形式、偶然的。罗尔斯、哈贝马斯等所重视的，在很大程度上正是契约关系中的这种价值精神前提。

其二，私人间的契约合意只是任性、或然的，并不具有必然性。私人间的契约合意必须上升为客观：客观制度体制、客观机制——这其中包括作为民间组织的公共社团，以及作为公器的政府与相关中介机构。为了弥补私人间契约合意的任性、或然之不足，私人间契约一方面可以不再是私人自身的，不再是私人间的当面商谈或博弈，而是由专门机构专门人士代为进行[①]；另一方面，须置于作为公器的政府公共权力的有限规范、引导之下。这样，建立在私人间合

① 参见高兆明：《伦理学理论与方法》，人民出版社2005年版，第383—384页。

意基础之上的契约关系，就不仅仅是私人领域里的事。它须以公共领域为背景，须有公共权力的有效存在，须有法的强制的保证。

四、婚姻、国家关系是否为契约关系？

契约论对于国家生活、婚姻关系的解释力已为人们熟知。然而，在黑格尔看来，婚姻关系与国家关系不是契约关系，婚姻、国家不能作为契约的客体，并反对用契约关系理解与解释婚姻关系与国家关系。[①] 人们对此往往会引起误解。对此，必须具体分析黑格尔的具体语境、语指与语义。

康德在《法的形而上学原理》第 24—27 节讨论了婚姻的权利问题，提出婚姻是一种契约关系。康德认为："婚姻就是两个不同性别的人，为了终身互相占有对方的性官能而产生的结合体。"婚姻是彼此获得对方"人身的一部分器官"，并通过此而彼此占有对方。婚姻是"由两个人，仅仅根据彼此占有而结成一个性关系的联合体。这种相互占有，同时仅仅是通过相互使用性器官，才能成为现实"。[②] 黑格尔对此明确反对。

黑格尔的这种反对是有道理的。黑格尔谈到爱情婚姻时秉持一种神圣的立场，并明确认为"婚姻不是契约关系"，而是双方"人格的同一化"的"伦理关系"。[③] 在黑格尔看来，性器官是人身不可分割的一部分，且是其中最为特殊的一部分，它与人格有着直接统一性，它并不能从人身中分割出去，因而，以彼此占有对方性器官为规定的婚姻，就不合乎契约客体只能是"个别外在物"的要求，进而，婚姻就不能被视为契约关系。康德仅仅将婚姻视为彼此对对方性器官的占有，而没有看到性器官是人身不可分割的一部分，占有性器官，其实就是占有人身整体、占有人格。[④] 在这一点上，黑格尔比康德深刻。

不过，如果超出了这个范围，在此问题上黑格尔与康德一样都不免浅薄。黑格尔不能因为否定康德关于婚姻的这个特殊论证，就一般地否定婚姻的契约

---

① 参见黑格尔：《法哲学原理》，第 82—83、103、178—180 页。
② 康德：《法的形而上学原理——权利的科学》，第 95—99 页。
③ 参见黑格尔：《法哲学原理》，第 178—180 页。
④ 所以，强奸就不仅仅是对人体某一器官的伤害，而是对人格的伤害，因而较之一般伤害更为严重。

关系性质。因为婚姻关系的关键不在于所谓对于性器官的占有，而在于两性双方基于平等人格的一种自愿结合。正是在自愿结合这个意义上，婚姻关系是一种契约关系。

黑格尔亦反对根据契约学说来理解国家，反对将国家理解成是契约的产物。[①] 黑格尔反对用契约思想理解国家，有其深刻的社会历史背景与思想学说背景。法国大革命后，在欧洲广泛流传着一种“保守的或反动的契约论”，并以此否定法国大革命。当时，捍卫这种“保守”或“反动”的契约论的是“贵族反动派”与那些“反对反封建改革的人”。这些人，一方面，根据自身利益将契约过程理解为“原初契约”与“第二社会契约”两个不同层次的过程。“原初契约”系地主或第一批征服者所签署，其他人则是在对此认可基础之上的加入者，只能进入“第二社会契约”过程。另一方面，将国家理解为“私人股份公司”，认为那些出资多的人才是真正的股东，其他没有投入任何资本的人，不能参与管理，只能是被动的次等公民。[②] 黑格尔站在与这些“保守”的“贵族反动派”截然不同的立场，坚决反对这种“保守的或反动的契约论”，坚决否定用这种“保守的或反动的契约论”来理解、解释国家。

如果把握了这个具体历史背景，那么，对于黑格尔反对用契约方法理解国家的思想也就容易理解了。黑格尔的这个思想实际上是要站在被压迫的人民大众立场，为被压迫人民大众的自由权利呐喊。这表明，对于任何一种思想理论方法，都不能抽象、空洞地谈论，而是必须置于具体历史时空，揭示其具体历史内容。对于契约论这样一个在当今受到异常欣赏的思想方法及其理论，应当持有冷静的态度。契约论方法及其思想并非完美无缺，它甚至可以被用来为奴隶制辩护。[③] 当然，由此，我们亦能体会到罗尔斯在应用契约论方法思考现代社会政治正义时，提出“无知之幕”、“原初状态”设定的良苦用心及其现代性立场。

黑格尔反对将国家理解成是契约产物的基本依据或理由有二：其一，契约关系属于私权关系，能够作为契约客体的是我这一私人能够支配的个别外在物，

① 如黑格尔说：“国家根本不是一个契约……国家是比个人更高的东西。”参见黑格尔：《法哲学原理》，第 103 页。

② 参见洛苏多尔：《黑格尔与现代人的自由》，第 251—253 页。

③ 作为欧洲伟大思想家之一的洛克就曾有过此类做法。参见洛苏多尔：《黑格尔与现代人的自由》，第 355 页。

而国家不属于私权领域，国家属于公权领域，因而，不能将国家理解为契约的产物。在他看来“把国家看做一切人与一切人的契约”，犯了一个“把私有制的各种规定搬到一个在性质上完全不同而更高的领域”的错误。[①] 其二，他认为：“人生来就已是国家的公民，任何人不得任意脱离国家。”国家是公民的“绝对目的”。[②] 黑格尔在此事实上以自己的方式提出了在认识国家问题时应当注意的两个要点：国家问题属于公权领域（即不能在私权领域认识国家），国家自身的存在合理性根据。

然而，就黑格尔自身而言，他对于国家问题的具体认识在此至少犯有逻辑错误。上述黑格尔的前一个理由是以私权与公权领域二分问题，混淆、遮蔽了公权合法性问题，后一个理由则以公民必须生活在国家中，混淆、代替了公民对于生活在一个什么样的国家中、对于国家本身合理性根据的追问。公权当然不同于私权，公权领域与私权领域当然有各自的调节法则。不过，这里不是一般谈论公权与私权问题，而是讨论国家这一公权的合理性问题。国家公权是一种公共性权力。这正是契约论的最深刻之处。正是国家公权的这种公共性品质，决定了国家来自人民、服务于人民、为了人民的性质，决定了国家并不具有高居于人民之上、可以任意支配人民、甚至剥夺公民自由权利的权力。国家公权的合理性，必须从私权中寻求，必须从私权中获得自身存在的合理性辩护。同样，人当然生来就生活在国家之中，但是人们却希望生活在一个属于自己的国家之中。这正是问题的要害。这就如人总是要吃饭，但是这与吃什么样的饭、改进饭的质量并不矛盾一样。从私权出发，未必不能到达公权。普遍亦不能离开特殊存在，普遍总是特殊的普遍。黑格尔这样一个伟大的辩证法思想大家，却在国家问题上放弃了彻底的辩证法。这不仅放弃了批判性，亦使自己陷于谬误。[③]

不过，黑格尔上述关于国家的思想中亦有值得注意的地方：一方面，黑格尔至少以自己的方式表达了国家不能成为私人领域的东西，即，国家不能成为私人工具，不能成为家天下、君天下。它作为公器必须为公共服务。另一方面，

---

① 黑格尔：《法哲学原理》，第 82 页。

② 黑格尔：《法哲学原理》，第 83 页。

③ 马克思在《黑格尔法哲学批判》中着力揭示的正是国家的合理性根据问题，强调国家须从家庭、市民社会获得自身存在的说明与根据，而不是相反。

国家不是偶然性的实存，而是具有必然性的存在。黑格尔反对通过契约来理解国家，其包含的合理性之处在于：并不能仅仅根据契约或约定、一致同意之类来认识、理解国家的合理性。民主与真理是两个不同的概念。即使是公民绝大多数人的一致，也未必就能说明这个国家内容的合理性。因为公民认识本身亦可能出错，亦可能出现多数人的暴政。真理不以人数多寡为标准。现代国家以民主为内容，但是现代国家的民主不简单地等同于多数同意。民主与多数同意这是两个不同的问题：前者是关于国家内容质的规定性，多数同意只是一种决定决策的程序性规定。国家必须获得必然性或存在合理性的辩护。正是这具有必然性的国家，它既是我们每一个人的追求目标之一，也是我们每一个人的生命之所在。我们人生价值的真实实现，离不开这样的国家。

第11讲 “国家”一般

《法哲学原理》国家篇所讨论的是公共政治生活。在《法哲学原理》中，家庭、市民社会均不是公共生活。家庭属于血亲情感生活领域，市民社会则属于私人间物质交换的经济生活领域，国家才是公共政治生活领域。黑格尔在“国家”部分所讨论的问题，实质是人的自由权利在公共政治生活中的实现问题，属于政治哲学与政治伦理论域。

黑格尔哲学思想中的国家部分，被认为是其最保守内容之一。黑格尔国家哲学的保守性，与其哲学逻辑体系特质有关。尽管黑格尔自身的否定性辩证法具有开放性、批判性与革命性，但是，黑格尔哲学体系所追寻的绝对真理环节却是封闭性的，它窒息了否定性辩证法的开放性与革命性。凡是以绝对真理自居或自称发现了绝对真理的人，总是会以自我否定的方式向人们呈现出其所固有的保守性。黑格尔也不例外。

不过，对黑格尔的国家学说不能持简单化的态度。我们应当注意三个基本事实：其一，黑格尔在青年时期所写的《德意志唯心主义的最早体系纲领》一文中，对专制国家进行了坚决批判，主张要消灭国家。因为在他看来国家是视自由人为齿轮的机器，“应该消亡”。[①] 其二，黑格尔在《法哲学原理》中讨论的“国家”强调的是抽象性、理念的国家，而不是具体、生动的国家形式。他在《历史哲学》，尤其是在其中的第三、四两部中，对于历史演进的思辨揭示，也极为明确地表达了他的这一基本立场。[②] 其三，根据黑格尔的“承认”理论与“主奴关系”辩证法，黑格尔的“国家”是普遍、同质的国家，在此“国家”中

---

① 参见张世英：《自我实现的历程：解读黑格尔〈精神现象学〉》，山东人民出版社2001年版，第8页。

② 他在讲到古希腊人时甚至认为：他们“没有良心”，没有“国家的抽象性”，只有“生动的祖国”。参见黑格尔：《历史哲学》，第261页。

每一个都是被平等承认、有尊严的存在者。[①] 黑格尔的国家学说中包含着许多值得注意的重要思想内容。这些思想内容必须被仔细剥离，必须仔细拭去遮蒙其上的尘埃。

对于黑格尔国家学说的把握，取决于解读的方法与维度。如果我们不是在实然的意义上，而是在“国家”理念的意义上理解，如果我们不是过多地注意其关于国家生活的特殊表达方式，而是注意以这种特殊表达方式所承载的一般内容，那么，我们就会从黑格尔的国家学说中获得诸多来自启蒙时代思想家的启示。事实上，如果我们注意到黑格尔关于作为伦理性存在真理性环节的国家，是“普遍性和单一性相互渗透的统一”的思想；[②] 注意到黑格尔强调“在谈到国家的理念时，不应注意到特殊国家或特殊制度，而应该考察理念，这种现实的神本身”，强调特殊的国家制度可以是坏的，但国家理念本身却是“现实的神本身”的思想；注意到黑格尔强调在现代国家中“特殊性的权利必须予以保持”的思想；[③] 注意到黑格尔在整个法哲学研究中所表现出的那种普遍性与特殊性、整体性与个别性互相渗透统一的思想方法立场；注意到黑格尔对国家所作出的好的与“坏的”区分；[④] 注意到黑格尔关于人们所要求的国家是“合理性”的国家这一思想，[⑤] 那么，我们从黑格尔关于“国家”的思考中完全能够解读出现代宪政思想内容：宪政保障个人的自由权利，宪法在规定了政府权威的同时，亦对其作了明确限制，宪政是个人抵制政府专横的屏障。[⑥]

黑格尔的国家思想反对原子式的个人观，认为没有社会以外的个人，个体在其现实性上由社会关系所规定。应当承认黑格尔这一思想的深刻性。尽管黑格尔的相关思想有被引向极端、走向极权的可能，但是，就黑格尔本人而言，则拒斥否定个体、个性的极权主义。[⑦] 黑格尔也远非极权国家的维护者，相反，他完全可以被视为是公民社会的辩护人。他是为市民社会的经济活动与政治活动不受国

---

① 参见福山：《历史的终结与最后的人》，第 19 章。

② 黑格尔：《法哲学原理》，第 254 页。在这种普遍性与单一性相互渗透的统一思想中，甚至包含了关于国家政治生活价值合理性根据在于公民个人自由权利实现这一革命性结论。

③ 参见黑格尔：《法哲学原理》，第 259、261 页。

④ 参见黑格尔：《法哲学原理》，第 280 页。

⑤ 参见黑格尔：《法哲学原理》，第 285 页。

⑥ 参见 T. Burns, *Natural Law and Political Ideology in the Philosophy of Hegel,* Aldershot: Avebury, 1996, p.140。

⑦ 参见所罗门：《大问题：简明哲学导论》，张卜天译，广西师范大学出版社 2008 年版，第 341 页。

家强权控制的辩护者。[1]

我们甚至不难体悟到隐藏在黑格尔《法哲学原理》中的一系列政治哲学、国家哲学的重要思想：现代性公正良序社会是一个公民自由权利真正实现的社会；现代性社会国家政治生活，必须以公民自由权利为价值合理性根据；现代性公正良序社会实现的基本条件，就是既要有一般的宪法政治正义构建（这大致体现在“抽象法”篇），亦要有相应的公民人格类型与道德精神（这体现在“道德”篇），还要制度化为一系列具体的制度性安排（这体现在“伦理”篇尤其是“国家”部分）。正是在这种理解中，我们甚至发现了黑格尔与罗尔斯的某种内在联系。

一、“国家”理念

在黑格尔看来，对于国家现象的理解，比之对于自然现象的理解要困难得多。[2] 这需要用哲学的穿透眼光来审视、把握人的自由存在的历史方式。黑格尔讨论的国家，并不是任意的国家，而是“自由的现实化”[3] 的国家。

正如黑格尔在《法哲学原理》一开始就明确指出的那样，对国家现象的认识，他所关心的首先并不是回答国家是什么的问题，而是如何认识国家现象的问题。在他看来，只有把握了国家的理念、国家的精神，才有可能真正认识、把握国家及其合理性问题。[4] 因而，他从一开始就避免将国家的这种根本性内容与国家的起源、职能等具体问题相混淆[5]，并将自己的旨趣焦点集中于国家的理念、精神，集中于国家的本质规定，集中于那个时代的时代精神及其政治

① 参见福山：《历史的终结与最后的人》，第 81 页。

② “如果理解自然界是困难的，那末领会国家更是无限地困难。”参见黑格尔：《法哲学原理》，第 285—286 页。

③ 黑格尔：《法哲学原理》，第 258 页。

④ 国家政治生活的“合理性按其形式就是根据被思考的即普遍的规律和原则而规定自己的行动”。参见黑格尔：《法哲学原理》，第 254 页。

⑤ 这就是黑格尔所强调的哲学认识与历史社会学认识的区分。这样就可以明白黑格尔下述论述的含义：“现在如果问，一般国家或竟每个特殊国家以及它的法和使命的历史上起源是或曾经是怎样的，又如果问国家最初是从家长制关系，从畏惧或信任，还是从同业公会等等中产生出来的，最后如果问，这种法的基础是怎样地在意识中马上被理解而巩固下来的：是把它看作神物或实定法呢，还是把它看作契约和习惯呢，那末，所有这些问题都与国家的理念无关。”参见黑格尔：《法哲学原理》，第 254 页。

正义的基本内容。而对国家理念的把握，黑格尔本人则以一种反思直觉的方式，直接将“自由”作为国家理念的内容规定。

（一）作为“自由的现实化”的国家

黑格尔在《法哲学原理》中对国家有一系列形象的说法：“国家是伦理理念的现实”，是“绝对自在自为的理性东西……是实体性意志的现实”，是“伦理性的整体”，是“地上的精神”，是“神自身在地上的行进”。[①] 他在《历史哲学》中亦对国家有诸多论述，并明确认为国家是“‘精神’在有限存在中全部实现的形态”[②]。黑格尔的这些说法无非是试图表达一个思想：国家是“自由的现实化”，是有限世界中的完满存在，是现实存在着的自由。当然，值得注意的是，黑格尔对于国家的这个认识并不是在实然意义上而言，而是在本质、应然意义上而言。黑格尔强调：“在谈到国家的理念时，不应注意到特殊国家或特殊制度”[③]，而应该考察国家的普遍本质性规定。黑格尔所要强调的正是这个“理念”应然的考察立场。

然而，黑格尔关于国家的论述，主要地并不是在我们曾一度习惯理解的作为阶级斗争工具的政治国家、国家机器这个意义上而言。这里的国家指的是一个政治上有组织的法治共同体。在这个政治上有组织的法治共同体中，扬弃了目的与手段的差异，每个事物既是目的又是手段。在这里，个体不再是作为纯粹手段的存在。[④] 黑格尔似乎更多的是在一种实体性的伦理精神、理念中的社会政治生活结构意义上理解国家。即，他通过国家是要表达一种具有理想性的实体性伦理精神，这种伦理精神是伦理实体的普遍性价值精神。[⑤] 所谓“国家直接存在于风俗习惯中”[⑥]，说的也正是国家的这种社会伦理精神特质。如果说在市民社会、市场交换阶段，主要还只是居于个体存在、个人价值以及通过个人利

① 参见黑格尔：《法哲学原理》，第253、254、258、259页。
② 参见黑格尔：《历史哲学》，第17页。
③ 黑格尔：《法哲学原理》，第259页。
④ 参见泰勒：《黑格尔》，第594—595页。
⑤ 参见泰勒：《黑格尔》，第571—573页。
⑥ 黑格尔：《法哲学原理》，第253页。

益的价值意识而达至一种普遍价值意识，那么，在国家这个作为社会共同体存在的伦理实体中，则是要居于一种共同体立场确立起共同价值精神，正是这种共同价值精神使这个社会共同体凝聚成为一个具有生命力的整体。我们通常所理解的国家机构，不过是这种共同价值精神的具象性存在而已。[①]国家这一伦理共同体，消除了个别与整体、特殊与普遍、个人与社会的绝对对立，是一种普遍实现了的自由。不具有这种普遍性伦理性精神的国家，并不能称之为真实的国家。

这样，国家作为在地上行进的神，就不是一个实存性的概念，而是一个现实性的概念。国家的“现实性在于，整体的利益是在特殊目的中成为实在的。现实性始终是普遍性与特殊性的统一，其中普遍性支分为特殊性，虽然这些特殊性看来是独立的，其实它们都包含在整体中，并且只有在整体中才能得到维持。如果这种统一不存在，那种东西就不是现实的，即使它达到实存也好”。根据是否具有现实性品格，黑格尔将实存的国家区分为“好的”与“坏的”，“一个坏的国家是一个仅仅实存着的国家”[②]。

国家作为自由的现实化，其核心是权利与义务、特殊与普遍的现实统一。这稍后再论。

（二）作为生命有机体的国家：对契约论的一种批判[③]

在黑格尔看来，国家是一生命有机体[④]，而不是单纯的统治工具。作为生命有机体的国家有三个基本特征：其一，整体与部分的有机统一。个人既是国家的手段，也是国家的目的；整体为部分而存在，部分亦为整体而存在。其二，个体具有自主生命力，是独立、自主的生命体；由这种具有自主生命力的个体所组成的国家是生命有机体。其三，私利与公益在国家中统一。作为生命有机

① 在市民社会、市场交换中，所奉行的是“人人为自己，上帝为大家”法则，并通过人人理性为自己而形成一种普遍的利益交换公正秩序。但是一个共同体如果仅仅是一批原子式存在着的追逐自身利益的个人聚积物，如果仅仅有经济交换生活，如果仅仅是“人人为自己，上帝为大家”，那么，这个共同体就是一个纯粹的经济怪物，一个离散的聚合体。一个具有生命力的共同体必须是一个有机体，必须有一种普遍性价值精神，必须有公共性特质。以“国家”为指称所代表的正是这种公共性、普遍性价值精神。

② 参见黑格尔：《法哲学原理》，第 280 页。

③ 关于黑格尔反对用契约论解释国家现象的述评，还可具体参见本书第 10 讲相关内容。

④ 参见黑格尔：《精神哲学》，第 342、346—348 页。

体的国家中的个体，追求自利有益公利。现代国家中个人私利的实现，有赖于个人参与公共生活。个人与国家的联结，主要靠的是个人自我利益追求及其规制，而不是道德、德性。①

既然国家作为生命有机体，因而，国家这个生命有机体就不是单个组织、器官、细胞的外在集合，而是其有机构成，就高于其单个组织、器官、细胞，高于单个组织、个人。这样，国家就不能用还原论的原子论来解释。所以，黑格尔就理所当然地反对对国家的契约论解释。

黑格尔在论述国家关系时批评了卢梭、费希特等的契约论思想，表示出对契约论思想的否定，并强调了这样一个思想：国家对“单个人具有最高权力”，“成为国家成员是单个人的最高义务”。②为什么黑格尔在国家问题上否定契约论思想？为什么说“成为国家成员是单个人的最高义务”？这是否意味着要否定单独个人存在的权利及其意义？在这里必须注意把握其思想精髓，而不是简单的字面表达。黑格尔这里所要表达的实质是：个人存在的社会性，个人不可避免地必定以社会性的方式存在；个人总是作为特定社会共同体的一员生活在这个世界上，个人只有作为共同体中的一员才能获得自由。

不能轻视黑格尔在国家问题上对于契约论思想的批评，应当注意其所包含的重要思想内容。

确实，契约论在国家问题上的解释有其深刻性。一方面，契约论思想以自己的方式表明了个人存在的社会性；另一方面，契约论思想方法能够在抽象的意义上深刻揭示国家的现代性特质，揭示现代国家价值合理性根据之所在。但是，必须注意的是：一方面，契约论所揭示的个人存在的社会性，是指个人不能如鲁滨逊那样孤独存在，个人必须与他人交往、在社会关系中存在，而不是指作为社会活动参与者的个人本身亦是被规定的、是一个历史性的存在、且总是以特定群体一员的身份参加到社会活动中去。另一方面，契约论思想方法的抽象性会使人淡漠自身存在的社会性及其历史性，以为现实存在着的个人可以超越社群及其历史，进而可以随心所欲。黑格尔以自己的方式洞见了契约论思想的这种内在局限性。

---

① 参见洪镰德：《黑格尔哲学之当代诠释》，第 226—227。

② 参见黑格尔：《法哲学原理》，第 253—255 页。

契约论并不能充分合理揭示国家政治生活的本质及其内容。这是因为契约论的解释具有相当的“任性”，它是以“单个人的任性、意见和随心表达的同意为其基础”。[①] 具体言之：

第一，个人不是纯粹的单一存在，个人有其社会历史规定性，个人总是生活在历史中，并以被事先规定的身份参加到社会交往活动过程中。这就是黑格尔通过“个人本身只有成为国家成员才具有客观性、真理性和伦理性……是被规定着过普遍生活”[②] 所要表达的思想。这也就是说，个人参与社会契约活动的原初状态，并不是一个如罗尔斯所说的“无知之幕”下的无知之约，而是一个有知之约。这个知，是历史对个人之规定，它既是文化之知，亦是利益之知。这个“有知之约”就是一种历史的延续。契约过程并不是一个由单个人从纯粹无开始的过程，而是一个由既往历史规定的个人活动过程。

第二，契约活动是当事人可以随意自由参加与退出的活动，但是，国家政治生活却并不是当事人能够随意参加与退出的生活。在这个意义上，契约论对于国家政治生活的解释力亦是有限的。根据黑格尔的看法，国家不同于市民社会，不能“把国家同市民社会混淆起来”[③]。市民社会是一个自由交换的市场活动空间，对于参与其中的个人而言，她／他可以自由选择退出，也可以自由选择协商交易。但是，以国家所标识的个人生活的社会共同体，个人却是不可退出的，因为她／他一开始就是以这个共同体成员的身份来到这个世界上、并存在于这个共同体中。这是一个人的先在的伦理性规定。这种伦理性规定，是一个人文化意义上的自然规定性。这就如尽管一个人可以选择加入不同的社团，乃至可以选择加入其他国籍，但是他却不可以数典忘祖、不可以背叛自己的祖国一样。

当代个人主义与社群主义的争论，其焦点亦集中在个人存在的社会性上。社群主义并不反对个人的基本价值，但是社群主义不同意个人主义那种离开个人存在的社会性、历史性，来一般谈论个人自由及其权利的做法。在黑格尔上述对于契约论的两点批评中，我们不难发现当代社群主义与个人主义之争的先驱。

---

① 黑格尔：《法哲学原理》，第 255 页。
② 黑格尔：《法哲学原理》，第 254 页。
③ 黑格尔：《法哲学原理》，第 253 页。

第三，契约是特殊的普遍性，具有特殊性的排他性。一方面，契约的解释力与有效性范围仅限于参加契约者之间，不能扩大至契约者以外，否则就有强权意志强暴的嫌疑。因而，契约的普遍性是契约者之间的特殊普遍性。另一方面，契约的有效性在原则上不适用于那些未参与契约活动者，那些未参与契约活动者的权益不能被契约承认，亦不能被契约保护。因而，契约这个特殊的普遍性就同时具有特殊性的排他性。这样，在公共生活中就有一个参与契约、争取获得承认的任务。如果一个集团、阶层不能有效地参与社会契约活动，那么，这个集团、阶层的权益就不能得到真实表达，更难以谈得上被承认与尊重。因而，契约论解释要获得普遍有效性，就须进一步引入所有成员普遍参与以及在此基础之上的委托人与代理人的制度设计这两个方面。

第四，契约的结果是或然的，但国家生活的政治正义秩序却应当是必然的，因为唯有必然的才是正义的。在契约之下可以出现多数人的暴政，多数人的暴政从根本上侵犯了平等的自由权利这一政治正义基本价值精神。契约活动的形式，必须以契约活动所承载的平等的基本自由权利这一普遍必然性规定为内容。即，在现代性社会，政治正义并不是由其外表形式所决定，而是由其内在平等的基本自由权利这一基本价值精神所规定。

卢梭曾合理地区分众意与公意，并认为契约是公意而非众意。但是问题的关键在于这个公意仍然取众意一致的形式，离开了政治正义的基本价值前提，就无所谓公意与众意之区分。而政治正义本身却是一个关于“国家的哲学上的认识问题”，因而，它就是一个普遍性、必然性、客观性的问题。正义的国家政治制度，不能以“任性”、“想象”为基础，而必须以客观必然性为基础。[①] 这就是黑格尔强调“在谈到自由时，不应从单一性、单一的自我意识出发，而必须单从自我意识的本质出发”所要表达的真实内容。[②]

黑格尔下面的一段话容易引起争论。他坚决否定将国家的“使命规定为保证和保护所有权和个人自由”，并否定“单个人本身的利益”“成为这些人结合

---

① 黑格尔关于法国大革命的具体论述所表达的正是他的这种认识。“这些抽象推论一旦得时得势，就发生了人类有史以来第一次不可思议的惊人场面：在一个现实的大国中，随着一切存在着的现成的东西被推翻之后，人们根据抽象思想，从头开始建立国家制度，并希求仅仅给它以想象的理性为其基础。又因为这都是缺乏理念的一些抽象的东西，所以它们把这一场尝试终于搞成最可怕和最残酷的事变。”参见黑格尔：《法哲学原理》，第 255 页。

② 黑格尔：《法哲学原理》，第 258 页。

的最后目的”。[①] 黑格尔的这个思想似乎表现出某种否定个人自由权利的专制主义倾向。因为，根据霍布斯、卢梭等契约论所提供的启蒙思想，国家不是某个人的而是人民的，王权不是神授而是民赋，自由存在的人民为了自身的自由而自由地组建起自己的国家，因而，这个国家不能保护公民个人的自由权利就没有存在的理由。为什么黑格尔对这种浅显的启蒙思想会视而不见、置之度外？是否他还有另外值得注意的思想？这可能不仅与他对前述契约论局限性的洞察有关，而且与他对国家的本质理解直接相关。如果我们能够把握黑格尔始终关注自由实现如何摆脱偶然性、拥有必然性这一思想旨趣主旨，那么，对此就会有清晰、合理的理解。在黑格尔的思想中，国家是普遍性的存在，国家不是保护单个人的，而是保护普遍本身，在这个普遍中就内在地包含着特殊个体，这个普遍是普遍的个体。在这里，为了普遍的，就是为了特殊个体的——只不过不是某一特定个体，而是所有个体；在这里，为了普遍的目的，就是为了特殊个体的目的，特殊个体的目的就在这个普遍中实现。

通过黑格尔对契约论思想的批评，我们可以发现，对于“人是社会性存在”这一命题可有两种不同的解释，或者换言之，在“人是社会性存在”命题之下可以包含着两种差别甚大的内容：一种是历史的，另一种是单子的。这两种解释的根本差别就在于：一种是以具体的、历史的人为出发点，另一种是以单个的、原子式的个人为出发点。传统契约论思想是一种单子的解释，而黑格尔以及后来的社群主义则是历史的解释。黑格尔的这种解释由于突出了个人存在的历史性，因而更深刻。

二、国家政治类型及其特殊性问题

《法哲学原理》第 258 节有这么一段话：“在谈到国家的理念时，不应注意到特殊国家或特殊制度，而应该考察理念，这种现实的神本身”，并认为“根据某些原则，每个国家都可被指出是不好的，都可被找到有这种或那种缺陷，但

① 黑格尔：《法哲学原理》，第 253—254 页。

是国家，尤其现代发达的国家，在自身中总含有它存在的本质的环节”。[1] 黑格尔这里所强调的正是对国家的普遍性本质内容的把握。根据黑格尔的看法，我们在考察国家政治生活及其政治正义时，首先应当舍去其具体特殊样式而把握其根本性内容：它是现代性的还是前现代性的政治文明，并在现代性政治文明及其价值精神之下具体把握与理解各个不同的国家政治制度。

现代社会不同于前现代社会。现代社会的特质是对宗法、等级、人身依附关系的否定。现代社会国家政治正义的基本价值精神是平等的自由权利。这就解释了为何自启蒙时代以来自由民主、平等的自由权利就一直是政治正义的核心内容，并成为社会的旗帜。所以，我们在当代考察国家政治生活及其正义内容时，首先应当考察这种现代性政治正义的普遍性内容，首先应当关注其是否为现代性的政治生活、政治正义，而不应当在一开始就首先着眼于特殊性，为特殊性所遮蔽，丧失洞察力。

普遍性总是以特殊的方式存在着。人类的政治文明是有普遍的精神而无普遍的样式，它总是以各种具体样式存在着。所谓东方文明、西方文明，只是以地缘所标识的特殊文明样式，这些文明都是全人类的，只不过它们是人类文明以东方或西方的特殊样式存在着。苏格拉底、柏拉图、亚里士多德，既是西方的，也是全人类的。同样，孔子、老子既是东方的，也是全人类的。现代政治文明首先在欧洲出现，并以西方文明的样式存在，但是欧洲或西方政治文明并不仅仅是欧洲或西方的，它们还是全人类的。在欧洲或西方政治文明中存在着作为现代社会人类政治文明的普遍性内容。我们不能因为这些普遍性内容披上的欧洲或西方的面纱，而断然否定这种具有普遍性意义的真理性内容。我们应当以冷静理性的态度对待西方政治文明。当我们从西方先进民族那里学习现代政治生活及其正义秩序构建内容时，我们似乎在学习西方的政治文明，其实，我们这是在继承与学习人类普遍的文明财富。黑格尔曾揭示：“找岔子要比理解肯定的东西容易”，所以“人们容易陷入错误”，在考察国家政治生活时只注意其个别特殊的方面，而忘掉其普遍性内容本身。[2] 黑格尔的这种批评对于我们具有警示意义。民主制度是人类的普遍追求，这是普遍精神。但是民主制度的具

① 黑格尔：《法哲学原理》，第 259 页。
② 黑格尔：《法哲学原理》，第 259 页。

体样式却是多样的，没有成规。不同民族的不同文化、历史、现状，使得民主制度在各民族的具体存在样式各异。

国家理念，或人类文明演进特定历史阶段政治正义的基本价值精神，是普遍的。这种普遍性有两个基本含义：它的客观必然性或内容的真实性，以及它的普适性或广泛存在性。然而，这种普遍的政治正义价值精神的具体制度性存在，却总是特殊的，总是以各种具体样式呈现在人们面前。这个特殊样式总是与特定民族国家的历史、文化、政治、经济、社会等状况直接相关。一个现实存在着的正义的政治生活，是正义价值精神的普遍性与这个民族国家历史、文化、政治、经济、社会状况的特殊性的统一。这种普遍性与特殊性的统一，应当成为我们认识国家政治生活及其正义性的一种基本思想方法。

强调在认识国家政治生活时首先应当把握国家政治生活的本质内容，并不意味着不要认识各个具体国家的具体政治生活的特殊性，而只是意味着这种特殊性的认识须置于普遍性认识的总体性把握之下，意味着须在“国家理念”之下把握“国家理念的特殊样式”。这是因为特殊总是普遍的特殊，对特殊的把握得首先搞清楚是何种普遍的特殊。否则，就可能将完全不同质的事物混淆不清。

在认识当今社会的国家政治生活及其正义性时，我们确实应当注意其特殊性，因为如果我们不能注意其特殊性，就不能区分此与彼，不能区分不同的政治制度。然而，这种“特殊性”之区分本身亦有不同的规定：其一，一种普遍性的特殊性，即，它是何种类型的国家政治生活类型，是何种类型的政治文明、政治正义。这里首先应当区分是前现代社会的国家政治生活及其正义性，还是现代社会的国家政治生活及其正义性，首先应当确定国家及其政治文明、政治正义的历史类型。其二，一种国家政治生活、政治文明、政治正义历史类型的具体存在样式。前一种特殊性区分更具有基础性意义。因为，如果不能确定这种特殊性，就无法把握与理解一个时代，无法把握与理解不同时代之间的区别，无法把握与理解以具体样式存在着的各种政治实体之间的联系与区别——这样，现实就是偶然杂多的堆积。我们必须注意区别国家生活及其正义性的不同文明历史类型，与同一文明历史类型中的不同具体存在样式这样两类完全不同的问题。其三，具体政治制度中的特殊利益集团及其相互间特殊关系。而这样一类特殊性分析只有在前两类特殊性分析基础上才得以存在与展开。离开了前两类意义上的特殊性分析，这种意义上的特殊性分析就是或然、浅薄无根的。这即意味着，当我们在国家政治生活、政治正义这样一些问题上谈论要有历史的、具体的观点时，必须在上述三类特殊性分析统一的意义上而言，否则，我们的认识就不可能是真正历史、具体的。

这样，我们对于马克思在国家问题上对黑格尔批评的认识，对于马克思关于国家的唯物史观的认识，就会有理性、较为准确地把握。马克思批判黑格尔国家学说的抽象性，并不是在上述前两种特殊性意义上而言，而是在第三种特殊性意义上而言。甚至马克思对于黑格尔国家学说的批判本身，就是以上述前两种特殊性意义上的国家政治生活、政治文明、政治正义的内容为前提。这样，我们也就不难理解马克思在帝国主义对印度、中国的殖民地扩张问题上，所呈现的所谓道义与历史的“悖论”立场。离开了不同文明历史类型的区别这一基础，就不可能合理、准确理解马克思的相关诸多思想。

三、现代国家

黑格尔在《法哲学原理》中所要研究的不是一般意义上的国家，而是现代国家[①]。在黑格尔看来，国家是一个生长过程，其自身有一个由不成熟到成熟的过程，现代国家是成熟的国家形态，相对于现代国家的前现代国家形态是“不成熟的国家”形态。[②] 现代国家与前现代国家有一系列根本区别。

（一）独立个体的出现

黑格尔认为：“在不成熟的国家里，国家的概念还被蒙蔽着，而且它的特殊规定还没有达到自由的独立性。在古典的古代国家中，普遍性已经出现，但是特殊性还没有解除束缚而获得自由，它也没有回复到普遍性，即回复到整体的

① 参见黑格尔：《法哲学原理》，第 260 页。值得一提的是，作为黑格尔“国家”这一章三个部分之一的“国家法”的英文本表达是 constitutional law，这隐含有现代国家宪政的意蕴，亦表明黑格尔所指国家的现代意义。

② 既然如此，这就意味着国家是一个历史的产物，它不仅有其孕育、成熟的发生阶段，亦有其死亡的必然。

普遍目的。现代国家的本质在于，普遍物是同特殊性的完全自由和私人福利相结合的……目的的普遍性如果没有特殊性自己的知识和意志——特殊性的权利必须予以保持——就不能向前迈进。所以普遍物必须予以促进，但是另一方面主观性必须得到充分而活泼的发展。只有在这两个环节都保持着它们的力量时，国家才能被看作一个肢体健全的和真正有组织的国家。”[①]“在古代国家，主观目的同国家的意志是完全一致的。在现代则相反，我们要求自己的观点，自己的意志和良心。古人没有这些东西——就其现代意义而言；对他们说来，最终的东西是国家的意志。”[②]根据黑格尔的分析，具有独立人格及其权利的个人，这是现代国家与前现代国家的最根本区别。

具体言之，其一，前现代社会的国家是宗法等级制的。在那里，朕即国家（即黑格尔所说“主观目的与国家意志一致”），没有个人与个人意志（或只有一个人），没有平等的基本自由权利，只有等级身份、人身占有或依附。现代社会的国家则不是某个人的，而是所有人的，它以独立个人、平等自由权利为基石。这个由前现代向现代国家转变的过程，就是马克思所揭示的由人的依赖关系向人的独立关系的转变过程。人类近代以来所取得的最伟大成就，就是人的解放。人不仅发现了自身的存在，而且还发现了独立个体的存在。正是在此基础之上，才出现了现代意义上的国家。契约论所表达的正是这种基于个体独立及其平等自由权利精神的国家形态。现代国家是以独立个体的存在及其自由权利为前提的国家形态。换言之，没有个人特殊权利，或个人的特殊权利得不到保护、个人利益得不到尊重的国家，不是现代国家。

其二，现代国家政治生活及其制度，是具有平等自由权利的个人实现自身利益的方式。在这里，个人利益与作为普遍利益代表的国家利益，并不处于绝对对立的两极不相容状态。相反，一方面，个人利益在国家政治生活中得到真实实现；另一方面，国家自身亦在个人利益的增进与实现中得到发展。这种国家利益的增进与实现，并不是简单的放水养鱼之类的养民、藏富于民的问题（这种简单化的认识，并没有超越古代所谓“民本”思想），而在于现代国家就是作为现实存在者的人民的，国家是每个人利益实现的统一体。正是这种个人

① 黑格尔：《法哲学原理》，第 261 页。

② 黑格尔：《法哲学原理》，第 263 页。

与国家的关系，使现代社会国家政治生活具有完全不同于前现代社会国家政治生活的价值合理性依据。

国家与个人关系是生命有机体与其组织、器官的关系。国家是一个生命有机体，这个生命有机体有赖各组织、器官的健康生长，而各组织、器官的生长亦有赖于这个生命有机体的整体状态。不能在分裂、对立的视野中认识与把握国家与个人。①

（二）权利与义务的存在统一

在《法哲学原理》抽象法、道德、伦理三个环节中，伦理是真理性环节，而国家又是伦理的真理性环节，只有在伦理，具体说就是，在国家中，权利与义务才实现了现实统一。这是因为“抽象法”只是抽象的普遍法权，“道德”只是普遍的主观义务，这种普遍性权利、义务，还只是在一般人格平等意义上所提出的普遍无差别的应该要求。即，作为普遍平等的人格都应该无差别拥有的权利与义务。由于还只是“应该”，因而，在“抽象法”和“道德”领域，权利与义务之间是否真的能够统一，缺少现实必然联系。对此，黑格尔曾有简洁明了的揭示。他说：“在私法和道德的领域，缺乏权利和义务彼此之间关系的现实必然性，因此只存在着在内容上抽象的等同，即在这些抽象领域中，如果对一个人说来是权利，对别人说来也应该是权利，对一个人说来是义务，对别人说来也应该是义务。权利和义务的那种绝对同一，只是在内容上的等同，即在规定上这个内容本身是完全普遍的，是义务和权利的唯一原则，即人类人身自由的原则。”②

为什么应该的就不能自然、直接成为现实实在的？这得回到关于人的自由这一本质规定上来。所谓人是自由的，人的这种自由只是在人格、人身自由这一根本意义上而言，只要离开了这一意义，人就是不自由、不平等的。黑格尔在《精神哲学》中的“国家”部分，就曾花费笔墨专门论述了所谓“自由和平等”问题。③他的那个论述，对《法哲学原理》三个环节间关系是点睛之笔，不

① 参见黑格尔：《法哲学原理》，第 264—265 页。

② 黑格尔：《法哲学原理》，第 262 页。

③ 参见黑格尔：《精神哲学》，第 343—344 页。

仅使人对抽象法、道德、伦理三环节关系的理解有豁然开朗之感觉，而且使人能够真正理解《法哲学原理》中的“国家”。

人的自由、平等，只是一种人格意义上的自由和平等。但是，黑格尔提醒道：不能将“（自然的）东西和概念相混淆”。在具体社会关系中，人是天生不平等、不自由的。“随着国家就出现了不平等，出现了有关统治的权力和被统治者的区别，出现了当权者、官方、领导机构等等。”在这种具体关系中，与其说人是天生平等的，不如说“人其实天生是不平等的”。[①] 不仅如此，“正是现代国家的高度发展和提高产生了个人在现实中极大的具体的不平等”。自由也是如此，“每个人在关系到他人的自由时都必须限制他的自由”[②]。可见，黑格尔清醒地看到：人在其现实性上是不自由、不平等的。

然而，正因为人在其现实性上是不自由、不平等的，因而人就要追求自由、平等，并将自由和平等作为最终的或“最后的目的”——这种终极性价值目的不仅体现在作为“实存着的正义”的宪法中，而且还构成宪法的“基本规定”[③]。不过，人在现实生活中的自由、平等以及权利与义务的统一，不可能在私人的范围内实现，不可能凭单个人力量获得，而是必须要有那样一个作为概念实存的实体，并通过这个实体实现。这个实体，就是黑格尔心目中的作为地上行进着的神的国家。

正因为是应该的，所以还缺少现实实在性，还必须成为现实实在的。国家这一地上行进的神，使得这种应该成为现实实在的。

在国家这一伦理实体中，抽象法和道德中所提出的那些权利、义务及其相互之间的联系，就有了必然性，它们就不再仅是应该的，而是既是应该又是现实的。黑格尔有一段重要的论述。他说：“权利与义务相结合那种概念是最重要规定之一，并且是国家内在力量之所在。”他认为：“特殊性的环节同样是本质的，从而它的满足是无条件地必要的。个人无论采取任何方式履行他的义务，他必须同时找到他自己的利益，和他的满足或打算。本于他在国家中的地位，他的权利必然产生，由于这种权利，普遍事物就成为他自己的特殊事物。其实，特殊利益不应该被搁置一边，或竟受到压制，而应同普遍物符合一致，使它本

---

① 黑格尔：《精神哲学》，第 343 页。

② 黑格尔：《法哲学原理》，第 343 页。

③ 参见黑格尔：《精神哲学》，第 344 页。

身和普遍物都被保存着。个人从他的义务说是受人制服的，但在履行义务中，他作为公民，其人身和财产得到了保护，他的特殊福利得到了照顾，他的实体性的本质得到了满足，他并且找到了成为这一整体的成员的意识和自尊感；就在这样地完成义务以作为对国家的效劳和职务时，他保持了他的生命和生活。从义务的抽象方面说，普遍物的利益仅仅在于把它所要求他的职务和效劳作为义务来完成。”[①] 在黑格尔的这段论述中，我们不仅可以感受到看到了个人在现实中是不平等、不自由的黑格尔，寄希望一种客观的社会关系及其秩序，寄希望于国家这样一种地上行进的神，克服权利与义务的分离状态，使人们的权利与义务实现现实统一；而且也可以感受到国家这一伦理实体统一权利与义务关系，其实是国家的客观关系及其秩序、客观制度力量在统一权利与义务关系。

黑格尔关于国家统一权利与义务关系的这一思想，直接与他对现代国家的本质认识相一致。他事实上将权利与义务是否统一，视为现代国家与以往国家的本质区别。

根据黑格尔的看法，在不成熟的前现代国家中，权利与义务被分别“分配在不同的方面或不同的人身上”，而在成熟的现代国家中则相反，“义务和权利是结合在同一的关系中的”，“权利与义务相结合的那种概念是最重要规定之一，并且是国家内在力量之所在”。[②] 为什么说在现代国家中义务与权利是统一的？为什么说这种统一是现代国家的“最重要规定之一，并且是国家内在力量之所在”？这是基于他对成熟的现代“国家”的本质性把握。黑格尔笃信：“如果一切权利都在一边，一切义务都在另一边，那末整体就要瓦解。”只有权利与义务的统一才是“所应坚持的基础”[③]。在黑格尔看来，现代国家不是某些人的，而是所有人的，它不是某些人用来支配他人的工具，而是所有社会成员自由生活的组织方式，它（应当）是消弭了这种权利与义务分裂的状态，是普遍性与特殊性的统一。国家作为伦理性的存在，是“实体性的东西和特殊的东西的相互渗透”[④]。在这里，特殊是普遍的，普遍是特殊的，普遍与特殊不再处于分裂状态。即，特殊的个人与作为普遍的国家不再是两极分离：不再是一部分人掌握

① 黑格尔：《法哲学原理》，第 262—263 页。
② 黑格尔：《法哲学原理》，第 261、262 页。
③ 黑格尔：《法哲学原理》，第 173 页。
④ 黑格尔：《法哲学原理》，第 262 页。

国家，另一部分人被掌握国家的人所支配；不再是一部分人履行义务，另一部分人享有权利。

在人类历史的相当长一段时间中，权利与义务一直处于两极分离状态：一部分人专掌权利，另一部分人专司义务，那些专掌权利的人以普遍的名义支配并剥削专司义务者。并由此引发出社会的普遍敌对（这是一部分人与另一部分人的普遍敌对，是一部分人与以普遍身份出现的另一部分人的普遍敌对），在这种普遍敌对中，社会自身处于无休止的轮回毁灭之中。现代国家则走出了一条摆脱社会普遍敌对的人类发展新道路。这条道路就是共生共在的道路。无论是后来的马克思，还是罗尔斯、哈贝马斯，均是对这种政治正义类型的理论揭示。现代民主政治正义之所以拥有巨大力量与生命力，就在于这种政治正义历史类型，是一种消弭权利与义务两极对立的政治关系历史类型。

人们在国家生活中自然有一系列义务，然而，问题的关键在于这些义务来自何处？人们为什么要履行这些义务？人们履行这些义务与享有自身权利之间是什么关系？是否履行义务就意味着是对自身权利的放弃，或者换言之，是否履行义务必须以对自身权利放弃为前提？根据前面曾大段引证的黑格尔论述，就不难明白：这些义务要求原来就是人们自己权利所提出的要求；个人之所以要在国家生活中履行义务，原是维护与实现自己的权利。在这里，义务与权利原本是一体两面的关系。

国家政治生活中权利与义务的统一，并不等同于市民社会私人利益交换关系中权利与义务的统一。在市民社会私人利益交换关系中，相互间的权利与义务统一是平等交换的统一：我享有多少权利就履行多少义务；我的权利就是你的义务，你的权利就是我的义务；彼此在平等交换中享有平等的权利与义务，并实现权利与义务的统一，且在这种统一中表现出交换双方的平等身份。但是，在国家政治生活中的权利与义务关系，并不是简单的对等交换关系，其权利与义务的统一亦不是这种简单的交换的统一，而是一种存在的统一。如果我们能够在抽象的意义上将权利与义务关系的统一视为正义，那么，市民社会中私人利益交换关系中的权利与义务统一是交换正义，国家政治生活中的权利与义务统一则是存在正义。

所谓权利与义务的存在统一是指：一方面，我作为国家这个伦理实体中的一员，我本应当具有这种义务，因为离开了这个伦理实体我就无法作为具体特殊的个体存在于这个世界上，这种义务是我作为特殊个体存在与自身普遍本质的关系。这就是黑格尔所说“义务首先是我对于某种……实体性的……绝对普遍东西的关系”。这个义务并不依赖我的自觉意识或愿意与否，它是一种绝对命令式的设定性要求。另一方面，我履行这种义务表明我是这个作为伦理实体的国家中的一员，仅仅因为我是这个国家中的一员身份，我就享有这个伦理实体给予其成员的平等基本自由权利，或者换言之，我就享有这个伦理实体中的成员所应当享有的权利。这种权利亦是我作为特殊个体存在与自身普遍本质的关系，它所表明的是我这个特殊个体是这个伦理实体的定在或特殊性存在，这个伦理实体通过无数我这样的特殊个体成为具体定在的。这就是黑格尔所说“权利……总是这种实体性的东西的定在，因而也是它的特殊性和个人的特殊自由的方面”①。在这种权利与义务的存在统一中，作为特殊个体的我可能先天残疾，丧失任何劳动能力，不能如其他公民那样履行诸多义务，但是，这并不成为否定我享有与其他正常能力公民一样的平等基本自由权利的理由。我的这种权利亦是一种绝对命令式的设定性安排。这种权利与义务的存在统一是质的统一。它所表示的是：仅仅因为我是这个国家中的一员，我就能够享受与其他成员一样平等的基本自由权利，同样，仅仅因为我是这个国家中的一员，我就理所当然地承担着一系列义不容辞的义务。

这样看来，对黑格尔下述思想的理解须持谨慎态度。他说：“一个人负有多少义务，就享有多少权利；他享有多少权利，也就负有多少义务。”“个人对国家尽多少义务，同时也就享有多少权利。”② 这个思想如果在权利与义务不能分裂的社会历史形态意义上把握，则是合理的。但是，一旦超出了这个范围，则上述思想就可能混淆了市民社会与国家、交换正义与存在正义这样具有原则区别的内容。对于黑格尔“义务与权利的结合具有两个方面：国家所要求于个人的义务，也直接就是个人的权利”的思想，亦应在存在的统一这个维度加以把握。③

由于国家政治生活中的权利与义务统一不同于市民社会中的权利与义务统

① 对于黑格尔的这个思想，从来自伦理实体的规定性层面上看，似乎可以得出国家主义的威权解释，但是，若从伦理实体自身存在的具体定在须通过个体实现角度看，却可以得出完全不同的结论。参见黑格尔：《法哲学原理》，第 261 页。

② 参见黑格尔：《法哲学原理》，第 172—173、261 页。

③ 参见黑格尔：《法哲学原理》，第 263 页。

一，由于两者分别是存在的统一与交换的统一，因而，这两种统一的区别就是必然性与或然性的区别。交换的统一是或然性的，它依赖于交换当事人；存在的统一则是必然性的，它依赖于社会结构及其制度性安排。这就是说，国家政治生活中由制度性安排所体现的权利与义务的统一，是一种客观的而非主观的政治正义。人们总是在追求权利与义务的统一，并将这种统一视为作为公平的正义的基本内容，人们也总是试图在自己的私人生活中实践这种权利与义务的统一，但是，私人生活中对于这种权利与义务统一的追求，只具有或然性而不具有必然性，只有形式性而不具有实质性。

说市民社会私人利益间的权利与义务统一，以及由这种统一所标识的正义，只是一种或然的统一或正义，这里的或然性有两种含义：其一，这种权利与义务间的统一或正义，只是一种抽象人格、人身自由意义上的，即每一个人在人格与人身自由上是平等的，因而，在私人利益交换中是一种平等权利之间的交换关系，这是交换中的权利与义务的统一（或正义），而不是存在的权利与义务的统一。这正如马克思后来在分析劳动力这个特殊商品在交换过程时所着力揭露的那样。这就是黑格尔下面一段论述所包含的合理思想：“在私法和道德的领域，缺乏权利和义务彼此之间关系的现实必然性，因此只存在着在内容上抽象的等同，即在这些抽象领域中，如果对一个人说来是权利，对别人说来也应该是权利，对一个人说来是义务，对别人说来也应该是义务。权利和义务的那种绝对同一，只是在内容上的等同，即在规定上这个内容本身是完全普遍的，是义务和权利的唯一原则，即人类自身自由的原则。”[①]

其二，私人间的权利与义务统一取决于当事人的主观意愿，以及当事人履行相关权利或义务的能力。而当事人的这种主观意愿及相关能力，或者是依系于主观认识与情感爱好，或者依系于先天自然禀赋或后天种种身外他物的影响，都具有不确定性。用黑格尔的话说，这只是一种应该。而应该并不是现实，应该能否成为现实，则是不确定的。私人关系领域与道德领域都只是应该的领域，而不是现实的领域，都只有或然性而无必然性，因而，私人关系领域与道德领域都是不确定领域。只有既是应该的又是必然的才是现实的。作为伦理实体性存在的国家及其政治正义，就是使这种应该的成为必然的。一个权利与义务相

① 黑格尔：《法哲学原理》，第 262 页。

统一的社会，当然是一个良序社会，良序社会当然不能没有应该所标识的价值与美德，但是，良序社会却不能建立在应该这样一种或然、主观基础之上，而必须建立在客观、必然基础之上。黑格尔之所以在赞美个体自由意志美德的同时，要从道德的主观阶段中走出来进入客观伦理，之所以在市民社会私人利益平等交换之上还要有一个国家政治正义制度，就是要摆脱这种权利与义务统一（或自由、正义）的或然性，使之成为既是应该的，又是客观、必然的。

权利与义务统一的两种类型，揭示了个人及其自由在私人领域与国家政治生活这一公共领域的两种不同存在方式，揭示了私人领域的权利与义务的统一（或自由）以公共领域的权利与义务统一（或自由）为基础或前提。这也正是黑格尔下面一段论述所能给予我们的重要启示之一：“对私权和私人福利，即对家庭和市民社会这两个领域来说，国家一方面是外在必然性和它们的最高权力，它们的法规和利益都从属于这种权力的本性，并依存于这种权力；但是，另一方面，国家又是它们的内在目的，国家的力量在于它的普遍的最终目的和个人的特殊利益的统一，即个人对国家尽多少义务，同时也就享有多少权利。”①

（三）现代国家的目的

现代国家作为“伦理性的整体”，当然是以这一伦理性整体本身为目的。“国家的目的就是普遍的利益本身。”② 而所谓“国家的目的就是普遍的利益本身”，只是指现代国家除了伦理性整体本身的利益以外，没有任何其他目的。

然而，“这种普遍利益又包含着特殊的利益，它是特殊利益的实体”③。这个伦理性整体又是一个有机体，在这个伦理实体中，有个人、家庭、市民社会，有无数的特殊利益，这个伦理性整体的普遍利益并不在这些特殊利益之外，相反，它是这些特殊利益的普遍利益。因而，“国家的目的就是普遍的利益本身”这一命题本身，就内含着个人、家庭、市民社会的具体目的性存在。

现代国家的这一目的，所揭示的仍然是现代国家区别于既往国家的本质特征：它不是一个权利与义务分裂的社会。在这里，康德所明确提出的“人是目

---

① 黑格尔：《法哲学原理》，第 261 页。
② 黑格尔：《法哲学原理》，第 269 页。
③ 黑格尔：《法哲学原理》，第 269 页。

的”的哲学理念，通过每一个特殊主体都是目的性存在的“普遍利益”的“普遍目的性”，而化为具体的政治生活原则。对此，黑格尔明确揭示：“现代国家的本质在于，普遍物是同特殊性的完全自由和私人福利相结合的，所以家庭和市民社会的利益必须集中于国家”，“目的的普遍性如果没有特殊性自己的知识和意志——特殊性的权利必须予以保持——就不能向前迈进。”[①]“个人的特殊目的必须同普遍目的同一，否则国家就等于空中楼阁。……个人目的与普遍目的这双方面的同一则构成国家的稳定性。……国家的目的在谋公民的幸福。这当然是真确的。如果一切对他们说来不妙，他们的主观目的得不到满足，又如果他们看不到国家本身是这种满足的中介，那末国家就会站不住脚的。”[②]现代国家的普遍目的性中内在地包含了（个人、家庭、市民社会等的）特殊目的性，它是特殊性的普遍性。正因为此，现代国家才能获得自身的生命源泉与巩固基础。

这样，“公民的幸福”就理所当然地成为“国家的目的”。国家是“特殊利益的实体”。国家除了公民的幸福之外，不应当还有其他自身的特殊目的。如果一个国家除了公民的幸福之外，还有自身的特殊目的性追求，那么，这个国家“就会站不住脚”。

人们之所以成为作为伦理实体的这个国家中的一员，除了存在本体论意义上的不可逃脱外，还在于它是人们满足自身个人需要、实现目的性追求的“中介”。正是这个“中介”性，为现代国家提供了合理性基础。作为伦理实体的国家的这种“中介”性表明，国家是人民自己的国家，是人民自己的生命有机体，是人民生活于其中、并通过其维护与实现自身权利的生活共同体。因而，人民才会如同热爱自身的生命一样，热爱这个生命有机体。

人们之所以拥护这种政治生活及其制度，就在于人们认为这种政治制度是人们满足自身利益、实现自身目的性追求，达至自由存在的现实方式，就在于人们认为自己的自由、权利实现离不开这个普遍物。而人们的这种感受、意识，来自日常生活，来自日常生活中近乎琐碎之杂事：在日常生活中，国家能够给人们提供一种秩序与安全，能够维护与伸张正义，能够使人摆脱贫困，等

① 黑格尔：《法哲学原理》，第 261 页。
② 黑格尔：《法哲学原理》，第 266 页。

等。这正是黑格尔通过人们夜晚在街头安全行走的举例向我们转达的一种思想信息。[①] 人们在自己的日常生活体验中，会自然地对国家形成一种特殊的"政治情绪"，拥有"爱国心"。[②] 这样，黑格尔事实上就在政治与行政统一的视角中把握与理解国家，并将国家行政理解为国家政治有机体的具体功能性活动。国家政治的正义性必须进一步通过具体行政过程呈现于外，行政是政治的内在组成部分。现代国家以"公民的幸福"为目的，这不是一种时髦的标签、漂亮的说辞，而是渗透于日常生活每一个方面的鲜活存在。

尽管人们对黑格尔的国家思想一直充满非议，但是，如果我们能以一种现代性的价值立场冷静思考解读，不是停留于某些字面、而是深入思想内容本身理解与把握黑格尔国家学说的基本价值立场，我们就会发现极富启迪性的深刻内容。

---

① 换言之，如果一个国家（严格地说是政府）不能给人民提供这样一种秩序与安全，则这个国家就失缺了存在的合理性根据。一个国家存在的合理性有两个基本方面：一方面，是它的人民性，即不为自己谋私利，不是特殊利益集团的工具。通俗的说法就是不贪、不腐败、不窃国。这是国家政府合理性的质的规定性。另一方面，是它的效率性，即要有所作为，能够给公民提供基本自由的秩序。通俗的说法就是勤政有为。一个虽不贪但无所作为、治理无能的国家，亦没有存在的根据。这是国家合理性的功能性规定。

② 参见黑格尔：《法哲学原理》，第 266 页。

第12讲　法的正义

《法哲学原理》研究国家、社会生活，其核心内容之一就是对法的本质的理解，并将法理解为"自由意志的定在"，"法就是作为理念的自由"。[①] 在此理解框架中，《法哲学原理》中谈到的法，不仅有法律的含义，更有权利的含义；不仅包括通常意义上的"市民法"，还包括道德、伦理及世界史。[②] 我们此处主要在法律、或如黑格尔所说"市民法"的意义上论及黑格尔"法"的正义思想。黑格尔的相关思想在其"抽象法"与"市民社会"部分均有集中论述。

一、法的本质与法的定在

法是什么？通常以条文形式出现的法律就是法？在黑格尔看来，这些以条文形式出现的法只是法的定在，是实在法。对这些法律形式的把握，首先有赖于对法的本质的认识。只有对法的本质有准确认识，才能不仅真正洞悉具体法律的合理性根据，准确把握实在法，而且真正领悟法、法的正义之真谛：法的正义原在于自由权利及其实现。

（一）法的本质是自由

在《法哲学原理》"导论"部分，黑格尔开宗明义地指出：法哲学不是研究

① 参见黑格尔：《法哲学原理》，第36页。
② 参见黑格尔：《法哲学原理》，第42页。

实在法，而是研究法的理念及其现实化，是要研究什么样的法才是合理的。人们通常习惯于从历史、功能、逻辑等方面，寻求对法的合理性说明，并以为：只要法在形式上具有了国家权威意志，在内容上有其历史根源、具有法规条文自身的自洽性以及具体实施细则，那么，这种法就是合理的。然而，这种习惯认识恰恰有原则失误。它至多只是提供了法的技术、形式合理性证明，而不能从价值、本质方面提供合理性证明，因而，是形式、肤浅的。[①]

在黑格尔看来，法的本质是自由，自由"构成法的实体和规定性。至于法的体系是实现了的自由的王国"[②]。法以自由为灵魂，自由是法的价值精神，具体的法只有作为自由体系中的一部分，才获得存在的充分理由。法就其本质而言，是自由，而不是惩罚，不是所谓刀把子。如果将法的本质视为惩罚，不仅未得法之精髓，更是对作为法的本质的自由精神的亵渎。

黑格尔基于"自在的法"、"被设定的法"等概念，阐述了关于法的本质与法的定在的关系。黑格尔认为："法律就是……原来是自在的法，现在被制定为法律。"[③] 这个所谓"自在的法"，指的是法的理念、法的精神、法的本质；所谓"被设定"、"被制定"的法，指的是人们自由创制的具体实在法。[④] 根据这个思想就不难发现：实在法是对自由权利精神的自觉意识与成文表达。[⑤] 在一般意义上，"自在的法"与"被设定的法"的关系，是本质与现象、内容与形式的关系，是类似于时下人们所说形上法与形下法的关系。法的本质、内容与作为本质呈现的现象、形式，应当是统一的。只有与法的本质一致的具体法，才有存在的真实合理性根据，才是善法。不能离开法的本质谈论具体特殊法，不能将法仅仅理解为主观任意设定创制的偶然性存在，不能使法成为无灵魂的躯干。

"自在的法"通过"被设定"的方式呈现，进而成为具体的法。不过，一旦法取被设定的方式存在，这种法就不再是"自在的法"自身。"自在的法"是法的本质、法的理念，是"普遍的意志"，因而，它具有"普遍性和简单性"。而

---

① 参见黑格尔：《法哲学原理》，第 1、4—10 页。

② 参见黑格尔：《法哲学原理》，第 10 页。

③ 参见黑格尔：《法哲学原理》，第 227 页。

④ 参见黑格尔：《法哲学原理》，第 91、227 页。

⑤ 见英译本第 211 节："The principle of rightness becomes the law (*Gesetz*) when, in its objective existence, it is posited (*gesetzt*), i.e. when thinking makes it determinate for consciousness and makes it known as what is right and valid; and in acquiring this determinate character, the right becomes positive law in general"。

被设定的法则是“被特殊意志所规定的东西”，是“特殊的法”、“特殊的意志”，因而，它具有特殊性与繁杂性。[①]“自在的法”与“特殊的法”是内容与形式、本质与现象的关系（“本质对它的现象的关系”）。尽管作为法的本质定在的特殊法，是法的本质的现象，但是现象不等于本质，现象具有偶然性。[②]自在的法具有确定性，被设定、创制的法具有不确定性。

根据常识，似乎那些被创制、设定的法，是精确具体规定的，因而是确定的。但是，这种确定性只是现象的确定性。现象总是流逝易变的，因而，总是不确定的。被设定、创制的具体法，正因为其是具体，所以总有一个被不断修正的问题。只有法的精神、法的自由本质，才是稳定、确定的。法的精神、法的自由本质，没有现象的确定性，但却有内容的确定性，它最抽象，因而，就最深刻、最稳定。

自由精神是现代法的价值精神，是法的本质。一切实在法都是这种法的价值精神或本质的定在。或者换言之，一切实在法，都是为了维护与捍卫人的自由。然而，一切实在法一旦存在后，它自身就获得相对独立性，并有可能遮蔽原本作为自身存在价值合理性根据的法的本质，自以为自身就是无条件地合理的。其实，一切实在法一旦离开了法的本质或法的价值精神，就沦落为纯粹的工具，甚至有可能在自由的名义之下肆意伤害人们的自由权利。[③]同样一条具体法的规定，在不同法律体系之中，会有完全不同的社会功能。对于一切实在法，必须重视其价值精神或法的本质。

由于法的定在是法的本质的现象，因而，当现象合乎本质时，就是法的现实存在，而当现象不合乎法的本质时，这种现象就是一种“假象”。“假象是不符合本质的定在，是本质的空虚的分离和设定。”假象尽管也取现象的形式，但是“假象是虚妄的东西”。[④]如果我们能够在一定程度上将法的本质与法的本质的定在，分别理解为形上法与实在法、实质正义与形式正义的话，那么，作为法的本质定在的实在法，则是体现实质正义的形式正义。在这种形式正义中内

---

① 黑格尔认为：“法作为特殊的东西，从而与其自在地存在的普遍性和简单性相对比，是繁多的东西。”参见黑格尔：《法哲学原理》，第 92 页。

② 参见黑格尔：《法哲学原理》，第 91、92 页。

③ 诸如拘禁、国家赔偿、人民代表选举名额、缺陷产品召回等方面形成的相关法律、法规，就事实上直接涉及公民的自由权利保护问题，其中就有个善法与恶法的问题。

④ 黑格尔：《法哲学原理》，第 91 页。

蕴着实质正义。而作为假象的法的定在（或实在法），则是以形式正义否定实质正义，否定自身是自由的定在这一实质规定。应当警惕以法的形式否定法的（自由）本质。

（二）实在法的两种普遍性品质

由于实在法是对自在存在的自由权利精神的自觉意识与成文表达，因而，实在法具有普遍性品质或须是普遍性的。

实在法的普遍性品质有两个方面的含义：其一，实质的普遍性，这是指前述实在法的本质规定性。其二，形式的普遍性，这是指效力作用范围的普遍性。法律是适用于所有人的行为法则，没有任何一个人或任何一个社会团体能够不受法律的制约，没有任何一个人或任何一个社会团体能够凌驾于法律之上。法的这种形式普遍性指的是法的权威性。黑格尔就曾从法院诉讼角度揭示了封建社会与近代社会的区别："在封建制度下，有权势的人往往不应法院的传唤，藐视法院，并认为法院传唤有权势的人到庭是不法的。……在近代，国王必须承认法院就私人事件对他自身有管辖权，而且在自由的国家里，国王败诉，事属常见。"[①] 法治首先是法律权威的这种普遍性，建设法治社会首先是从建设这种形式的普遍性入手。[②] 一个社会，如果没有这种法的权威性，那么有的必定是个人的权威性。一个社会，如果没有这种法的权威性，那么，就很可能因为没有可以诉诸伸张正义、主持公道的合法渠道，而陷于外在矛盾冲突乃至残酷暴力。

然而，具有形式普遍性的实在法并不必定真的具有普遍性效力。实在法当然是人所制订，但是，人所制订的法未必必定具有普遍性品质，未必是善法。只有具备了自由精神这一普遍性内容的法，才具有自由的本质这一普遍性品质，才可能是善法，进而才有其内在力量。所以，黑格尔揭示：自由权利在变为法律时，不仅"首先必须获得它的普遍性的形式，而且必须获得它的真实的规定

---

① 黑格尔：《法哲学原理》，第 231 页。

② 以权力部门会议纪要、红头文件等形式否定法院判决，行政长官拒不到庭或官员在法庭受审时责问法官行政级别不配审理其案件，法院判决书被拍卖执行，等等，不仅是对法律公共性与权威性的挑战，更是法治的耻辱。

性。”立法、创制法律的活动，重要的不在于把法律仅仅理解为是对一切人均有效的行为规则，而在于认识到这种被规定为普遍有效性的法律中所包含的内容的合理性、真实性。这个内容应是自由权利精神。[①] 实在法的普遍性首先在于其内容的普遍性，在于其所内含着的自由理念或自由权利精神。没有这种自由理念或自由权利精神的实在法，就不是善法。

从逻辑上说，法的理念的定在取成文法与习惯法两种形式，且无论法的理念的定在以何种形式出现，其内容均须是自由权利精神。不过，值得注意的是，黑格尔强调：“法必须通过思维而被知道，它必须自身是一个体系”，只有经过明确思维且被思维所把握了的东西才能成为法的理念的定在，只有成文法才能成为法律。他反对将习惯法这一非成文法视为法律。因为在他看来，习惯法是“主观地和偶然地被知道的”东西，具有“不确定”、“模糊”、“残缺”乃至“畸形”等属性，因而，习惯法不具有普遍性与客观性。[②] 成文法当然得考虑且尊重公序良俗，但成文法对公序良俗的考虑与尊重须在尊重法律的方式下进行。因为，一方面，公序良俗是一个极为模糊的东西，在公序良俗名下甚至可以包藏截然相反的内容，它有可能使法律失却了自身的清晰周知之特质，并给法官的主观恣意留下了过多的空间。另一方面，法律与以公序良俗所表现出的道德是两个不同的领域，如果直接以公序良俗等道德作为法律内容，那么，就会事实上出现泛道德倾向，就会削弱乃至否定法制的独立性。[③] 习俗乃至道德这一类非成文法，除非经过恰当程序直接成为成文法中内在部分，否则，不能直接作为法律规范应用。[④] 不过，与此同时，黑格尔亦表现出了将习惯法、不成文法与判例法混同的失误。反对将不成文法作为法律规范实践，并不能逻辑地推论出要反对司法实践中的判例法。判例法可以理解为是基于法的理念而对于特殊法律

---

① 参见英译本第211节“附释”中的相关表达：“In becoming law, what is right first time not only the form proper to its universality, but also its determinacy. Hence making a law is not to be represented as merely the expression of a rule of behaviour; valid for everyone, though that is one moment in legislation; the more important moment, the inner essence of the matter, is knowledge of the content of the law in its determinate universality.”参见黑格尔：《法哲学原理》，第218页。

② 参见黑格尔：《法哲学原理》，第218—220页。

③ 诸如，曾引起人们广泛注意的郑州市婚嫁伴娘诉闹洞房过程中的人格伤害案，法官能否拥有充分的自由裁量权，以当地民俗为由而置伴娘人身权利于不顾？又如，连杀数人的邱兴华案。能否因为邱兴华连杀数人、民愤极大、不杀不足以平民愤这一社会习俗影响力，而不敢“冒天下之大不韪”、不愿提请作精神病司法鉴定？参见《南方周末》2006年11月30日。

④ 参见黑格尔：《法哲学原理》，第219—220页。

条文的某种正当、合理解释，这种解释对于司法实践具有指导意义。[①]

真正具有有效拘束力的法律，是那种基于法的理念或自由精神并经过恰当程序明确表达的实在法。这里有两个基本要素：其一，善法；其二，善法的法律规范。实在法所关注的是"符合法律"，是符合法律的权利，但是，实在法的合法性本身却必须被仔细追问。这正是黑格尔所说"只有在自在的存在和设定的存在的这种同一中，法律的东西才作为自由权利而具有拘束力"的含义。[②]

然而，必须注意的是：由于法律是被人自觉意识并被正式制订出来的东西，是一种被"设定的存在"，由于在这种意识、设定、制订过程中带有制订者的主观特殊性偏好，因而，法律的内容就可能与法的理念、自由的精神有所出入。即使人们是出于自由精神、法的理念所制订的法律，也未必就真的合乎自由精神，真的能使人们获得更大自由。[③]这正是实在法的相对性、实在法须不断被修订的基本缘由之一。

法律的普遍性是指其内容的必然性、客观性，以及效力的无一例外性。不过，法律的这种普遍性并不能简单地被理解为是适用于人类社会生活的一切现象、一切领域。法律调节仅仅适用于实体性权利关系范围，而不适用于纯粹的主观精神领域。[④]婚姻、爱情、宗教、思想等作为人们的精神生活，不在实在法调节的适用范围之内。只有当人们在这些方面具有具体权利关系这样一些"外在性"、"定在"内容时，实在法才能在此有限范围内对其有调节作用。[⑤]

（三）法律体系：系统、周知、稳定[⑥]

黑格尔关于法律的形式普遍性思想，还有另一层含义，即自身是一自洽的

① 参见黑格尔：《法哲学原理》，第 221 页。

② 此处译文稍有改动。英译本相应处的表达是："It is only because of this identity between its implicit and its posited character that positive law has obligatory force in virtue of its rightness." 参见黑格尔：《法哲学原理》，第 221 页。

③ "由于设定的存在是一种定在，也可能有自我意志和其他特殊性等偶然物加入在内，因之，法律的内容和自在的法是可能不同的。"参见黑格尔：《法哲学原理》，第 221 页。

④ 参见黑格尔：《法哲学原理》，第 222 页。

⑤ 参见黑格尔：《法哲学原理》，第 222 页。

⑥ 黑格尔对法、法律的审视始终不是技术层面的，而是思想、哲学层面的，因而，黑格尔即使是关注到了法、法律的形式、技术方面，也是据于思想、哲学的高度去透视，并借以揭示法的自由的本质内容。这可以在他关于法律体系的论述中再次被体会到。

严密系统体系，以及为民众普遍周知。

如前述，黑格尔强调："法……必须自身是一个体系。"根据黑格尔的分析，法律只有以法律体系的方式存在，其拘束力才拥有形式合理性。因为，一方面，只有在自洽严密系统体系中，法律构成的各具体部分（法条）才能通过此体系获得自身的具体规定，并能够被准确合理理解与把握；另一方面，只有在法律系统体系中，法律才既有价值层次性，有上位法与下位法及其关系的真实有效性，又能使其构成各部分之间各有其章且自洽一体。只有在系统体系中具体存在的法律，才可能避免被肢解、歪曲，才可能是有真实具体规定的法律。

在黑格尔看来，法律体系要成为真实普遍有效的，还必须客观、公开，使民众周知。因为只有客观公开周知的法律体系，才能使民众有行为选择判断的依据，并对自身行为承担相应的责任，进而这种法律体系本身才能成为民众的自觉行为方式与捍卫自由权利的有效武器。法律对人具有拘束力，法律拘束力的直接依据是法律自身。因而，法律要有普遍效力，就必须以清楚明白的方式存在，并使所有人了解。"法律必须普遍地为人知晓，然后它才有拘束力。"① 更为重要的在于："法律与人最神圣可贵的自由有关。如果一事物对人有拘束力，人就必须了解它。"② 黑格尔不但谴责了暴君狄奥尼希阿斯将法律"挂得老高"、不让百姓读到它的做法，还谴责了将法律规定本身搞得只有专门人士才能知晓、而一般民众根本摸不着头脑的做法。在黑格尔看来，这两种做法都剥夺了民众对于法律的周知权，因而，用这种民众不周知的法律暗器来拘束民众是"不公正的"③。法律有效性的这样一种周知前提，并不否定专门法律人士的存在及其作用，它所关注的焦点在于：法律规定本身的客观、公开、系统。

现代社会的特点之一是法律体系的建立健全与公开周知。这有两个方面：一方面是法律体系的建立与健全。这要求有完备的法典。如果没有完备的法典，则自由权利就不能得到完整有效的保护。另一方面是法律规定的公开。如果故意将法律、法规、规章等秘而不示，仅为少数人知晓，或仅公开部分，并在民众有所行为时从中挑选一二，用来拘束、惩戒民众，则不仅是对法律的一种亵

① 黑格尔：《法哲学原理》，第 224 页。

② 此处中译文有所改动。英译本相应处的表述是："Law is concerned with freedom, the worthiest and holiest thing in man, the thing man must know if it is to have obligatory force for him." 参见黑格尔：《法哲学原理》，第 224—225 页。

③ 参见黑格尔：《法哲学原理》，第 224 页。

断，更是对法律的嘲弄与对民众的戏弄。那样，不仅法律成为少数人用来支配、愚弄民众的一种统治工具，甚至法律本身亦为少数人所支配与戏弄。法律以具体系统的条文方式存在，并使之周知，至少可以使民众在法律面前获得某种形式上的自主、自由。在这个意义上，政务公开、信息公开、法律公开、制度公开，不仅仅是个行政公开的问题，更是个法治社会、宪政民主的问题。

当然，法典体系自身内部具有稳定性与变易性、普遍性与特殊性的紧张与矛盾。一方面，法典规范总是作为一种一般、普遍性的原则规定，但是，日常生活法律规定的特殊应用却会不断提出新的问题，要求法律作出新的具体规定，且这种要求本身就是开放性的。另一方面，法典是一个相对完备的体系，但是，法典面临日常生活所提出的各种新情况时，又需要不断有新法规补充。世界上不可能有一种绝对完备的法典或法律体系，世界上也不可能有一种一成不变的法律体系。法律体系的完备只是相对的，法律体系永远是生长着的。这里的关键在于：法典的精神、原则应当稳定，这种稳定是保持实在法内在一致性的基础；在这种法典精神、原则稳定的基础之上，注意对法典具体内容的及时修订。法的精神作为一种时代精神总是稳定的，而作为实在法的法律体系总是不完备、总是需要修订的——这是由人的日常生活的特殊性、多样性、丰富性所决定的。①

在法典系统性问题上需要反对两种倾向：以法典稳定性为由否定法典的修正，及以法典的不完备性为由而否定法的完整性。这就如一棵大树总是要修剪一样。修剪总是针对枝叶，而不是去砍树干，树干的存在既使其古老，又可使其发新芽。但不能不断地砍树、栽树，那样，则永无果实，永无庇荫。②

二、惩罚正义

法的本质是自由。法为了维护自由权利，就需要去除对自由权利的伤害。法为了维护自由权利、去除对自由权利的伤害，就必须有强制、惩罚的功能。

① 参见黑格尔：《法哲学原理》，第 225 页。1949 年建立共和国以后的最大失误之一，就是对中华民族经过几十年努力所已经构建起的现代法典的彻底否定。

② 黑格尔打了另一个比方：“一棵高大的古树不因为它长出了越来越多的枝叶而就成为一棵新树；如果因为可能长出新的枝叶，于是就根本不愿意种树，岂不愚蠢。”黑格尔这里突出强调的是建立一种新的价值规范体系。参见黑格尔：《法哲学原理》，第 226 页。

法的这种强制、惩罚功能，是出于自由且是为了维护自由。在黑格尔那里，对自由权利的伤害是“不法”，“犯罪”是不法的典型形态；法对“犯罪”的惩罚，是对自由权利的维护。

（一）不法的分类

黑格尔在“不法”名下讨论了“犯罪”问题。“不法就是把自己设定为独立的东西的那本质的假象。”[①] 黑格尔依据于（守法的）形式与实质内容两个方面，将不法分为三种类型：过失、诈欺、犯罪。尽管黑格尔的这种划分表述有点勉强，易给人造成一种错觉，以为“过失”、“诈欺”不属于“犯罪”，但是，如果我们不是停留于上述字面表达，而是在犯罪的种类、在内容与形式统一中把握黑格尔关于“犯罪”（即“不法”）的思想，则会感受到其内在逻辑及其某种思想魅力。此处所谓“犯罪的种类”不是外在形式意义上的，而是内在实质意义上的，是依据主观犯意与客观行为两个要素而对犯罪所做的分类。过失、诈欺、犯罪，是“犯罪”的三种基本类型。

过失[②] 是“无犯意的不法”，它有守法的实质，无守法的形式。在“无犯意的不法”中尽管我可能事实上违反了法，但是我在主观意图上并没有故意侵犯法的权威。这就是黑格尔所说的：“当假象只是潜在的而非自觉的，即在我以不法为法时，这就是无犯意的不法。这时对法说来是假象，而对我说来却不是假象。”[③] 通常所说的过失犯罪，就是这种无犯意的不法。公民们为了维护自身基本的自由权利而取静坐示威等非暴力的不服从，亦属于这种无犯意的不法。

过失不仅仅是主观上没有犯法的意图，而且在客观上有可能是源于因多种“权原”的“权利冲突”。根据黑格尔的分析，对于同一物，可以有来自多个权利主体的权利诉求，有多种“权原”，“每个人会根据其特殊权原而认该物为其

---

① 黑格尔：《法哲学原理》，第 92 页。

② “过失”似乎并不能完全准确概括黑格尔“无犯意的不法”的全部内容。因为黑格尔在“无犯意的不法”中事实上讲的是民法，且是对财产权冲突的裁决是与否二相判断——这种冲突各方都可能拥有一定的“权原”根据，而“过失”似乎先在地对其中某一方作出否定性判断之嫌疑。不过，考虑到“过失”能够准确地表达“无犯意”之实质，在民法诉讼中的败诉尽管也是一种“不法”（法律的否定性判断），但它是一种特殊的维权活动，并不存在着对于法的故意侵犯，故，还是用“过失”来表达。

③ 黑格尔：《法哲学原理》，第 92 页。

所有”[1]。由于诸多偶然性因素的作用，同一物可以形成多重占有或共同占有，每一个占有者会根据自己的占有理由或所有权依据（即权原），认为此物为自己所有，并对此物提出自己的诉求。在这种“权利冲突”情况下，必须作出确定该物究竟应属于谁、究竟谁对它拥有权利的判断。这种判断或裁决构成民法的调节领域。[2]这里就提出了两个值得注意的问题：其一，既然是在有“权原”的情况下产生的这种权利冲突，那么，这种不法在严格意义上就不能称之为不法，它至多是通过一种判断或裁决使这种权利冲突在法律的意义上被解决，进而只是在法律裁决的意义上具有形式上的不法而已。其二，民法或民事权利争讼并不是一件在道义上不光彩的事，恰恰相反，它是人们维护自己正当权利的一种正当行为。正是在这一点上，进法院打官司未必是见不得人的事。

在这种“无犯意的不法”中，当事人都认肯并尊重法的普遍性与有效性，且当事人各自为了自己的特殊利益（或权利）均求助于这个具有普遍有效性的法，试图通过这个普遍有效性的法在否定对方特殊利益（或权利）的同时，维护自己的特殊利益（或权利）。这就是黑格尔所说这种不法“对普遍的法还是尊重的”，“在这里法是被承认的，每个人都希求法的东西，都盼望得到法的东西”的真实含义。[3]

过失是无主观犯意的“不法”，欺诈、犯罪则属于有主观犯意的另一类“不法”。

故意以合法的形式做不合法的事，这就是欺诈。欺诈是有意图地不法，且法自身成了一种假象，它有守法的形式，无守法的实质内容。“诈欺……对法自身说来不是什么假象，实际情形是我对他人造成了假象。由于我进行诈欺，对我说来法是一种假象。”“诈欺”不同于“过失”。在“过失”中“对法说来，不法是一种假象”。而在欺诈中“对我本身即对不法说来，法仅仅是一种假象”。[4]这就是说，在欺诈中，法的普遍性变成了我的意志的纯粹特殊性：我在法的普遍性形式之下兜售的是自我的特殊意志，我有对法的普遍性尊重之形式，却无对法的普遍性尊重之实质；法对于我来说，完全是用以欺诈对方的一种手段。

---

① 黑格尔：《法哲学原理》，第 93 页。

② “根据某种权原而要求某物所产生的这种权利冲突，构成民事权利争讼的领域。”参见黑格尔：《法哲学原理》，第 93 页。

③ 黑格尔：《法哲学原理》，第 94 页。

④ 黑格尔：《法哲学原理》，第 92 页。

欺诈的基本特征是以普遍性面貌出现的特殊性。这有两个方面：其一，以欺诈者的特殊意志暗中代替法的普遍意志。黑格尔在说到欺诈时有这么一段话："在诈欺中特殊意志并未受到损害，因为被诈欺者还以为对他所做的是合法的。"[①] 明明对方的权利、利益在欺诈中受到损害，为什么说在"诈欺中特殊意志并未受到损害"？这个特殊意志指的是对方的特殊意志。原来这里对于特殊意志的伤害并不是直接针对特殊意志本身的，而是直接针对的是法本身。在契约过程中，欺诈者与被欺诈者作为契约双方都是在法的普遍有效性之下进行，这个契约的具体过程本身是两个特殊意志的平等权利交换：在这个契约交换过程中被欺诈者的特殊权利或意志会被尊重，甚至欺诈者还会信誓旦旦，还会主动帮助被欺诈者计虑，以一副善良正直负责的面孔出现，正是基于这种事实，被欺诈者出于自愿而与欺诈者达成交换协议。正是在这个意义上，在协商过程中，被欺诈者的特殊意志确实被尊重了，并没有受到损害。但是问题的关键则在于：作为双方赖以协商、合约基础的法，欺诈者从一开始就没准备尊重与遵守，这就事实上否定了法的普遍有效性，因而，从契约的实际结果来看正是对对方特殊意志的侵害。欺诈是以假象出现的合法，它所利用的是对方的善良与轻信。

其二，以物的特殊性暗中替代物的普遍性，或在特殊意志之下获得物的普遍性（价值）。正如黑格尔在前面所揭示的那样，物具有质与量、特殊性与普遍性双重规定：物的质是能够满足需要这一物的普遍性，就是物的价值，而物的质又都有量的规定性，物的量是物的可以用以比较的特殊有用性。在交换过程中，物的质消失在量的形式中。[②] 我在契约交换中并没有转让自己的所有权，我所转让的只是我的所有权的具体形式。契约交换是一种价值的等价交换。然而，一方面，在这种等价交换中，物的质又消失在量的形式中，量就成了质；另一方面，我总是自认为是在根据物的内在普遍性或价值进行量的交换，并总是自认为这种交换是公平的。但是，事实上，可能我并没有真正认识到我所占有的物的真实内在价值，我只是以一种被低估了的与物的（内在）价值不相称的价格转让了自己的占有物。而对方却故意利用了我的这种对自身占有物的价值的

① 黑格尔：《法哲学原理》，第 94 页。

② 参见黑格尔：《法哲学原理》，第 70—71 页。

无知，在我自愿的形式下与我达成转让的契约。这种转让是一种无知的转让。尽管这种交换是出于我的自愿，但这是一种特殊的非真实意思表达。这种基于非真实意思表达的契约是一种无效的民事行为。[①]

欺诈是法的一种假象，它尽管对法有犯意，但却以对法的尊重面貌出现。它有不法的内容，但却无不法的形式；它否定法的内容，却不否定法的形式。如果一旦连法的形式也加以否定，在内容与形式两个方面赤裸裸地侵犯法，就是黑格尔所说的“犯罪”。

犯罪是在形式与实质内容两个方面双重公开地否定法。犯罪“这无论自在地或对我说来都是不法，因为这时我意图不法，而且也不应用法的假象。我无意使犯罪行为所指向的他方把自在自为地存在的不法看成法。诈欺和犯罪的区别在于，前者在其行为的形式中还承认有法，而在犯罪则连这一点也没有”[②]。“在犯罪中不论是法本身或我所认为的法都没有被尊重，法的主观方面和客观方面都遭到了破坏。”[③] 犯罪是明火执仗地不法，故黑格尔说它是“真正的不法”[④]。

（二）两种强制

黑格尔认为：不法是一种强制，法的强制是对不法强制的否定。

不法强制的对象既可能是物也可能是人的身体。然而，无论是对物的强制占有还是对人体的强制占有，都是对自由意志、人格的强制，因为财产权是自由意志的定在。[⑤] 由于人体并不简单等同于一般物，它是人格的直接承负，因而，针对人身的强制就是直接对自由意志、人格的强制。这样，针对人身所作出的不法的强制，较之针对其他一般物所作出的不法的强制，尽管都是不法，都是对自由意志的侵犯，但是前者在性质上更为严重。

不过，肉体人身、一般物与自由意志是两个虽有联系但又有区别的东西。自由意志、人格是自由精神，身躯、一般物是自然物。我的一般物的东西乃至肉体人身都有可能被外力强制，但即使是一般物乃至肉体人身被强制了，我的

① 参见黑格尔：《法哲学原理》，第 95 页。
② 参见黑格尔：《法哲学原理》，第 92 页。
③ 参见黑格尔：《法哲学原理》，第 95—96 页。
④ 参见黑格尔：《法哲学原理》，第 95 页。
⑤ 参见黑格尔：《法哲学原理》，第 95—96 页。

意志、人格却未必能够被强制。我虽身陷牢狱，但我仍然可以拥有不屈的心灵与高贵的精神；我虽无法现在就夺回原本属于我的财产、我的所有权，但是，我却发誓要尽一切可能夺回我的所有权、我的财富，我决不放弃这种抗争；即使我表面上屈从于你的强制，但是内心却可能充满仇恨与反抗；我的自由意志可以从这不自由的外在身躯中“撤退出来”，人的意志是自由的，它是不可被强制的。正是在这个意义上，人的“自由意志是绝对不可能被强制的”[①]。说人的自由意志是“绝对不可能被强制的”在这里指的是：人的自由意志并不等同于自然身躯，自由意志无法通过外力被摧毁，即使是屈服也是我自己选择了屈服。自由意志只有被自由意志本身所摧毁。

所谓自由意志只有被自由意志本身所摧毁，有两层含义：其一，我的自由意志不从其定在中“撤退出来”，不通过这种“撤退”成为纯粹的自由意志。我的自由意志将其定在直接简单地等同于自身，以为外力强制了作为我的自由意志定在的我的人身肉体、物，就是强制了我的自由意志，进而放弃我的自由意志。这就是黑格尔说“除非它本身不从其所受拘束的外在性或不从其对这种外在性的表象撤退出来”的基本内容。[②] 而“撤退出来”后的存在样式则是：我虽身陷牢笼却精神不屈，外力虽能按下我高贵的头颅却不能按下我高贵的心灵。其二，我自愿接受这种强制，并视其为当然。“只有自愿被强制的意志才能被强制成为某种东西。”[③] 现在的问题是：既然人是自由的，具有自由意志，自由意志与被强制格格不入，那么，为什么我会自愿接受这种强制？为什么我会自由意志地放弃自由意志？其缘由何在？自由意志在外在强制之下的自我否定，是其基本缘由。这种自由意志的自我否定大致产生于如下两种情景：首先，自由意志本身在长期抗争无效中的麻木。这就类似于人们通常所说的“认命”。其次，自由意志对其真实内容虚幻化，将不是自由意志的存在当作自由意志的存在。如，与其做个操心劳碌贫穷的主人，不如做一个不操心且生活过得去的奴才，以及免得为一物耗费精力、忍为上的阿 Q 之心态。这样看来，自由意志也并不是绝对不可能被强制的，关键在于：这种被强制须通过自由意志本身起作用。被强制的自由意志，是没有自由意志的自由意志。

---

① 参见黑格尔：《法哲学原理》，第 96 页。

② 参见黑格尔：《法哲学原理》，第 96 页。

③ 参见黑格尔：《法哲学原理》，第 96 页。

不法的强制必须被否定。强制须被强制所否定。以法的强制否定不法的强制，以正义的强制否定不正义的强制，这是强制、暴力的自我否定。一般说来，对于占有与所有权交换过程中的不法强制，须凭借强制的方式才能扼制与纠正。[①]为了消灭强制，就必须有强制。所以，黑格尔认为（正义的、法的）强制的存在“是必然的”、“合法的”[②]。

这样，强制就有两种类型：不法的强制与法的强制，或不义的强制与正义的强制。我们不能简单笼统地一概反对强制。为了自由意志及其实现，就必须有正义的强制。这正是后面黑格尔将法的强制理解为是以暴制暴的基本缘由。

法的强制不是个人的强制，而是客观强制。法的强制也是一种暴力行为，但是这种暴力行为却并不是由当事人个人所直接实施的强制，而是由国家这一作为公共产品的公器所垄断并实施的强制。这既是现代性社会的基本标志，亦是现代性社会正义的基本内容。

法的强制是对于不法强制的消除。这种强制是对契约义务、责任、社会正义的维护。因为违背“约定给付而违反契约”，“违反对家庭和国家的法定义务”等这样一类行为，[③]都是对他人权利的侵犯。法的强制就是要对抗与消除这种强制与暴力。

法（法律）的强制、暴力性特质，会给人造成一种印象，以为其本质就是暴力与强制。这是对法律本质的误解。法律确实有其强制与暴力性，但是，一方面，法律的这种强制与暴力是法律的次生性内容，而非原生性内容。法律的原生性内容是自由，法的本质是自由。暴力、强制只是为了维护自由权利而由其进一步衍生出的内容。只有这样，才能避免将法堕落成为纯粹的工具性存在。另一方面，法律的强制与暴力是为了维护自由权利而否定那种否定自由权利的“不法的强制”[④]。因为强制只有通过强制的方式被消除。人们看到法律的强制性，这只是看到法律的结果，而没有看到法律的本原与起因，没有看到正是由

---

① 这并不否定在日常生活中出现的不法强制被感化之个案，但是，这种个案只是一种或然性、偶然性的，并不具有必然性意义。阻止不法强制的必然性途径是法的强制。对地痞无赖讲道理往往是对牛弹琴，唯一有效的做法是挥起你的拳头。有拳头才有道理可言。“以德报怨”作为一种个体美德固然可嘉，但亦须有限度。对于一个根本无法被感化的恶棍，“以直报怨”就是对正义的最好维护。

② 黑格尔：《法哲学原理》，第 96 页。

③ 黑格尔：《法哲学原理》，第 96 页。

④ 参见黑格尔：《法哲学原理》，第 97 页。

于不法强制的出现，才使法律有了强制性。所以，黑格尔才说："说它是可以强制大家遵守的法，就等于从结果来理解法，而这种结果是经过不法的弯路才出现的。"[①]

黑格尔在《法哲学原理》中曾花费较多笔墨，从刑法这一特殊角度集中批判了对于法的强制惩罚性所形成的种种谬见，进而进一步澄清了法的自由本质，以及法的自由本质与法的强制的关系。

刑法是法的一种特殊形式。法的强制性、惩罚性特征在刑法中得到了集中体现。黑格尔很不满意当时的刑法理论。在他看来，当时的"刑罚理论是现代实定法学研究得最失败的各种论题之一，因为在这一理论中，理智是不够的，问题的本质有赖于概念"[②]。这个概念就是自由意志权利这一刑法的内在本质规定。刑法以否定的方式表达出这一肯定性内容。黑格尔通过对一些相关思想的批评，阐释了他的刑法正义思想，并通过强调从"实体性的观点"对法的"正义的客观考察"，彰明了他的法的正义基本思想。在黑格尔看来，刑法乃至一切实在法首先都有个自身合法性问题，都须是"善法"而不是"恶法"，善法的本质是自由而不是惩罚，其功能是对自由的维护而不是对自由的伤害。黑格尔的这些思想，通过对一些相关思想观点的批判而具体表达。

善法是刑法的首要规定。刑法自身首先有个合法性问题，它自身首先必须是正义的。刑法并不是无条件地就是善的，刑法本身有规定性：只有属于正义、自由的，才能是善的。当我们说刑法时，首先应当判断的是此刑法系善法还是恶法，必须首先将刑法置于正义、自由的视域中考察。黑格尔针对"法是祸害"、是"以害治害"的思想，明确揭示这种思想的浅薄性。"把犯罪及其扬弃（随后被规定为刑罚）视为仅仅是一般祸害，于是单单因为已有另一个祸害存在，所以要采用这一祸害，这种说法当然不能认为是合理的。""关于祸害的这种浅近性格，在有关刑罚的各种不同理论中，如预防说、儆戒说、威吓说、矫正说等，都被假定为首要的东西；而刑罚所产生的东西，也同样肤浅地被规定为善。"[③] 这些认识都没有考量刑法的正义性，都没有将自由、正义作为刑法的灵魂，都没有看到刑法内在所潜藏着的人的自由存在这一质的规定性。事实上，

---

① 黑格尔：《法哲学原理》，第 97 页。
② 黑格尔：《法哲学原理》，第 101 页。
③ 黑格尔：《法哲学原理》，第 101 页。

从人的自由存在这一刑法的本质规定来看，那些预防、儆戒、威吓、矫正等作用，都不过是法的次生功能，是刑法“对人的表象所产生的结果”[①]。它们都不是法的本质规定。

黑格尔强调必须首先有对法的“正义的客观考察”，这种考察是“在考察犯罪时首要和实体性的观点”。[②] 这个“客观”有两个层次的内容：其一，要通过这种考察区分善法与恶法。刑法并不是无条件地正义、善的。而善法与恶法之区分又不是任意的，它有其自由意志权利这一客观、必然内在规定性。刑法，首先不是功能、程序正义的，而应是实质正义的。而上述儆戒、矫正等那样一些看法“都假定是以刑罚是自在自为地正义的这一点为基础”。真实、合理的认识应当是：“犯罪应予扬弃，不是因为犯罪制造了一种祸害，而是因为它侵害作为法的法”[③]，侵害了自由本身。其二，刑法所针对的是客观的不法强制。这个所谓“客观的不法强制”是指不法强制的具体存在、定在，而不是所谓犯罪的“主观方面”、“道德观点”。刑法所要铲除的不是人内心中的具体道德观念，而是外在实存的现实行为。“这种实存才是真实的祸害而应予铲除的。”因而，黑格尔特别提醒要注意“犯罪所具有而应予扬弃的是怎样一种实存”，这种实存“究竟在哪里”。[④]

当然，不能完全否认法的惩罚对人的儆戒作用，不能否认通过这种儆戒作用甚至可以使人们在时间中形成一种好的习惯，助人们养成某种美德。但这是由法的强制所进一步拓展引申出的次生性问题，不能将二者混淆。否则，就可能出现法律直指思想、精神的可怕专制状况。

尽管刑法就其结果与事实功能而言，具有某种威慑性，但是刑法本身却并不是源于威慑性的，它源于自由。不能将法的本质与由法的定在所衍生的客观作用效果简单混同。黑格尔不同意费尔巴哈的刑法思想。费尔巴哈的刑法思想以威吓为根据，但是这种以威吓为根据的刑法自身的合法性，却没有得到说明。威吓论以“人是不自由的”、“人可以被威吓”为前提：正因为人是不自由的，没有自由意志权利，没有尊严，所以才能被威吓，威吓才有存在的理由。而这

---

① 黑格尔：《法哲学原理》，第 102 页。

② 参见黑格尔：《法哲学原理》，第 101 页。着重号为引者所加。

③ 参见黑格尔：《法哲学原理》，第 102 页。

④ 参见黑格尔：《法哲学原理》，第 102 页。

恰恰与法的本质是自由、法是自由意志的定在这一法的理念相悖。“法和正义必须在自由和意志中，而不是在威吓所指向的不自由中去寻找它们的根据。如果以威吓为刑罚的根据，就好像对着狗举起杖来，这不是对人的尊严和自由予以应有的重视，而是像狗一样对待他。”①

黑格尔反对法的有效性有赖于“个人同意”的看法。他认为，法的正义是客观、普遍的，它不以个别人的意志为转移（如果以个别人意志为转移，那么，法就是或然、任性的）。这就是法的客观性品质。黑格尔针对培卡利亚以死刑为例所提出的法的“个人同意”观点，针锋相对地揭示了法的客观性品质。在黑格尔看来，法是客观的，因而，法是公法而不是私人间订立的私约，不能将公法与私约混淆，无论当事者个人是否认可“同意”，都须受具有客观性的法的约束。②

黑格尔通过对具有强烈惩罚性特质的刑法的哲学分析，努力澄明法的自由本质，澄明法的强制惩罚与法的自由本质的关系。

对于不法的强制是以暴制暴，是惩罚正义。所谓惩罚正义是指，为了维护自由权利而对不法行为的恰当惩罚。法的强制是不法强制的自我否定。这种自我否定有两个方面的规定：一是源于不法强制自身的内在否定性，一是罪罚相当的惩罚正义。人们对于不法强制往往喜欢讨论是以德报冤，还是以冤报冤，其实，从法的维度来看，两者均不是。法的正义是惩罚正义，是以直报冤。惩罚正义就是以直报冤。

惩罚正义有来自质与量两个方面的规定，它既应当定性，也应当定量。黑格尔在批评斯多葛派等时所表达的正是这个思想。③惩罚的正义就是恰当惩罚：既不能过，亦不能不及。唯有法的正义，才能消除不法的强制。不过，对于法的强制中的恰当应当作全面的理解，不能仅仅度量不法强制侵害所直接造成的财物损失，还应考虑到因对财产侵害而造成的精神、人格上的伤害，以及对社

---

① 见黑格尔：《法哲学原理》，第 102 页。

② 黑格尔：《法哲学原理》，第 103—104 页。值得注意黑格尔提出的死刑问题。尽管黑格尔根据惩罚的等同性原则，根据“生命是人的定在的整个范围”、“生命是无价之宝”的认识，事实上认肯了（对于杀人犯处以）死刑的合理性，但是，死刑存在的合理性本身却是一个历史的范畴。随着文明程度的提高，死刑会趋于废除。因为这里既有一个社会对于生命的关切与文明的问题，还有一个社会成员对于生命意义的体认问题：没有自由的生命是没有价值的生命，终身监禁是一种对于生命的特殊剥夺方式。因而，死刑废除的时机有赖于社会成员对生命意义的体认状况。

③ 参见黑格尔：《法哲学原理》，第 99 页。

会公众的可能伤害。否则，法的惩罚就会失于不及，就不能有效地起到消除不法的目的。只有恰当，才能使不法强制“无利可图”，不再重现。对于不法强制所造成的严重伤害，不仅要给予刑法惩处，而且亦要给予受害人民事上的“损害赔偿”，且这种“损害赔偿”应当是“民事上的满足”。①

而作为惩罚正义标准的惩罚之定性与定量标准，亦应是客观的，而不应是主观随意的。罪由法定。因此，黑格尔说：惩罚的标准“不能用思想来解决，而必须由法律来规定”②。

值得特别注意的是，黑格尔在讨论法的强制、以暴制暴时，特别强调了“法的东西和道德的东西的区别”：“在道德的东西中，即当我在自身中反思时，也有着两重性，善是我的目的，我应该按照这个理念来规定自己。善在我的决定中达到定在，我使善在我自身中实现。但是这种定在完全是内心的东西，人们对它不能加以任何强制。所以国家的法律不可能想要涉及人的心意，因为在道德的领域中，我是对我本身存在的，在这里暴力是没有什么意义的。”③黑格尔这里揭示了法律与道德的核心区别就在于：法律（所调节）的东西是外在定在的，而道德（所调节）的东西则是主观内心的，不具有外在定在的特质。故，法律的强制不能针对主观内心之道德、思想，只能针对于定在的行为。值得注意的是，此处道德是在尚未成为现实存在、仅为人的主观精神世界意义上而言，而不是在这种主观精神现实存在的道德行为意义上而言。主观精神一旦成为外在定在、成为现实行为，就可能成为法律所调节的对象。

惩罚正义所针对的是不法强制，而不法强制只有针对某一定在的意志才能发生侵犯作用④，在针对这种定在意志侵犯的同时，不法强制亦使自己成为一种定在。这意味着当我们能够说不法强制时，总是针对某一具体定在的不法强制行为，而不是一种抽象的不法。黑格尔在这里直接提出了一个非常重要的问题：不存在着思想不法或思想犯罪的问题。思想是自由的。不法强制总是具体的，不存在不是具体的不法强制。因为这里直接涉及两个基本自由：思想自由，以及人身自由权利维护。如果不以定在论不法强制，则不法及其判断就无客观

① 黑格尔：《法哲学原理》，第100页。
② 黑格尔：《法哲学原理》，第99页。
③ 黑格尔：《法哲学原理》，第97—98页。
④ “唯有达到了定在的意志才会被侵犯。”参见黑格尔：《法哲学原理》，第98页。

规定性，就完全是一个主观任意的东西了。

不存在着思想不法，这与不法强制的主观动机或道德性质，是两个不同的问题，不能混淆。因为“犯罪的主观道德性质”是与犯罪的“更高级的差别有关”[①]，它以犯罪这一客观行为定在为前提。

法的强制是暴力，但是这种暴力是对于不法强制与暴力的强制与暴力，因而，它是对于暴力的消除。法的强制使被犯罪所否定了的法“恢复”原状。“现实的法就是对那种侵害的扬弃，正是通过这一扬弃，法显示出其有效性，并且证明了自己是一个必然的被中介的定在。”[②]

（三）“报复”与“复仇”

法的强制是对不法强制的否定。这个用法的强制否定不法的强制过程，就是“报复”。“犯罪的扬弃是报复。”[③]尽管黑格尔此处的“报复”用词欠当，在俗常的意义上易于被误解，但是，只要能够在否定之否定的思维逻辑中，抓住对伤害的伤害这一内在否定性，就能把握其对犯罪的惩罚之要义。

如前述，犯罪作为一种不法定在，具有质与量的双重规定性，因而，对于犯罪这种侵害的侵害，自然亦有一种质与量的双重规定性，且这种质与量的双重规定应当与不法的侵害相当——如是，才是惩罚的正义。这种法的侵害与不法的侵害的相当，就是黑格尔所说的“等同”[④]。

不过，作为对犯罪扬弃的报复之“等同”，并不是那种“以其人之道还治其人之身”的“以牙还牙”。“以牙还牙”是一种与“侵害行为特种性状”的简单同一性。报复之“等同”却是一种“价值的等同”。所谓“价值的等同”，指的是在实存的侵害中，存在于“完全不同的物的内在等同性”。这个内在等同性当然不是外在性状的，而是指的“侵害”这一“普遍物”。正由于存在着这种侵害的普遍物，故，文明的人才能超越那种“以牙还牙”的简单性状等同之状态，并根据各种犯罪的具体规定性给予相应的惩罚。这样，“报复就是具有不同现象

① 黑格尔：《法哲学原理》，第 99 页。
② 黑格尔：《法哲学原理》，第 100 页。
③ 黑格尔：《法哲学原理》，第 104 页。
④ 黑格尔：《法哲学原理》，第 104 页。

和互不相同的外在实存的两个规定之间的内在联系和同一性”[①]。

作为对犯罪的扬弃的“报复”不同于“复仇”。二者的区别主要在于：其一，从主体的角度言，实行复仇的主体是个人或个别，实行报复的主体却不是个别、个人，而是正义之法。这就是黑格尔所说的与复仇这种“某种个人的东西”不同，“实行报复的不是某种个人的东西，而是概念”。[②] 当然，这种“概念”是通过法官实行的。“固然法官也是人，但是法官的意志是法律的普遍意志，他们不愿意把事物本性中不存在的东西加入刑罚之内。”[③]

其二，从形式的角度言，复仇是出于复仇者“特殊偏好”的“主观意志的行为”，[④] 它既是主观的，又是或然的。而报复则是出于自由及其正义的“概念”，它摆脱了个别或然性与主观性，是一种客观必然的行为。报复将对于不法伤害的暴力收归一个专门机构所有，并为国家所垄断，使其不因为主观性而被滥用。

其三，从内容的角度言，尽管复仇也具有对于不法伤害的伤害这一正义的形式，但是，由于它的主观任意性，以及在激情之下可以做出任何伤害行为的“无限性”可能，因而，复仇“是否合乎正义，一般说来，事属偶然”。不仅如此，由于“被害人看不到不法所具有的质和量的界限，而只是把它看作一般的不法，因之复仇难免过分，重又导致新的不法”。这种“新的不法”所造成的“新的侵害”导致一种侵害存在的恶的无限性，“它陷于无限进程，世代相传以至无穷”。[⑤] 历史上的血族复仇正是这种恶的无限性之实存。报复则不同。报复由于摆脱了个别或然性，因而它具有客观必然性。它能够做到在“价值”的意义上罪罚相当，进而，实现扬弃犯罪的目的。

概言之，客观性与主观性、必然性与偶然性、普遍性与特殊性、对恶的扬弃与恶的无限性，这些就是报复与复仇的基本区别。“复仇”是主观性、偶然性、特殊性及恶的无限性，“报复”则是客观性、必然性、普遍性及对恶的扬

---

① 黑格尔：《法哲学原理》，第 104—106 页。

② 黑格尔：《法哲学原理》，第 106 页。

③ 这表明法官应当具有普遍意志的无我性。然而，法官作为一个具体的人又是特殊的存在，有其特殊意志。法官如何才能超越其特殊意志而达于普遍意志？换言之，法官始终处于特殊意志与普遍意志的冲突之中，如何才能保证法官不被特殊意志所支配，如何保证其不在普遍意志形式之下实际存在的是特殊意志？这是现代法治社会所面临的一个根本性问题。参见黑格尔：《法哲学原理》，第 107 页。

④ 黑格尔：《法哲学原理》，第 106—107 页。

⑤ 黑格尔：《法哲学原理》，第 107 页。

弃。作为扬弃犯罪的“报复”是“刑罚的正义”。法的正义“要求从主观利益和主观形态下，以及从威力的偶然性解放出来的正义”，它要求的不是“复仇”，而是“刑罚的正义”[①]。

三、司法正义

在黑格尔的思辨体系中，自在的法被自觉意识并制定为法律体系，这个法律体系通过法院司法实现。自在的法、法律体系、法院，就构成黑格尔法（律）及其实现的自在、自为、自在自为的三个环节。在这个思辨环节中，（法院）司法就成为法的正义的实现环节。尽管黑格尔主要是在私法的意义上谈论司法及其正义问题，但是，这并不妨碍我们通过抽象在一般意义上去理解与把握其关于司法及其正义的思想。

黑格尔在《法哲学原理》中是从哲学的角度思考法（律）及其正义问题，其关注的焦点是法（律）的本质、法（律）的合理性根据，因而，其对法（律）的正义的具体思考理路，就没有遵从立法、司法、执法这样一种外在的具体法律活动过程，而是始终把握、遵循法的普遍与特殊、法的精神与法的精神具体实现这样一种内在的法律活动过程，始终把握法与法的实现这一核心。其司法正义所集中阐释的也正是法的实现。

（一）司法的公共性

法律在法院通过法官具体应用，即为司法。“公共权力”[②] 的公共性是司法（法院、法官）的内在规定。

司法的公共性指司法是公共权利的存在与公共权力的应用。公共性是司法自身的合理性依据。这个公共性规定，就进一步决定了司法（法院、法官）除了公共利益与公共权利以外，没有任何自己的特殊利益与特殊情感。然而，问

---

① 黑格尔：《法哲学原理》，第 108 页。

② 参见黑格尔：《法哲学原理》，第 229 页。

题的关键在于：普遍总是以特殊的方式存在。在这里，公共权力以法院、法官权力的方式存在，法院、法官成为公共权力的代表，但是法官本身又是一个具有自身特殊利益的特殊存在。如何使普遍的公共权力不沦为某种特殊权力的玩偶，如何使法官的公共性活动本身不至成为纯粹形式性的，如何使法官不成为一个“排他性的团体”[①]，这些始终是摆在公共活动领域面前的一个重大问题。

（二）司法活动中普遍与特殊的双向转换

如前曾述，实在法具有普遍性品质，这个普遍性品质有内容与形式两个方面。然而，法的具体实现则须是普遍性与特殊性的统一，司法正是法的这种普遍性与特殊的具体统一过程。

司法活动中普遍性与特殊性的统一，有两个环节（或两种转换方式），并通过这两个环节具体实现。具体言之：其一，普遍向特殊的转换。这是一般、普遍有效性的法典、法则、法规对具体事件的特殊应用。其二，特殊向普遍的转换。这是具体个别特殊事件向一般法的原则、法的精神的提升过程。在这个过程中（法官）将个别事件上升到一般法的原则、精神的普遍高度来认识与把握，在捍卫一般法的原则与精神的意义上审视个别、特殊事件。

实在法具有形式的普遍性，这个形式普遍性指实在法的一般抽象性、普遍有效性。实在法的应用则是将此一般抽象、普遍有效的东西具体应用于个别、特殊。只有是特殊化具体应用了的法，才是有可能真实起作用的法。否则，实在法仍然只是一种抽象、空洞。

实在法的抽象、普遍有效性规定，既是质的规定，同时又有属于此质的量的规定。不过，问题在于：实在法的这种量的规定又是一种一般规定，它只是一种范围界限。这样，具有普遍性的实在法的个别、特殊具体应用，又须是在质所规定的范围内具体确定量。

这样，在法律的实现过程中，由于这种一般抽象、普遍性向特殊性的转换，实在法的特殊应用就会出现偶然与主观任意性。[②]“法律和司法包含着偶然

① 黑格尔：《法哲学原理》，第 236 页。

② 诸如，同样是罚款，在法律规定的 500—1000 元范围内均是合法；同样是刑罚，在法律规定的 3—5 年范围内均是合法。这种自由裁量范围，使得法律呈现出相当的偶然性与主观任意性特质。

性……其所以如此，乃由于法律是应适用于个别事件的一种普遍规定。”当普遍适用的法律规定应用于某一具体、特殊时，必定包含着主观偶然性，这种主观偶然性、“任性”，是法律应用过程中的“必然”。[①] 正是这种偶然与主观任意性，使得法律正义只是一种相对正义，而非绝对正义。

由于法律自身的普遍性特质，由于任何一个具体自由意志行为均是一般自由意志行为的具体存在，这就使得任何一具体法律行为，在法律形式下能够、应当且必须变成普遍的，成为普遍中的特殊与个别。

法律的本质是自由，法律是为了保护自由权利，法律的这个本质与功能必须体现为具体。离开了具体，法律的这种本质与功能就是空洞、虚幻的。法律对日常生活中任何一个具体自由权利的保护，都是对自由权利这个普遍物本身的保护。如果法律不能保护日常生活中的每一个具体自由权利，则这种法律不能称之为是具有普遍性品格的法律，没有存在的理由。这样，在司法日常实践中，法官们尽管面对的是一个个具体特殊事务，但是，他们却须总是眼有特殊而心有普遍（无特殊），他们心中只有法的普遍性品格，维护一般、普遍的自由权利。

这种法律形式下的特殊性向普遍性的转换，具有极为深刻的意义：在这种法律形式下的特殊向普遍的转换中，普遍权利不再存在于私人特殊权利之外，任何私人特殊权利事实上就是普遍权利，私人特殊权利被视为普遍权利而加以保护，或者换言之，普遍权利在保护私人特殊权利中得到实存与保护。这样，私人权利的实现就不再是私人、主观、偶然的，而成为社会、客观、必然的。

同样，在法律的形式下，犯罪对象亦发生了由特殊向普遍的转化。在这里，犯罪已不再是直接对某一个人、某一具体自由权利的侵害，而是对法、自由、社会这样一类普遍自由权利的侵害。任何一个具体犯罪，都是“侵犯了普遍事物”。这样，“对社会成员中一人的侵害就是对全体的侵害”，“侵害行为不只是影响直接受害人”，而且直接牵涉到整个“社会的观念和意识”。由于在法律形式下的犯罪是对社会、普遍的侵害，因而，犯罪行为的严重性就有了重大的变化：它不再仅是个别当事人的危险性，而且还是“社会危险性”。[②] 这就如盗窃、

---

① 黑格尔：《法哲学原理》，第223—224页。

② 参见黑格尔：《法哲学原理》，第228页。

抢劫、强奸等犯罪，尽管所直接针对的是某一具体当事人，但实际上它会造成社会的普遍紧张与不安全感，所造成的是社会危害。所以，法律惩罚时就不仅仅是针对犯罪对受害人造成的侵害这一个别事实，更要考虑到犯罪对社会造成的侵害这一社会性危害。

由于特定犯罪行为作为一个定在，总是具体的，总有其质与量上的规定，而特定的犯罪行为又不仅仅是对当事人的侵害，它还是对社会的侵害，因而，对社会的“危险性就成为它的严重性的一个规定”。不过，这个严重性因社会的情况不同而有异。这会具体体现在量刑上，会在量刑时带来很大差异。这就如黑格尔所举例：有时偷窃一棵甜菜的人被处以死刑，有时偷窃成百倍价值的人则被处以轻刑。这从表面上看起来似乎是“自相矛盾”、不公正的，但是，它们在罪罚相当的意义上可能事实上是公正的。这里的关键就在于这种犯罪所造成的社会伤害。这个“社会伤害”是具体的、历史的概念。在不同的社会历史条件下，同一件犯罪行为所造成的社会伤害，事实上会有很大不同。同一件犯罪行为，在稳定的社会秩序中与在动荡不安的社会紧急情况中，所起到的侵害作用是不一样的。在前者侵害较轻，在后者侵害则较重，与此相应，二者所受惩罚程度也就有轻重之分。但是，若在基本相同的社会背景条件下，则须循罪从法定、罪罚相当原则，不可或重或轻。所以，“严厉的刑罚不是自在自为地不公正的，而是与时代的情况相联系的”。“一部刑法典主要是属于它那个时代和那个时代的市民社会情况的。”[①] 这样看来，盛世有刑、乱世重刑，就是基于罪罚相当的公正。因为随着社会秩序状况的不同，同样一种犯罪行为对社会所造成的伤害程度也不同。

司法活动中普遍与特殊双向转换的另一情景是法官。如后所述，在审判过程中的特殊、具体法官，是以一般法、正义的化身从事活动，一般法的精神通过此法官成为具体的。

（三）司法程序正义

司法审理是在求得法律规定与事实确定性基础之上的法律与事实的统一。

---

① 黑格尔：《法哲学原理》，第 228—229 页。

法律规定的确定性是法律条款的具体适用及其把握，事实的确定性是对事实真相的准确无误了解。这两种确定性都应当且必须是可以“被证明”的。司法程序正是确保这种确定性证明的客观性手段。正是在此意义上，司法程序正义本身就是自由权利这一实质正义中的一个内在环节。“法律程序使当事人有机会主张他们的证据方法和法律理由，并使法官得以洞悉案情。这些步骤本身就是权利，因此其进程必须由法律来规定，同时它们也就构成理论法学的一个本质的部分。”①

由于司法程序本身是作为实质正义的一个内在环节，是保护自由权利的一种必要手段，因而，司法活动过程中就内在地包含着实质与程序、目的与手段之间的紧张。这样，程序、手段就有可能因为纯粹固执于自身，而陷于纯粹形式主义。即，程序这一原本保护自由权利的必要手段，有可能通过自身恶的无限性而演化为目的性存在，程序正义演化为纯粹的“形式主义”，并以程序正义代替乃至否定司法正义本身。这就如黑格尔所说，由于证明的步骤“分裂成为越来越零星的行动和权利而无一定界限，原来是一种手段的法律程序，就成为某种外部东西而与它的目的相背。当事人有权从头至尾穷历这些繁琐的手续，因为这是他们的权利，但是这种形式主义也可能变成恶事，甚至于成为制造不法的工具”②。

尽管程序正义由于其形式主义可能而会伤及实质正义，尽管我们可能会对这种形式主义的实质正义持有诸多不满，然而，程序正义的这种弊端却是包含于自由权利保护、司法正义中的某种内在东西。只要我们选择了法治并通过法律来保护自由权利，那么，我们就无法回避这一弊端。这种弊端内在地包含着这样一种因素：对普遍自由权利的最大可能保护。黑格尔对此问题的具体看法是值得存疑的。他提出可以在道德感之下对于法律程序的背离，可以不坚持法律程序，而去追求实质的“公平”。尽管黑格尔本人对此作了某种限制，只是说对“个别事件”裁判时才适用，然而，问题的关键在于：一方面，任何一个法院审理都是对个别的审理，任何诉讼都是个别诉讼，这样，这个个别就事实上演化成了普遍——在个别之下的普遍实践；另一方面，这种违背法律程序的做

① 黑格尔：《法哲学原理》，第 231 页。
② 黑格尔：《法哲学原理》，第 231 页。

法在某种特殊情况下，可能事实上会伸张正义，但是，就总体而言，它只能会使人们自由权利失却更多的保护，进而更易受到伤害。[①]广而言之，程序正义是现代多元民主的最重要实践精神之一。遵循法律，依现有规范程序办事，这不仅仅是一种纯粹的程序正义精神，更是一种现代民主政治正义精神。在这种合程序实践过程中实现变迁的社会，才是一个稳定而具活力的社会。[②]

（四）审判与陪审团机制：对司法纯粹主观性的克服

法官在法院这一专门地方，依法律程序应用法律审理案件，即为审判。审判具有主观性，而司法审判又必须克服纯粹主观性，使其成为正义的。

公开是司法审判的一般原则。其基本理由是：其一，一般而言，尽管表面看起来所涉审理内容为个别事件，只涉及当事人的利益，但是，正如前述，在这里存在着特殊向普遍的转换。法律的裁决"与一切人有利害关系"[③]，因而，它应当面向所有人。其二，法院法官是以普遍而不是以特殊的身份存在，其所表达的是普遍判断，而不是特殊看法，既然如此，法律的裁决也应当面向所有人。其三，司法所追求的是正义，而只有通过公开才能使公民有理由信服法院法官并没有什么见不得阳光的东西，其判决确实是正义的。[④]另外，如黑格尔在谈到市民社会中的教育时所说的那样，司法还承担着教育社会成员成为"有教养者"的使命。司法的这种社会教育责任担当，在很大程度上须通过司法公开实现。

当然，公开只是司法审判的一般原则，特殊情况亦有例外。诸如黑格尔所说法院成员的合议[⑤]，以及因保护未成年人、保护国家机密等情况下的不公开

---

① 参见黑格尔：《法哲学原理》，第 232 页。

② 在现代多元社会，这种程序正义更具有基础性的价值。多元社会意味着多元价值，然而，这种多元并不是杂多。多元中有一元，否则，社会就是离散紊乱的。此"一元"至少有两个方面的理解：其一，内容方面是一组基本价值，这组基本价值相互间关系是家族成员关系，具有家族相似性。其二，形式方面是多元间的彼此平等对话，这种对话在既有规范范围内依一定程序进行。这种形式是内形式而不是外形式。

③ 黑格尔：《法哲学原理》，第 232 页。

④ 对此，英译本的相关表达是："The right of publicity depends on the fact that (i) the aim of the court is justice, which as universal falls under the cognisance of everyone, and (ii) it is through publicity that the citizens become convinced that the judgment was actually just." 参见黑格尔：《法哲学原理》，第 232 页。

⑤ 参见黑格尔：《法哲学原理》，第 232 页。

审判。

法官的司法审判行为有两个基本方面：对所诉事件本身真实状况的确定，运用适当法律条款加以判决。[①] 对于法院法官而言，其公共裁决性特质决定了其不诉不审之原则。否则，就难以避免法院法官以公共性身份从事特殊性活动之可能。

法院法官审判活动，是从事审判的具体法官以法律的名义对事件作出裁决。这种裁决以法律（客观性、普遍性）为规定，但是却以法官主观性的方式呈现。在此，法官的主观性是法律客观性的呈现。然而，这里亦隐藏着一种内在的紧张：主观性形式与客观性内容的不一，或者换言之，法官的主观性有可能完全拒斥法律的客观性，将法官的纯粹主观性当作客观性法律自身。而司法活动又必须有裁决者的主观确认、确信及其判断。司法正义必须面对客观与主观内在紧张的可能。

为了避免法官个人的纯粹主观性，就产生了陪审团机制。陪审团机制是以众人的确信代替法官个人的确信。尽管陪审团机制并不能彻底消除判断中的主观性及其局限性，但是，它却可以大大减少法官个人的纯粹主观性。这里也不能以多个法官的合议之主观性，来取代陪审团之主观性。这主要是因为，一方面，法官由于其裁决的职业性，而有可能形成交易关联团体；另一方面，陪审团的组成具有不确定性的开放性[②]，因而，这种组成的开放性尽管仍然具有偶然性，但是，在这种偶然性背后却有着更大的必然性之可能。不仅如此，陪审团机制所表达的不仅是以多人的主观性代替法官一人的主观性，更重要的是它表达了法律本身的公开性、人民性。人民不是置身于法律以外、被法律所监护的对象，人民亦是司法活动的直接参与者。打破法官对于法律的绝对垄断，不至于使法律成为一个“排他性团体”的垄断物，这正是黑格尔所特别关心之处。[③] 黑格尔的这个关心非常深刻。

司法正义既是法的正义的实现，又是对法的正义的维护。人们总是从司法这个具体环节来具体感知、认识法，法也总是要通过司法这个具体环节来使自

---

① 参见黑格尔：《法哲学原理》，第 233—234 页。

② 陪审团成员的偶然性、不确定性，正是为了保持其公正的确定性。固定的陪审团成员制度，是一种特殊的职业法官制度，即，不是职业法官的职业法官制度，或非职业化的职业法官制度，故，不合乎陪审团机制的原本精神。

③ 参见黑格尔：《法哲学原理》，第 235—236 页。

己现实化。只有在一个司法正义的社会中，才能有自由精神的生长，才能有基于自由精神生长的自由秩序的社会。

四、“不法”的权利：“紧急避难权”

法的正义的核心是自由权利（或所有权）及其保护，法的正义内在地包含着对不法的否定。然而，在黑格尔既思辨又现实的思想中，却为“不法”保留了某种存在的空间。在特殊情况下，“不法”本身就是自由精神的要求，就是“法”，就是对“不法”的反抗。黑格尔的这个思想集中体现在关于“紧急避难权”的论述中。

黑格尔认为，相对于其他具体权利，生命作为人格的直接定在，作为人的一切特殊利益的直接综合承担者，一般说来具有价值优先性。“生命，作为各种目的的总和，具有与抽象法相对抗的权利。”“当生命遇到极度危险而与他人的合法所有权发生冲突时，它得主张紧急避难权。”[①] 在一些具体情况下，当生命等同于自由本身时，仅仅生命权本身就能成为行为的理由与依据：为了维持生命本身就可以为某些“不法”行为提供特殊的根据与理由。黑格尔以偷一片面包能保全生命为例，对此作了具体论述。

在黑格尔看来，当一片面包能保全生命时，当事者仅仅因为保全生命而有理由偷窃一片面包。此时，为了保全生命偷窃一片面包的“不法”权利，凸现了生命权的优先性——在这里，甚至偷窃一片面包以保全生命本身，就成为法的要求。所以，黑格尔极为明确地揭示：此时主张紧急避难权“并不是作为公平而是作为法”[②]。此时，能够成为主题的不是公平（财产交换、不伤害别人财产权），而是生命权本身。善法应当首先是能够保护生命权这一最基本自由权利的法。自由（权利）仅仅为自由（权利）自身所限。不能简单地以为既然自由意志的权利不容伤害，既然财产是自由意志的定在，因而，（他人的）私人财产所有权绝对不可侵犯。在黑格尔看来，如果在偷窃一片面包就能保全生命

① 黑格尔：《法哲学原理》，第130—131页。
② 参见黑格尔：《法哲学原理》，第130页。

时，不做这种“偷窃一片面包”的“不法”行为，或者禁止这种“不法”行为，那才是真正的不法。如果法不能容忍一个快要饿死的人得到一片面包的权利，不能容忍这种生命权，不承认这种紧急避难权，那么，它就是对自由权利本身的根本侵犯，就不是善法。善法是能够为生命权、为最基本自由权利提供某些“不法”行为存在理由的法。[①]

当然，黑格尔所强调的紧急避难权、生命权的优先性，并不是无条件、无限制的。紧急避难权中之所以强调偷窃一片面包以保全生命，就内在地包含一系列规定、前提。这些规定与前提是：第一，紧急避难权仅适合于当下紧急急需且直接关涉生命存在时。如果不是出于“现在要活”的当下紧急，不是当下为了保全生命所必须，则不适合于紧急避难权。所以，“只有直接现在的急要，才可成为替不法行为作辩护的理由”。[②]第二，只有出于自由的目的且为了自由。如果是出卖人格、苟且偷生，亦难列入紧急避难权范围。第三，紧急避难权是一种不伤害他人根本权利的生命优先权。紧急避难权并不能伤害他人的生命权，不能以他人的生命来换取自己的生命，不能偷窃他人的救命物品来救自己的命。

“紧急避难权”成为法的一部分，这彰显的不仅是一种生命权利，更是一种尊重生命权的社会精神。只有在一个敬重生命权成为社会普遍价值精神的社会中，生命权本身才能被尊重，紧急避难权才会获得社会认肯。在这个社会中，不仅社会宽容那种特殊情况下“偷窃一片面包”的行为，而且法亦认肯与保护这种紧急避难权。

黑格尔通过“紧急避难权”事实上表明了一个观点：以“不法”抗争“不法”的合理性可能。在特殊情况下，“不法”只能通过“不法”的抗争才能消除。黑格尔在《法哲学原理》正式出版前后曾作过许多相关演讲，这些演讲不同于正式出版的文字。在那些没有经过文字修饰删除的一系列演讲中，黑格尔明确认为绝对的私人所有权就是一种任意与暴力，他试图通过“紧急避难权”反对私人所有权的绝对性，并以此为穷人挣得最后生存权的斗争而辩护。“紧急避难权”是一个人在特别急需条件下挣扎着活下去的权利。这是一个人自由权利在此特殊情况下的全部、集中体现。因而，它既是极端不幸者要求获得帮助

---

① 黑格尔：《法哲学原理》，第 130—131 页。
② 黑格尔：《法哲学原理》，第 130—131 页。

的绝对强制性权利，亦是极端不幸者基于内心良知的自觉要求。①

根据洛苏尔多的分析，在黑格尔关于“不法”、“紧急避难权”的思想中隐藏着一个极为重要的现实内容或价值立场，这就是对（同时代的）穷人的道义同情，以及为穷人因为贫困而反抗富人行为作政治正义辩护。在黑格尔看来，穷人们在特殊情况下有“不法”的权利。黑格尔在积极与消极双重意义上捍卫自由权利。他坚信：“每个人都有活着的权利，这个权利千万不能仅仅在于保护[个人免受暴力侵犯]；一个人不仅有这个消极的权利，他还有一个积极的权利。自由的实现是公民社会的目标。一个人有权活着，这个事实意味着他有一个积极的、现实的权利；自由的实现一定是根本的……生命权对一个人来说是绝对根本的。”黑格尔秉持所有权从属于生命权、生命权高于所有权的价值立场，并认为：“一个快要饿死的人”不仅有权利，而且“有绝对的权利去侵犯另一个人的所有权”。② 穷人的这个“不法”权利就是获得最后“一片面包”的权利。穷人们没有了工作权，没有了最后“一片面包”，就失却了自由的可能。穷人们用“不法”手段反抗近乎“自然状态”下的“自然暴力”与“政治暴力”，“不法”地“偷一块面包”，在黑格尔这里获得了道义上的正当性。这种“不法”，是对“不法”本身的否定。③ 对于黑格尔的这种“不法”思想，应当在政治哲学的意义上给予充分注意。

自从伯林区分积极自由与消极自由后，人们往往更多的是欣赏消极自由，对积极自由持某种保留态度，往往是更关注“免于……强制”，而对“做……的自由”持有警惕。尽管这种理论有深厚自由精神及其历史内容，因而有其合理性，但是，如果因此而对积极自由采取绝对拒斥态度，则这种理论与政治立场本身就值得警惕。如果不是完全在法国大革命式的近乎恐怖意义上谈论积极自由，而是在类似于黑格尔“紧急避难权”意义上谈论积极自由，那么，积极自由不仅在理论上，而且在实践中均有其合理理由。人们为了维护自己的最基

① 参见洛苏尔多：《黑格尔与现代人的自由》，第5、201—231页。黑格尔甚至明确说：“一个快要饿死的人有绝对的权利去侵犯另一个人的所有权，因为他只在以一个有限的方式侵犯所有权：必需的权利要求他不要侵犯另一个人诸如此类的权利：他只是对一片面包感兴趣，他不是在把别人当作没有权利的个体对待。抽象的理智倾向于把任何违法的侵犯都看作绝对的，但一个快要饿死的人只是在侵犯特殊，他没有侵犯权利本身。”转引自洛苏尔多：《黑格尔与现代人的自由》，第155页。

② 转引自洛苏尔多：《黑格尔与现代人的自由》，第242、243页。

③ 参见洛苏尔多：《黑格尔与现代人的自由》，第229—231、240—243页。

本自由权利，需要有所行动，需要积极有为。黑格尔、马克思、西梅尔、阿马蒂亚·森等各自以特殊方式在积极自由（权利）方面所作的思想贡献，不应被忘记。

黑格尔在“紧急避难权”中，不仅表达了他对穷人命运关切的悲悯情怀，更表达了他作为哲人之思的深刻。他没有固执于一般所谓法权的平庸境地，相反，他始终坚持在自由精神、自由权利本身来思考问题，始终对实在法本身持一种开放的批判态度。

正义的社会总是开放、发展着的，因而，正义社会中内在包含着的某种“不法”，正是法发展的内在环节。在现代民主社会中，“非暴力反抗”这一“不法”恰恰正是法、自由权利本身的内在要求，它是维护社会正义与良序不可或缺的内在机制。

第 13 讲　国家制度

黑格尔“国家”部分的思考，具体分为国家内部与外部两个部分，并通过国家间关系进入世界历史，进而试图完整呈现他对人类社会及其历史的理解。我们此处主要是立足于“个别国家”的角度阐释其相关内容。

一、“国家制度”一般

国家制度是个有机体，这个有机体由不同的方面构成。这些不同的方面“就是各种不同的权力及其职能和活动领域”。国家正是通过这些不同权力及其职能活动“保存着自己”，并再“创造着自己”。[①]

（一）国家制度有机体

国家的这个有机体就是政治制度。国家通过政治制度成为现实有机体，政治制度保存并创造着国家。这样，政治制度与国家就是同一个事物[②]，只不过一个是以抽象的方式存在，另一个是以具体的方式存在，且这个抽象是这些具体的抽象，这些具体是这个抽象的具体而已。因而，黑格尔认为：政治制度“永远导源于国家，而国家也通过它而保存着自己。如果双方脱节分离，而机体的各个不同方面也都成为自由散漫，那末政治制度所创造的统一不再是稳固的

① 参见黑格尔：《法哲学原理》，第 268 页。

② 人们通常所说的国家往往指的就是一种政治制度，而不是作为自然伦理实体的民族国家。

了”[①]。一方面，对于国家与政治制度的把握不能分离二者，必须注意二者之间的这种抽象与具体之关系；另一方面，由各种权力及其职能活动所构成的政治制度本身是一整体，这个整体呈现出国家的实质内容。这样，对于这些不同权力及其职能活动，亦必须作为整体来把握，或者换言之，离开了这个整体，具体的权力职能活动本身就失却了根据。

国家制度作为生命有机体，通过宪法集中体现。宪法是被自觉意识与表达了的民族精神。[②] 宪法“包含有种种规定，理性意志”，一个国家对国家理念的自觉意识总是集中体现在宪法中、并通过宪法自觉表达于外。[③] 与此同时，国家这个生命有机体“通过政府及其各特殊部门的作用而被转变为现实，并在这现实里保存起来和得到保护，以避免来自政府及其各特殊部门与同样来自各个人的偶然主观性的侵害。宪法是实存着的正义，即自由在其一切合理规定的发展中的实现”[④]。宪法既是国家有机体的体现，又是维系国家有机体的最高意志。不仅如此，宪法甚至还是国家有机体的生长秩序。在宪法秩序中，自由的一切合乎理性的发展均可以得以实现。[⑤]

“宪法是国家权力的有组织的划分。”[⑥] 正是宪法这种“权力的有组织的划分”，使得政治制度本身成为有机生命体。一方面，“政治制度首先是国家组织和国家内部关系中的有机生命过程；在这种关系中，国家把自己区分为自己内部的几个环节，并发展它们，使它们能巩固地存在”[⑦]。另一方面，政治制度自身中各种具有独特职能的权力相互间通过有机联系，构成一个严密整体。

国家制度作为生命有机体，其内部构造有其规定（规律），必须合乎“理性”，宪法就是这个理性与规定。国家制度必须以理性为基础，而不能以主观情绪、宗教为基础。黑格尔通过对欧洲中世纪政教合一的历史分析揭示：国家政治制度不能以宗教为基础。这是因为：国家政治生活是理性的，而宗教生活则是情感、信仰的；国家政治生活是公民的现实关系，而宗教生活则是与超验绝

---

① 黑格尔：《法哲学原理》，第 268 页。
② 参见黑格尔：《精神哲学》，第 346 页。
③ 参见黑格尔：《精神哲学》，第 342 页。
④ 参见黑格尔：《精神哲学》，第 342—343 页。
⑤ 参见黑格尔：《精神哲学》，第 343 页。
⑥ 参见黑格尔：《精神哲学》，第 342 页。
⑦ 黑格尔：《法哲学原理》，第 283 页。

对物的关系；国家政治生活是现实实在的，整体的利益在特殊目的中成为实在，而宗教生活则是抽象的，它以绝对普遍的东西否定特殊目的性存在；国家政治生活关注于现实行为而不关注内心世界，并以法律义务的方式提出自己的要求，而宗教生活的"园地是内心生活"，并以精神服从的方式提出自己的要求。宗教具有"任性"与"独断"的特征，不能成为国家政治生活的基础。黑格尔通过自己的论述，明确反对国家政治生活中政教合一的价值立场，主张现代国家不能实行国家意识形态垄断，不能将国家意识形态强加给社会成员，国家不能集权力、真理、美德于一身。一个集权力、真理、美德于一身的政教合一的国家，总是摆脱不了愚昧与专制。[①]黑格尔通过否定宗教在国家生活中的基础作用，事实上是要确立起宪法在国家政治生活中的基础作用。"只要国家依据概念的本性在本身中区分和规定自己的活动，国家制度就是合乎理性的。"[②]

（二）国家权力分立

根据黑格尔的看法，国家权力作为有机体内部存在着"差别"，这个差别即是职能分工或"划分"。"这些权力中的每一种都自成一个整体，因为每一种权力实际上都包含着其余的环节，而且这些环节……完整地包含在国家的理想性中并只构成一个单个的整体。"[③]国家权力的分立，既必须，又必然。

国家权力必须分立。这是因为：其一，从生命有机体这一系统的维度看，系统总是由要素构成，要素间的系统整合构成系统自身。如果没有要素的分化，就无所谓系统自身。一个复杂系统才是一个自组织系统，才具有自我创造自我发展的功能。现代国家不再是传统小国寡民的国家，而是由众多人员、广阔空间所构成的具有复杂功能的国家。现代国家权力作为生命有机体由不同的方面构成，正是这些不同方面的协调一致，才使国家真正成为"自由的现实存在"。这是对国家权力分立来自系统功能维度的理解。

其二，公共权力个人履行方面的矛盾。具有公共性品格的国家权力总是通过有关个人履行，但是，公共权力的个人行使自身却存在着悖论：由于个

---

① 参见黑格尔：《法哲学原理》，第 269—283 页。

② 参见黑格尔：《法哲学原理》，第 283 页。

③ 参见黑格尔：《法哲学原理》，第 283—284 页。

人不仅仅有其特有的利益，而且还有其特有的认识、意志、情感，由于行使公共权力的个人无法彻底摆脱其个人特殊性，即使是那些所谓品性高尚的人在行使公共权力时，也会由于存在着对于宪法、法律、普遍性价值精神、道德规范等的具体理解，对于具体情境状况条件认知等的差异，进而会作出不同的价值判断与行为选择。在这里，就出现了公共性权力以个别私人性存在为前提、并通过个别私人性得以履行的悖论现象。这种悖论现象源于人的存在本体论缘由：人既是社会的又是个别的，客观存在由主观活动构成。这是一种人所无法摆脱的本体论悖论。人对此唯一能做的就是：不将全部鸡蛋放在一个篮子里，并引进监督机制，这就是分权或权力分立。这是对国家权力分立来自公共性维度的理解。

国家权力分立是人类政治文明的进步。分权与分权的特殊实现形式，是两个不同的问题。分权究竟以何种方式实现，这是一个普遍性的特殊存在样式问题。分权的特殊实现形式，与每一个国家的历史及现实文化、政治、经济乃至某种偶然事件相关。分权的特殊存在样式是多样性的。它可以是如黑格尔所考察并在欧美国家普遍存在的三权方式，也可以是如孙中山所提出的五权方式。这里问题的关键不在于是三权、四权或五权，关键在于权力分立及其相互间监督制约。[①] 每个民族国家都有自己的历史与现实，都有自己的文化与传统，因而，每个民族国家在现代国家政治生活中都可能有自己特殊的权力分立、相互监督制约的具体方式。国家权力的分立，只是为了保证国家权力的公共性品格，保证国家实现其保障公共自由的职能。同样道理，宪政作为现代社会的必然，这是每个民族国家迟早都要走的道路，然而，一个民族国家的宪政究竟取何种形式，这却并不简单地仅仅是一个宪政观念的问题，而是一个历史及其演进的具体道路问题。究竟以何种方式建立宪政，宪政的具体样式如何，这在不同民族国家有不同的具体内容。

国家权力的分立具有必然性，这种必然性就在于国家有机体对“公共自由的保障”[②]。国家权力具有公共性品格。国家权力的存在是为了实现与保障公共

① 对于欧美国家政治权力三分的实践，必须注意区别其普遍性与特殊内容。国家政治权力三权分立本身只是一种权力分立的特殊样式，但是在这种特殊样式背后存在的则是权力分立监督制约这样一种普遍内容。我们既不能将三权分立这种特殊样式误以为是普遍内容，亦不能因为三权分立的这种特殊存在样式，而简单否定其所包含的权力分立监督制约这种国家政治生活的普遍内容。

② 参见黑格尔：《法哲学原理》，第 284 页。

自由。国家权力的这种公共性品格，决定了“国家的职能和权力”不是“私有财产”[①]，决定了国家权力不是某一部门、某一些人、某一些集团徇私舞弊的工具，更不是某一些人或集团用来欺压百姓的工具。权力分立划分可以形成有效的权力监督制约。

然而，这些分立了的权力之间并不是截然分裂的，而是作为不同的器官、组织，彼此间构成国家权力生命体自身。所以，黑格尔强调国家制度的“机体的本性”，强调“如果所有部分不趋于同一，如果其中一部分闹独立，全部必致崩溃”。[②] 宪法则是国家有机体的灵魂。被分立了的国家权力是一个由诸多相对独立权力所构成的权力整体。这里有两层含义：一方面，“每一种权力本身必须各自构成一个整体，并包含其他环节于其自身之中”[③]。另一方面，这些独立权力相互间又构成一个“有生命的统一”整体[④]。

所谓每一个权力本身必须成为一个整体，指的是每一个权力自身亦由诸多要素构成，这些要素间必须严密耦合。这种严密耦合的整体，一方面使这个权力成为一个现实的存在，而不至于成为一种空洞的东西；另一方面，使这种现实存在的权力的行使科学合理有效，而不至于由于权力本身的疏漏而伤及公共自由。[⑤]

所谓独立权力之间须成为一个有机整体，指的是这些独立权力并不是彼此“绝对独立”、“否定”的关系，而是同一整体不同“环节”之间的关系。这些独立权力之间的相互制约监督，也不是一种“彼此之间互相抗衡”、要“造成一种普遍均势”的关系，而是共同保障自由权利的关系。那些以为国家权力中的不同独立权力之间是“绝对独立”的观点，那些以为这些不同独立权力“都

---

① 参见黑格尔：《法哲学原理》，第 293 页。

② 参见黑格尔：《法哲学原理》，第 268 页。

③ 参见黑格尔：《法哲学原理》，第 286 页。

④ 参见黑格尔：《法哲学原理》，第 285 页。

⑤ 诸如法治建设中的立法问题。如果是一种部门当事人自己制订或起草法律法规，那么，这种立法体系本身就有严重疏漏，就会在公共性名义之下行私利。现行的电信、邮电等垄断部门立法严重滞后，在根本上就是这种立法体系的问题。诸如，纪检查办案的问题，这在一定特殊时期内以非常方式查处惩治腐败现象自然有积极意义，但是，这种查处方式本身却在宪法层面上有问题：既存在着违宪之嫌疑，又缺少严格法律意义上的制约监督。以一种游离于法律之外、高居于法律之上的方式存在的特殊权力，很可能伤及自由或民主政治建设本身。再诸如现行宪法不如法律法规，国家法不如地方法、成文法不如单位规章制度、规章制度不如内部文件、公章不如个人批件等现象，由于宪法法律不能落实到底，因而，就从根蒂上否定了法律的权威。这些均系由于自身不成系统整体而导致的问题。

敌视和害怕其他权力，反对它们像反对邪恶一样；它们的职能就在于彼此之间互相抗衡，并通过这种抗衡而造成一个普遍均势”的观点，都被黑格尔称之为“抽象理智”的陋见。“如果各种权力……各自独立，马上就会使国家毁灭”，其结果是或者“整体崩溃”，或者“借助权力统一重新建立”一个有机统一的权力整体。[①]

值得注意的是，这种由不同独立权力之间所构成的有机整体，它建立在客观而不是主观基础之上。即，它是作为一种客观制度体制存在——在这种客观制度体制中，不同权力之间形成一个维护、保障自由权利的统一权力整体。对于自由权利的维护与保障，只能奠基于客观制度，不能寄希望于人们的“道德”善良意志。那种指望国家权力行使者出于善良意志或者“调和”忍让、或者自觉克己不侵犯他人权益的想法，是幼稚、“荒谬”的。[②]黑格尔在国家政治权力、政治正义问题上，表现出相当的冷静，他首先重视的是客观制度，而不是人的主观道德操守。

（三）国家制度中的委托人与代理人

国家是各种特殊集团构成的整体，个人通过各种特殊集团成为国家政治生活中的现实一员，这就内在地意味着：现代国家政治生活是一种间接民主制，它存在着委托人与代理人的关系问题。

被委托的人“不是个别的人和某种不确定的群众的代表，而是社会生活的某一重要领域的代表，是这一领域的巨大利益的代表”，“代表制的意义就不在于一个人代替另一个人，而在于利益本身真正体现在自己的代表身上，正如代表体现自己的客观原质一样。”[③]代理人并不是作为自身个别这样“抽象的单个人”而出现，而是作为所代表的特殊群体的利益“伸张”者与代理者而出现。[④]作为国家政治生活中的这种代理人，具有的首先是责任而不是荣誉。

现代国家政治生活中的代理人有其内在要求或规定性。切身熟悉委托者的

---

① 参见黑格尔：《法哲学原理》，第 284—286 页。
② 参见黑格尔：《法哲学原理》，第 286 页。
③ 参见黑格尔：《法哲学原理》，第 329 页。
④ 参见黑格尔：《法哲学原理》，第 327 页。

利益、具有代理能力、品性可靠，这是能够作为代理人的三个基本要件。具体言之，其一，须"熟悉并亲身体验到"自己所代理的利益群体的"特殊的需要、困难和利益"。不体验到自己所要代理的利益群体的具体生活状况，不了解自己所要代理的利益群体的特殊困难与需要，就不存在作为代理人的前提。[①] 其二，须具有完成代理任务的相应能力、智慧与品质，"具有适应……参加处理普遍事务这种任务的品质、见解和意志"。其三，须为选民们所"信任"。而选民的信任则建立在对代理人的能力、智慧、品质的了解与笃信基础之上。"我们信任某人，是因为我们认为他会高度理智地、心地纯洁地把我们的事务看成他自己的事务。""我们所给予的信任是对一种事物、对一个人的原则、或一般地对他的行谊、具体智能的信任。"[②]

当然，委托人（或人民）对自己的代理人（或代表）有监督的权利与义务。这种监督的基本目的有二：一是避免代理人蜕变，以权谋私，假公济私；一是观察代理人是否尽职胜任，以免自己的利益因代理人的渎职或无能而受到伤害。要使人民真正能够对自己的代理人行使这种监督权，就必须使人民了解自己代理人在代理事务中的具体活动，即，必须要求自己的代理人向委托人（或人民）公开自己的活动事务——这就是政治活动的公开性。

这种政治活动的公开性具有极为重要的价值。它是作为委托人的人民具体认识自己的代理人的现实途径，亦是人民自主参加政治活动、并在政治活动过程中提高自己政治素养与智慧能力的有效方式。所以，黑格尔认为公开性"对公民说来具有卓越的教育意义。人民大部分从这里获知他们利益的真实性质"。在他看来，凡是在国家政治生活中具有公开性的民族，总是充满"生动活泼的气象"[③]。

二、国家行政权力

国家行政权力是"贯彻和维护已经决定了的东西，即现行的法律、制度和

① 参见黑格尔：《法哲学原理》，第 329 页。
② 参见黑格尔：《法哲学原理》，第 327 页。
③ 参见黑格尔：《法哲学原理》，第 331 页。

公益设施等等，这和做决定这件事本身是不同的”，国家行政权力的目的是在“特殊权利中维护国家的普遍利益和法制，把特殊权利归入国家的普遍利益和法制之内”。[①] 在国家行政权力的这种任务与目的性规定中，直接隐含了国家行政权力存在的两个基本前提：其一，国家行政权力的公器性，这种公器性才使它具有维护公共利益之品质；其二，通过具体行政过程，贯彻实施已决定了的法制，使国家的普遍利益与公民的特殊权利实现具体统一。

（一）国家权力的公共性

黑格尔在市民社会部分曾以“警察和同业公会”为题，讨论了广义公共权力[②] 的公共行政活动对自由权利实现的意义。尽管黑格尔在市民社会部分所讨论的“公共行政”并不是严格国家行政意义上的，而是一般公共组织、公共活动的公共管理意义上的，但是，在公共权力的公共性意义上，它仍然内在包含着对国家行政权力的解释。

在市民社会领域，私人福利（或私人权利、“特殊意志”）是公共权力的“原则”。即，在市民社会中，公共权力存在的理由或依据就在于为私人福利或私人权利服务，是“普遍物”为“特殊意志”服务。公共权力通过提供一种“外部秩序”来实现这种服务。[③] 这里直接揭示了两个重要内容：其一，公共权力的合理性根据，以及隐含其中的公共权力之权力来源；其二，公共权力的职能。

其实，公共利益是私人的共同利益，公共事务亦是私人的共同事务，公共权力的存在就缘于私人共同事务及其利益的要求。在这里，为私人的就是为公共的。所以，公共权力机关总是通过面对一个个私人、一个个具体个别事件来面对整个公共领域的。不为个别私人服务的公共权力，就不可能为公共服务；不通过为个别私人服务，就无法为公共服务。公共是这些个别私人的普遍与抽象，公共通过这些个别私人得到具体存在。

---

① 黑格尔：《法哲学原理》，第 308、309 页。

② 英译本中此节的标题为：“police or the public authority”。英译本的这种表述较之中译本似更能准确地表达黑格尔的原意。

③ 参见黑格尔：《法哲学原理》，第 238 页。

如同法官司法过程中存在着特殊与普遍的双向转化一样，行政领域同样如此。公共权力的服务尽管是直接面对个别特殊私人，但是它所提供的服务本身却是面向普遍（即公众、所有人），它是以面向无差别的抽象私人或普遍私人的方式来为个别私人服务。正是这种以面向普遍的方式来为个别私人服务，才使公共权力本身成为公共的而不是个别的、普遍的而不是特殊的，每一个个别私人才能无一例外地平等享受到它的服务。[①]

在市民社会领域，公共权力的公共服务就是提供公共产品。这个公共产品大致包括三个部分：管理性的，这就是一般的监督、协调职能；物品性的，这就是提供一般公共物品的职能，如巨大工程、公用设施等；保护性的，这就是一般对于私人权利的保护职能。黑格尔着重关注的是公共权力对于私人权利保护这一职能，其中，他又特别重视公共权力提供教育、解除贫困方面的公共产品服务。具体言之：

其一，保护个人的受教育权。这主要有两个方面：一方面，监督父母履行对儿童受教育权利的义务；另一方面，通过提供公共教育的方式使社会成员普遍接受教育。

其二，保护个人免于贫困、享有基本物质生活资料的权利。市民社会仍然有可能存在着贫困。这是由于：一方面，贫困本身是一个历史、相对的概念；另一方面，社会财富总量与社会财富分配是两个不同的问题。社会物质财富总量的增长并不意味着社会全体成员都能从中享受到平等的福利，相反，很可能是严重的财富两极分化。国家之所以要使社会成员免于贫困，就在于：一方面，贫困意味着作为个人自由权利中最基本内容的生命权将受到威胁，意味着使个人免于贫困即为使个人生命权免于威胁；另一方面，免于贫困意味着可以使社会成员“有能力感受和享受更广泛的自由”，尤其是精神的提升。这是因为，贫困有可能进一步导致贫贱，使个人免于贫困就有可能使个人免于贫贱，防止产生“贱民”[②]。黑格尔以自己的方式将社会成员的受教育权、免于贫困的权利纳入公共权力的公共产品供给范围，不失远见。公共产品不仅仅是一般的社会秩序、公共安全、道路设施等，它还包含着公民平等地受教育、基本生活条件与

---

① 参见黑格尔：《法哲学原理》，第 239—240 页。
② 参见黑格尔：《法哲学原理》，第 242—244 页。

尊严这样一些更为重要的内容。这就如阿马蒂亚·森所说，提供必要的教育与技能培训、防止疾病，帮助社会成员提高自由的能力，这是公共权力应提供的公共产品。

在黑格尔的思想逻辑中，免于贫困是为了免于贫贱。贫未必就是贱，但是贫有可能滋生出贱。贫困有时会使人失却做人的人格尊严。“当广大群众的生活降到一定水平——作为社会成员所必需的自然而然得到调整的水平——之下，从而丧失了自食其力的这种正义、正直和自尊的感情时，就会产生贱民。”[1]“贫困自身并不使人就成为贱民，贱民只是决定于跟贫困相结合的情绪，即决定于对富人、对社会、对政府等等的内心反抗。此外，与这种情绪相联系的是，由于依赖偶然性，人也变得轻佻放浪，害怕劳动……产生了恶习，它不以自食其力为荣，而以恳扰求乞为生并作为它的权利。”[2]值得注意的是，所谓“贱民”，必须仔细区分是何等意义上之“贱”。是自贱，还是人贱，抑或自贱之人贱？如果是人贱，很可能标识这个社会基于财富占有差别而形成的不同阶层之间的巨大精神、心理、情绪对抗。这是一个阶层对另一个阶层的精神、心理、情绪拒斥与对抗，是在上富有者对在下贫困者的一种心理鄙视。如果是自贱，则是贫困者自身基于物质贫困而进一步形成的精神贫困，是贫困者一系列恶习陋俗的形成。在这种自贱基础之上，亦会为他人所不屑。这就是自贱之人贱。人可贫，但不可贱。而无论在上述何种意义上出现的贱民，对于社会自身而言，都是一种病症与不幸，它有可能引起社会自身的分裂、动荡。

国家必须正视并努力解决贫困问题。“怎样解决贫困，是推动现代社会并使它感到苦恼的一个重要问题。”[3]根据黑格尔的分析，国家保护个人免于贫困的权利，除了上述知识技能教育外，还有两个基本路径：一方面，引导个人养成负责任的生活态度；另一方面，建立起客观的社会福利保障制度。社会要反对挥霍成性、挥金如土的生活习性，引导社会成员养成健康的生活态度与生活方式。与此同时，社会还必须建立一种福利保障制度，使社会成员不再是在偶然、主观的意义上，而是在必然、客观的意义上免于物质贫困。不过，值得注意的是：黑格尔在论及公共权力如何提供公共产品解决贫困问题时，没有考虑到创

---

① 黑格尔：《法哲学原理》，第244页。
② 黑格尔：《法哲学原理》，第244—245页。
③ 黑格尔：《法哲学原理》，第245页。

造并提供就业机会。就业机会，既能使社会成员通过劳动获得满足需要的物质财富，又能使他们体验到存在的价值与尊严。

对于社会生活中的贫困现象，社会成员个人基于同情心、关爱心的慈善行为是重要的。因为这既是市民社会这个伦理性实体中道德情感的定在，亦是这个伦理性实体中普遍善的基础。因而，即使是在一个社会福利保障较为健全的环境中，"这里尽管有着一切普遍的设施，道德仍然大有用场"[①]。对于自己的同胞冷漠、无动于衷，会使这个伦理共同体趋于消解，并使自己亦陷于孤独之中。然而，这种对于贫困的个人援助将面临两个问题：首先，这种援助的偶然性。这种偶然性在于：它不能保证使所有需要援助的人在必要时都能得到有效援助。它既取决于援助者的主观好恶及物质财富状况，亦取决于需要援助者获得援助信息的能力以及其本身信息被周知的状况。其次，这种援助存在着误导恶习的可能性，会使受援助者误以为"用不着以劳动为中介就可保证得到生活资料"[②]。黑格尔在第 245 节附释中以早年英国为例所着力说明的正是此。

对于社会贫困现象的克服，不仅要有个人同情，更要有社会同情。这个社会同情指的是建立一种客观的社会援助制度，即社会福利保障制度体制。不过，尽管社会福利保障制度体制可以有效地克服个人援助中存在着的偶然性之局限，但是，它亦会同样面临个人同情所面临的误导恶习之可能性问题。黑格尔事实上以自己的方式感觉到了高福利的社会保障，与社会经济发展所存在着的内在紧张之可能。这个可能有两个方面：一方面是相关社会成员面对高福利时对于劳动作为获得社会财富途径的冷淡，这是关于社会财富创造的劳动力问题；另一方面是社会财富面对"贱民"总是不够富足的。这又隐含着两个方面的内容：一是相对于"贫贱"之欲望，既有的财富总是不够的，一是由于"贫贱"者缺失消费能力而导致的财富相对过剩而使物质再生产过程停滞。[③]这样看来，社会福利保障制度本身尽管可以一定程度地消除社会物质贫困，但是却无法消除社会的精神贫困。社会福利保障制度体制本身亦应有个合理性程度的问题。

---

① 须注意黑格尔在此的特殊表达："贫困的主观方面……要求同样一种主观的援助。"这里黑格尔所说"主观"并非我们通常意义上所理解的主观，并非仅仅指一种精神上的关心之类。这里的"主观"指的是个体、个人，说的是个体、个人对于贫困者援助的必要性。正是因个体援助具有偶然性，才要求有客观普遍物的援助。参见黑格尔：《法哲学原理》，第 243 页。

② 黑格尔：《法哲学原理》，第 245 页。

③ 参见黑格尔：《法哲学原理》，第 245 页。

（二）国家权力中的官吏

国家权力通过履行相关职责的个人实施，行政官吏就是行政组织中行使行政权力的个人。官吏之所以成为官吏，并不在于其自然方面，而在于其知识与能力方面。[①]“行政事务和个人之间没有任何直接的天然的联系，所以个人之担任公职，并不由本身的自然人格和出生来决定。决定他们这样做的是客观因素，即知识和本身才能的证明。”官吏的最基本职业要求是“恪尽职守”。不作为、违反职务要求的乱作为，是官吏的两种“违背职务的行为”。[②]值得注意的是，官吏的“恪尽职守”之职务要求，不仅仅是形式方面的，亦有实质内容方面的。形式方面的是服从行政组织，执行上级命令，履行组织程序；实质内容方面的则是公共自由、公共福利实现这一质的规定性。形式的方面与实质的方面有时会发生冲突，在这冲突中，官吏直接面对的是组织纪律与个人良知的冲突。

国家的职能和权力总是与“负责运用和实现它们的个人发生联系”，但是，不是这些个人决定国家的职能和权力，相反，是国家职能和权力决定了个人的作用，是这些个人在具体行使这种职能与权力。[③]在行政组织中，个人没有自身独特的目的与利益，个人只是作为这个组织职能的履行者存在。[④]不过，正由于国家制度与法律通过具体官吏行使，公民通过具体官吏具体感受国家制度及其法律的内容，并对国家形成具体的情感体验，因而，行政官吏无论大小，都是以政府的（代表）形象出现，并直接决定着人们对于政府的印象与态度。所以黑格尔强调：“官吏的态度和教养是法律和政府的决定接触到单一性和在现实中发生效力的一个点。公民的满意和对政府的信任以及政府计划的实施或削弱破坏，都依存于这一个点。”[⑤]治国关键在治吏。

履行公共权力的个人，尽管是以行政组织权力定在的公共身份存在，但是，他同时又是一个事实上具有私人利益的特殊存在者。官吏在履行公共权力时，

---

① 那些以身高、外貌以及户口所在地等为条件录用公务员的做法，毫无道理。那种以为公务员的道德品质具有优越性的看法，亦为无稽之谈。

② 参见黑格尔：《法哲学原理》，第 311、312、313 页。

③ 参见黑格尔：《法哲学原理》，第 293 页。

④ “国家职务要求个人不要独立地和任性地追求主观目的。”不过，这并不意味着在行政组织中的个人没有自己独特的人格与尊严，而只是说在这种职业的公共活动中，其不是以私人的身份而是以公共的身份出现，且是为了行使公共权力。参见黑格尔：《法哲学原理》，第 312 页。

⑤ 黑格尔：《法哲学原理》，第 313 页。

他应当忘掉自己的这种特殊私人利益身份，而仅仅保持公共权力定在的公共身份。然而，官吏双重身份存在本身，就意味着这样一种可能的现实存在：身份的错置，以公共身份谋取特殊利益。这正是官吏腐败存在的根本缘由之一。这样看来，只要存在着这双重身份，就有可能出现身份的错置，进而就有可能腐败。腐败是与公共权力本身伴随始终的现象。只要存在着公共权力，存在着公共利益与私人利益之分，就存在着腐败可能。腐败现象只能被扼制、克服，但不可能被根本消灭。在这种公共权力行使中的公共性与私人性双重身份存在前提下，有可能出现一个“官吏共同利益”“集团”，这个共同利益集团会出于各种缘故而对抗“他们的下级和上级”，[①] 致使行政权力失却其公共性。

在黑格尔看来，预防与克服公共权力滥用与腐败有两个基本渠道：其一，官吏的吏德操守。恪尽职守的责任心，大公无私、奉公守法的品质，温和敦厚的文明形象，这是吏德不可或缺的内容。黑格尔在讲到吏德培养时提出了“伦理教育”与“思想教育”两种教育。他认为：“为了使大公无私、奉公守法及温和敦厚成为一种习惯，就需要进行直接的伦理教育和思想教育，以便从精神上抵销因研究本部门行政业务的所谓科学、掌握必要的业务技能和进行实际工作等等而造成的机械性部分……减轻家庭联系和其他私人联系所占的比重，也可以削弱和麻痹报复心、仇恨心和其他类似的激情。”[②] 黑格尔提出的这两种教育很有道理。“伦理教育”是要在伦理关系中理解行政权力，说的是关于公共行政权力来源及其合法性问题。“思想教育”是要在美德立场把握公共权力的行使，说的是关于官吏个人人格修养问题。官吏由于其行使国家公共行政权力，掌有资源的直接支配权。正由于这种公共性权力在握，使得官吏自以为自己是权力的根源，可以对公民们飞扬跋扈，蛮横霸道。其实，官吏的权力来自伦理实体，来自公共生活，来自人民赋权。官吏们如果有了这种“伦理的”观点，就不会自以为高人一等，相反，就会容易滋生为公共服务的意识。思想教育所要解决的是官吏的一般品格修养。一个官吏，既具有良好人格操守修养，又具有为公共服务的意识，那么，一般情况下就能够做到恪尽职守。

其二，权力之间的监督。这种权力之间的监督由不同的方面构成：行政组

---

① 参见黑格尔：《法哲学原理》，第 313—314 页。

② 参见黑格尔：《法哲学原理》，第 314 页。

织内部的，以及来自行政组织外部的。行政组织内部的监督是基于行政组织自身的完整性与有效性的监督，它又有两个方面：来自主管部门这一上级的，以及来自不同权力部门的。来自行政组织外部的监督是社会的监督，它主要包括各种社团及公共舆论的监督。独立、强大的民间社团组织的存在，将会使官吏"不敢胡作非为"，进而有利于防止与克服腐败，保持公共权力的公共性质。所以，黑格尔特别注重公共社团、中间阶层对于现代国家的意义，认为它们的形成与存在"是国家的最重要的利益之一"①。

（三）国家行政中的自治团体

黑格尔在国家行政中特别重视"同业公会"和"自治团体"的作用。这缘于他对法国大革命的观察与理解。在他看来，法国大革命之所以以那种形式呈现并出现那种结果，与"法国缺少同业公会和地方自治团体，即缺少特殊利益和普遍利益在其中相汇合的集团"有关。②一个缺少自治团体的国家，是一个民众原子式的聚合体，缺少秩序与力量，往往会滋生"暴民"，并带来毁灭性的后果。

在黑格尔看来，"国家的真正力量有赖于这些自治团体"。因为这些自治团体本身就是国家有机体的内在部分。正是这些自治团体，将原子式的个人组织成为有组织的存在，进而使国家获得秩序与力量。国家权力"必须尊重"这些自治团体的"合法利益"，"增进这种利益，同时又必须监督它们"。这样，"个人在行使他的权利时就获得了保护"，从而实现了私人利益与整体利益的统一。③

在国家行政中，国家权力所面对的是无组织的原子式的群众，还是有组织的群众，这有两个方面的重大意义：其一，直接关涉行政权力的作用及其效果。面对无组织群众时，国家权力行政在根本上是低效率的。其二，无组织群众处于无组织状态时的软弱性，既不能有效表达自己的意见，又不能有效地争取与维护自己的利益。"群众部分也应成为有组织的，这一点非常重要，因为只有这

① 参见黑格尔：《法哲学原理》，第 313、315 页。
② 参见黑格尔：《法哲学原理》，第 310 页。
③ 参见黑格尔：《法哲学原理》，第 311 页。

样，它才成为力量，成为权力，否则它只是一大堆或一大群分散的原子。合法的权力只有在各特殊领域的有组织状态中才是存在的。”[①]

（四）国家权力与公共舆论

“公共舆论”不同于通常所说的“舆论”。公共舆论是“人民表达他们意志和意见的无机方式”[②]。所谓“无机方式”指它是公民个人自由言论的集合性表达。舆论是人类自古以来就有的社会现象，公共舆论却是人类近代以来伴随着独立人格、自由身份普遍出现而出现的东西。公共舆论既以每个人的自由存在为前提，又是每个人的一种自由存在方式。

公共舆论内生出公共传媒。在欧洲，公共舆论最早在一些知识群体中出现，并形成了所谓公共知识分子这一特殊社会阶层。公共舆论有其表达工具，这个专门的表达工具就是后来的新闻传媒。新闻传媒的公共性品质，在根本上源于其不受政府权力控制的公民自由思想与言论的自由权利，源于其独立于政府权力之外的社会监督。

言论自由、出版自由，是现代国家政治生活的有机构成方面。言论自由以及由言论自由所进一步引申出来的出版自由，是“现代世界的原则”[③]。言论自由是个人自由权利的具体定在。一个言论自由的政治制度，是一个危险性更小的政治制度。这是因为：一方面，人们能够自由发表自己的言论，就会更倾向于容忍与倾听他人的自由言论；另一方面，人们通过自由言论可以表达乃至发泄自己的不满，因而，不至于心生怨恨而采取突然极端手段。黑格尔以法国为例认为：“在法国，一直显得言论自由要比默不作声危险性少得多，因为后面一种情形，怕的是人们会把对事物的反对意见扼在心头，至于论争则可使他们有一个出口，而得到一方面的满足，何况它又可使事物更容易沿着本身的道路向前推进。”[④] 当然，言论自由也是公民对公共权力行使监督权利不可或缺的手段与工具。

---

① 参见黑格尔：《法哲学原理》，第 311 页。
② 参见黑格尔：《法哲学原理》，第 331—332 页。
③ 参见黑格尔：《法哲学原理》，第 334 页。
④ 参见黑格尔：《法哲学原理》，第 334 页。

由于公共舆论是公民个人自由言论的集合性表达，因而，公共舆论是一种杂多。“在公共舆论中真理和无穷错误直接混杂在一起。”[①] 就公共舆论是一种公民意见与情绪的直接表达而言，它具有不确定性，甚至公共舆论由于其表达主体人数的众多性与广泛性，而会形成一种政治话语霸权。然而，在公民的意见与情绪中，存在着公民的利益与需要这样一类现实生活内容；在公民意见现象性、变幻性表达方式背后，存在着民心、民意这样一类客观性内容。正是民心、民意这样一类客观性内容，为具体政治活动提供合法性根据。[②] 不过，由于公共舆论的杂多性与客观性二重特质，所以必须以理性的态度辩证对待公共舆论。既不能冒天下之大不韪，又不能缺少主见被杂见舆论所左右。“公共舆论又值得重视，又不值一顾。不值一顾的是它的具体意识和具体表达，值得重视的是在那具体表达中只是隐隐约约地映现着的本质基础。”[③]

“脱离公共舆论而独立乃是取得某种伟大的和合乎理性的成就……的第一个形式上条件。”[④] 政治生活中的正义追求与一切科学事业中的真理追求一样，必须有“走自己的路，让别人去说吧！”的精神气质，必须有自己的独立主见与判断。“公共舆论中有一切种类的错误和真理，找出其中的真理乃是伟大人物的事。谁道出了他那个时代的意志，把它告诉他那个时代并使之实现，他就是那个时代的伟大人物。他所做的是时代的内心东西和本质，他使时代现实化。谁在这里和那里听到了公共舆论而不懂得去藐视它，这种人决做不出伟大的事业来。”[⑤]

公共舆论自由意味着出版自由。没有出版自由，即无公共舆论自由。然而，与对自由有各种浅薄理解一样，对出版自由亦有各种浅薄理解。这些浅薄理解最终都归结为对出版自由的形式主义理解。在黑格尔看来，这些“形式主义”理解是“完全未经教化”的，不懂得个人自由权利总是以一定的责任、义务为其内在规定。[⑥] 可能有人会基于这种出版自由的形式主义理解，对言论、出版

① 黑格尔：《法哲学原理》，第 333 页。

② 这就如黑格尔所说：“公共舆论不仅包含着现实界的真正需要和正确趋向；而且包含着永恒的实体性的正义原则，以及整个国家制度、立法和国家普遍情况的真实内容和结果。这一切都采取常识的形式，这种常识是以成见形态而贯穿在一切人思想中的伦理基础。”参见黑格尔：《法哲学原理》，第 332 页。

③ 黑格尔：《法哲学原理》，第 334 页。

④ 黑格尔：《法哲学原理》，第 334 页。

⑤ 参见黑格尔：《法哲学原理》，第 334 页。

⑥ 参见黑格尔：《法哲学原理》，第 335—337 页。

自由是想说（写）什么就说（写）什么作进一步辩护。在这种人看来，言论与写作只是一种“意见和思维”或“清谈”，而不是一种现实“行为”，所以，言论与写作并不存在、也不会造成对他人的侵害，因而，它不应该受到任何干涉。这种观点并没有看到：伤害不仅仅有对有形财产与身体的伤害，还有对人格这一无形财产的伤害。言论与写作尽管没有造成对他人有形财富与身体的直接伤害，但是，却有可能通过诽谤、诟骂、侮辱等方式损害他人名誉，伤害他人人格；尽管言论与写作不同于暴力行为，但是它却有可能通过煽动、唆使的方式造成对国家法治秩序的破坏。因而，尽管言论与写作本身不是直接的行动，但是却在一些特殊情况下构成直接行动的一个环节，或者本身就是一个具体行动。当然，需要特别注意的是：必须警惕在不得伤害他人与社会的名义之下控制言论与出版，进而事实上否定思想与言论自由。

三、国家制度变迁

国家制度作为生命有机体具有内在生长性。国家制度的内在生长过程，是在宪法秩序中居于本民族文化历史、于自由理念指引下的开放性过程。

（一）国家制度的历史性

在黑格尔看来，国家制度的形成有其历史根据或“历史制约性”，这种历史性正是国家制度特殊性的基本缘由。这种历史制约性就在于：一个国家制度究竟有何种具体内容、这种内容以何种具体形式存在，它由其历史所规定。不能离开特定历史去任意确定一个国家的政治制度及其具体存在样式。那种离开特定的历史与文化，试图输入一种国家政治制度的做法，由于其无根性的主观性，注定会陷入困境。“如果要先验地给一个民族以一种国家制度，即使其内容多少是合乎理性的，这种想法恰恰忽视了一个因素，这个因素使国家制度成为不仅仅是一个思想上的事物而已（即这个因素使得国家制度具有这样内容与形式的具体存在的国家制度——引者加）……每一个民族都有适合于它本身……的国家制度。”[①]

黑格尔认为：“没有一种国家制度是单由主体制造出来的。”[②]他以拿破仑为例对此作了生动且深刻的说明。“拿破仑想要先验地给予西班牙人一种国家制度，但事情搞得够糟的。其实，国家制度不是单纯被制造出来的东西，它是多少世纪以来的作品。”尽管“拿破仑所给予西班牙人的国家制度，比他们以前所有的更为合乎理性，但是它毕竟显得对他们格格不入，结果碰了钉子而回头，这是因为他们还没有被教化到这样高的水平。一个民族的国家制度必须体现这一民族对自己权力和地位的感情，否则国家制度只能在外部存在着，而没有任何意义和价值”。[③]一个民族在长期的历史过程中会形成自己特殊的生活方式及对这种方式的特有情感，正是这种特殊生活方式与情感，成为这个民族国家政治制度的基础。

然而，国家政治制度的这种历史性，并不意味着国家政治制度是一个无须人的自觉努力就会自然来到的东西。一个国家政治制度的建立，是人们追求自己理想的产物，是一些先知精英们不懈奋斗带领民众前行的结果。华盛顿、林肯、毛泽东、邓小平等亦以自己的实践，表明了个人以及个人的价值信念在这种国家政治制度形成过程中的作用。不过，这里的关键在于：一方面，既有的那种生活方式已经失却了存在的根据，这些先知精英们顺乎历史而动；另一方面，这些先知精英们亦须使自己的信念成为全体民族的信念[④]，且他们所为之奋斗的国家政治制度的具体内容及其存在样式，以及这个国家政治制度的建立过程，都必须从这个民族实际出发。

黑格尔承袭了孟德斯鸠的看法，将历史上的国家制度分为君主制、贵族制与民主制三种形态，与这三种形态相应的分别是在国家政治中的“一个人，多数人或一切人”的统治。[⑤]在这三种形态中，国家的统一与秩序分别依系于一个人、一些人、所有人。在这个意义上民主制对其公民的要求最高，民主制的稳

① 黑格尔：《法哲学原理》，第 291 页。

② 参见黑格尔：《法哲学原理》，第 291 页。

③ 参见黑格尔：《法哲学原理》，第 291—292 页。历史往往有惊人的相似之处。美国出兵推翻伊拉克萨达姆政权，强加给伊拉克人一个“民主”政府的做法，是“拿破仑想要先验地给予西班牙人一种国家制度”的现代重演。

④ 参见黑格尔：《法哲学原理》，第 292 页。

⑤ 参见黑格尔：《法哲学原理》，第 287—288 页。

固有赖于公民的理性精神。黑格尔还对孟德斯鸠关于君主制政治以“荣誉”为原则、贵族制以“节制”为原则、民主制则以“美德”为原则[①]的思想作了进一步的解释。在黑格尔看来，封建君主制的国家生活建立在特权人格上，维系国家统一的就是君主的荣誉；贵族制国家政治有可能堕入暴政或无政府主义，故维系国家统一的就是反对暴政与无政府主义的贵族的节制；民主制由于建立了个人自由的政治制度，在这里需要防止公民个人的贪婪与纵情，故，维系民主国家稳固统一的就是公民个人美德。[②]

不过，值得注意的是，黑格尔不是在上述古代国家、而是在现代国家的意义上，同样使用了君主制、贵族制与民主制三种制度表述。[③]这里的关键在于：黑格尔此处不是在国家制度的历史形态，而是在现代国家的具体制度形式这一“政体”的意义上谈论问题。他在《历史哲学》中就很明确地表达了一个思想：不同民族国家的不同历史、文化背景，会在宪政下有不同的政体形式。他认为：“宪法在抽象方面很正确地被区分为君主政体、贵族政体和民主政体。”[④]这样，对于黑格尔的下述思想观点就容易理解了。黑格尔认为：“君主制与民主制相比，哪一种形式好些？”这样一类问题是“无意义的问题”。[⑤]黑格尔的这一观点容易被误解，以为这是他的政治妥协立场。其实未必。如前述，他此处的焦点不在于一般地思考国家的本质及其历史形态，而是思考他所生活于其中的那个时代的国家的本质及其具体形式，他思想所指向的是具体民族的具体国家制度形式，且认为这个具体形式必须基于这个民族的历史、文化。[⑥]

黑格尔对现代国家有一个前提性的原则立场，即对自由权利、自由精神的价值确认；在现代世界的一切国家形式，只有自由权利、自由精神才能给予其存在的合理性根据。他一方面认为：“现代世界是以主观性的自由为其原则的……存在于精神整体中的一切本质的方面，都在发展过程中达到它们的权利的。”[⑦]——这里的“主观性”指的是个体性、特殊性。它所要表达的实质性内

① 参见孟德斯鸠：《论法的精神》上册，第3章，尤其是第23—30页。
② 参见黑格尔：《法哲学原理》，第289—290页。
③ 参见黑格尔：《法哲学原理》，第287—289页。
④ 参见黑格尔：《历史哲学》，第45—50页。
⑤ 参见黑格尔：《法哲学原理》，第291页。
⑥ 如果联系其紧接其后的关于拿破仑在西班牙建立制度的论述，则这一点就更为清楚。
⑦ 参见黑格尔：《法哲学原理》，第291页。

容是：现代世界中的国家以个人自由权利为其原则。另一方面认为：现代世界中以自由精神、自由权利为规定的国家的具体形式则是多样的，但无论哪种具体形式，它都应是自由权利、自由精神为其原则或内在规定。所以，他强调："我们只应该这样说，一切国家制度的形式，如其不能在自身中容忍自由主观性的原则，也不知道去适应成长着的理性，都是片面的。"[①]

自由的制度是现代世界的制度，自由制度的具体形式则基于不同民族的历史、文化而具有多样性。

（二）国家制度变迁方式

国家制度变迁是一个演进过程。"国家制度存在着，同时也本质地生成着，就是说，在它自身的形成中向前运动着。这种前进的运动是一种不可觉察的无形的变化。""一种状态的不断发展从外表看来是一种平静的觉察不到的运动。久而久之国家制度就变得面目全非了。"[②]

国家制度变迁并无固定模式，它是一个民族在自己发展过程中各种因素综合作用的结果。一切最终导致国家制度根本性变化的变革都是革命。但是国家制度革命未必必定取暴力的方式。黑格尔所提到的德国土地所有制的变迁，以及旧时皇帝的审判权向法官的移交，就是这样的非暴力演进。[③]诸如此类情况，在历史上并不少见。英国议会制出现的机缘就是一场征税。顾准在分析古希腊雅典民主政治演变时，就曾揭示了由原始王政，经寡头政治、僭主政治再向民主政治的演进线索。[④]一般说来，国家制度在一种平和、觉察不到的方式中变迁，是一种社会破坏性较轻、变迁成本较低的方式。国家制度变迁的这种平和方式，它表达了两个方面的基本内容：其一，表达改良的实践模式，而不是推倒重来的彻底否定模式。因而，这是一种有积累的脚踏实地、步步为营的国家政治生活模式。其二，表达法制的理性实践模式，而非反法制的、非理性的情绪化实践模式。因而，这是一种在法律范围内的有序政治实践。国家制度变

① 参见黑格尔：《法哲学原理》，第 291 页。
② 参见黑格尔：《法哲学原理》，第 315—316 页。
③ 参见黑格尔：《法哲学原理》，第 315—316 页。
④ 参见顾准：《从理想主义到经验主义》，《顾准文集》，贵州人民出版社 1994 年版，第 256 页。

迁、国家权力的交接更替，是否能在现有宪法法律所确立的政治生活制度框架内实现，是否能以一种平和有序的方式进行，这是判断一个国家制度成熟与否的关键。

国家制度的这种平和演进，以社会各阶层利益能够得到有效表达并有效维护为前提。基于社会各阶层广泛组织起来基础之上的各阶层利益表达的渠道畅通，能够彼此承认、尊重，能够理性对话、合理妥协，有规则意识，才能构成国家政治秩序自发演进的条件。

在黑格尔看来，社会组织（诸如同业公会或社团）由于是社会成员有组织表达自己利益、维护自身权益的方式，因而，在国家政治生活演进中具有特别重要的意义。

其一，它将单个的人组织成一个集团，使无组织的存在变为有组织的存在。"各等级的真正意义就是：国家通过它们进入人民的主观意识，而人民也就开始参与国事。"[①] 国家不是无数单个人的集合，而是有组织的政治有机体。无数单个人的集合尽管也具有"总体"的样式，但是，这种"总体"只是"一群无定形的东西"的聚合，"他们的行动完全是自发的、无理性的、野蛮的、恐怖的"。国家"在本质上是由本身就构成了集团的那些成员所组成的"。正是这种有组织的集团，才使国家政治生活有可能摆脱自发、非理性状态，并拥有有序发展的可能。[②] 个人总是难以彻底避免情绪性冲动，具有情绪性冲动可能性的个人行为在政治生活中总是不确定、不稳定的。而组织则可以在相当大程度上避免这种单个人的情绪冲动，使之成为一个有理性的存在。惧怕民众的有组织、惧怕社团组织的广泛存在，其结果往往是无组织的情绪宣泄，只能是无数怀有冤气、情绪冲动的"群氓"的"无理性"、"野蛮"与"恐怖"。

通常人们总以为是个人构成了国家，其实国家并不是直接由个人构成，而是由各种特殊集团所构成的"各种特殊集团的整体"[③]。具体的国家政治生活以及由国家政治生活所呈现的权益关系，首先是不同特殊阶层、利益集团之间的关系。国家具体政治结构，是这些不同特殊阶层、利益集团相互间对话博弈的结果。个人只有通过各种利益集团成为如黑格尔所说"充满了特殊性"的存在，

① 黑格尔：《法哲学原理》，第 321 页。

② 参见黑格尔：《法哲学原理》，第 322—323 页。

③ "具体的国家是分为各种特殊集团的整体。"参见黑格尔：《法哲学原理》，第 326 页。

“才不是空虚的，而是充实的和真正有生气的”[1]，才能成为国家政治生活中的有机部分，才能真正拥有自己的自由权利。所谓个人成为“充满了特殊性”的存在，是指个人成为特殊社会阶层、特殊社会利益集团、特殊社会群体组织的一员，进而有其特殊利益及有具体规定性的自由权利。

黑格尔认为：“个人是类，但是他只有作为最近的类才具有自己内在的普遍的现实性。”“因此，他首先在他的同业公会、自治团体等领域中达到他的对普遍物说来是现实的和有生气的使命，这些领域的大门对他是开着的，他可以按照自己的才干进入他有资格加入的任何一个领域。”[2] 个人是类（社会）的存在，但这不是至大无边的空泛之类，而是那些直接构成自己现实生活世界并直接生活于其中的类。同样，个人是伦理实体性的存在，这个伦理实体亦不是空泛的，个人首先是自己所在家庭、单位、社区、社团等这些具体伦理性实体中的存在。

其二，社团将“市民生活和政治生活”结合在一起，使政治生活拥有自己“稳固而合理的基础”，而不至于“悬在空中”。[3] 政治以利益为基础，政治关系在根本上是利益关系。国家生活在根本上以不同阶层、集团调整彼此利益关系为内容。政治生活就存在于经济生活之中，不同集团、阶层之间的政治关系就存在于彼此的经济关系之中。一个阶层、集团要争得政治上的解放，就必须获得经济上的解放。没有经济解放的政治解放是空幻的。同样，经济上的解放必须上升为政治上的解放，没有政治上的解放，经济解放总是不牢固的。政治生活总有其利益基础，且是这种利益关系的现实存在。没有协调和谐的社会利益关系，就不可能有协调和谐的政治秩序。

有序的市民社会生活，是有序国家生活的基础。市民社会中平等的经济自由，以及在这种市民社会生活中所透露出的平等的自由精神，必须在政治生活中得到反映。国家不是社会某一集团或阶层的，而是所有阶层、所有社会成员的。因而，一个民主且稳固的国家政治制度必须反映国家的这种政治共同体属性。

黑格尔曾有这么一段话：“国家制度在本质上是一种中介关系。专制国家只有君主和人民，后者如果起作用的话，仅仅作为破坏性的群众而对国家组织

---

① 参见黑格尔：《法哲学原理》，第 326 页。
② 参见黑格尔：《法哲学原理》，第 326 页。
③ 参见黑格尔：《法哲学原理》，第 322—323 页。

起作用的。但当群氓进入国家而成为有机部分时，他们就采取合法而有秩序的方法来贯彻他们的利益。相反地，如果不存在这种手段的话，那末群众的呼声总将是粗暴的。”[①]如果我们不是过于专注黑格尔将民众视为“群氓”这类字眼，而是关注包含其中的重要且积极的思想内容，那么，我们就不难领会到：黑格尔此处说国家制度本质上是一种“中介关系”，指的是国家的公共性品质。即，在这里，我们应当在公器及其一般社会公共管理职能在不同利益群体或社会阶层的不同利益要求相互抗争、协调、平衡的政治共同体意义上把握国家。如果我们能够将国家理解为一种公共性的而非偏私性的东西，是公器而非私器，是不同社会利益集团或阶层表达与维护自身利益的现实方式（“中介”），那么，这个国家就必定不是专制暴政的，生活在这个国家中的人们就会通过法律秩序的方式在国家制度范围内表达与维护自己的利益。无论是法律秩序或无政府动乱，都不过是普通民众表达与维护自身利益的具体方式。大道闭，则小道行。中国古代所谓“逼上梁山”即为其意。如果不是将国家政治制度的稳固，建立在维护民众利益、使民众有利益表达与维护的现实通道的基础之上，而是仅仅指望通过强权维护国家秩序的做法，只能维持暂时与表面的政治稳定，不能获得真实持久的政治稳定。要使国家政治秩序长治久安，就要有体制内的利益表达与维护的有效渠道，就必须使国家成为人民的，必须使国家政治生活成为社会所有阶层、所有利益集团利益表达与维护的有效场所。一旦体制内缺少这种正常的利益表达与维护渠道，则就会由体制外的利益表达与维护方式来补充。这种体制外的表达与维护方式，不仅是粗暴、破坏性的，而且是对既有国家政治制度的否定。这是黑格尔留给我们的重要启迪。

四、历史进程及其规律

黑格尔客观唯心主义的方法论，绝对精神的哲学圆圈运动，正反合的内在否定性辩证逻辑，以及他对国家生活中的客观、必然性内容的强调，决定了黑格尔的社会历史观承认历史进程及其规律性。黑格尔在“国家”章的“世界历

---

① 黑格尔：《法哲学原理》，第 322 页。

史”部分通过“世界精神”概念，事实上从一个侧面探讨了人类文明的历史进程及其规律问题。

黑格尔认为："历史是精神的形态"①，"世界历史无非是‘自由’意识的进展"②。黑格尔以客观唯心主义表达方式表达了一个极为重要的思想内容：历史不是时间、纪年的概念，而是人的自由精神生长的概念，历史是精神的现象；一切历史现象不过是人类远离动物界、争取自由的活动；历史是人类争取自由的历史，人类争取自由的历史有其内在规律性。

（一）历史进程中的英雄人物

在黑格尔关于国家政治生活乃至人类历史进程的思想体系中，“人民”并不被重视，甚至还被视为“群氓”。他认为："人民就是不知道自己需要什么的那一部分人。知道别人需要什么，尤其是知道自在自为的意志即理性需要什么，则是深刻的认识和判断的结果，这恰巧不是人民的事情。"③不仅如此，甚至黑格尔对个人在历史文明进程中的作用亦持某种保留态度，认为个人在理性狡计、必然面前只不过是一“玩偶”。在黑格尔看来，在历史舞台上表演的是那些英雄人物（或“伟大人物”），这些英雄人物能够认识与把握理性精神，创造历史。黑格尔的这个英雄史观是其客观唯心主义哲学思想方法及其历史观的必然结果。不过，如果我们能够在人民总是要被组织起来，组织起来的人民总有其代表，人民代表带领人民从事社会活动的意义上理解黑格尔的上述英雄人物思想，则会有所发现。

“英雄人物”是与“平庸人物”相对应的概念。将“英雄人物”与“人民群众”概念相对应的习惯性理解，在逻辑上有问题。因为，只有将英雄人物理解为杰出人物、将人民群众理解为普通人物时，这种习惯性理解才有可能成立。我们曾有一种习惯性认识，以为历史不是英雄创造的，而是人民群众创造的。这种认识在三个方面存在明显失误：其一，将英雄搁置于人民之外，人民成了一群无组织、无代表的杂在。因为，只要人民是有组织性的存在，这个有组织

① 黑格尔：《法哲学原理》，第 353 页。
② 黑格尔：《历史哲学》，第 18 页。
③ 黑格尔：《法哲学原理》，第 319 页。

性的存在就必定有自己的代表，那么，人民就必定有自己的英雄。其二，对历史的虚无主义态度。历史总是与一些杰出人物直接联系在一起，尤其在历史重大变迁时期更是如此。其三，英雄往往从大众中产生，草根出英雄。草根向英雄的转化，这是历史辩证法。根据哈耶克的思想，人总是有理性不及的。人多势众不是真理的根据。真理往往总是首先为少数人把握。正是这些少数者作为先知、先驱、先哲，唤醒、引领了其他的多数者。这些事实上起着唤醒与引领作用的少数者，就是改变社会与历史的英雄人物。

英雄人物是人民群众中的一员。文明历史由无数个人创造性活动所构成。正是无数普普通通社会成员的生动创造性活动，筑成了巨大的历史舞台，绘就了历史的雄浑画卷，并为那些英雄人物一展身姿提供了巨大空间。个人在文明历史进程中的作用并不相同，有些默默无闻，有些声名显赫，有些平庸，有些杰出，有些流芳百世，有些遗臭万年。能够占据历史舞台中心并作为时代标记的，则是那些英雄人物。尽管英雄人物也有欲望激情、图谋追求[①]，但英雄人物是“居于一切行动也包括世界历史性行动在内的顶点”的人，“他们是世界精神的实体性事业的活的工具”[②]，他们是时代的先知与先行者。英雄是“伟大的历史人物”。他们所以是英雄，就在于他们是时代精神的代言者与代理人，他们改变了既有时代。“因为他们不是从现行制度所认准的、沉静有常的事物进行中，取得他们的目的和他们的事业，而是取自一个泉源……取自那个内在的‘精神’，这‘精神’依然潜伏在地面之下，它冲击着外面的世界，仿佛冲击一个外壳，把它打成粉碎。因为他自己具有另外一个核心，而不是这一外壳的核心。”他们以自己超常的眼光、意志、热情、言论、行动，做了引领时代变迁的“正合时宜”的事情。[③]他们的远见卓识、坚定信仰、非凡意志、杰出组织能力，在给人们灌输一种新的时代精神的同时，引领人们战胜那些似乎不可战胜的力量，去开创一个新时代。[④]这些英雄人物在历史上常常出现两次，一次是悲剧，一次是喜剧。他们往往首先并不为自己所献身的人们所理解与认同，相反，他们往往为自己所献身的人们所抛弃。他们也不是人格上的完人，相反，他们很

① 关于此方面内容，可参见本书第 5 讲相关内容。

② 黑格尔：《法哲学原理》，第 354 页。

③ 参见黑格尔：《历史哲学》，第 31 页。

④ 根据牟宗三先生的说法，英雄具有魔性的浪漫，他们具有非凡的意志力、能够代表民众愿望并带领民众前行。参见牟宗三：《政道与治道》，广西师范大学出版社 2006 年版，第 60—68 页。

可能在人格上存有这样那样的缺陷——甚至非凡意志力所固有的执着本身，就可能是一种人格上的缺陷，因而他们人格本身也可能为当时或后来的人们所诟病。他们有伟大的心志，因而，他们有超乎常人的道德冲突，他们为了伟大的目标，可以舍弃那些在常人看来极为可贵的东西——包括某些在常人看来值得珍惜的日常生活美德，承受常人难以想象的道德压力，忍辱负重。他们具有伟大的创造力，但是，这亦意味着他们可能具有极大的破坏力。他们在建立一个新世界的同时，有可能毁灭的不仅仅是旧世界，而是某种程度的玉石俱焚。然而，正由于他们引领人们创造了一个新世界，这个新世界本身就成为他们不朽的纪念碑，并以他们命名。

人类虽绵延数十万年，但是，在人类文明史上留下不朽印记的则寥若晨星。人类因为有了他们才打开了一页页新的历史。人类将永远仰慕他们，并将永远在他们的引领下走向明天。英雄人物是引领人类历史进步的力量。

不过，黑格尔还曾表述过这样一个思想：英雄出现在国家出现之前①。黑格尔的这个思想中隐含着两个值得重视的、极为重要的基本内容：一方面，英雄出现于由野蛮向文明的转折期，即，英雄的作用在历史转折时期突现，在历史转折时期，英雄人物引领社会前进；另一方面，在建立起严格法治的现代民主社会中，生活本身的稳定、制度化，使得社会在一种规范化的方式中演进，因而，现代社会是一个去英雄的时代。

一个自由的、长治久安的社会，不能建立在英雄及其品德基础之上，而必须奠基于宪法法治制度。如果没有这样一种宪法法治制度，即使时代出现了英雄，也既不能保证其巨大引领力不会给社会带来任何毁坏，亦不能保证其后必定不会出现卑劣者；即使社会会有一时的道德清明，也不能保证其后的社会就一定是朗朗乾坤。一个社会只有建立起一种客观的宪法法治制度，才能不仅保证社会的法治秩序，而且还能保证社会成员秉持道德良知。因而，身处历史变迁时代的英雄们的根本使命，就是建立起这样一种宪法法治制度。他们将因此而永垂史册，并为后来的人们缅怀景仰。

根据黑格尔的思辨分析，英雄之所以能成就历史，就在于英雄背后有历史，英雄顺应了历史的潮流、趋势。

---

① 参见黑格尔：《法哲学原理》，第 97 页。

（二）历史进程中的规律性

严格说来，黑格尔客观唯心主义思想体系及其历史观中的历史规律，是一种外在于人的东西，它只不过是借助人的活动呈现自身而已。黑格尔的这种历史规律思想讹误严重。

人们通常的习惯认识似乎也印证了黑格尔关于历史规律的思想合理性。人们习惯以为，规律总是客观、必然、不以人的意志为转移的，人类历史的规律是存在于人之外并支配着人的活动的某种必然性。这种习惯性认识除非是直接针对某一个或某些特定具体人而言，否则这种对历史规律性的理解有神秘主义倾向。人们所言说的“历史规律”，不过是人们通过对已有人类历史的一种回溯性理解，以及基于这种理解所得出的一种人类社会历史发展的趋势。历史规律不在于人之外，它存在于人的活动之中；历史规律亦不是某种先在的东西，它只是人自身活动中所具有的东西，它是人的活动所构成的规律。没有人及其活动，就没有所谓人类的历史规律。人类历史是由世代无数具体个人的日常活动所构成。这些具体人的日常活动尽管形态各异，但它们都是这些具体个人对于自身更好存在状态的追求——这种对于更好存在状态的追求，就是对于自由的追求。历史有其诡谲性，每个人有目的的活动结果却是不合任何一个人的原初目的，个人有目的的活动只是作为偶然性出现，在这偶然性背后存在着某种深刻的必然性力量。历史的规律正是这种深刻必然性力量。应当破除历史规律理解的神秘主义倾向，并将其还回为人自身的活动规律，如是，才能从黑格尔乃至马克思那里获得营养，并在他们的基础之上继续前行。

黑格尔将人类历史比喻为人的一生，并相应地将人类历史的各个时期理解为人生中的各个阶段。在黑格尔看来，自由是人的本性、本质，人类的历史是自由生长的过程。[①] 在这个过程中，“未经管束的天然意志服从普遍的原则，并且达到主观的自由”。从最初的“一个人”的自由，到“少数”人的自由，再到“全体”人的自由，构成了这个历史进程的具体经历与演进方向。[②] 人类历史是一个从愚昧走向文明、从野蛮走向自由的历程。

---

① 参见黑格尔：《历史哲学》，第 59、66—68 页。

② 参见黑格尔：《历史哲学》，第 18—19、110—111 页。

人类文明历史的这种演进过程，是一个呈现出阶段性的、无限开放的否定之否定性过程，这种开放性在于每一个具体文明形态自身所固有的内在否定性。正是自身的内在否定性因素，构成人类文明演进的动因。汤因比曾揭示：一种政治生活方式及其政治制度，如不能成功应对来自内外部尤其是内部的挑战，那么，这种政治生活方式及其政治制度，就会为另一种政治生活方式与政治制度所取代。当基于一种政治生活内部的内在否定性成为社会政治生活的主导方面时，这时，社会既有生活方式及其制度就会发生明显变化乃至“衰颓灭亡”。“衰颓灭亡标志着在这个民族中出现了一个作为纯粹否定它自己的更高原则。”[①] 此时就会出现社会转型。社会转型过程，是社会政治生活方式以及由这种生活方式所表达的社会精神变迁过程。

黑格尔将人类文明演进史划分为四种类型或四个阶段：东方的，希腊的，罗马的，日耳曼的。在他看来，东方文明是基于自然整体关系的家长制文明类型。在这种文明类型中，神权与王权同一，有严格的宗法等级制，无个人独立人格，社会通过习俗礼仪而不是通过法律来治理。[②] 希腊文明是有个体性但无普遍性、有公民个人但无统一国家权力的文明类型。罗马文明类型则是既有个人又有统一国家权力、但这二者处于尖锐对立状态的文明类型，这种文明类型贪婪追求权力扩张并在自我分裂中毁灭。[③] 日耳曼文明是个别与普遍、主观与客观实现了统一的文明类型。[④] 黑格尔对于人类文明演进的这种具体分类不免武断，不值得过于重视。不过，黑格尔通过自己这种特殊表述方式所揭示的人类文明是一个基于内在否定性的演进过程、且此过程具有阶段性，以及人类文明演进过程是一个追求个性独立、个体与社会和谐的过程等思想，却值得重视。

尽管人们可以对迄今为止的历史作出不同的划分及其具体表达，然而，人们在总体上均承认人类文明演进的基本趋势：从没有自由到拥有自由，从较少自由到较多自由；从人身依附到人身独立，从对物的依赖到人的自由个性；从古代到近代，从前现代到现代。这些表达方式的差别，只不过是从不同维度、不同侧面对人类文明进程的具体揭示与描述。在人类文明演进的总体趋势中呈

① 黑格尔：《法哲学原理》，第 354 页。

② 参见黑格尔：《法哲学原理》，第 357—358 页。

③ 参见黑格尔：《法哲学原理》，第 358—359 页。

④ 参见黑格尔：《法哲学原理》，第 359—360 页。

现出阶段性特征，每一个阶段即为人类文明演进的一种具体历史形态。这些具体历史形态之间的关系，是一个较高文明形态对于较低文明形态的否定（或生长）关系。正是在这个意义上，世界历史精神就是时代精神，即，是一个特定时代的时代精神构成这个时代的世界精神的现实内容。当代人类文明演进在总体上已进入新历史时代。以自由为核心的时代精神，就是我们这个时代的世界历史精神。

人们坚信历史是进步的，这种信念对于支撑人类追求文明、乐观生活，自然极有价值。然而，这种信念本身却并非是无条件的。人类文明历史总是向上的，这只是在人类自身理性学习与适应性的无限可能意义上而言。它以人类理性学习态度与人类历史无限存续、无限开放性为前提——这正是康德“灵魂不朽”、“上帝永在”设定所包含的重要内容。即使不考虑到地球毁灭这一可能因素，如果人类文明由于自己的一时冲动而突然陷于毁灭，以至于人类没有给自己留下反思学习的机会，那么，人类文明就会终结——而当今人类科学技术发展已在客观上使人类具备了这种自我毁灭的能力。所以，人类文明进步的可能性，有赖于人类自身的责任精神，以及基于这种责任精神的理性与节制。我们不能简单地从人类历史总是进步的这个信念中得出结论，以为无论我们自身如何活动、如何肆意妄为，人类文明都能向前发展——历史规律的神秘主义理解却会使人陷于此误区。

（三）历史进程的普遍规律与特殊实践

人类文明演进历史进程的普遍规律是指：各民族尽管有其不同发展道路与具体演进轨迹，但是都会遵循（或呈现出）基本相同的演进法则；尽管一个民族的文明演进有其具体演进条件与特殊样式，但是，在这些特殊样式与具体条件背后，存在着某种各民族共同的演进法则与共同的时代精神。

人类文明演进总是通过各民族的具体活动所构成，因而，人类文明演进规律存在于各民族的活动中。这样，各民族的文明历史就不仅仅是这个民族自身的，亦是人类文明整体的；各民族所取得的成就就不仅仅是这个民族自身的，亦是人类文明整体的。每个民族的文明实践均既是普遍的又是特殊的。其普遍性就在于它是人类文明整体的，包含、实践、体现了人类文明演进的普遍规律。

其特殊性就在于，它是人类文明演进普遍规律在这个民族特殊时空、具体条件中的实践，因而，有其特殊存在样式。每个民族都有其历史，都有其文明历史演进的具体内容，且这些具体内容都有其特殊的缘由。每个民族演进的历程，必须到这个民族的历史与现实、物质生活与精神生活、文化传统与国家制度等全部生活世界中寻找理解。“在世界精神所进行的这种事业中，国家、民族和个人都各按其特殊的和特定的原则而兴起，这种原则在它们的国家制度和生活状况的全部广大范围中获得它的解释和现实性。在它们意识到这些东西并潜心致力于自己的利益的同时，它们不知不觉地成为在它们内部进行的那种世界精神的事业的工具和机关。在这种事业的进行中，它们的特殊形态都将消逝，而绝对精神也就准备和开始转入它下一个更高阶段。”[①]

如果我们在纵横交错的统一中理解与把握不同民族的具体文明存在状态，就会发现：尽管各民族的文明演进现实都有其缘由与根据，尽管各民族都生活、存在于这个世界上，但是，各民族文明在人类文明演进总体趋势中所处的阶段，可能会不同。正是那些具有时代精神的民族的存在状态，标识着人类文明演进迄今达到的最高形态与演进方向。不过，值得特别注意的是，尽管时代精神与前时代精神相比具有价值上的优越性，但是，这并不简单地意味着具有这种时代精神的民族在价值上具有优越性。这种具有时代精神的民族，只是因为在人类文明演进历史过程这个维度中居于更高阶段而拥有更高层次的文明类型。但这并不意味着这些民族在价值上就优越于其他类型的民族。这就如同并不能简单地因为成人具有成熟的体魄与智慧就以为可以比儿童、青少年拥有存在的价值优先性一样。文明演进的更高形态本身不能成为一个民族获得存在霸权的理由。这里存在的不是简单的哪个民族具有价值优先性的问题，而是政治正义与文明演进的内生性问题。即，每一个民族拥有平等独立的权利，即使是那些处于文明演进更高阶段的民族，在政治上也不比其他民族拥有更多的权利。时代精神的示范作用，与认真学习并选择适合本民族的具体文明发展道路，这是当代人类政治文明生活应有的基本态度。

然而，一个民族要真正获得发展，并拥有在世界民族发展中的独特地位，就必须使自己融入文明发展的普遍进程中去。一个民族的发展，只有遵循文明

---

① 黑格尔：《法哲学原理》，第 353 页。

演进规律、拥有时代精神，才真正有可能成功。这正是黑格尔下面一段话所包含的深刻道理：“世界历史的每一个阶段，都保持着世界精神的理念的那个必然环节，而那个环节就在它那个阶段获得它的绝对权利，至于生活在那个环节中的民族则获得幸运与光荣，其事业则获得成功。”[①] 能够成为时代精神承负者的民族[②]，是居于时代前列的民族，因而是能够引领时代的民族。

① 黑格尔：《法哲学原理》。
② 参见黑格尔：《法哲学原理》，第 354 页。

尾言：自由的理想

人不能没有理想与希望。正是自由的理想与希望，激励、鼓舞着人们不屈不挠地反抗奴役，开创未来。黑格尔在《法哲学原理》中以思辨的方式揭示了人的自由精神及其实现方式，揭示了人类社会演进的自由历程及其规律。它们激励着生活在新时代的人们为新生活而斗争。黑格尔既属于那个时代的日耳曼民族，更属于全人类。

马克思主义是我们的旗帜。马克思主义的真谛究竟是什么？马克思主义诞生于欧洲近代丰沃的人文主义土壤之中。不了解欧洲近代以来的人文主义精神、尤其是德国古典哲学，就不可能真正理解马克思主义。用马克思自己的语言表达：以往哲学的使命是解释世界，新哲学的使命则是改变世界。马克思主义创始人思想不同于既往一切思想的根本之处就在于：以自由的精神改变世界，寻求走向自由人联合体的现实路径。坚持马克思主义，最根本的就是坚持自由的精神，就是在自由精神引领之下创造新世界的自由实践。

自由既是心灵秩序，更是生活秩序。人总是会不同程度地受到来自心灵世界与外部世界的双重控制与奴役。内心的贪婪、纵情、自私、冷酷，常常诱惑人“回归自然”，而外部强权的蛮横、暴虐、不公，不仅使人失却基本的安全感，甚至连做人的基本尊严都荡然无存，唯有驯服才有“自由”。人是自由的，人须为自由而斗争。人既要与心灵世界中的贪婪、纵情、自私、冷酷、邪念作斗争，更要与日常生活中的强权不公、蛮横暴虐作斗争。做一个自由的人，当然需要有做人的自由精神，当然要有主体的良心反省与自律，要有如康德所说的崇高人格，令那些即使身居高位、权倾天下、腰缠万贯、表面上对我不屑一顾者，也不得不在心底里向我致敬。但是，由于人就是其所生活于其中的那个日常生活世界，由于主体的自由精神在根本上不过是主体生活世界的心灵存在，因而，从普遍的意义上看，社会成员自由精神的普遍养成，只有在一个自由的日常生活世界中、在一个如马克思所说“合乎人性”的环境中，才有可能。正是在此意义上，日常生活秩序相对于心灵秩序更为根本。这或许正是黑格尔在其思辨体系中以伦理、以作为真理性环节的国家，作为否定之否定环节的深刻缘由。

建设自由的日常生活秩序，在自由的日常生活秩序中形成自由的心灵秩序，在自由的心灵秩序与生活秩序中成为自由的人。这是社会通则。

主要参考文献

A 类

Hegel, G.W.F., *Hegel's Philosophy of Right*. http://www.marxists.org/reference/archive/hegel/works/pr/index.htm.

Hegel, G. W. F., *Elements of the Philosophy of Right*. Cambridge: Cambridge University Press, 1999.

Hegel, G. W. F., *Phenomenology of Spirit*. Oxford: Oxford University Press, 1977.

Herbert, G. B., *A Philosophical History of Rights*. New Jersey: New Brunswick, 2002.

Burns, T., *Natural Law and Political Ideology in the Philosophy of Hegel*. Aldershot: Avebury Press, 1996.

Cullen, Bernard, *Hegel's Social and Political Thought: An Introduction*. London *et. al.*: Gill and Macmillan, 1979.

Kojève, A., *Outline of a Phenomenology of Right*. Lanham: Rowman & Littlefield Publishers, 2000.

Pelezynski, Z. A., *The State and Civil Society: Studies in Hegel's Political Philosophy*. Cambridge: Cambridge University Press, 1984.

B 类

黑格尔：《法哲学原理》，范扬、张企泰译，商务印书馆 1982 年版。

黑格尔：《小逻辑》，贺麟译，商务印书馆 1980 年版。

黑格尔：《精神现象学》，贺麟、王玖兴译，商务印书馆 1979 年版。

黑格尔：《历史哲学》，王造时译，三联书店 1956 年版，上海书店出版社 1999 年版。

黑格尔：《哲学史讲演录》，贺麟、王太庆译，商务印书馆 1983 年版。

黑格尔：《逻辑学》，梁志学译，人民出版社 2002 年版。

黑格尔：《精神哲学》，杨祖陶译，人民出版社 2006 年版。

黑格尔：《哲学科学全书纲要》，薛华译，上海世纪出版集团、上海人民出版社 2002 年版。

黑格尔：《宗教哲学》，魏庆征译，中国社会出版社 1999 年版 。

黑格尔：《黑格尔政治哲学著作选》，薛华译，商务印书馆 1981 年版。

黑格尔：《黑格尔早期神学著作》，贺麟译，商务印书馆 1988 年版。

C 类

亚里士多德：《政治学》，吴寿彭译，商务印书馆 1997 年版。

柏拉图：《理想国》，郭斌和、张竹明译，商务印书馆 1986 年版。

樊公裁：《黑格尔的实体学说与当代思潮》，天津人民出版社 1995 年版。

菲舍尔：《青年黑格尔的哲学思想》，张世英译，吉林人民出版社 1983 年版。

高全喜：《论相互承认的法权——〈精神现象学〉研究两篇》，北京大学出版社 2004 年版。

贡斯当：《古代人的自由和现代人的自由》，阎克文等译，商务印书馆 1999 年版。

顾准：《顾准文集》，贵州人民出版社 1994 年版。

赫费：《政治的正义性》，上海世纪出版集团 2005 年版。

赫尔曼：《道德判断的实践》，陈虎平译，东方出版社 2006 年版。

侯鸿勋：《论黑格尔的历史哲学》，上海人民出版社 1982 年版。

洪镰德：《黑格尔哲学之当代诠释》，台北：人本自然文化事业有限公司 2007 年版。

胡塞尔：《伦理学与价值论的基本问题》，中国城市出版社 2002 年版。

吉登斯：《社会的构成》，李康等译，三联书店 1998 年版。

吉登斯：《现代性的后果》，田禾译，译林出版社 2000 年版。

葛德文：《政治正义论》，何慕李译，商务印书馆 1997 年版。

康德：《道德形而上学原理》，苗力田译，上海人民出版社 1986 年版。

康德：《历史理性批判文集》，何兆武译，商务印书馆 1990 年版。

康德：《法的形而上学原理：权利的科学》，沈叔平译，商务印书馆 1991 年版。

康德：《实践理性批判》，韩水法译，商务印书馆 1999 年版。

科耶夫：《黑格尔导读》，姜志辉译，译林出版社 2005 年版。
莱奥尼等：《自由与法律》，秋风译，吉林人民出版社 2005 年版。
罗尔斯：《正义论》，何怀宏等译，中国社会科学出版社 1988 年版。
罗尔斯：《政治自由主义》，万俊人译，译林出版社 2000 年版。
罗尔斯：《作为公平的正义》，姚大志译，上海三联书店 2002 年版。
罗克摩尔：《黑格尔：之前和之后——黑格尔思想历史导论》，柯小刚译，北京大学出版社 2005 年版。
林喆：《权利的法哲学：黑格尔法权哲学研究》，山东人民出版社 1999 年版。
卢卡奇：《青年黑格尔》，王玖兴译，商务印书馆 1963 年版。
卢梭：《论人类不平等的起源与基础》，李常山译，商务印书馆 1982 年版。
卢梭：《忏悔录》，黎星等译，人民文学出版社 1987 年版。
卢梭：《社会契约论》，何兆武译，商务印书馆 2001 年版。
洛苏尔多：《黑格尔与现代人的自由》，丁三东等译，吉林出版集团有限公司 2008 年版。
洛维特：《从黑格尔到尼采》，李秋零译，三联书店 2006 年版。
麦克尼尔：《新社会契约论》，雷喜林等译，中国政法大学出版社 1994 年版。
麦金太尔：《德性之后》，龚群译，中国社会科学出版社 1995 年版。
麦金太尔：《谁之正义？何种合理性？》，万俊人等译，当代中国出版社 1996 年版。
孟德斯鸠：《论法的精神》上册，张雁深译，商务印书馆 1961 年版。
孟德斯鸠：《沦法的精神》下册，张雁深译，商务印书馆 1963 年版。
马克思：《黑格尔法哲学批判》，《马克思恩格斯全集》第 3 卷，人民出版社 2002 年版。
密尔：《论自由》，程崇华译，商务印书馆 1982 年版。
梅茵：《古代法》，沈景一译，商务印书馆 1984 年版。
牟宗三：《政道与治道》，广西师范大学出版社 2006 年版。
纳斯鲍姆：《善的脆弱性》，徐向东等译，凤凰出版传媒集团、译林出版社 2007 年版。
皮平：《黑格尔的观念论》，陈虎平译，华夏出版社 2006 年版。
钱乘旦主编：《现代文明的起源与演进》，南京大学出版社 1991 年版。
阿马蒂亚·森：《后果评价与实践理性》，应奇译，东方出版社 2006 年版。
斯退士：《黑格尔哲学》，鲍训吾译，河北人民出版社 1987 年版。
斯特劳斯：《自然权利与历史》，彭刚译，三联书店，2003 年版。
施米特：《政治的概念》，刘宗坤译，上海人民出版社 2003 年版。

榊原哲也：《胡塞尔的现象学伦理与伦理现象学》，载《中国现象学与哲学评论·第七辑：现象学与伦理》，上海译文出版社 2005 年版。
泰勒：《黑格尔》，张国清、朱进东译，译林出版社 2002 年版。
王树人：《思辨哲学新探》，人民出版社 1985 年版。
王元化：《读黑格尔》，新星出版社 2006 年版。
魏特林：《和谐与自由的保证》，孙则明译，商务印书馆 1997 年版。
萧焜焘：《精神世界掠影》，江苏人民出版社 1988 年版。
休谟：《人性论》，关文运译，商务印书馆 1981 年版。
徐向东编：《美德伦理与道德要求》，江苏人民出版社 2007 年版。
徐向东：《理解自由意志》，北京大学出版社 2008 年版。
杨一之：《康德黑格尔哲学讲稿》，商务印书馆 1996 年版。
张尚仁：《社会历史哲学引论》，人民出版社 1992 年版。
张世英：《黑格尔的哲学》，上海人民出版社 1972 年版。
张世英：《自我实现的历程：解读黑格尔〈精神现象学〉》，山东人民出版社 2001 年版。
张树栋、刘广明主编：《古代文明的起源与演进》，南京大学出版社 1991 年版。
周辅成编：《西方伦理学原著选辑》，商务印书馆 1987 年版。

D 类

高兆明：《黑格尔〈法哲学原理〉导读》，商务印书馆 2010 年版。
高兆明：《制度伦理研究》，商务印书馆 2011 年版。
高兆明：《中国市民社会论稿》，中国矿业大学出版社 2001 年版。
高兆明：《制度公正论：变革时期道德失范研究》，上海文艺出版社 2001 年版。
高兆明：《道德生活论》，河海大学出版社 1993 年版。
高兆明：《“制度伦理”与制度的“善”》，《中国社会科学》2007 年第 6 期。
高兆明：《黑格尔国家哲学思想的现代解读》，《伦理学与公共事务》第 1 卷，湖南人民出版社 2007 年版。
高兆明：《论私人所有权实现：黑格尔〈法哲学原理〉读书札记》，《吉首大学学报》2007 年第 3 期。
高兆明：《政治视域中的行政》，《光明日报（理论版）》2007 年 4 月 3 日。

高兆明：《自由视域中的教育：黑格尔〈法哲学原理〉读书札记》，《中国德育》2006年第9期。

高兆明：《“伦理秩序”辨》，《哲学研究》2006年第6期。

高兆明：《财产权与契约关系：黑格尔〈法哲学原理〉读书札记》，《南京师范大学学报》2006年第2期。

高兆明：《作为自由意志定在的财产权：黑格尔〈法哲学原理〉读书札记》，《吉首大学学报》2006年第1期。

高兆明：《道德：自由意志的内在定在：黑格尔〈法哲学原理〉读书札记》，《伦理学研究》2005年第1期。

高兆明：《罗尔斯与制度正义辩驳：西方现代政治伦理论争》，《清华哲学年鉴·2003》，河北大学出版社2004年版。

高兆明：《黑格尔伦理实体思想探微》，《中国人民大学学报》1999年第4期。

后　记

几年前完成了对黑格尔《法哲学原理》循章逐节的导读性讲解。当时就萌生打破这种循章逐节的形式，取以思想本身为线索讲解的想法。因为循章逐节理解固然有其长处，可以理清此书的逻辑与思想，但是，这样做的短处亦很明显：受黑格尔自身外在逻辑形式与思想过程的束缚太大，影响对其思想内容本身的深入探究。国家社科基金后期资助项目提供了一个契机，使此想法提前付诸实施。

经典的魅力在于常读常新。黑格尔《法哲学原理》这本旧书已被翻过多遍，但是每读一次均有新得。以前多次读此书，主要还是逐章逐节、在黑格尔逻辑体系内的读。此次再读，则力求跳出其严格的正反合逻辑体系，不受其逻辑框架的严格束缚，在融会贯通、问题意识上着力。如此，则视野心境立意更多了点大气，对一系列问题的把握多了一点洞悉贯通，诸多过去一直存有困惑迷惘的问题，似乎有豁然开朗之感觉。诸如对《法哲学原理》这本书的整体把握，诸如对自由与自由意志、对“抽象法”“道德”“伦理”间联系、对权利与义务关系、对家庭市民社会国家关系的理解，均有前所未有之顿悟。甚至在这次重读过程中，不断有脊背生凉、惶惶不安之感：刚付印的《导读》中存有的不当乃至讹误并非罕见。此所谓新即旧也！尽管这是一次自我思想更新、提高的过程，但是，它毕竟记录了一种陋见。人或许正是在这一连串的陋见中前行。这或许正是苏格拉底精神的真谛：我知我无知。

经过 2010 年整个暑期日夜连轴苦干，终于完成对《法哲学原理》的另一种具有更多自我“主观任意”的解读。2010 年的夏季是一个多年难得的高温酷暑天气。因自己有喜出汗的陋习，所以，常常是在高温中不开空调、仅伴着电扇工作。很难想象，还会偶尔老夫聊发少年狂，搭衣于肩，赤膊挥汗，端坐圈椅，捧书而读。那别是一番景象。太太时常来阁楼责怪，帮着打开空调。连续工作劳累时，偶有恶心之感，甚或厌倦见书，然一旦进入思想过程、享受思想本身的乐趣时，这一切顿时都消遁无形了。没有了任何功利性的驱使，只有思想本身的自由驰骋，就会享有思想的无穷乐趣。尽管时下社会财富涌流，但思想乐趣本身却越来越成为一种奢侈品。能享有这种乐趣，多少也使自己更多了点自重的理由。

虽有《导读》铺底，但《释义》的工作量仍超出自己的想象，直到 2010 年暑期末才基本完成“任意”解读。从当年 12 月起又集中用了数月时间对全部书稿做了一次较大的修改。此次修改亦不轻松，但悠然自得却难以与君言。不过，在所谓常读常新之余，更多了一点惶恐与谨慎。

高兆明

于南京河西愚斋 2011 年 4 月 13 日